十堰统计年鉴

Shiyan Statistical Yearbook

2012

（总第15期）

十 堰 市 统 计 局
国家统计局十堰调查队 编

中国统计出版社
China Statistics Press

图书在版编目（CIP）数据

中国统计年鉴. 2011：汉英对照 / 中华人民共和国国家统计局编. -- 北京：中国统计出版社, 2011.9
ISBN 978-7-5037-6351-9

Ⅰ. ①中… Ⅱ. ①中… Ⅲ. ①统计资料－中国－2011－年鉴－汉、英 Ⅳ. ①C832-54

中国版本图书馆 CIP 数据核字(2011)第 178510 号

十堰统计年鉴—2012

作　　者/十堰市统计局　国家统计局十堰调查队
责任编辑/王红梅
出版发行/中国统计出版社
通信地址/北京市西城区月坛南街 75 号　邮政编码/100826
办公地址/北京市丰台区西三环南路甲 6 号　邮政编码/100073
电　　话/邮购（010）63376909　书店（010）68783171
网　　址/http://csp.stats.gov.cn
印　　刷/十堰理想快速印务有限公司
经　　销/新华书店
开　　本/880mm×1230mm　1/16
字　　数/1200 千字
印　　张/30
版　　别/2012 年 11月第 1 版
版　　次/2012 年 11月第 1 次印刷
书　　号/ISBN978-7-5037-6655-8
定　　价/260.00 元

如有印装差错，由本社发行部调换。

《十堰统计年鉴》编辑指导委员会

顾　　问 周　霁

主任委员 张维国

副主任委员 王桂华　赵国平　李俊超

委　　员（排名不分先后）

程登明　柯贤国　王晋洪　吴先锋　朱华伦　严炳洲　张新艺

孙照军　陈　勇　曹芳明　郑文成　牛孝文　冯安龙　胡建明

白章龙　王栋林　黄剑云　卢喜昌　王新理　张清甫　龚涤非

乔　冰　李东华　周思年　田光武　张忠斌　罗志增

《十堰统计年鉴》编辑委员会和编辑人员

主　　编 赵国平　李俊超

副 主 编 王焦政　邓文湖　鲍珏红　杨　冰　孟郧生　冯高林

总 编 辑 王红梅

责任编辑 张　宇　肖　超　李　健　邓源钦

编辑部成员（排名不分先后）

方　超　刘运茂　王崇军　李晓滨　李　波　周永成　张心学

朱新永　黄小琴　余万里　袁胜菊　陈建桥　杨静波　杜从国

曾长文　戴淑国　何玲骊　涂兴军　王海燕　鞠海涛

发行部成员 张　宇　肖　超　李　健　邓源钦

编 辑 说 明

一、《十堰统计年鉴—2012》是一部全面反映十堰市建国六十年以来经济和社会发展情况的数据材料。本书收集了十堰市1949—2011年重要年份的统计数据及文字材料，能够满足各方面了解十堰，认识十堰的需求。

二、十年鉴内容共分三部分。第一部分为统计图。生动、形象地描绘了十堰市建国六十年经济和社会主要指标发展变化趋势，计12个版面；第二部分为特载。收录了统计公报和第六次人口普查公报。第三部分为统计资料。包括自然状况、综合、国民经济核算、人口、从业人员和职工工资、固定资产投资和建筑业、财政、物价指数、人民生活、城区概况、农业、工业、运输和邮电、国内贸易、对外经济和旅游、金融和保险、教育、科技文化、卫生、体育、社会福利及其他、企业景气与监测等19个章节以及乡镇经济鄂豫陕毗邻地区和全省市州主要经济社会指标。附录。

三、本年鉴所涉及的数据口径均按1994年十堰市行政区划作了调整。同时，对过去发表的统计资料重新予以审核，凡与本年鉴资料有出入的均以本年鉴为准。

四、本年鉴中符号使用说明："…"表示数据不足本表最小计量单位数；"空格"表示该项数据不说或无该项数据；"#"表示其中项。

五、本年鉴部分数据合计数或相对数由于单位或有效位取舍不同所产生的误差均未作机械调整。

六、《十堰统计年鉴》公开出版以来，受到国内外读者的关爱与支持，对本年鉴的内容和编辑工作提出了许多宝贵的意见，为此，我们特表谢意。

七、由于编辑本版本年鉴是一项系统、繁杂的工作，涉及面广，年份跨度大，加之时间紧，并限于水平，对十堰市该时期取得的成就难免挂一漏万，编辑中也有疏误之处，竭诚欢迎读者批评指正。

《十堰统计年鉴》编辑部

2012年 9月

1949-2011年十堰市地区生产总值及人均水平

地区生产总值

单位:（亿元）

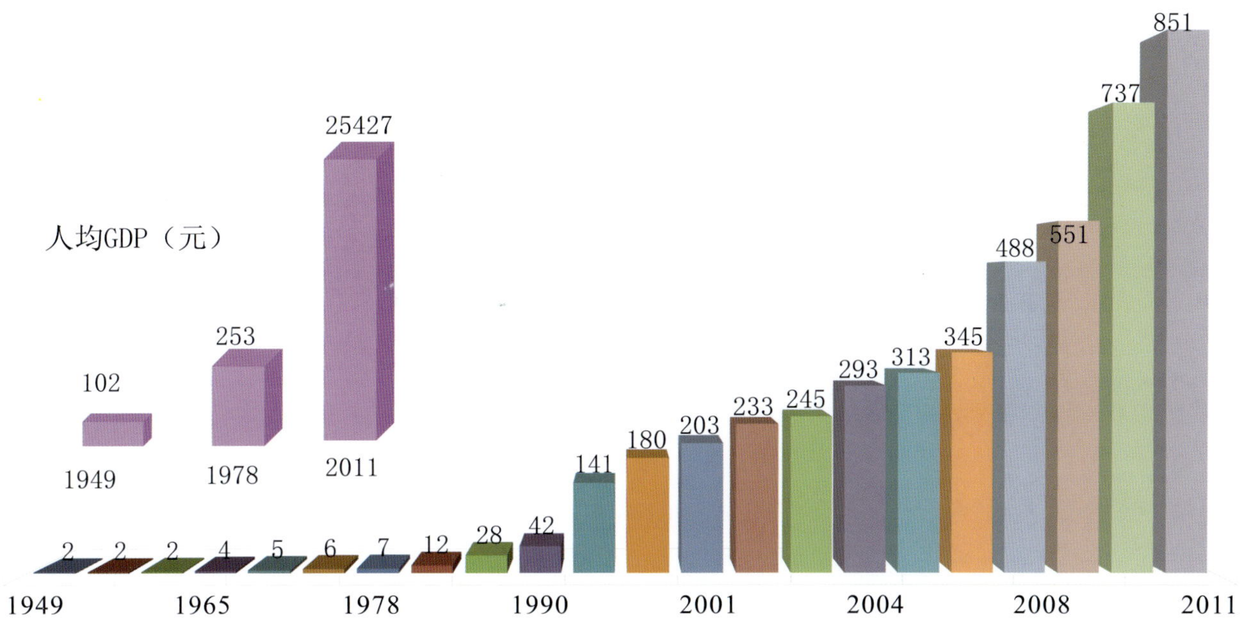

1949年、2011年十堰市产业构成变化

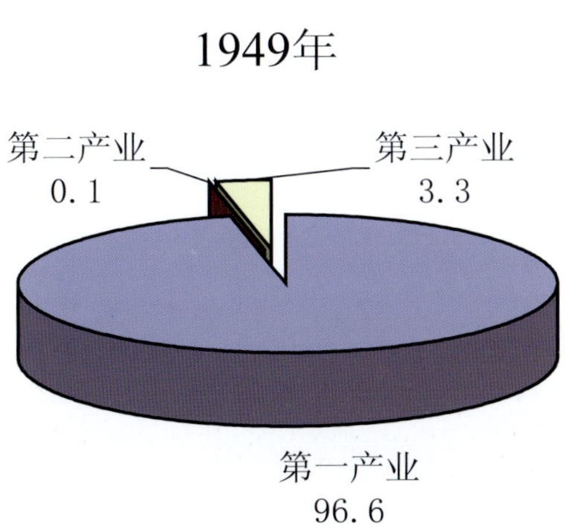

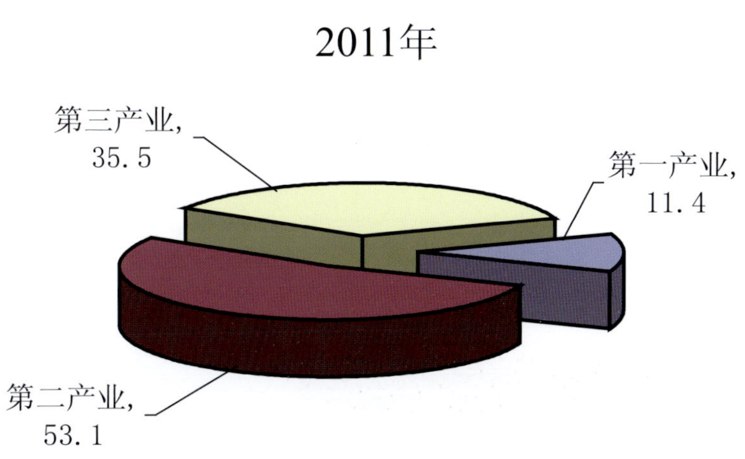

人 口

十堰市总人口及城乡结构变化

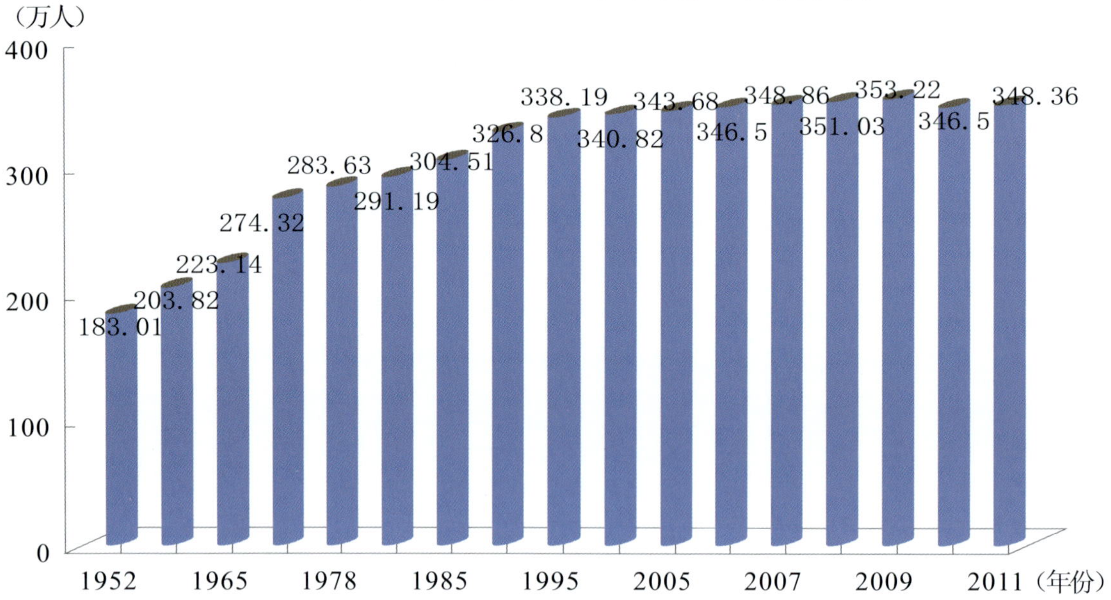

十堰市人口城乡结构
（1949年）

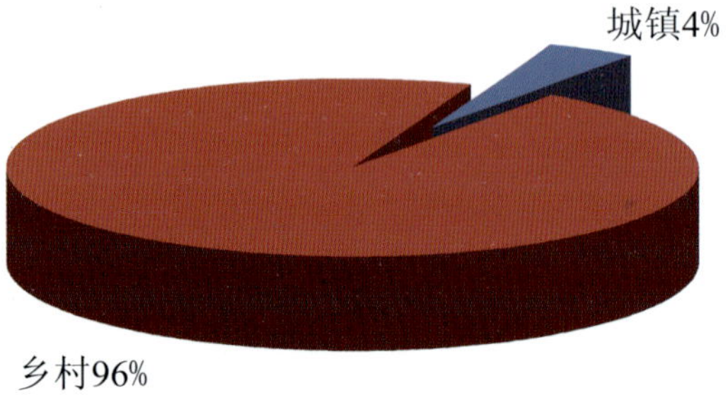

十堰市人口城乡结构
（1978年）

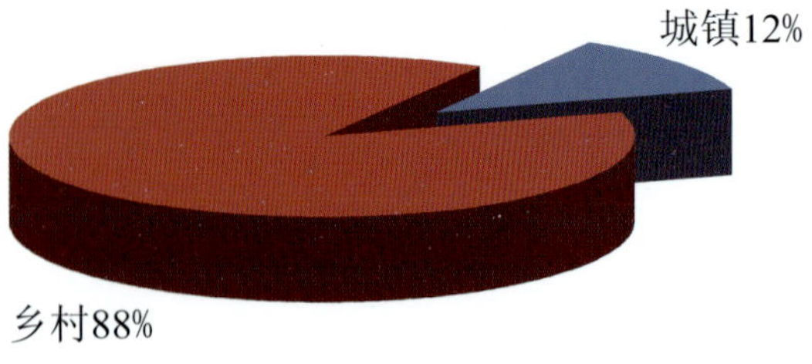

十堰市人口城乡结构
（2011年）

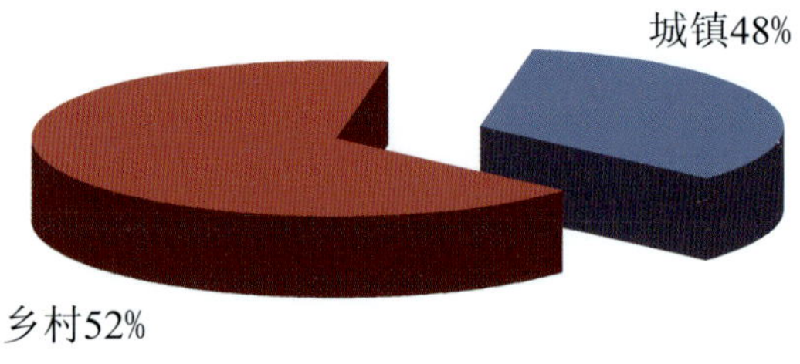

工　业

规模以上工业总产值

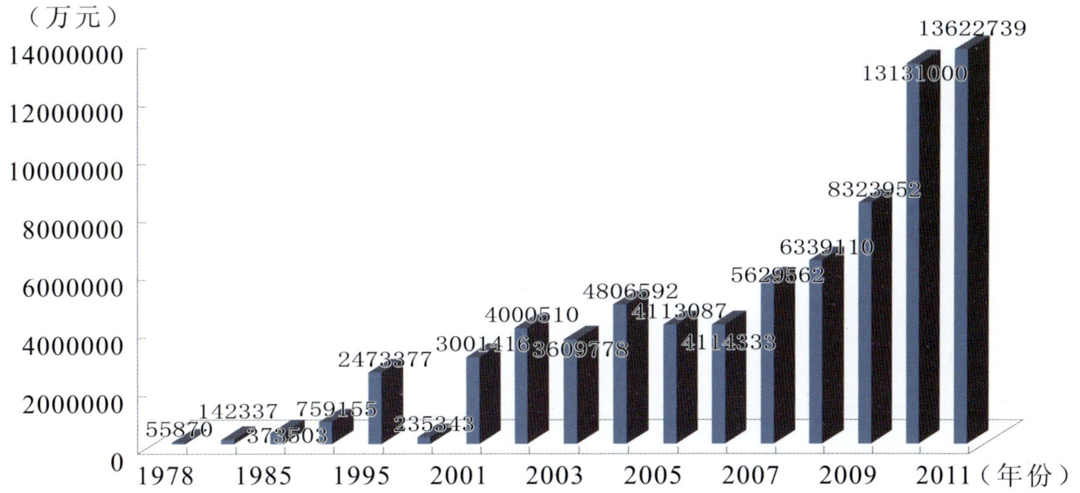

1978年规模以上工业企业产值构成

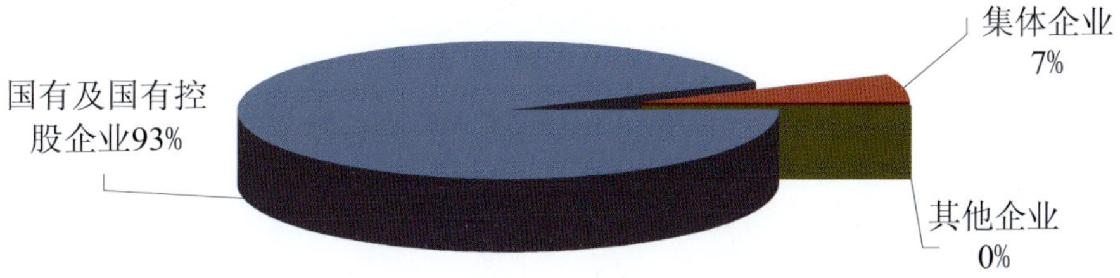

2011年规模以上工业企业产值构成

2011年主要工业产品产量与1978年对比

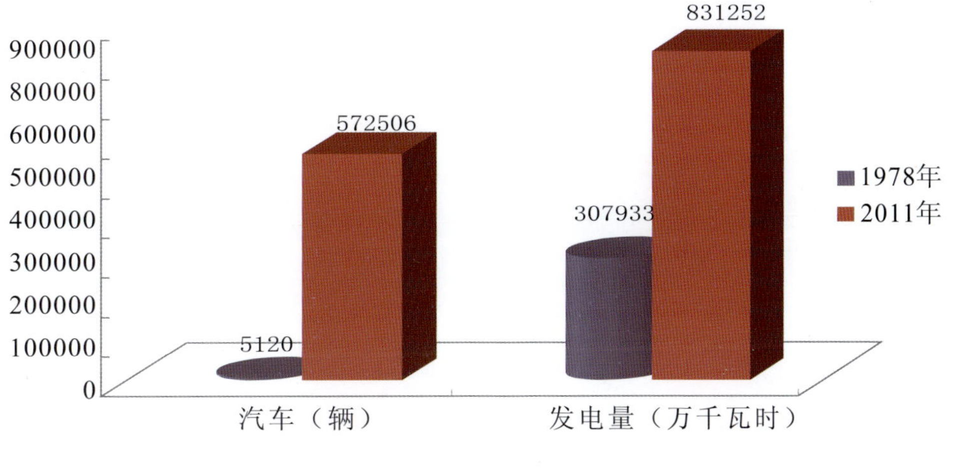

能 源

水力发电量

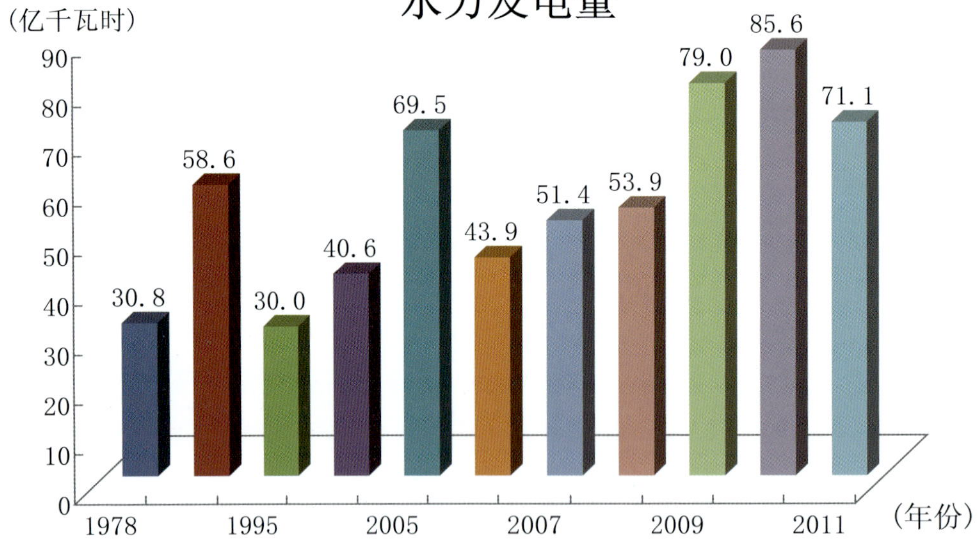

能源消费总量

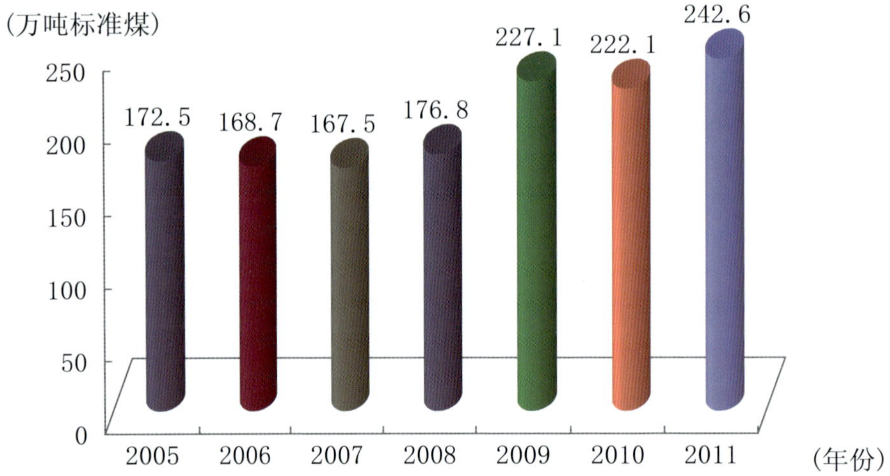

每万元工业总产值能源消费量

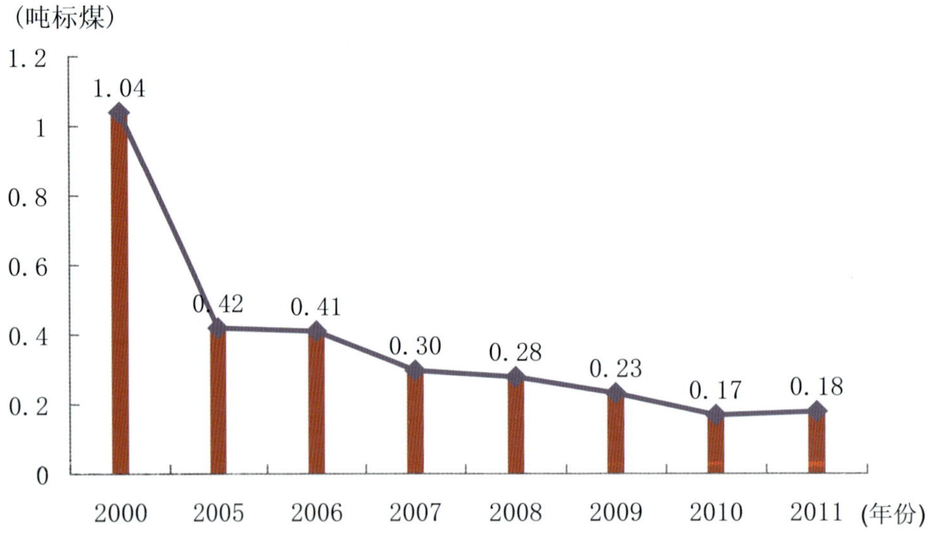

农　　业

农、林、牧、渔总产值

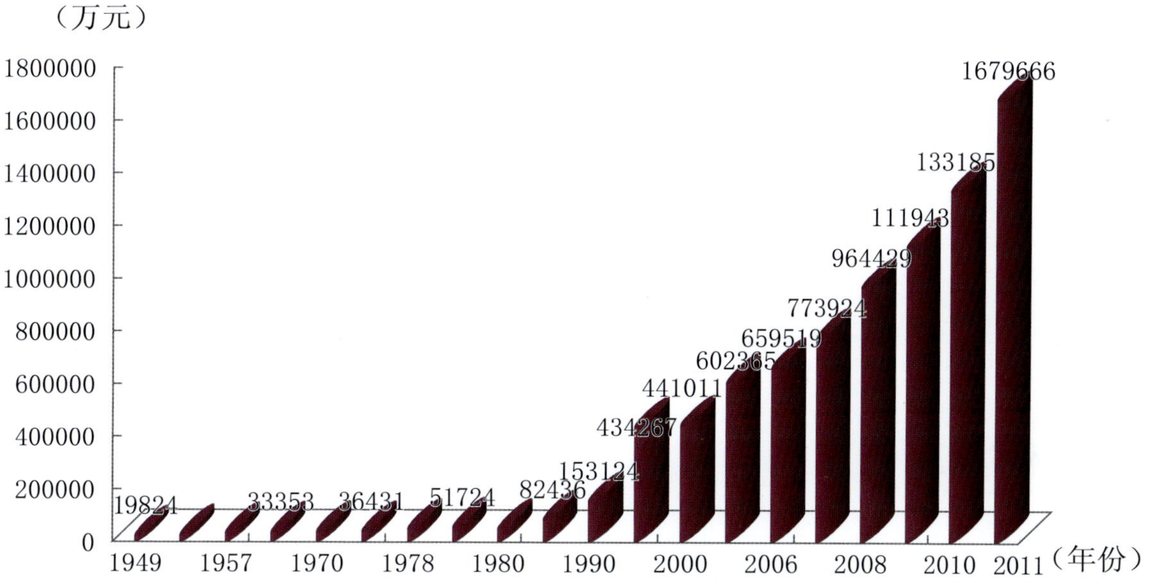

2011年主要农作物产量与1949年对比

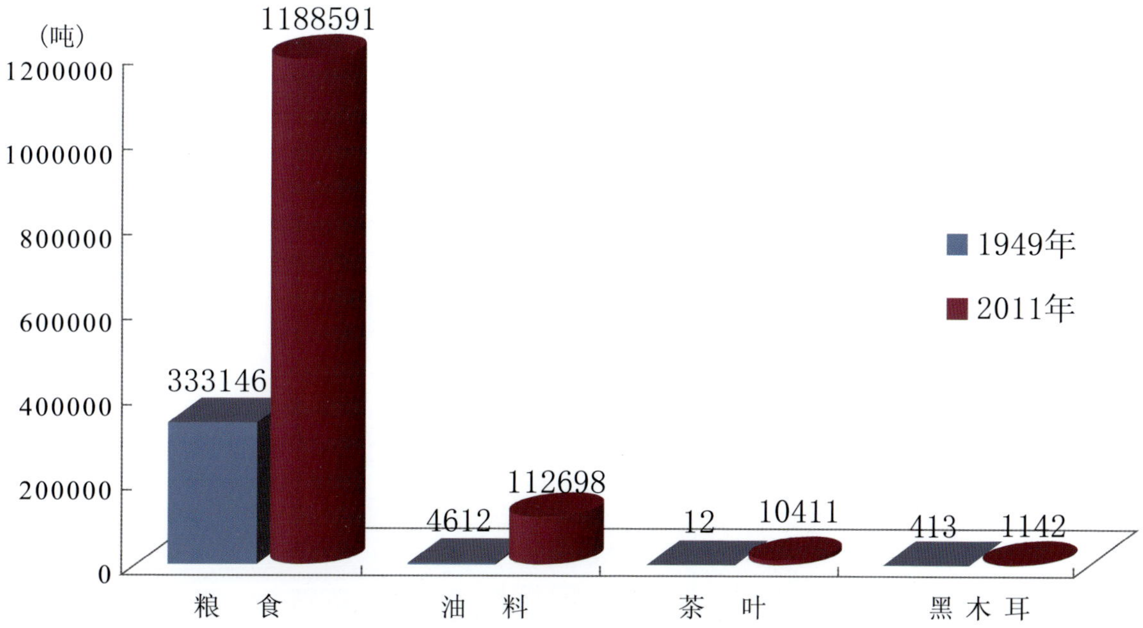

投　　资

全社会固定资产投资总额

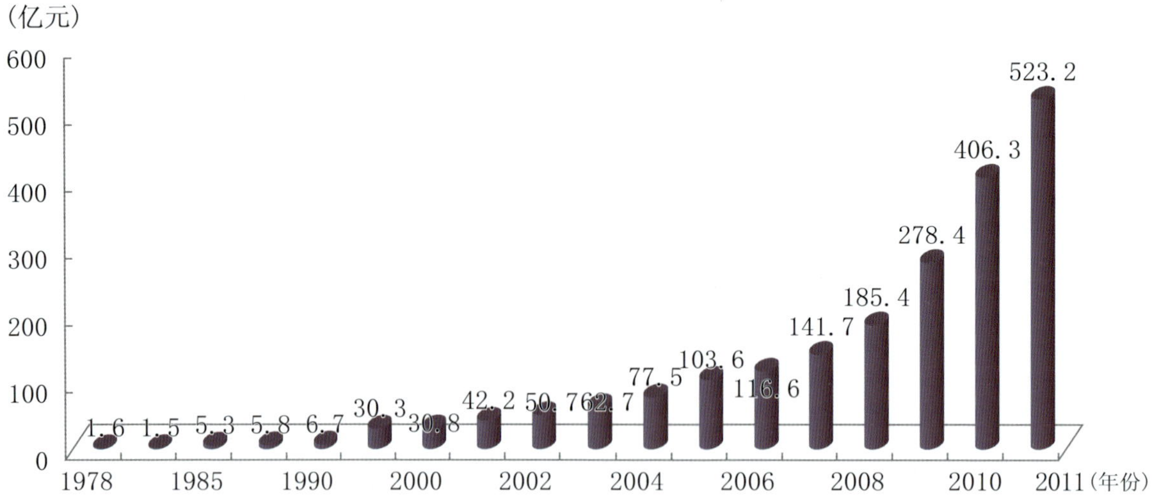

全社会固定资产完成额构成

（2000年）

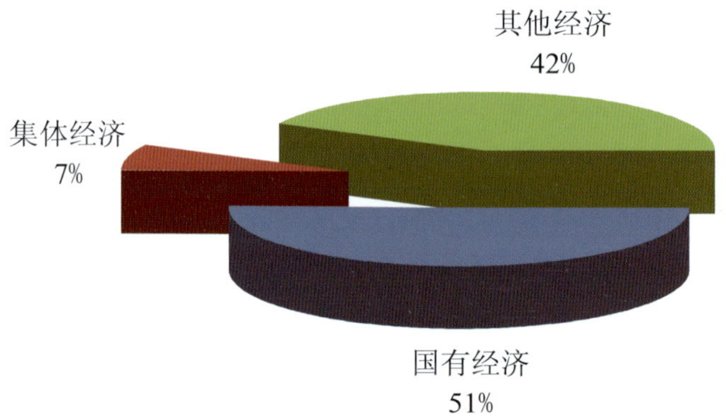

全社会固定资产完成额构成

（2011年）

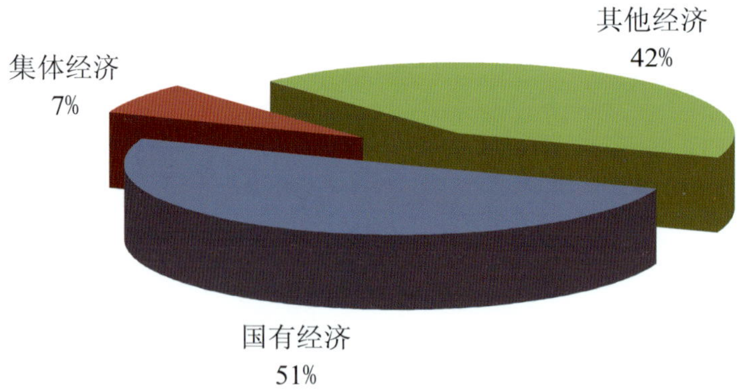

贸　　易

社会消费品零售总额

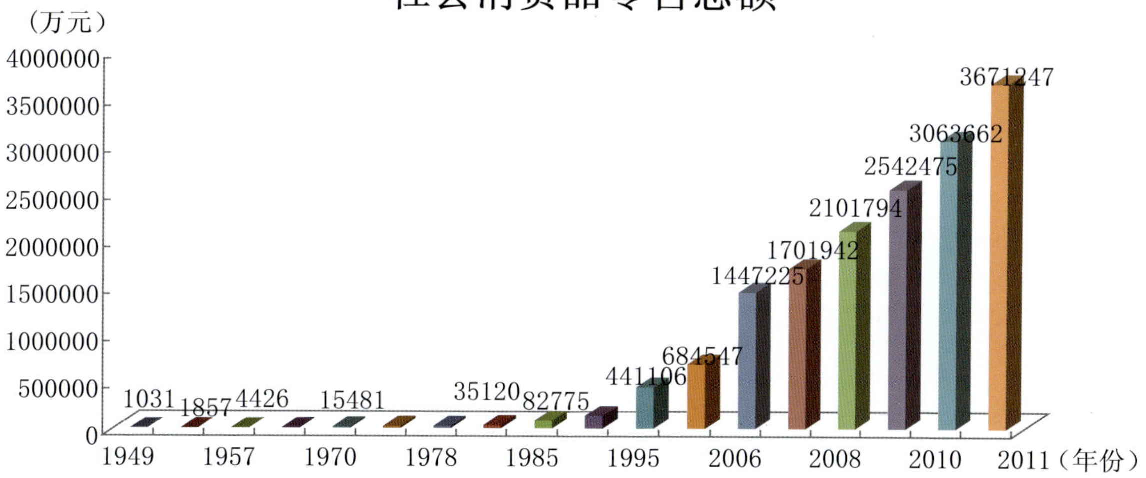

外贸出口、进口总额

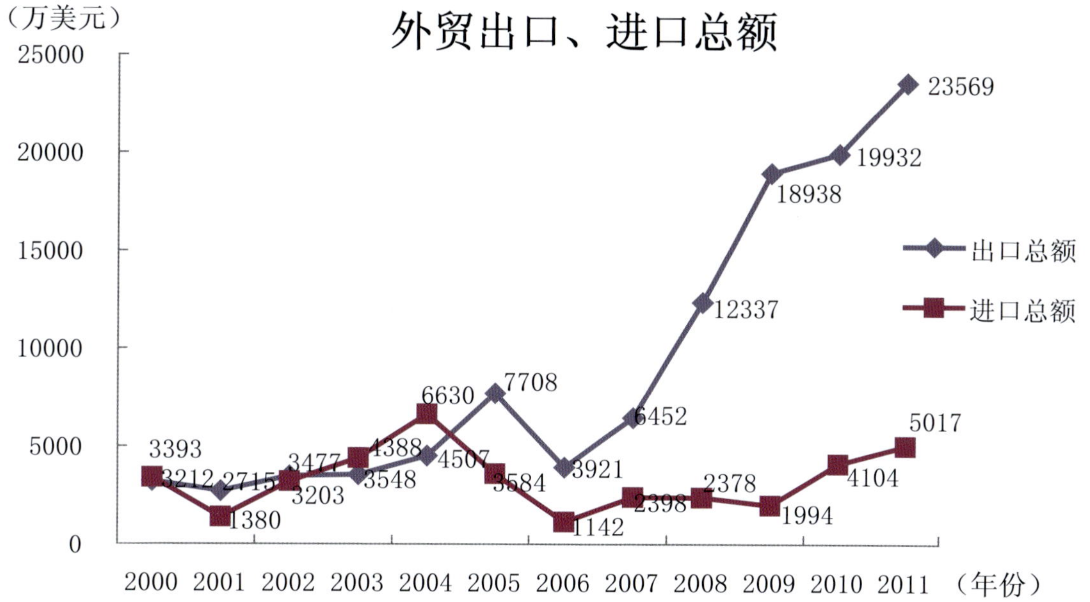

实际外商直接投资

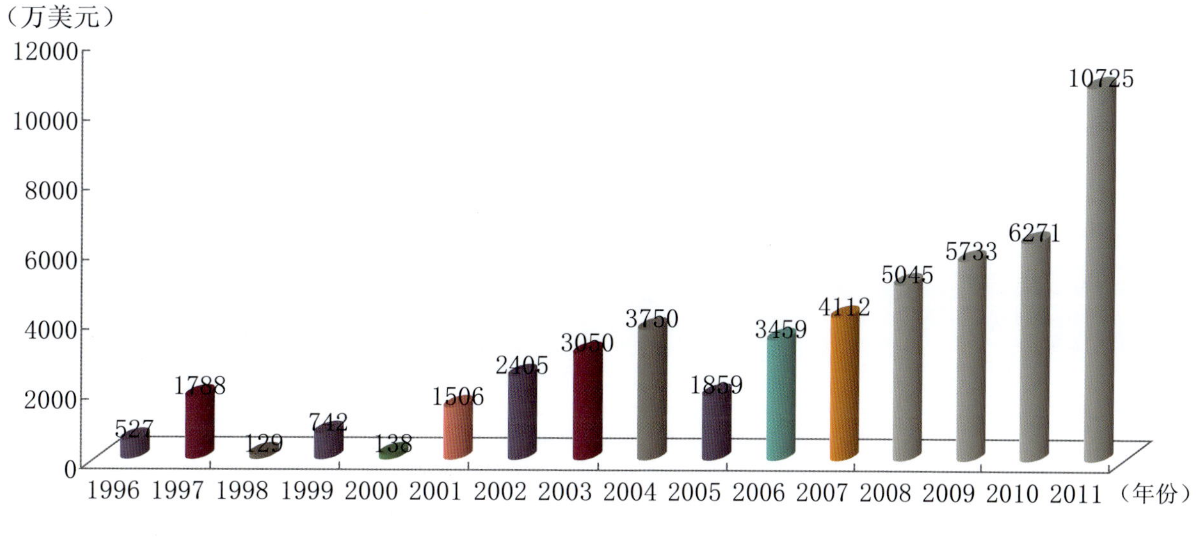

财政金融

财政收入与支出

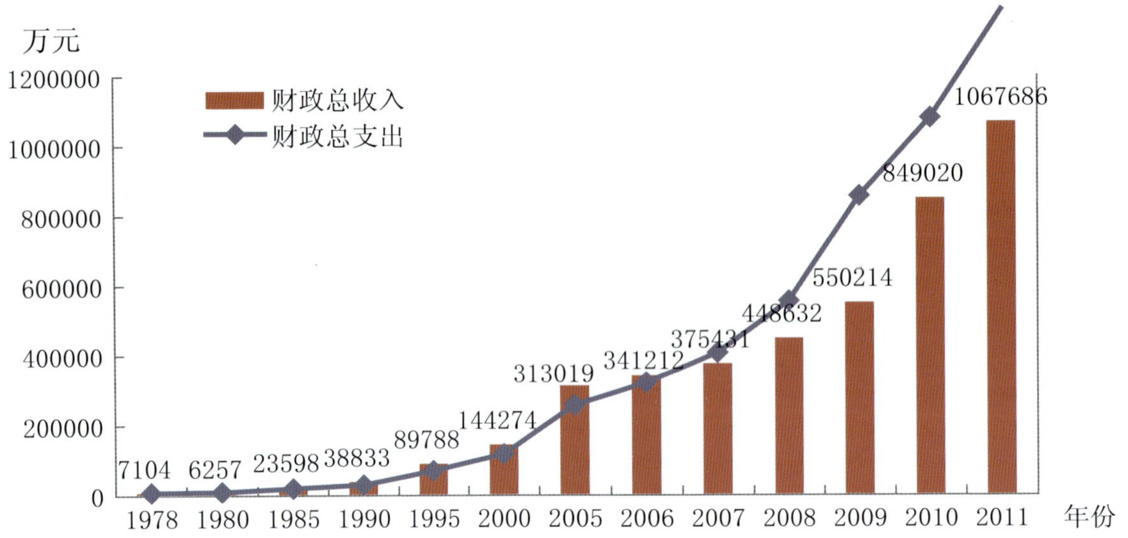

金融机构存贷款余额

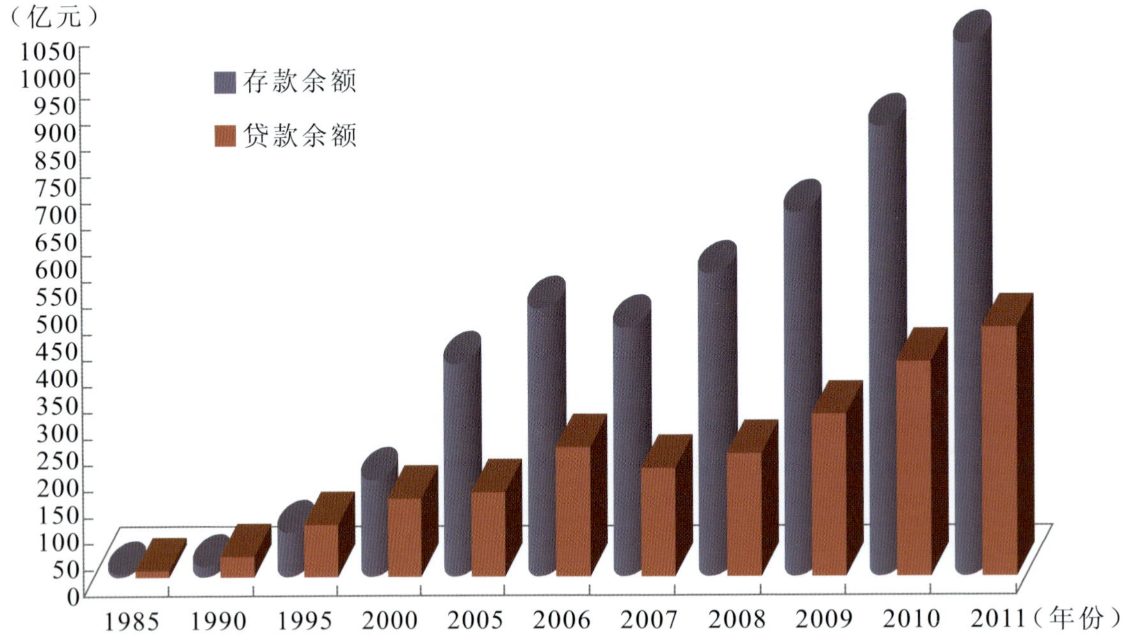

十堰市职工平均工资

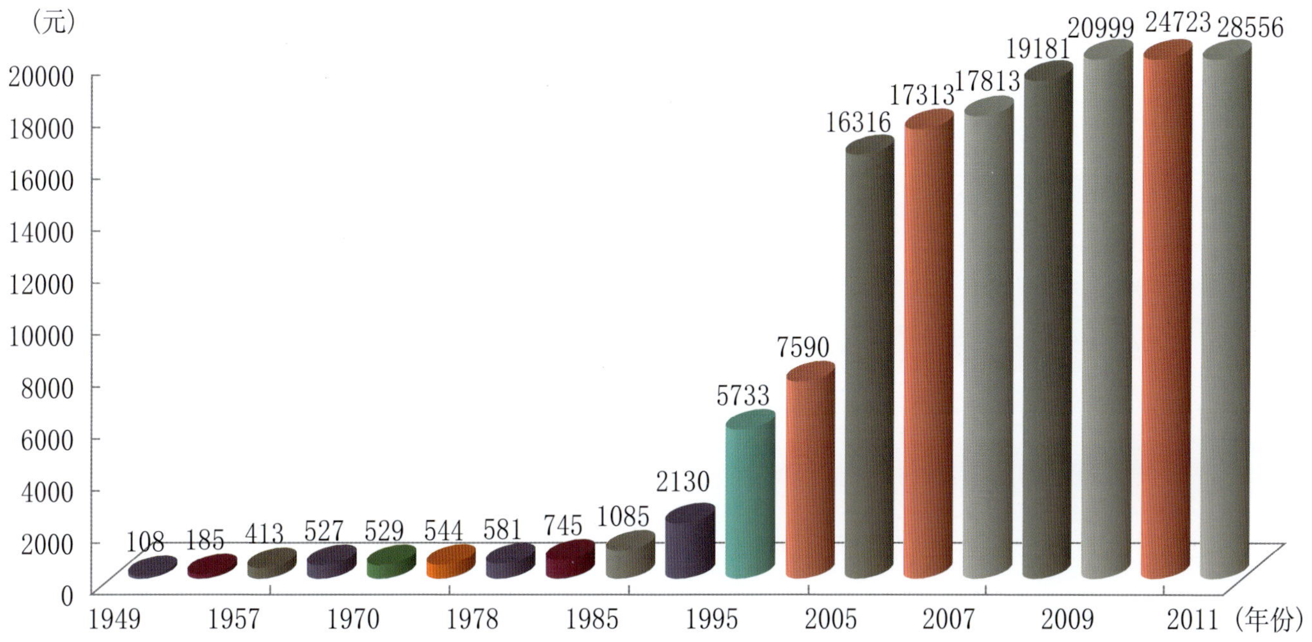

社会从业人员及分类

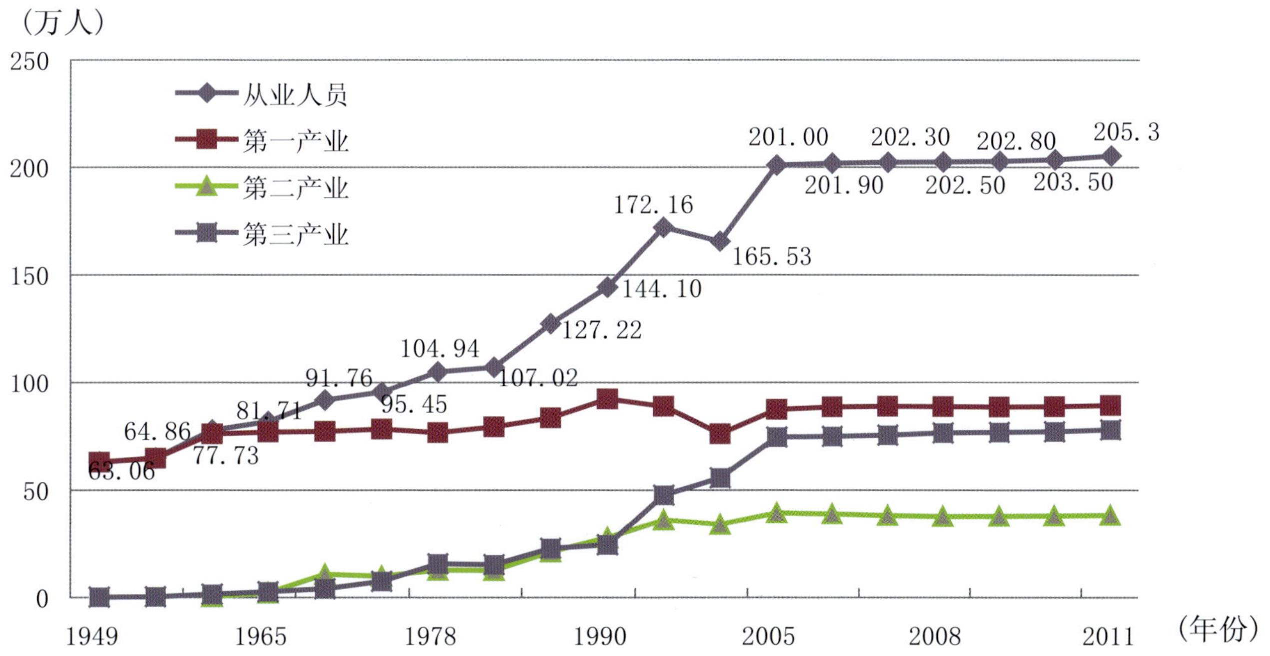

人民生活

城市居民可支配收入及农民人均纯收入

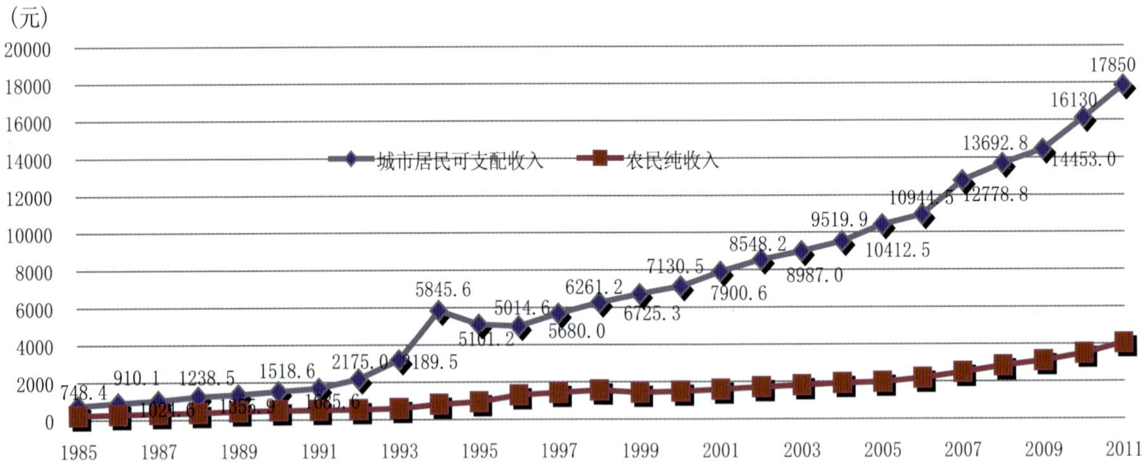

城市居民人均消费支出构成

（1980年）

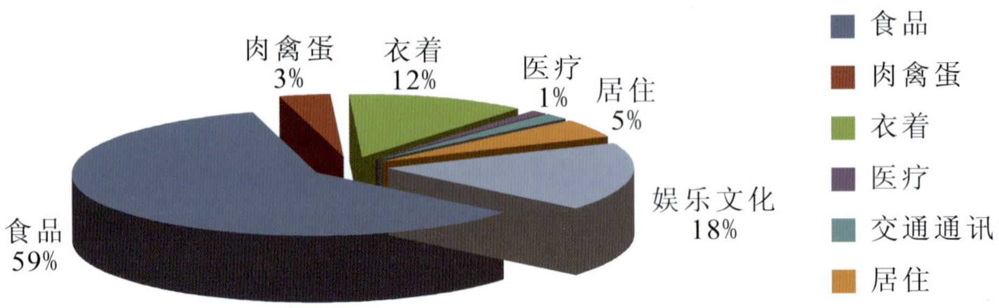

城市居民人均消费支出构成

（2011年）

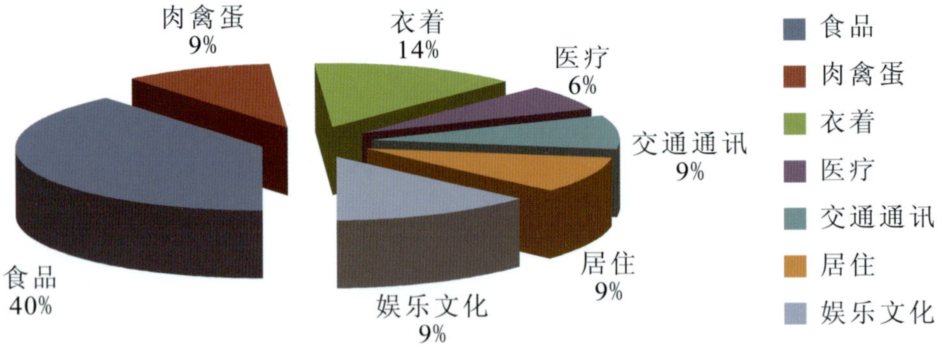

物　　价

主要物价总指数

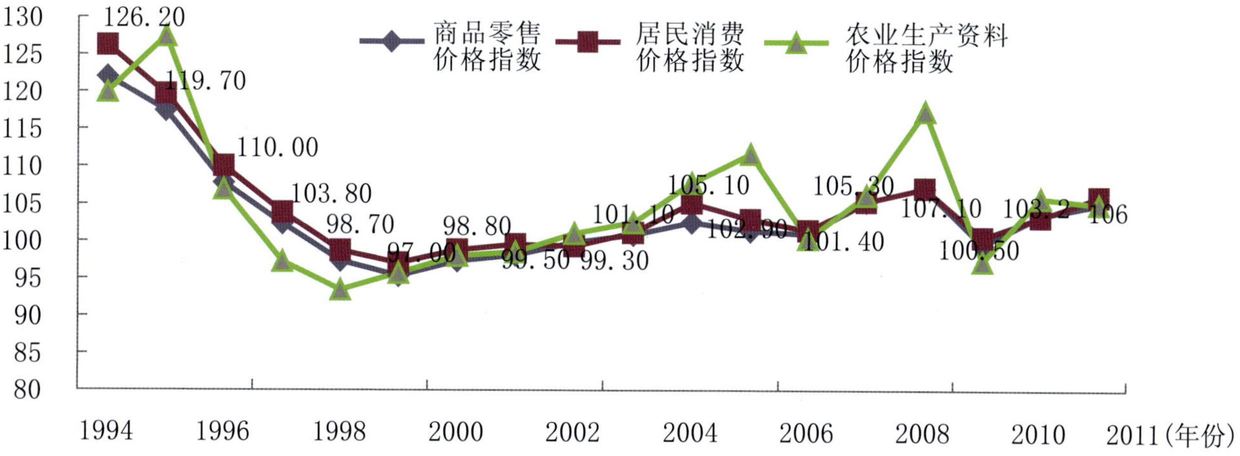

物价总指数及主要分类

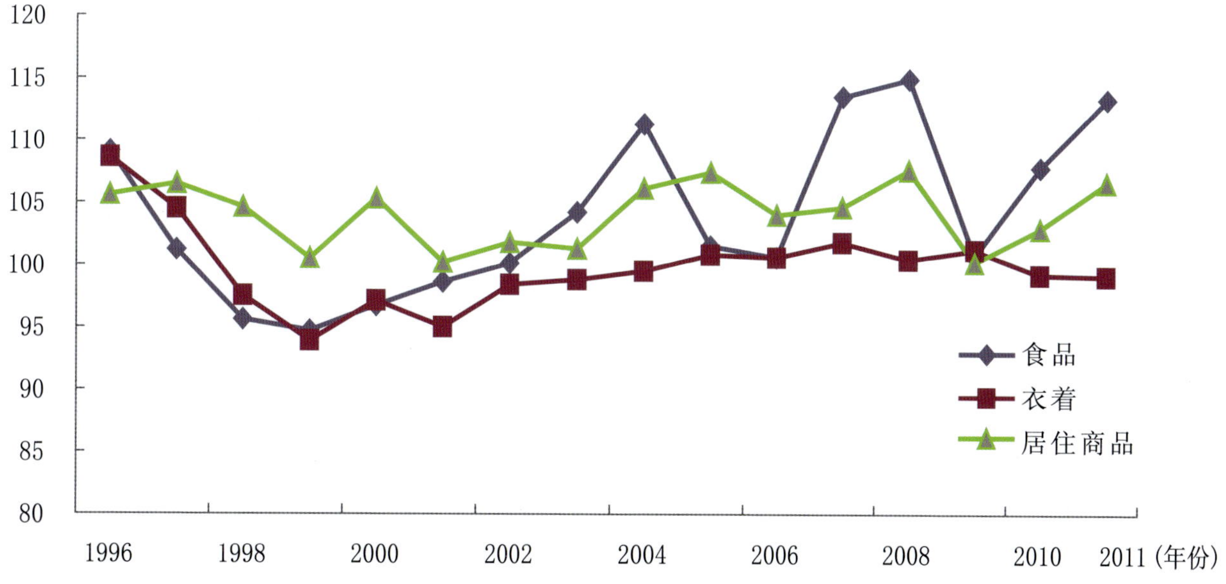

教育、卫生

各类学校在校生人数

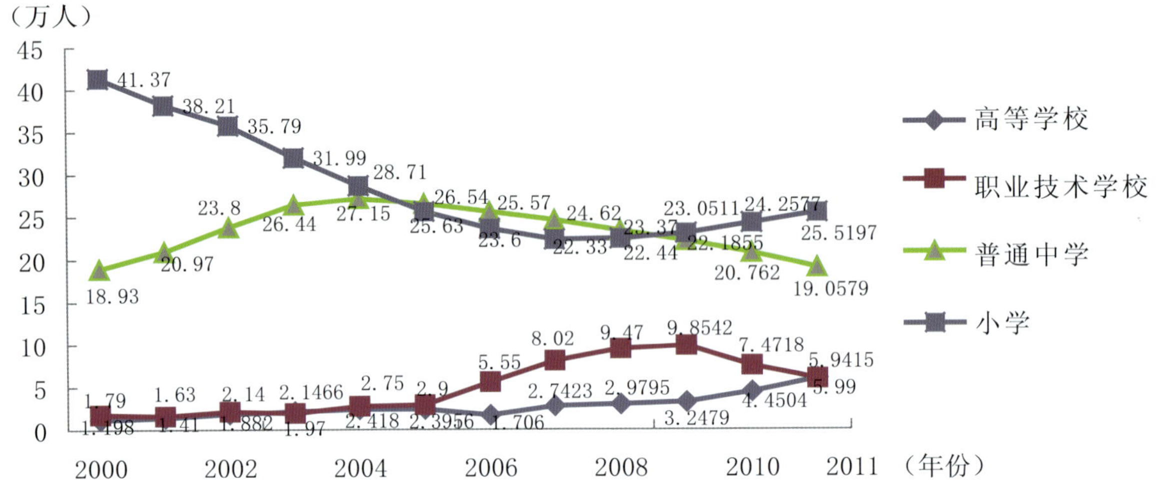

卫生技术人员及床位数

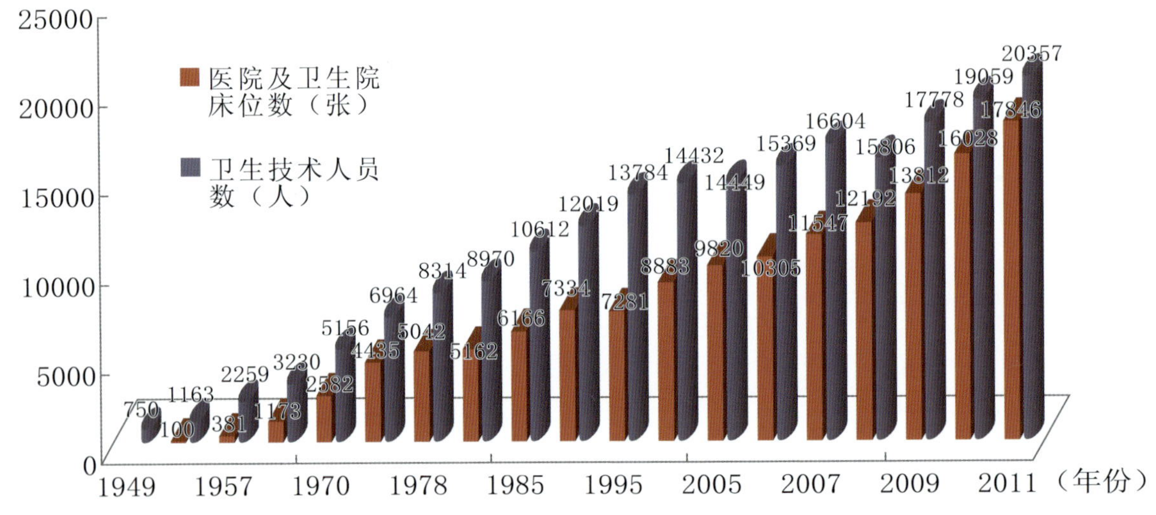

目 录

第一篇 统计图

第二篇 特 载

第三篇 统计篇

一、自然资源和行政区划

二、综 合

三、国民经济核算

SHIYAN
STATISTICAL
YEARBOOK
2012

CONTENTS

十堰统计年鉴

2012

目　录

六、固定资产投资和建筑业

七、财　政

SHIYAN
STATISTICAL
YEARBOOK
2012

CONTENTS

十堰统计年鉴

2012

目 录

SHIYAN
STATISTICAL
YEARBOOK
2012

CONTENTS

十堰统计年鉴

2012

目 录

SHIYAN
STATISTICAL
YEARBOOK
2012

CONTENTS

十堰统计年鉴

2012

目 录

SHIYAN
STATISTICAL
YEARBOOK
2012

CONTENTS

十堰统计年鉴

2012

目 录

SHIYAN STATISTICAL YEARBOOK 2012

CONTENTS

十堰统计年鉴

2012

第二篇 特 载

Second featured

政府工作报告

市长 周霁

一、2011 年工作回顾

2011 年是“十二五”开局之年。面对复杂多变的宏观经济形势，面对频繁发生的严重自然灾害，面对异常艰巨的移民内安重任，在市委的坚强领导下，我们始终坚持以科学发展为主题，以加快转变发展方式为主线，深入实施“一城两带”总体战略，凝心聚力，应急谋远，团结拼搏，克难奋进，全市发展呈现出经济持续快速增长、城乡面貌明显改观、民生福祉不断改善、社会大局和谐稳定的良好局面。预计全年完成地区生产总值 850 亿元以上，比上年增长 15%以上；财政总收入 106.8 亿元，增长 25.8%，其中地方一般预算收入 66.7 亿元，增长 29.2%；全社会固定资产投资 556 亿元，增长 33.3%；社会消费品零售总额 366 亿元，增长 17.7%；外贸出口 3 亿美元，增长 50.5%；利用外资 10725 万美元，增长 48.9%；城镇居民人均可支配收入 14170 元，增长 12%；农民人均纯收入 4024 元，增长 15%；万元生产总值综合能耗下降 3.5%；城镇登记失业率 4.5%；物价上涨势头得到遏制，居民消费价格总水平上涨 5.9%。除物价指数外，市四届人大一次会议确定的年度主要目标任务全面完成。

（一）经济实力持续增强。

农村经济快速发展。全市上下积极应对历史罕见的四季连旱、旱涝急转和汉江大汛等自然灾害，深入开展“万名干部进万村入万户”活动，农村经济在大灾之年实现了保生产、保增长、保增收目标。农业产业化加快推进，新建、改造特色产业基地 27.8 万亩，新建国家级畜禽养殖标准化示范场 2 个、省级 35 个；新增省级重点龙头企业 11 家，龙王垭茶业公司晋升国家重点龙头企业已通过公示；竹山县农产品加工园区晋升为省级园区；新增“湖北名牌”农产品8个，“武当道茶”荣获全国农交会金奖。全市实现农产品加工产值75亿元，增长40%。扶贫开发成效显着，新一轮65个重点村整村推进全面启动，扶贫搬迁3100户1.2万人，减少贫困人口6万人。农村生产生活条件不断改善，新建通村水泥路665公里，改造县乡道路382公里，改造低丘岗地5万亩，新增和改善灌溉面积6万亩，完成了17座小(一)型病险水库除险加固和1935平方公里水土保持治理任务，解决了22.5万人安全饮水问题。全省县域经济工作会在我市成功召开，有力助推了县域经济发展，县域完成生产总值320亿元，同比增长16%以上。

工业经济稳健增长。全力支持东风公司加快实施“61行动计划”，大力度协调推进重大工业项目建设，千方百计招商引资，工业经济在国家宏观政策趋紧、全国中重卡车市场下滑、2010年度高速增长的多重压力下，仍然保持了总量不断扩大、质效大幅提升、后劲显着增强的态势。全市2000万元以上工业企业完成产值1346亿元、实现增加值410亿元，可比均增长10%以上。重点工业项目快速推进，东风商用车8万辆联合工厂一期、东风征梦3万辆专用车等一批重大项目竣工投产；东风商用车动力总成、东风零部件工业园、东风装备工业园等项目相继开工；全年成功引进工业项目120个、到位资金58亿元，三一重工、朗格电动车、大唐电力等知名企业入驻我市。开发区发展势头良好，9家开发区实现产值460亿元，增长21%。山地整理再创佳绩，年度又新增工业用地2.2万亩，十堰开山整地的成功经验得到国家高度认可，并被列为全国低丘缓坡综合开发利用试点区。东风“天龙”被认定为中国驰名商标；全球首条彩色轮胎在十堰诞生下线；华昌达智能装备公司在深交所成功上市，实现了市属企业上市公司零的突破。

第三产业日益繁荣。突破性发展旅游业，大力发展现代商贸流通业，积极扩大城乡消费需求，第三产业规模不断扩大、档次明显提升，旅游业保持了强劲增势。武当旅游发展中心等主体工程全面完工，武当山旅游码头投入运营，与国际顶级创意团队-美国好莱坞兰德马克公司签署了共同打造《太极传奇》合约，武当山全年接待游客超过350万人次、实现旅游收入17.7亿元，分别增长52%和50%以上，龙头地位进一步凸显；全市再创4A级景区4家，郧县樱桃沟等3个村被评为全省旅游名村，八仙观等5个单位被列为全省休闲农业示范点，景区景点提档升级步伐进一步加快；成功举办了七夕文化节、女娲文化节和饮食文化节，地方特色旅游品牌进一步打响。全年累计接待游客突破了1870万人次，实现旅游收入超120亿元，分别增长26%和34%以上。商贸流通业加快发展，武商人民商场新购物中心、新合作生鲜物流配送中心建成使用，全市农家店乡镇覆盖率达95%。

财政金融高效运行。全市财政总收入突破百亿元；税收收入占地方一般预算收入比重达83.3%；一般预算支出177.6亿元，其中民生支出121亿元，占一般预算支出的68%。政银企紧密携手，积极应对金融危机，金融服务能力进一步增强。继兴业银行落户后，招商银行又成功入驻；5家县市农村信用社成功改制为农村商业银行；工商银行通过信托理财、信用证等新产品融资16亿元，城投公司发行15亿企业债券方案已上报国家发改委，8家小额贷款公司发放贷款11亿元。金融机构各项存款余额1008亿元，比年初增加150亿元，增长17.5%；各项贷款余额488.5亿元，比年初增加103亿元，增长26.7%。我市再次荣获全省“A级金融信用市”称号。

(二)“一城两带”战略加快实施。

城市建管水平大幅提升。市政建设加速推进，人民路、五堰步行街、60条内街小巷改造完成，东环路、北京路延长线主体工程基本完工，中岳路、发展大道、林荫大道二号线全面启动；天然气十堰支干线主管网全线贯通；城区55公里污水收集管网改造竣工，30个社区公厕和生态移动公厕、17个老式垃圾中转站改造建设任务全面完成。城市面貌焕然一新，完成了30条主干道示范街建设，实现了主次干道全天保洁，净化绿化亮化美化工作成效明显。城市管理更趋规范，形成了区为主体、属地管理、重心下移、全民参与的工作格局，在全省第一轮城市管理检查评比中，我市名列第二。创卫工作得到国家认可，以零投诉的佳绩摘得国家卫生城市桂冠。

竹房城镇带建设扎实推进。在沿线广大干群的积极参与下，“六个一体化”建设成效显着，顺利实现了“一年重点突破”的目标。基础建设快速推进，竹溪绕城一级路、竹山县城至潘口水电站坝区一级路、沿线景观带和农村环境连片整治项目全面推进，完成植树造林7.3万亩，改造特色集镇6个，新建房屋9712户。产业支撑加快形成，新建特色板块基地21.5万亩，农产品加工产值突破10亿元。公共服务功能明显提升，建成农村社区服务中心64个，户籍管理、土地利用、投资融资、社会管理等体制机制创新取得新突破。

汉江生态经济带建设全面启动。编制了汉江生态经济带总体规划和16个专项规划，推进了环库旅游、移民内安、移土培肥等重大项目建设。经过积极争取，生态文明示范区取得了阶段性成效，受水区对口协作前期工作已全面展开，省委省政府下发了《关于支持南水北调移民内安和丹江口库区跨越式发展的意见》，明确了支持建设汉江生态经济带的主要目标和扶持政策，为库区加快脱贫致富、改善生态环境、探索转型发展、提高自我发展能力奠定了坚实基础。

(三)项目建设力度加大。

重大交通项目快速推进。完成交通建设投资118.9亿元，年度净增近50亿元，再创历史新高。武当山机场已纳入国家“十二五”综合交通规划，预可研报告顺利通过国家评审；十白、十房、谷竹、郧十四条高速公路建设稳步推进；郧十一级路主体路基全面贯通，丹土一级路全线开建，316国道西部复线开工；丹江口旅游中心港加快建设；习均大桥建成通车，郧县汉江二桥即将竣工。

能源和水污染防治项目加快建设。三里坪水电站并网发电，潘口水电站下闸蓄水，龙背湾水电站实现围堰截流，热电联产项目前期工作基本完成。七里垭、万亩山地和郧西天河三座输变电工程完工。10座污水处理厂竣工试运行，5座垃圾处理场投入使用。

(四)改革开放进一步深化。

各项改革深入推进。一批改制企业遗留问题得到妥善处理；文化市场综合执法改革基本完成，广电网络整合和7个艺术院团改革正在推进，非时政类报刊社改革正式启动；基层医疗卫生机构综合改革全面完成，政府举办的基层医疗卫生机构基本药物制度实现了全覆盖，公立医院改革试点扎实开展；行政审批“三集中、三到位”改革取得新进展；农村土地承包管理不断完善，规范流转土地面积20余万亩，首家土地股份合作社在竹溪县挂牌成立。

开放水平明显提升。组织举办了十堰?长三角地区(苏州)、珠三角地区(广州)经贸合作洽谈会等活动，成功引进了武汉人福、西部控股、新兴铸管、红星美凯龙等国内500强企业，全市利用境外资金突破1亿美元，利用市外境内资金突破百亿元。外贸出口创历史最高水平，新增自营进出口权企业60家。对外经济技术合作取得突破性进展，新增境外投资企业2家，与非洲外经合作实现零的突破。

(五)民计民生有效改善。

就业和社会保障体系更加完善。新增城镇就业人员3.6万人，实现再就业1.3万人，新增农村富余劳动力转移就业4.4万人。社会保险扩面新增8.5万人，郧县、郧西县、竹山县、张湾区纳入全国第三批新农保试点，城镇居民养老保险正式启动，城乡居民养老保险参保率达80%

以上。新建和改扩建社区综合服务站21个，改扩建农村福利院24所，城乡低保补助标准分别增长24%和20%，五保对象补助标准提高20%。新开工建设各类保障性住房19036套，已竣工（含往年结转）10594套，累计配租和销售9180套。

城乡居民看病就医更有保障。新型农村合作医疗参合率达97.3%，筹资标准人均提高80元，政策范围内住院补偿率达71%；率先在全省实现了新农合“一卡通”，参合农民在市、县（市区）、乡镇和村实行刷卡就医和网上即时结算；所有乡镇卫生院均配备了医疗急救车。

社会大局和谐稳定。扎实开展领导干部接访、社会稳定风险评估、不稳定因素排查化解和群体性事件预防处置。赴京赴省非正常上访总量分别下降14.4%和18.2%。强化社会管理创新，深化基层平安创建，全面落实安全生产责任制，事故起数、死亡人数和受伤人数分别下降了7.6%、19.5%和64.7%，我市连续四年被表彰为全省社会治安综合治理优胜单位、全省安全生产工作责任目标考核优秀单位。

（六）社会事业全面进步。

科技和教育事业取得长足发展。新认定国家高新技术企业20家，申请专利1200余项，实现高新技术产业增加值50亿元，我市荣获全国科技进步先进市称号。新建改建幼儿园23所、在建幼儿园29所，小学、初中入学率分别达100%和99.4%，普通高中教学质量进一步提高，中职毕业生就业率达到98%；湖北汽车工业学院获批教育部“卓越工程师教育培养计划”试点高校，湖北医药学院探索国家免费医学生培养取得明显进展，郧阳师范高等专科学校在全国率先启动五年制学前教育专业培养模式，十堰职业技术学院创建“国家级骨干职业学院”获得批准。

文体、广电和计生事业蓬勃发展。乡镇综合文化站、“农家书屋”实现全覆盖，十堰大剧院成功立项。山地体育公园建设加快推进，新建121个农民体育健身工程，成功举办了市第四届全民健身运动会。圆满完成1.7万余户广播电视村村通建设任务。低生育水平保持稳定，出生婴儿性别比趋向正常，十堰荣获省委省政府人口与计生工作责任目标考核进步奖。

生态建设和节能减排扎实推进。争取国家重点生态功能区转移支付到位资金4.66亿元，完成植树造林32.6万亩、封山育林60万亩，天保二期工程和石漠化治理工程全面启动，森林覆盖率已达53%。主要污染物排放完成全年减排指标，境内汉江干流及丹江口水库水质保持国家Ⅱ类标准，全市空气质量优良率达98.9%。我市已正式列为“中英生态城市规划建设试点城市”、并被联合国环境规划署表彰为“中国区环境规划优秀示范城市”。

（七）民主法制和精神文明建设不断加强。

政治文明建设成效显着。自觉接受人大法律监督和政协民主监督，定期向人大报告工作、向政协通报情况，办理人大代表议案、意见、建议165件，办理政协委员提案343件，办结满意率、基本满意率分别达到100%和99.7%。深入实施“三提工程”，大力开展“治庸问责”，法治、效能和阳光政府建设深入推进。县市区、乡镇和第八届村委会换届选举顺利完成，“六五”普法工作全面启动，行政监察不断加强，政府廉洁自律各项规定得到进一步落实，审计“免疫系统”功能充分发挥，统计服务水平明显提高，对口援疆工作继续推进。政府承诺的十件实事全面完成。

精神文明建设成果丰硕。我市实现省级文明城市“六连冠”，并获得“全国文明城市提名资格”；市太和医院、市审计局、市交通运输局、黄龙滩水力发电厂获得“全国文明单位”荣誉称号；竹山县城、丹江口市习家店镇、郧县茶店镇、丹江口市六里坪镇狮子沟村、竹山县擂鼓镇烟墩梓村分别被授予“全国文明县城”和“全国文明村镇”荣誉称号。国防动员和民兵预备役工作取得新成效，我市蝉联全国双拥模范城“六连冠”和全省双拥模范城“七连冠”。

各位代表！在顺利完成 7.7 万移民外迁任务之后，我们迅速启动了 9.2 万移民内安复建工作。面对紧迫、复杂、艰巨而繁重的工作任务，全市上下迎难而上、众志成城、合力攻坚，夺取了南水北调丹江口库区移民内安工作的重大胜利；市直各部门情系移民，团结协作，全力支持，倾心服务移民内安工作；广大干部勇于担当，夜以继日，不畏艰辛，始终奋战在移民内安工作第一线；移民群众顾全大局，甘于奉献，舍小家为大家，为南水北调中线工程做出了巨大的牺牲。在这场移民内安攻坚战中，涌现了一批以刘峙清为代表的可歌可泣的英雄人物，铸就了新时期大美十堰的伟大奉献精神，谱写了气壮山河的壮丽篇章，为十堰的发展史，为全国的移民史，添上了浓墨重彩的一页！

在经济社会快速发展的过程中，全市民族宗教、外事、侨务、对台、气象、水文、地震、人防、建材、老龄、残联、社科、档案、地方志等工作也都取得了新的成绩。

2011 年，胡锦涛总书记和温家宝总理相继视察十堰，寄寓了对十堰未来发展的殷切期望，饱含了党和国家主要领导人对十堰人民的无限深情，极大地鼓舞了全市人民的昂扬斗志。回顾过去的一年，我们付出的努力非同寻常，取得的成绩十分不易。这些成绩的取得，得益于市委的坚强领导和正确决策，得益于市人大、市政协的有效监督和大力支持，凝聚着全市人民的心血和智慧。在此，我代表市人民政府，向所有参与、支持、关心十堰发展的同志们、朋友们，表示衷心的感谢并致以崇高的敬意！

在总结成绩的同时，我们也清醒地认识到，我市经济社会发展仍存在一些突出的矛盾和问题，主要表现在：经济总量仍不够大，实现跨越发展任务相当艰巨；产业结构尚不尽合理，多元支柱产业体系还未形成；县域发展相对滞后，统筹城乡发展任重道远；改善民生、维护稳定压力加大，社会管理创新任务日益繁重；少数干部作风不实、执行不力，政府自身建设仍需进一步加强。对于这些矛盾和问题，我们将认真面对，系统研究，力求有效解决。

二、2012 年工作思路和主要措施

今年是“十二五”规划实施的承启年，也是聚集跨越发展能量的基础年。做好今年工作，意义重大，影响深远。当前，世界经济复苏的不稳定性和不确定性持续上升，国际经济环境短期内难以明显好转；国内经济增长下行压力和物价上涨压力并存；区域竞争日趋激烈，十堰面临不进则退、慢进亦退的严峻挑战。客观冷静分析，我们同样也面临诸多积极因素和有利条件：国家将继续实施积极的财政政策和稳健的货币政策、启动实施秦巴山片区特困地区等新一轮扶贫开发、即将实施《全国老工业基地调整改造规划》、丹江口库区“两个规划”和对口协作，这些政策措施蕴含着重大发展机遇；省委省政府全面实施“两圈一带”战略，加快推进鄂西生态文化旅游圈、汉江流域综合开发、竹房城镇带城乡一体化试验区建设，为我市争取更多的政策、资金和项目创造了条件；东风公司实施“大商用车战略”，一批重大项目有望布局我市，这为十堰加快建设国际商用车之都提供了难得机遇；我市正在深入实施“一城两带”战略、建设百万量级汽车城和一批重大项目工程，十堰跨越发展的基础更加牢固、前景更加光明。我们将充分利用好有利条件，趋利避害，主动而为，积极应对各种挑战，持之以恒、扎实有效做好各项工作，决不辜负全市人民的期望和重托。

今年经济社会发展的总体要求是：坚持以科学发展观为指导，深入贯彻落实党的十七大、十七届五中六中全会和中央、省经济工作会及市第四次党代会精神，更加注重调整经济结构和转变发展方式，更加注重提高经济运行质量和效益，更加注重促进县域经济发展和实现城

乡统筹，更加注重改革开放和自主创新，更加注重民生改善和社会和谐，加快推进"一城两带"战略和"五城"建设，确保经济发展速度和质量好于上年，确保民生有更大改善，确保社会大局和谐稳定，力促转型发展、跨越发展。

今年全市经济社会发展的主要预期目标是：地区生产总值增长13%以上，力争突破千亿大关；地方一般预算收入增长15%；固定资产投资增长30%；社会消费品零售总额增长18%；规模以上工业增加值增长12%；实际利用外资增长15%，外贸出口总额增长15%；城镇居民人均可支配收入和农民人均纯收入分别增长12%；城镇新增就业3.1万人，城镇登记失业率控制在4.5%以内；居民消费价格指数、单位生产总值能耗下降、主要污染物排放量控制在省定目标以内。这些目标，是在综合分析各方面因素的基础上确定的，是我们的工作目标。在实际工作中，我们将力攀新高，力争取得更好的发展成绩。

围绕上述预期目标，我们将着力抓好五个方面的主要工作：

（一）强化产业支撑，全面提升综合实力。

1、扎实抓好"三农"工作，力推农村经济持续良性发展。

着力打好新一轮扶贫开发攻坚战。认真落实好《中国农村扶贫开发纲要(2011-2020年)》，超前谋划、抓紧启动秦巴山区域发展与扶贫攻坚计划编制和试点工作，突出抓好产业扶贫、能力建设、文明新村、生态家园和扶贫搬迁五大工程，新启动65个重点村整村推进工作，基本完成脱贫奔小康、连片开发、整乡扶贫搬迁等试点工作，全面完成《十堰市城区农村扶贫开发规划(2009-2012年)》任务，力求再减少贫困人口7万人，实施扶贫搬迁3000户1.2万人。强化农民技能培训，大力发展劳务经济，拓宽农民增收渠道。认真筹办好全国村长论坛。

着力推进农业产业化。按照农村经济产业化、产业发展特色化、特色发展品牌化思路，大力推进茶叶、核桃、中药材、山羊"四个百万"重点特色产业工程建设，新建基地30万亩，改造提升20万亩，新增山羊出栏6万只。新增省级农产品加工园区1家以上，农产品加工产值突破100亿元。推进农业标准化生产，支持"武当道茶"申报国家驰名商标，新增"三品一标"品牌20个。新发展专业合作社100家，创建市级以上示范合作社20家。继续推进"菜篮子"工程，抓好南水北调新建蔬菜基地建设，提高本地蔬菜自我供给能力。加快特色农产品流通体系建设，千方百计降低流通成本。加强安全监测，保障农产品质量安全。

着力夯实农业农村发展基础。坚持科学规划、合理布局、示范带动，重点抓好8个省市级新农村试点乡镇建设；新建农村新社区20个，改造农村危房1.1万余户。新修通村水泥路600公里，解决农村安全饮水10万人，完成7座小(一)型、53座小(二)型病险水库除险加固，抓好5个国家级小农水重点县和郧西县现代农业省级重点县建设。推进新一轮"万名干部进万村挖万塘"活动，完成清淤扩挖塘堰2.7万口。加快农村能源建设，新建农村户用沼气池3万口，抓好房县"全国绿色能源示范县"建设。

2、做强做大主导产业，增强工业核心竞争力。

加快国际商用车之都建设步伐。深化政企合作，做强做大汽车产业，携力打造百万量级汽车城。一是全力服务东风"大商用车战略"。配合服务东风公司加快实施"61行动计划"，大力支持东风公司进一步开拓国际市场，确保东风商用车8万辆联合工厂二期、东风动力总成、东风零部件工业园、东风装备工业园、东风特种商用车新基地等项目尽早建成投产，东风小康发动机项目顺利开工建设。二是大力推进省属和地方企业发展。深入实施"双亿工程"，加快建设三环专汽10万辆、安远3万辆、驰田2万辆、神河2万辆专用车等重点项目。鼓励地方企业实施技术改造，全面促进地方企业与东风公司深度融合，实现东风与地方企业的共赢发展。三是着力提升汽车产业聚集和辐射能力。支持中国(十堰)汽配城扩大规模、完善功能、提档升级，加速推进汽车零部件检测中心建设，高标准筹办2012年中国?十堰汽车汽配订货会，力争使订货会逐步成为全国性重大展会。积极创造条件，努力把十堰尽早建设成为国际商用车产业人才、资本、技术等诸要素的聚集高地。立足汽车超越汽车，拓展服务领域，提升汽车产业综合产出效益。

大力发展县域工业和新兴产业。进一步完善县域经济考评、激励、服务机制，支持县域依托优势资源，加快构筑特色工业体系。壮大生物医药产业，扶持神农本草、人福药业等企业开发医药新产品；推进特色农产品精深加工，扶持久康、农夫山泉、润田等企业做大做强；加快水电资源开发进程，确保潘口和小漩水电站全面投产、龙背湾水电站加快推进、孤山水电站完成前期工作并争取开工，力争每个县市新增亿元企业2-5家。把招商成果作为县市区发展绩效考核的重要内容，全面开展招商引资，力争各县市引进投资5000万元以上项目3-5家。加快发展新一代信息技术、节能环保、高端装备制造、新材料、新能源汽车等新兴产业，使之成为推进创新、促进发展、带动增长的新生力量。

加快工业园区建设。坚持基础共建、产业共育、环保共治、利益共享，大力支持工业园区发展。按照项目入园、集约节约的要求，推进“满园工程”，积极引导工业项目向园区集中、生产要素向优势产业集聚，促进园区集约集群发展。实行入驻园区准入制度，严把项目投资规模、投资强度、税收贡献、创新能力、生态环保五大关口，最大限度利用好园区土地资源。抓住南水北调对口协作机遇，探索发展“飞地经济”。对城区开发区已整理出的土地，规划5%-10%的用地指标，用于支持开发区建设。鼓励十堰经济开发区跨域发展，探索试行“一区多园”发展模式，积极尽早升级为国家级经济技术开发区。

切实优化工业发展环境。完善扶持中小企业发展的具体政策，扎实开展专班服务、领导挂点服务和重点企业直通车服务，努力提高服务企业效能。创优金融生态环境，广泛开展银企对接，支持和规范融资担保服务，积极引进更多股份制银行、各类基金公司入驻十堰，加快推进企业上市步伐，切实帮助企业解决融资难、成本高的具体困难。进一步统筹城区工业用地和工业项目布局，尽早启动实施低丘缓坡综合开发利用试点工作，力争再整理山地2万亩，不断扩大产业发展空间。

3、突破性发展现代服务业，力促三产提档升级。

坚定不移培育旅游支柱产业。坚持以生态为基础、文化为灵魂、旅游为载体，做强“龙头”，激活“引擎”，努力把旅游产业尽早培育成全市第二大支柱产业，力争全年接待游客、实现旅游收入均增长20%以上。一是实施项目兴旅工程，增强产业带动力。全面启动环丹江口库区生态旅游发展总体规划修编，规范旅游开发秩序，加快旅游项目建设，确保太极湖生态旅游区一期工程基本完工。二是实施市场主体培育工程，增强企业竞争力。扶持旅游龙头企业做强做大，引进国内外知名旅游企业集团参与旅游开发，促进生态旅游强实力、促转型、增效益。三是实施文旅农融合工程，增强旅游创新力。充分发挥汽车文化、武当文化、郧阳文化等地方特色文化优势，加快推进旅游业与一二产业尤其是文化产业的高度融合，把旅游元素融入移民集中安置区域、新农村示范点和扶贫开发重点镇村建设，实现乡村旅游、新农村建设和农民增收的互动多赢。四是实施市场促销工程，增强市场影响力。借助国际强势传媒、探索运用现代手法，弘扬传播太极文化，进一步扩大武当山国际影响。高标准筹办武当大兴600年纪念盛典活动，继续办好第十届武当国际旅游节和地方特色文化节庆活动，推动文旅商有机结合，实现多元互促互进。加强与省内及周边精品旅游线路的协调对接，实现线路互助、市场共享、合作双赢。

加快发展现代商贸流通业。制定现代物流业发展规划和促进现代物流业加快发展的意见，加快建设国家级汽车及零配件物流交易中心和区域性商贸物流中心。进一步优化升级城区主干道传统商业网点，推进便民商贸服务设施建设，不断强化中心城区商业服务功能。按照“批发出城、零售进城”的要求，加快三大百亿物流园区建设。进一步扩大“万村千乡”、“家电下乡”规模，支持发展“农超对接”，力争新增农家店200家、家电下乡销售突破5亿元。

扶持发展新兴服务业。围绕建设国际商用车之都，以国际视野和战略眼光，重点发展金融保险、研发设计、市场营销、总部经济等生产性服务业，为支柱产业进一步聚集升级提供平台；加快发展外语学校、休闲娱乐、健身体育、医疗保健、社区服务等生活性服务业，不断满足群众日益增长的消费需求。大力发展创意策划、服务外包、法律服务等新兴服务业，培育新的消费增长点。

(二) 强化区域统筹，大力推进“一城两带”建设。

提升完善城市功能。围绕建设区域性中心城市，进一步完善立体交通网络，加快高速公路配套路网和环丹江口水库交通网的规划和建设，确保武当山机场开工建设，十房、十白、谷竹、郧十四条高速主体工程基本完工，郧县汉江二桥建成通车；加快推进丹土、316国道西部复线一级公路及国省干线提等升级改造项目。加快城区断头路改造，确保郧十一级路、东环路、北京路延长线建成通车，中岳路、发展大道、林荫大道二号线路基主体工程完成，逐步改造升级公园路、江苏路、柳林路人行道。主城区基本实现天然气全覆盖，基本完成东部垃圾处理场和70公里污水收集管网建设，开工建设京能热电联产项目；启动第三水厂建设，完成取水口及主管网工程；着力推进城中村和棚户区改造。加快规划建设人民防空疏散基地和防灾避难场所。巩固创卫成果，统筹启动“数字化城管”和“网格化社区”建设，完善城市管理长效机制；完成《创建国家环境保护模范城市规划》编制工作，启动国家环保模范城市创建工作；促进全国文明城市创建。

加快竹房城镇带和汉江生态经济带建设步伐。坚持把产业发展作为竹房城镇带建设的首要任务，新建特色产业基地10万亩，实现农副产品加工产值 15 亿元。加快重点交通项目建设，加大城镇带沿线重点河道治理力度，集中连片整治土地2万亩；坚持以集中连片区域发展为突破口，大力推进房县军店-化龙堰、竹山县溢水-麻家渡-宝丰、竹溪县水坪3大重点区域建设；进一步创新体制机制，抓好军店、宝丰、水坪3个乡镇综合试点工作，确保竹房城镇带建设实现新突破。突出“移民安置区、旅游景观区、扶贫重点区、生态经济示范村、生态经济示范镇”五大重点，坚持基地建设、扶贫开发、新农村建设、移民安置、小流域治理、土地整治相结合，加快完善汉江生态经济带各项规划，推进规划和项目对接；落实扶持政策，加大投入力度，办好示范试点，整体联动推进，确保汉江生态经济带建设取得阶段性成果。

全面完成南水北调移民内安任务。持之以恒加紧做好丹江口市均县镇、郧县城关镇、柳陂镇三个集中搬迁和重大专项的迁复建后续收尾工作，全面彻底完成移民内安任务；加紧落实生产安置举措，大力实施“移土培肥”项目，改造、新增耕地5.9万亩，改造低丘岗地3万亩，认真落实好移民当家田地等生产资料；全面加快移民村镇基础设施建设对接工程，优先解决库区交通、公共服务、安全饮水、农村沼气等配套设施，切实改善移民生产生活条件；全面实施生态文明创建，加快生态、宜居环境建设；争取启动南水北调移民后期扶持工作，确保移民安居乐业，确保库区转型发展。

加强生态建设和环境保护。争取国家加大重点生态功能区转移支付力度，加强森林资源管护，大力开展人工造林，扎实推进天保二期工程，全面完成丹江口库区湿地保护、长防林、石漠化治理、鄂西北森林重点火险区综合治理二期项目等建设任务。突出竹房城镇带、汉江生态经济带、高速公路旅游重大通道等生态景观建设，完成30万亩营造林、1.8万亩林业大田育苗、500万袋容器育苗。强化主要污染物总量减排，加强工业废物污染防治，推进农村环境连片整治。

（三）强化创新驱动，不断扩大对外开放。

进一步深化各项改革。推进经营性文化单位转企改制，全面完成国有文艺院团改革工作。做好县级医疗卫生机构基本药物制度和综合改革，进一步推进公立医院改革，鼓励和引导社会资本举办医疗机构，让医疗卫生体制改革成果惠及更多群众。继续深化投融资体制改革，加强政府融资平台建设。加快推进行政审批“三集中、三到位”和“四减五制六公开”改革，不断深化事业单位人事制度和工资收入分配制度改革。

进一步推进科技创新。积极争创国家知识产权示范城市、国家商用车零部件产业集群创新示范区和国产高档数控装备应用示范区；加快建设特色高新技术产业基地，做大做实做强高新技术产业；完善科技创新考评机制，加速科技创新成果转化及产业化进程，培育技术创新主体和上市后备资源，为跨越式发展提供科技支撑。

进一步壮大外向型经济。瞄准世界500强、国内500强，坚持招商与选资、引资与引智、内资与外资相结合，精心策划重大招商活动，创新招商引资方式方法，着力提高招商引资的质效。搭建出口服务平台，重点扶持整车、零部件、农产品等出口，优化出口产品结构。鼓励企业广泛开展对外经贸合作。

进一步促进全民创业。大力营造重商、亲商的发展环境，尊重市场主体地位，强化服务意识，帮助解决实际困难。完善促进民营经济健康发展的政策措施，最大限度激活民间资本和创业热情。放宽市场准入，鼓励民间资本进入基础设施、公用事业和社会事业等领域。营造创业有功、致富光荣氛围，健全创业服务体系，加快推动全民创业。抓好回归工程，支持返乡农民工创业，促进“打工潮”向“创业潮”转变。力争市场主体增长8%以上，私营企业总户数增长10%以上。

（四）强化社会建设，致力保障和改善民生。

千方百计扩大就业，提高社会保障能力。坚持扩大就业和稳定岗位并举，狠抓高校毕业生、农村转移劳动力、就业困难人员和退役军人等重点群体就业。进一步扩大五项社会保险覆盖面，确保扩面新增8万人；全面推进城乡居民养老保险工作，稳步实施医疗、工伤、生育保险市级统筹；改扩建农村福利院30所，继续提高城乡低保救助标准和农村五保供养水平，完善临时救助制度，加快养老服务体系建设。继续加强房地产市场调控，引导房价合理回归。切实加大住房保障力度，扩大住房公积金覆盖面，确保保障性安居工程建设完成省下达任务。

全面发展社会事业，满足群众基本需求。进一步加大对社会事业的投入，加快建设覆盖城乡、惠及全体市民的公共文化服务体系；免费开放图书馆、美术馆、文化馆，加快推进十堰大剧院、传媒大厦、广电大厦、南水北调博物馆开工建设，完成鄂西北文化图书城建设，加速发展文化产业，力争文化产业增加值增长20%，推动文化事业大发展大繁荣。继续实施山地体育公园建设，大力开展全民健身活动，积极备战省十四届运动会。全面实施教育规划纲要和学前教育三年行动计划，扩大学前教育资源，提高保教质量；继续调整中小学布局，鼓励开展“一校制”、“学区制”、“教育协作区”等管理体制改革，促进义务教育均衡发展；进一步加大投入，推进普通高中优质特色发展和职业教育基础能力建设；促进高等教育提质量、创特色。完善新农合制度，确保参合率稳定在92%以上；实施公共卫生服务体系建设五年规划，启动突发公共卫生事件应急中心建设；支持市人民医院改扩建；为70%以上的城乡居民建立电子健康档案。加大“两非”治理力度，继续稳定低生育水平。启动实施广播电视户户通工程，确保广播电视混合覆盖率达到97.5%。

着力创新社会管理，维护社会和谐稳定。加快构建人口基础信息、社会矛盾联动化解、社会综合服务三大系统，创新体制、探索实施社会网格化管理，深化农村社区建设试点工作。强化基层群众自治组织建设，加强对非公经济组织、社会组织和互联网新兴媒体的引导、服务和管理。建立信访工作定期督查通报、落实回告制度，集中化解疑难信访案件。加大法律援助和法律服务力度，维护公民合法权益。完善突发事件应急管理机制，增强灾害应急救援和防灾减灾能力。进一步强化社会稳定风险评估机制，狠抓社会治安综合治理，严厉打击各种刑事犯罪，切实维护社会安定。加强安全生产，强化矿山、消防、交通尤其是校车安全监管，坚决防范重特大事故发生。严格执行市场准入和安全标准，确保食品药品质量安全。继续稳控物价，保持物价总水平基本稳定。大力支持国防和军队建设，加强“双拥”工作，不断促进军政军民团结。

各位代表！为人民群众办好事、办实事是政府应尽的职责。这里，我代表市政府郑重承诺，今年将继续为全市人民办好十件实事：一是建设南水北调内安移民新村卫生室145个；二是实现社区文化活动室建设达标45个；三是改造城区义务教育学校D级危房1.5万平方米；四是继续启动建设城区保障性住房6700套；五是建立并实行城区高龄老人补贴制度；六是建设城区便民利民电子服务平台；七是实施“城市畅通工程”，优化6处城区道路交通节点，缓解城区行车难、停车难现状；八是改造背街小巷50条；九是完成通村公路养护7000公里；十是启动并力争建成市老干部活动中心。

（五）强化自身建设，切实提高服务水平。

突出依法行政，进一步增强公信力。探索建立公众参与、专家咨询、风险评估、合法性审查和集体讨论决定相结合的行政决策机制，提高决策科学化、民主化水平。深化行政执法体制改革，加快建立权责明确、行为规范、监督有效、保障有力的执法体制。加强行政调解，创新行政复议体制，引导群众通过法定渠道反映诉求、化解矛盾。自觉接受人大、政协、司法、新闻舆论和群众监督。切实加强审计、监察等专门监督，进一步改进投资环境。认真办理人大代表建议议案和政协委员提案，做到件件有办复、事事有着落。扩大基层民主，保障人民依法直接行使民主权利。严格执行廉洁自律各项规定，加强行政监察，规范权力运行。推进“六五”普法工作，加快法治十堰建设。尊重市场主体，坚持依法快捷办事，塑造政府诚信形象。

突出改进作风，进一步增强执行力。大兴密切联系群众之风、求真务实之风、艰苦奋斗之风，坚持深入实际、深入基层、深入群众，及时了解新情况、总结新经验、解决新问题。真正把心思放在干事创业上，把本领用在促推发展上，把功夫下在狠抓落实上，把真情实意用在服务人民群众上，坚决整治机关庸、懒、散、软等不良作风，对决定的事项、确定的任务，立言立行，一以贯之、一抓到底、抓出实效。下决心、下大力气改进“文风、话风、会风、事风”，进一步提高政府工作效能。

突出制度建设，进一步增强保障力。建立健全“确责、履责、问责”的政府责任体系，进一步规范公务员履责行为。健全完善考评制度，科学确定政府绩效评价的内容和指标体系，发挥绩效评价导向和激励约束作用。加强各级行政服务中心制度建设，进一步提高审批效率。健全覆盖市县乡村的四级行政服务网络体系，建立网络问政长效机制，加强政府与公众之间交流互动。强化预算管理，严格控制“三公”等一般性财政支出。加强经济责任、专项资金和重大投资项目审计，加大违法违纪案件查处力度，坚决纠正损害群众切身利益的行为。

各位代表！时代赋予重托，目标催人奋进。在新的起点上谋求转型发展、跨越发展，是时代赋予我们的光荣使命，是全市人民的殷切期盼，更是我们的职责所在。让我们振奋精神、同心同德，锐意进取、真抓实干，努力完成今年的各项目标任务，奋力推进区域性中心城市建设，以优异的成绩迎接党的十八大胜利召开！

名词解释：

1、一城两带：围绕区域性中心城市建设目标，加快十堰城区建设，加快竹房城镇带城乡一体化试验区和十堰汉江生态经济带建设，形成区域协调发展新格局。

2、三提工程：以“提质”为重点，改进工作作风；以“提速”为保障，优化工作流程；以“提效”为目标，提升行政效能。

3、两个规划：《丹江口库区及上游水污染防治和水土保持修编规划》、《丹江口库区及上游地区经济社会发展规划》。

4、三品一标：无公害农产品、绿色食品、有机食品品牌和农产品地理标志。

5、大商用车战略：“十二五”时期，东风汽车公司将投资140多亿元人民币，在东风事业的发祥地十堰市建设一个新工业基地，通过资源整合、业务协同和新老协同，全面提升东风商用车竞争力，力争到“十二五”末期自主商用车销量达到100万辆，巩固商用车“国内第一”行业地位，实现“世界前三”目标。

6、61行动计划：2010年9月底，东风公司和十堰市政府举行高层会谈，就“十二五”时期东风汽车公司十堰基地发展规划及我市服务配套项目进行会商，内容包括：东风商用车公司8万辆重型车和动力总成项目、东风零部件、东风实业、东风装备、东风特种商用车等东风十堰基地新项目及我市围绕上述项目展开的土地整理、基础设施建设、物流配套等工程。双方就规划设计、项目建设、组织领导等若干问题达成一致意见。此次会谈，标志着上述项目正式进入实质性实施阶段。为作纪念，特以此向国庆61周年献礼为意，取名为“61行动计划”。

7、飞地经济：发达地区与欠发达地区双方政府打破行政区划限制，把“飞出地”方的资金和项目放到行政上互不隶属的“飞入地”方的工业基地，通过规划、建设、管理和税收分配等合作机制，从而实现互利共赢的持续或跨越发展。

8、四减五制六公开：四减是减审批事项、减审批环节、减审批时限、减审批费用；五制是窗口受理制、首问负责制、一次性告知制、限时办结制、责任追究制；六公开是公开服务内容、审批依据、办事程序、申报材料、承诺时限、收费标准和依据。

9、一校制、学区制、教育协作区：一校制是以一所完全小学为中心，其他附属村小和教学点作为该完小的教学部分，实行一套班子管理，教师统一调配、合理流动，干部实行交叉任职、定期轮岗。学区制是通过一定的管理制度、运行机制及考核评估措施，实行优质学校对薄弱学校的指导与帮扶，以及教育设施设备、师资和生源的均衡分配，从而缩小区域内学校间的差距。教育协作区是根据地理位置、人口分布、资源互补、人情风俗等因素，打破行政区划限制，将一个县市分为若干个教育发展协作区，实行“四个一体化”管理，即教师资源一体化调配、教学设备一体化配备、教学管理一体化安排、教学质量一体化评价。

2011年十堰市国民经济和社会发展
统计公报

2011年是"十二五"规划开局之年，也是十堰经济发展环境复杂多变、面临困难较多的一年。一年来，在市委、市政府的正确领导下，全市上下深入贯彻落实科学发展观，紧紧围绕"五城"目标，加快转变经济发展方式，开拓进取、克难攻坚，有效应对了国际金融危机深度蔓延、国内商用车市场强势回落、农业自然灾害持续发生等对经济增长的各种不利影响和挑战，扎实推进各项工作，基本完成了年初预定的各项任务目标，实现了"十二五"规划良好开局，为在"十二五"期间实现跨越式发展打下了坚实基础。

一、综　合

2011年，全市实现生产总值851.3亿元，按可比价格计算，比上年增长11.0%。其中，第一产业增加值96.9亿元，增长4.5%；第二产业增加值451.9亿元，增长10.8%；第三产业增加值302.5亿元，增长13.2%。第一产业增加值占生产总值的比重为11.4%，比上年提高0.8个百分点；第二产业增加值比重为53.1%，下降1.5个百分点；第三产业增加值比重为35.5%，提高0.7个百分点。人均生产总值达25427元。在第三产业中，金融保险业增长9.1%，批发和零售业增长9.7%，住宿和餐饮业增长8.7%，房地产业增长4.5%，其它服务业增长9.5%。

居民消费品价格指数上涨6.0%，商品零售价格总指数上涨5.0%。工业生产者出厂价格上涨3.9%，工业生产者购进价格上涨6.2%。

2011年居民消费价格指数

(以上年为100)

指　标	2011年
居民消费价格指数(CPI)	106.0
一、食品	113.5
其中:粮食	112.0
肉禽及其制品	128.0
油脂	116.5
鲜蛋	113.3
鲜菜	102.8
鲜果	143.8
二、烟酒及用品	111.5
三、衣着	99.2
四、家庭设备用品及维修服务	102.6
五、医疗保健和个人用品	101.6
六、交通和通信	100.2
七、娱乐教育文化用品及服务	100.7
八、居住	106.6

经济社会发展中还存在一些突出的矛盾和问题:制约发展的资源、环境、成本、市场等因素日益增加,节能减排形势比较严峻;第三产业比重不高,转方式、调结构的任务依然比较艰巨,城乡居民持续增收的长效机制尚需健全和完善,农村基础设施建设还相对滞后,工业生产和外经贸面临较大的不确定性,就业总量压力和结构性矛盾依然存在等;物价总水平涨幅超出调控目标,市民实际生活水平受到影响等等。

二、农林牧渔业

全年农林牧渔业增加值达到96.9亿元,增长4.5%。其中,农业增加值57.7亿元,增长3.4%;林业增加值4.0亿元,增长13%;牧业增加值29.3亿元,增长5.7 %;渔业增加值5.3亿元,增长6.2%;农林牧渔服务业增加值0.6亿元,增长1.1%。

全年粮食总产量达到107.6万吨,比上年增加1.9万吨,增长1.7%,是近十年来最高点。其中,夏粮29.5万吨,比上年减少1.0万吨,减幅3.2%;秋粮78.1万吨,增长3.8%。全市粮食作物播种达到408.2万亩,比上年的410.2万亩减2.0万亩,减幅0.5%;油料面积116.0万亩,增加3.2万亩;蔬菜面积106.7万亩,增长6.4%。全年油料产量11.7万吨,增长3.9%;蔬菜产量137.6万吨,增长7.1%;水果产量30.79万吨,下降14.2%,其中柑橘产量25.5万吨,下降12.6%。当年造林面积3.0万公顷,新增造林面积1.0万公顷。

全年生猪出栏170.3万头,比上年增长5.9%;家禽出笼2333.01万只,增长3.5%。肉类总产量18.9万吨,增长11.5%。其中,猪肉产量12.8万吨,增长10.6%;禽肉产量3.4万吨,增长10.9%。禽蛋产量4.6万吨,增长12.0%;奶类产量850吨,增长8.9%。全年水产品总产量5.9万吨,增长5.2%,再创历史新高。

全市农业机械总动力达到156.8万千瓦,增长15.8%;农村用电量4.5亿千瓦时,增长43.5%;全年化肥施用量13.2万吨,增长2.8%;有效灌溉面积35.9千公顷,机电排灌面积3.6千公顷。

三、工业和建筑业

全年完成规模以上工业总产值1358.7亿元,增长9.9%,实现工业增加值386.5亿元,增长10.1%。全市规模以上工业企业465家。分登记注册类型看,国有企业增加值比上年下降7.2%,集体企业增长0.9%,股份制企业增长14.7%,股份合作制企业增长36.2%,外商及港澳台商投资企业增长5.4%,其他企业增长19.8%。分轻重工业看,重工业增加值比上年增长7.9%,轻工业增长34.4%。轻重工业结构比为5.8:94.2。分行业看,汽车工业增加值273.1亿元,增长8.1%;医药制造业增加值5.2亿元,增长12.8%;纺织行业增加值2.9亿元,增长9.9%;化学制品业增加值9.5亿元,增长30.4%;有色金属冶炼业增加值9.2亿元,下降5.3%;黑色金属冶炼业增加值7.1亿元,增长23.8%;电力生产及供应业增加值18.9亿元,下降3.0%。规模以上企业用电量为81.2亿千瓦时,同比增长8.6%。

2011年工业主要产品产量

产品	单位	绝对量	比上年±%
汽车	万辆	57.3	3.3

（续表）

改装车	万辆	7.9	7.7
发电量	亿千瓦时	83.1	-10.8
内燃机	万千瓦	1207	28.3
水泥	万吨	398.9	-0.6
化肥	万吨	22	15.8
原铝	万吨	12.7	-0.4
钢材	万吨	58.1	29.2
轮胎外胎	万条	497.1	-14.0

规模以上工业企业实现主营业务收入1234.6亿元、利润总额182.8亿元、税金总额21.1亿元，比上年分别增长15.5%、23.9%和10.5%。在规模以上工业企业中，亏损企业102家，亏损面比上年扩大5.6个百分点。规模以上工业产品产销率97.1%，同比下降0.5个百分点。

初步统计，全年资质以内建筑企业139家，完成施工产值199.8亿元，增长11.3%；实现利润4.4亿元，增长25.7%；税金6.1亿元，下降0.5%。建筑单位房屋建筑施工面积548万平方米，增长15.9%，其中招投标承包面积380.9万平方米。

四、固定资产投资

全年完成全社会固定资产投资523.2亿元，比上年增长33.1%。全年新开工项目846个，完成投资262.6亿元，增长72.0%。

分经济类型看，国有控股经济投资263.1亿元，增长34.2%；集体经济投资37.8亿元，增长77.1%；股份制经济投资17.7亿元，增长41.8%；个体私营经济投资181.4亿元，增长20.7%。按投资用途划分，新建投资252.4亿元，增长39.8%；扩建投资78.7亿元，增长26.9%；改建和技术改造投资66.5亿元，增长2.4%。按产业划分，全市三次产业投资分别为20.9亿元、182.3亿元和283.7亿元，分别增长69.8%、13.6%和42.3%。其中工业投资182.2亿元，增长14.6%；高新技术产业投资4.7亿元。

全市房地产开发企业投资完成52.9亿元，比上年增长28.7%。其中，住宅投资35.3亿元，占全部房地产开发投资的66.8%；商业营业用房投资8.5亿元，占16.1%。全年商品房屋施工面积736万平方米，增长34.4%，其中住宅施工面积565.9万平方米，增长33.8%。商品房销售面积172.4万平方米，下降9.4%；商品房待售面积56万平方米，下降29.6%。

新增的主要生产能力有：水力发电18万千瓦，输电线路长度43.5公里，水泥180万吨/年，新建公路219公里，改造公路816公里。

五、国内贸易和对外经济

全市实现社会消费品零售总额367.1亿元，比上年增长17.9%，扣除物价因素实际增长11.9%。分城乡看，城镇消费品零售额314.8亿元，增长18.0%；乡村消费品零售额52.3亿元，增长16.7%。

批发零售贸易业销售总额595.3亿元，增长20.0%，其中，批发业实现销售额259.6亿元，增长15.3%；零售业实现销售额335.7亿元，增长23.9%。

全市外贸进出口总额28586万美元，比上年增长18.9%。其中，进口5017万美元，增长22.2%；出口23569万美元，增长18.2%。全市新批利用外资项目12个，比上年增加4个，合同利用外资46791万美元，增长14.1倍；实际利用外资10725万美元，增长71.0%。

六、交通、邮电和旅游

全市交通运输仓储和邮政业完成增加值45.1亿元，按可比价计算，比上年增长13.2%。全年完成旅客运输量5759万人次，增长15.2%。其中，公路5732万人次，增长15.5%。全年货物运输量4361万吨，增长19.9%。其中，公路4166万吨，增长22.1%。全年完成公路和水运客运周转量49.3亿人公里，比上年增长29.3%；完成货运周转量78.01亿吨公里，增长18.8%。

年末公路通车里程20665公里。等级以上公路里程19096公里，占公路总里程的92.4%。全市年末机动车拥有辆46.7万辆，增长16.1%，其中，私人机动车拥有量43.1万辆，增长16.4%，私人拥有轿车5.7万辆，增长28.4%，其中本年新增1.4万辆。

2011年末，全市拥有邮政网点150个，邮路总长度达到4640.5公里；全年完成邮电业务总量14.7亿元，比上年增长11.5%。在邮政业务中，完成函件业务量352.2万件，增长42.0%；订销报刊累计数3263万份，增长5.0%；EMS特快专递57.13万件，下降1.5%。电信业务总量12.67亿元，增长13.5%。年末固定电话用户66.8万户；移动电话用户248.1万户，计算机互联网用户33.4万户。

全年实现旅游总收入119.3亿元，比上年增长33.6%。其中，国际旅游外汇收入4384.9万美元，增长32.7%；国内旅游收入116.4亿元，增长33.8%。全年接待国内外旅游1864.1万人次，增长26.2%。其中接待入境旅游者13.2万人次，增长20.9%。年末全市拥有旅游星级宾馆饭店70家，A级旅游景区46家，各类旅行社85家，其中经营出境旅游业务的旅行社3家。

七、财政、金融、证券和保险业

全年财政总收入首次越过百亿元大关，达到106.8亿元，比上年增长25.8%，其中地方一般预算收入66.7亿元，增长29.2%。在地方一般预算收入中，税收收入55.5亿元，增长20.4%。全年财政一般预算支出179.3亿元，比上年增长24.7%。

年末全市金融机构各项存款余额1016.5亿元，比年初增加156.8亿元。其中，城乡居民储蓄存款余额569.3亿元，增加77.6亿元。金融机构各项贷款余额488.5亿元，比年初增加100.7亿元。其中，短期贷款余额117.0亿元，比年初增加18.5亿元；中长期贷款346.3亿元，增加72.2亿元。年内新增上市公司1家，实现了本地上市公司零的突破。

全市拥有地市级保险机构28家，全年完成保费收入27.7亿元，比上年下降2.8%；赔付5.4亿元，增长34.9%。其中，寿险公司13家，全年完成保费收入21.2亿元，下降8.2%；人身险赔付2.2亿元，增长37.8%。财产险公司15家，保费收入6.5亿元，增长19.7%；赔付3.2亿元，增长32.9%，赔付率为48.5 %。

八、科学技术和教育

全市有各类学校1158所，招生20.3万人，在校生65.2万人。其中，普通高校5所，招生1.1万人，在校生3.8万人；成人高等学校2所，在校学生0.8万人；中等职业教育学校20所，招生1.2万人，在校生5.9万人；技工学校5所，招生1186人，在校生5106人；普通中学192所，招生5.9万人，在校生19.1万人；小学700所，招生5.1万人，在校生25.5万人。幼儿园在园幼儿8.6万人，特殊教育学校7所，在校学生758人。小学学龄儿童入学率达到100%，初中入学率达到97.3%，初中三年巩固率达99.5%，初中毕业生升学率98.0%。全市各类学校共有教职工4.3万人，其中专任教师3.6万人。农村小学、初中生人均公用经费基本标准分别达到500元、700元。义务教育、普通高中、中等职业教育补助总金额分别达到8209万元、1301万元、1900万元。

2011年，全市安排市级科技项目80项，科技投入2470万元；省级以上科研项目86项，科技投入3523万元。专利申请受理1602项，比上年增加375项。全市全年专利申请1602件，比上年增长30.6%。全市县属以上科研机构24家。全年共取得各类科技成果75项，获省科技奖10项，其中省科技进步三等奖8项，中小企业创新奖2项。全市规模以上企业实现高新技术产业增加值72.3亿元，占规模以上工业增加值比重达到18.7%。

九、文化、卫生和体育

年末全市文化系统拥有各种艺术表演团体8个，艺术表演场所3个；公共图书馆8个，藏书107.7万册；群众艺术馆、文化馆10个；博物馆11个，其中民俗馆3个；文物管理所2个，文物藏品6.4万件，全年参观人数达114.7万人次。

年末全市共有医疗卫生机构2816所，其中三级甲等医院4家，农村卫生院113所。卫生技术人员2.0万人，其中医生7129人，护师、护士7972人，乡镇卫生院卫生技术人员4449人。病床床位1.78万张，其中医院11809张，乡镇卫生院4535张；疾病预防控制、监督机构20个，妇幼保健机构8个。全市累计新建社区卫生服务机构136个。全面落实了艾滋病、结核病、麻疹、手足口病等重点传染病防控措施，儿童免疫接种率继续维持高水平。

全市共有体育场411个，体育馆30座。全年共举办县级以上运动会104次，在省以上比赛中，全市运动健儿共获奖牌28枚，其中，金牌4枚，银牌9枚，铜牌15枚。全民健身活动进一步开展，全市参加全面健身运动的市民达96.2万人，有87个乡镇成立了全民健身机构。

十、城市管理和环境保护

全年全市生产安全事故823起，死亡人数80人，受伤114人，直接经济损失1730.9万元。与上年相比，各类事故死亡人数下降10.1%，直接经济损失上升96.8%，事故起数和受伤人数下降13.6%和65.0%。其中，道路交通事故100起，造成死亡和受伤人数为48人和108人，直接财产损失20.7万元；工矿商贸企业发生事故26起，死亡32人，受伤6人，直接经济损失1469万元。

城区建成区面积65.2平方公里，其中居住用地面积19.9平方公里。城市道路长度774.5公里，面积771.5万平方米。园林绿化覆盖面积12500公顷，其中，建成区绿化覆盖面积2849公顷。全市自来水综合能力49.7万立方米／日，全年供水总量9957.1万立方米。供热能力860吨/小时，供热总量459万吉焦，供热面积787.9万平方米。全年垃圾无害化处理量37.9万吨。

市区二氧化硫年均值为0.028毫克/立方米，符合国家Ⅱ级标准，市区二氧化氮均值为0.028毫克/立方米，符合国家Ⅱ级标准。可吸入颗粒物年均值为0.064毫克/立方米，符合国家Ⅱ级标准。市区降水pH年均值为5.17，酸雨频率为41.8%。化学需氧量、二氧化硫排放量及万元GDP能耗分别下降3.2%、1.0%和3.5%，均完成了省定减排目标。全年环境保护投资21915万元，治理污染项目18个。

2011年全市地表水质监测河流总长676公里，其中，Ⅰ类水河长39公里，占5.8%；Ⅱ类水河长567公里，占83.9%；Ⅲ类水河长23公里，占3.4%，劣于Ⅲ类的河流总长47公里，占6.9%，主要污染河流为神定河，主要污染项目为氨氮、五日生化需氧量、总磷、阴离子表面活性剂、高锰酸盐指数。全市13个饮用水源地水质均合格。

十一、人口、居民生活和社会保障

年末全市公安户籍总户数116.9万户，户籍人口348.4万人，比上年末增加2万人，其中，男性184.3万人，女性164.1万人。全年常住人口334.8万人。全年出生人口4.77万人，死亡2.65万人，人口出生率13.69‰，人口死亡率7.62‰，人口自然增长率6.07‰。

全年城镇居民人均可支配收入为14172元，比上年增长12.0%，扣除价格因素，实际增长5.7%。人均消费性支出10709元，同比增长16.2%，扣除价格因素实际增长9.6%。城镇居民恩格尔系数为40.8%。城镇居民人均住房建筑面积29.66平方米，比上年增加0.2平方米。

城镇每百户居民家庭主要耐用消费品拥有量

消费品名称	单位	数量	消费品名称	单位	数量
电冰箱	台	98	摄像机	架	4
洗衣机	台	98	照相机	架	31
家用计算机	台	64	空调器	台	103
移动电话	部	194	固定电话	部	48
摩托车	辆	28	家用汽车	辆	6

全年农民人均纯收入4044元，扣除价格因素比上年增长9.6%。城乡居民收入比为3.5:1。农村居民人均生活消费支出3662元，增长18.1%。农村居民恩格尔系数为45.91%。农村居民人均住房面积35.19平方米，增加2.4平方米。

农村每百户居民家庭主要耐用消费品拥有量

消费品	单位	数量	消费品	单位	数量
电冰箱	台	50	家用计	台	5
洗衣机	台	54	照相机	架	1
彩色电	台	96	固定电	部	43
移动电	部	141	摩托车	辆	37

年末全市城镇登记失业人员29467人，比上年增加661人，城镇登记失业率4.21%，与上年比基本持平。全年实际安置失业人员36189人，新增农村劳动力转移就业43835人。

城镇基本医疗保险和生育保险实现了市级统筹。城镇医疗保险参保101.4万人，净增5.1万人。城乡居民养老保险参保116万人，其中基本养老保险33.9万人，农民工参保2.9万人。工伤保险参保23.5万人；生育保险参保19.2万人；失业保险参保21.7万人。全年累计领取失业保险金人数6665人次。年内征缴城乡各项社会保险费26.1亿元。

全市城镇居民最低生活保障对象9.5万人，农村居民最低生活保障人数24.6万人，城乡大病医疗救助3.7万人次，国家抚恤、补助各类优抚对象3.6万人。年末全市各类社会福利院385个，床位2万张，收养1.7万人，城镇社区服务设施465个。全年销售社会福利彩票2.2亿元。

注：1、本公报所列各项数字均为初步统计或初步核算数字。

2、全市生产总值、各产业增加值绝对数按当年价格计算，增长速度按可比价格计算。

3、农业粮食产量根据全国农业普查数据做了调整，因此与上年公报数据不可比。

第三篇 统计篇

Third chapter of Statistics

一、自然资源和行政区划

【简要说明】

一、本篇资料主要包括行政区划和自然资源。行政区划来自民政部门报表。国土面积、水利、资源、矿产资源分别来自国土规划报告、水利、林业、矿产等部门报表。

二、本篇资料整理人员何玲骊。

1-1 自然资源

项　目		2011	项　目		2011
土地资源			#已养殖面积	（千公顷）	10.9
耕地面积	（千公顷）	220.70	**矿产储量**		
林业用地面积	（千公顷）	1930.88	石煤矿	（万吨）	20547
草地面积	（千公顷）	177.68	银矿	（吨）	1557
林木资源			铁矿	（万吨）	19218
活立木总蓄积量	（万立方米）	6644.96	钒矿	（万吨）	167.2
森林面积	（千公顷）	1298.91	**当年矿石开采量**		
森林覆盖率	（%）	54.80	石煤矿	（万吨）	2.99
水利资源			铁矿	（万吨）	35
水资源总量	（亿立方米）	89.90	钒矿	（万吨）	3.5
平均过境流水		313.60	绿松石矿	（吨）	3
地表径流		89.90	磷矿	（吨）	0.61
地下水量	（地下地表重复计算）	28.13	大理岩	（万吨）	19.36
水力资源蕴藏量	（万千瓦）	500	自然保护区		8
#可供开发量		350	省级		5
水面面积	（千公顷）	101.95	市级		2
#可养殖面积	（千公顷）	41.53	保护小区		13
			省级森林公园		11

注：本表由林业、水利和地矿管理部门提供，矿产资源为1998年调查核实数。

1-2 主要河流情况

名　称	过境河长(公里)	年均入库水量(亿立方米)	可供开发水能(万千瓦)
堵　河	235	62	145
汉　江	216	259	130

1-3 河流分布情况

流域面积 (平方公里)	河流数量 (条)	占河流总量比重(%)
10000 以上	1	0.65
10000-5000	1	0.65
5000-1000	6	3.92
1000-500	9	5.88
500-100	62	40.52
100-50	71	46.41
总计	150	100.00

1—4 水资源分布情况

区 域	行政面积 (平方公里)	年降水量 (亿立方米)	水资源总量(亿立方米)	
			地表水	地下水
总 计	23680	220.75	89.90	28.13
城 区	1193	9.86	3.56	0.56
丹江口市	3121	22.62	6.42	2.19
郧县	3863	34.58	13.30	4.61
郧西	3509	32.27	12.63	3.49
竹山	3299	35.20	16.34	5.90
竹溪	3585	39.66	20.96	6.75
房县	5110	46.57	16.69	4.63

注:本表由水利局提供。

1-5 水面面积

单位：千公顷

项　目	总水面	可养水面	已养水面
总　计	102.06	44.72	11.73
水库	78.83	42.78	10.13
塘堰	2.18	1.88	2.33
其中：精养鱼池	0.44	0.7	0.61

注：本表不包括河流面积、由水利局提供。

1-6 土地状况

项　目		面积	占总面积(%)	项　目		面积	占总面积(%)
总面积	(平方公里)	23680	100.00	其他	(千公顷)	96.23	4.06
按特征分				按地形分			
耕地	(千公顷)	173.65	7.33	山地	(平方公里)	17430	73.60
#水田		38.07	1.61	低山		73.95	31.23
园地	(千公顷)	76.7	3.24	二高山		6802	28.72
果园		5.18	0.2	高山		3233	13.65
有林地	(千公顷)	1313.27	55.50	丘陵	(平方公里)	6250	26.39
草地	(千公顷)	2.88	0.01	在副地貌类型中			
水域	(千公顷)	102.06	4.3	河谷平地	(平方公里)	390	1.65
#水库		78.83	3.33	山间盆地	(平方公里)	415	1.75

注：本表由统计、林业、水利局提供。

1-7 行政区划

单位：个

项 目	1995	2000	2005	2006	2007	2008	2009	2010	2011
县	5	5	5	5	5	5	5	5	5
县级市	1	1	1	1	1	1	1	1	1
市辖区	2	2	2	2	2	2	2	2	2
高新区		1	1	1	1	1	1	1	1
办事处	13	13	13	13	13	13	13	13	13
镇	53	61	61	61	61	61	61	65	67
乡	95	43	43	43	43	43	43	40	38
村民委员会	3102	1765	1788	1840	1841	1832	1845	1845	1874
村民小组	18542	10323	10561	10427	10415	10393	10384	10082	13140

1-8 各县市行政区划

(2011)

单位：个、平方公里、千公顷

地 区	办事处	镇	乡	村民委员会	村组小组	土地面积	耕地面积
总 计	13	67	38	1856	13140	23680	173.65
张湾区	4	2	2	67	536	653	1.31
茅箭区	4	1	2	37	175	540	0.77
丹江口市	5	11	1	225	1386	3121	20.57
郧 县		16	3	341	2860	3863	35.09
郧西县		9	7	338	2535	3509	26.72
竹山县		9	8	249	1587	3299	32.32
竹溪县		8	7	307	1858	3585	28.72
房县		811	8	305	2016	5110	28.15

主要统计指标解释

【**森林面积**】指生长着乔木和竹林，郁闭度在0.3以上（不包括0.3）的林地面积，即有林地面积。它是反映森林资源总面积的重要指标。森林面积包括天然林面积和人工林面积。但不包括灌木林地和疏林地面积。

【**森林覆盖率**】通常是指森林面积占土地面积之比，一般用百分数表示。但国家规定在计算森林覆盖率时，森林面积还包括灌木林面积、农田林网树占地面积以及四旁树木的覆盖面积。森林覆盖率，是反映一个国家或地区森林资源和绿化水平的重要指标。计算公式：

$$森林覆盖率(\%)=\frac{森林面积}{土地总面积}\times 100\%$$

本《年鉴》内所列森林覆盖率地按有林地面积计算的。

【**活立木总蓄积量**】指森林面积上生长的林木树干材积总量。它是反映一个国家或地区森林资源总规模的水平的重要指标。

【**草地面积**】指牧区和农区用于放牧牲畜或割草，植被盖度在5%以上的草原、草坡、草山等面积。包括天然的和人工种植或改良的草地面积。

【**内陆水域总面积**】指江、河、池塘、湖泊、塘堰、水库等各种流水或蓄水的水面占地面积。

【**矿产保有储量**】指探明的矿产储量（包括工业储量和远景储量）扣除已开采部分和地下损失量后的年末实有储量。它反映国家矿产资源的现状。

二、综　　合

【简要说明】

一、本篇资料主要包括国民经济综合资料。

二、国民经济综合资料2-1表的基础数据都来自本年鉴各篇，对大部分数据作了进一步加工。为了准确、方便地使用统计资料，我们增加了不同类型的按不变价格算的指数。

三、在计算平均增长速度时，“2000-2010”栏表示2000年至2010年平均增长速度，以此类推。

四、本篇资料整理人员何玲骊。

2—1 各部门机构数

单位:个、所、座

部门	2007	2008	2009	2010	2011	部门	2007	2008	2009	2010	2011
农村基层单位						普通高校	4	4	4	4	7
						中等职业教育	25	30	30	23	20
乡政府	43	43	43	40	38	技工学校	7	7	7	7	7
镇政府	61	61	61	65	67	普通中学	204	206	205	203	192
村民委员会	1841	1832	1845	1845	1874	小学	900	839	807	720	700
村民小组	10415	10393	10384	10082	13140	幼儿园	157	139	144	163	232
工业企业						**艺术事业**					
国有及规模以上工业	443	622	829	872	505	艺术表演团	8	8	8	8	8
国有工业	33	26	27	25	16	艺术表演场所	5	4	4	3	3
集体工业	17	18	20	19	10	**图书馆**	8	8	8	8	8
其他工业	393	578	782	828	479	**群众文化事业**					
邮电业						群众艺术馆	1	1	1	1	1
邮电局(所)	325	320	320	427	697	文化馆	9	9	9	9	9
卫生机构	1099	894	857	839	894	文化站	115	115	115	120	1193
#医院	172	150	150	154	159	**文物事业**					
门诊部	782	618	569	548	550	博物馆	4	5	6	8	11
专科防治所	5	4	4	4	5	文物事业机构	5	5	6	5	6
疾控中心	11	11	11	11	11	**广播电视**					
妇幼保健所(站)	8	8	8	8	8	广播电台	1	1	1	1	1
社会福利						电视台	1	1	1	1	1
社会福利事业单位	469	466	466	470	518	县级广播站	6	6	6	6	6
收容遣送单位	3	7	7	8	8	科学技术研究机构	28	28	28	28	28
殡葬单位	11	10	10	10	10	**金融业**					
纪念物管理单位	5	5	5	5	5	地市级分支行信用社	7	7	7	8	8
社会福利企业单位	52	51	51	54	53	县级及县以下支行办事处信用社储蓄所	465	467	467	467	467

2—2 国民经济和社会

指 标		总量指标						
		2005	2006	2007	2008	2009	2010	2011
人口与就业								
人口	(万人)							
年底户籍总人口		343.68	346.5	348.86	351.03	353.22	346.45	348.46
农业人口		243.43	242.64	244.7	249.11	250.13	234.31	230.12
非农业人口		100.25	103.86	104.16	101.92	103.39	112.14	118.24
男性人口		182.51	183.78	184.98	185.84	186.96	183.16	184.27
女性人口		161.17	162.72	163.88	165.18	166.26	163.29	164.09
就业	(万人)							
从业人员数		201	201.9	202.3	202.5	202.8	203.5	205.3
#职工人数		27.22	26.73	32.18	37.58	38.42	43.26	47.78
城镇失业人数		2.39	2.42	2.91	2.43	2.45	2.88	2.95
宏观经济								
国民核算								
本市生产总值	(亿元)	312.96	345.3	411.42	487.64	550.96	736.78	851.25
第一产业		35.78	39.2	45.76	57.77	66.51	77.84	96.91
第二产业		151.04	160.8	197.83	224.95	254.76	402.06	451.88
第三产业		126.14	145.3	167.83	204.92	229.69	256.88	302.46
固定资产投资	(万元)							
全社会固定资产投资总额		1036268	1166098	1416617	1854439	2783528	3930567	5232299
国有单位		387635	494876	580520	700549	1442868	1961392	2631413
集体单位		16703	22197	41374	63039	140522	78756	260926
其他		631930	649025	794723	1090851	1200138	1802955	2339960
财政	(万元)							
财政收入		313019	341212	375431	448632	550214	849020	1067686
财政总支出		342548	428329	542412	739660	1141039	1469768	1850858

发展总量与速度指标

速 度 指 标(%)

指数(2010 年为以下各年)						平均增长速度					
2005	2006	2007	2008	2009	2010	2005—2010	2006—2010	2007—2010	2008—2010	2009—2010	2010—2011
101.4	100.6	99.9	99.3	98.7	100.6	0.2	0.1	0.0	-0.2	-0.7	0.6
94.5	94.8	94.0	92.4	92.0	98.2	-0.9	-1.1	-1.5	-2.6	-4.1	-1.8
117.9	113.8	113.5	116.0	114.4	105.4	2.8	2.6	3.2	5.1	6.9	5.4
101.0	100.3	99.6	99.2	98.6	100.6	0.2	0.1	-0.1	-0.3	-0.7	0.6
101.8	100.8	100.1	99.3	98.7	100.5	0.3	0.2	0.0	-0.2	-0.7	0.5
102.1	101.7	101.5	101.4	101.2	100.9	0.4	0.3	0.4	0.5	0.6	0.9
175.5	178.8	148.5	127.1	124.4	110.4	9.8	12.3	10.4	8.3	11.5	10.4
123.4	121.9	101.4	121.4	120.4	102.4	3.6	4.0	0.3	6.7	9.7	2.4
272.0	246.5	206.9	174.6	154.5	115.5	18.1	19.8	19.9	20.4	24.3	15.5
270.8	247.2	211.8	167.8	145.7	124.5	18.1	19.8	20.6	18.8	20.7	24.5
299.2	281.0	228.4	200.9	177.4	112.4	20.0	23.0	22.9	26.2	33.2	12.4
239.8	208.2	180.2	147.6	131.7	117.7	15.7	15.8	15.9	13.9	14.8	17.7
504.9	448.7	369.4	282.1	188.0	133.1	31.0	35.0	38.6	41.3	37.1	33.1
678.8	531.7	453.3	375.6	182.4	134.2	37.6	39.7	45.9	55.4	35.0	34.2
1562.2	1175.5	630.7	413.9	185.7	331.3	58.1	63.7	58.5	60.6	36.3	231.3
370.3	360.5	294.4	214.5	195.0	129.8	24.4	29.2	31.0	29.0	39.6	29.8
341.1	312.9	284.4	238.0	194.0	125.8	22.7	25.6	29.9	33.5	39.3	25.8
540.3	432.1	341.2	250.2	162.2	125.9	32.5	34.0	35.9	35.8	27.4	25.9

2—2 续表 1

指　标	总量指标						
	2005	2006	2007	2008	2009	2010	2011
物价总指数　(上年=100)							
商品零售价格总指数	101.3	100.9	105.30	107.1	99.5	103.4	105.0
居民消费价格总指数	102.9	101.1	105.3	107.1	100.5	103.2	106.0
农业生产资料价格总指数	111.7	100.30	106.2	117.4	97.3	105.8	104.3
产业经济							
农业							
耕地面积	144.2	152.78	157.83	167.84	170.41	169.91	173.7
农林牧渔业总产值　(亿元)	60.24	65.95	77.39	96.44	111.94	133.19	168.0
主要农产品产量　(万吨)							
粮食	79.05	89.78	93.32	108.01	115.21	118.86	107.6
油料	6.97	6.98	7.25	8.40	9.96	11.27	11.7
水果	11.58	20.31	17.51	26.42	28.65	31.92	27.5
肉类	13.32	11.73	11.96	14.9	15.59	16.91	18.9
水产品	2.67	2.12	2.45	5.01	5.3	5.57	5.9
烟叶　(吨)	5177	3655	3683	11204	18278	10600	16438
茶叶　(吨)	2234	2191	2626	7955	8702	10411	11130
工业							
规模以上工业产值　(亿元)	411.31	411.4	562.96	633.91	832.4	1280.4	1362.3
主要工业产品产量							
发电量　(亿千瓦时)	80.14	56.31	63.72	64.26	91.09	98.5	83.1
#水电	69.49	43.92	51.37	53.9	78.95	85.6	71.1
水泥　(万吨)	100.26	176.1	193	196.3	243.5	415.5	399.0
轮胎外胎　(万条)	18.6	61.28	198	252.8	497.5	578.1	497.0

速 度 指 标(%)

指数(2010 年为以下各年)						平均增长速度					
2005	2006	2007	2008	2009	2010	2005—2011	2006—2011	2007—2011	2008—2011	2009—2011	2010—2011
103.7	104.1	99.7	98.0	105.5	101.5	0.6	0.8	-0.1	-0.7	2.7	1.5
103.0	104.8	100.7	99.0	105.5	102.7	0.5	1.0	0.2	-0.3	2.7	2.7
93.4	104.0	98.2	88.8	107.2	98.6	-1.1	0.8	-0.5	-3.9	3.5	-1.4
120.4	113.7	110.0	103.5	101.9	102.2	3.1	2.6	2.4	1.1	0.9	2.2
278.8	254.7	217.0	174.2	150.1	126.1	18.6	20.6	21.4	20.3	22.5	26.1
136.2	119.9	115.3	99.6	93.4	90.6	5.3	3.7	3.6	-0.1	-3.3	-9.4
168.0	167.8	161.5	139.4	117.6	103.9	9.0	10.9	12.7	11.7	8.4	3.9
237.8	135.6	157.3	104.2	96.1	86.3	15.5	6.3	12.0	1.4	-2.0	-13.7
141.5	160.7	157.6	126.5	120.9	111.5	6.0	10.0	12.0	8.2	10.0	11.5
219.5	276.4	239.2	117.0	110.6	105.2	14.0	22.5	24.4	5.4	5.2	5.2
317.5	449.7	446.3	146.7	89.9	155.1	21.2	35.1	45.3	13.6	-5.2	55.1
498.2	508.0	423.8	139.9	127.9	106.9	30.7	38.4	43.5	11.8	13.1	6.9
331.2	331.1	242.0	214.9	163.7	106.4	22.1	27.1	24.7	29.0	27.9	6.4
103.7	147.6	130.4	129.3	91.2	84.4	0.6	8.1	6.9	8.9	-4.5	-15.6
102.3	161.9	138.4	131.9	90.1	83.1	0.4	10.1	8.5	9.7	-5.1	-16.9
398.0	226.6	206.7	203.3	163.9	96.0	25.9	17.8	19.9	26.7	28.0	-4.0
2672.0	811.0	251.0	196.6	99.9	86.0	72.9	52.0	25.9	25.3	-0.1	-14.0

2-2 续表 2

指 标	总 量 指 标							
	2000	2005	2006	2007	2008	2009	2010	2011
汽车 (万辆)	10.05	13.06	12.16	23.25	26.83	37.21	56.2	57.3
改装汽车 (万辆)	1.46	2.58	2.31	3.00	3.28	6.16	7.94	7.9
布 (万米)	626	2963	2164	2065	2222	2125	3177.9	2229
成品钢材 (万吨)	0.47	5.98	5.30	8.07	13.12	25.36	44.98	58.11
规模以上工业财务指标 (万元)								
固定资产原价	2198301	3438692	2878825	3980068	3634806	3902591	4652240	7053356
固定资产净值平均余额	1220690	1927773	2180993	2272445	2406294	2060017	2371378	5419286
利润和税金总额	76740	422305	443034	229493	727399	1292970	1995830	2520946
建筑业								
建筑企业人数 (万人)	1.94	3.37	3.39	3.26	3.71	6.02	7.14	4.39
建筑业总产值 (万元)	72391	424264	531177	509654	905816	1585964	1795134	1994545
施工房屋面积 (万平方米)	155.75	357.50	373.80	374.90	407.80	436.77	547.77	541.52
竣工房屋面积 (万平方米)	69.94	175.60	203.70	114.40	170.70	131.09	96.79	277.94
交通运输								
货运量 (万吨)	1342	1098	1303	1503	1661	2937	3644	4361
水运	48	173	180	185	244	246	232	195
公路	1294	925	1123	1318	1417	2691	3412	4166
客运量 (万人)	3302	3481	3542	4069	4160	4415	4999	5760
水运	29	71	75	76	72	53	36	28
公路	3273	3410	3467	3993	4088	4362	4963	5732
邮电通信业								
邮电业务总量 (万元)	41126	79769	89765	106500	122500	124705	131504	146694
邮政报刊累计发行量 (万份)	6522	2320	2318	2667	2758	2565	3107	3263
局用交换机容量 (万门)	22.81	50.21	52.68	51.48	53.6	63.6	49.9	44.8
移动电话用户 (万户)	8.53	55.04	78.12	119.9	122.03	239.9	230.3	248.2

速 度 指 标(%)

指数(2010 年为以下各年)							平均增长速度					
2000	2005	2006	2007	2008	2009	2010	2005—2010	2006—2010	2007—2010	2008—2010	2009—2010	2010—2011
570.1	438.7	471.2	246.5	213.6	154.0	102.0	27.9	36.3	25.3	28.8	24.1	2.0
541.1	306.2	342.0	263.3	240.9	128.2	99.5	20.5	27.9	27.4	34.0	13.2	-0.5
356.1	75.2	103.0	107.9	100.3	104.9	70.1	-4.6	0.6	1.9	0.1	2.4	-29.9
12363.8	971.7	1096.4	720.1	442.9	229.1	129.2	46.1	61.4	63.8	64.2	51.4	29.2
320.9	205.1	245.0	177.2	194.1	180.7	151.6	12.7	19.6	15.4	24.7	34.4	51.6
444.0	281.1	248.5	238.5	225.2	263.1	228.5	18.8	20.0	24.3	31.1	62.2	128.5
3285.0	596.9	569.0	1098.5	346.6	195.0	126.3	34.7	41.6	82.1	51.3	39.6	26.3
226.3	130.3	129.5	134.7	118.3	72.9	61.5	4.5	5.3	7.7	5.8	-14.6	-38.5
2755.2	470.1	375.5	391.4	220.2	125.8	111.1	29.4	30.3	40.7	30.1	12.1	11.1
347.7	151.5	144.9	144.4	132.8	124.0	98.9	7.2	7.7	9.6	9.9	11.3	-1.1
397.4	158.3	136.4	243.0	162.8	212.0	287.2	8.0	6.4	24.8	17.6	45.6	187.2
325.0	397.2	334.7	290.2	262.6	148.5	119.7	25.8	27.3	30.5	38.0	21.9	19.7
406.3	112.7	108.3	105.4	79.9	79.3	84.1	2.0	1.6	1.3	-7.2	-11.0	-15.9
321.9	450.4	371.0	316.1	294.0	154.8	122.1	28.5	30.0	33.3	43.3	24.4	22.1
174.4	165.5	162.6	141.6	138.5	130.5	115.2	8.8	10.2	9.1	11.5	14.2	15.2
96.6	39.4	37.3	36.8	38.9	52.8	77.8	-14.4	-17.9	-22.1	-27.0	-27.3	-22.2
175.1	168.1	165.3	143.6	140.2	131.4	115.5	9.0	10.6	9.5	11.9	14.6	15.5
356.7	183.9	163.4	137.7	119.8	117.6	111.6	10.7	10.3	8.3	6.2	8.5	11.6
50.0	140.6	140.8	122.3	118.3	127.2	105.0	5.8	7.1	5.2	5.8	12.8	5.0
196.4	89.2	85.0	87.0	83.6	70.4	89.8	-1.9	-3.2	-3.4	-5.8	-16.1	-10.2
2909.7	450.9	317.7	207.0	203.4	103.5	107.8	28.5	26.0	19.9	26.7	1.7	7.8

2—2 续表 3

指标	总量指标							
	2000	2005	2006	2007	2008	2009	2010	2011
国内贸易								
社会消费品零售总额 （万元）	684547	1250591	1447225	1701942	2101794	2542475	3063662	3671247
对外经济贸易								
外贸进出口总额 （万美元）	6605	11292	5063	10627	21147	20932	24036	28586
出口额	3212	7708	3921	8229	18769	18933	19932	23569
进口额	3393	3584	1142	2398	2378	1994	4104	5017
直接利用外资 （万美元）	138	1859	3459	4112	5045	5733	7203	10725
金融								
金融机构各项存款 （万元）	1851215	4060313	5105246	4747837	5782933	6946497	8576445	10164820
金融机构各项贷款 （万元）	1500599	1615100	2471404	2072633	2351356	3101770	4103182	4749350
教育、科技、文化								
教育								
专任教师数 （人）	34323	33329	33300	34362	36363	34469	33906	33312
#高等学校	1277	1740	1680	1738	1882	1748	2403	2534
中等学校	1408	1564	1837	2145	2724	2789	2282	2226
小学	19516	14967	14851	14370	15080	14608	14699	13351
在校学生数 （万人）	63.7	63.9	62.62	64.6	56.29	56.88	58.90	56.51
#高等学校 （人）	13287	30926	35283	38132	46758	60546	64024	59901
中等学校 （人）	14481	38293	55462	80236	94740	98542	74718	59415
小学 （万人）	41.37	25.63	23.6	22.33	22.44	23.05	24.26	25.52
科技								

速度指标(%)											
指数(2010年为以下各年)						平均增长速度					
2005	2006	2007	2008	2009	2010	2005—2010	2006—2010	2007—2010	2008—2010	2009—2010	2010—2011
293.6	253.7	215.7	174.7	144.4	119.8	19.7	20.5	21.2	20.4	20.2	19.8
253.2	564.6	269.0	135.2	136.6	118.9	16.7	41.4	28.1	10.6	16.9	18.9
305.8	601.1	286.4	125.6	124.5	118.2	20.5	43.1	30.1	7.9	11.6	18.2
140.0	439.3	209.2	211.0	251.6	122.2	5.8	34.4	20.3	28.3	58.6	22.2
576.9	310.1	260.8	212.6	187.1	148.9	33.9	25.4	27.1	28.6	36.8	48.9
250.3	199.1	214.1	175.8	146.3	118.5	16.5	14.8	21.0	20.7	21.0	18.5
294.1	192.2	229.1	202.0	153.1	115.7	19.7	14.0	23.0	26.4	23.7	15.7
99.9	100.0	96.9	91.6	96.6	98.2	0.0	0.0	-0.8	-2.9	-1.7	-1.8
145.6	150.8	145.8	134.6	145.0	105.5	6.5	8.6	9.9	10.4	20.4	5.5
142.3	121.2	103.8	81.7	79.8	97.5	6.1	3.9	0.9	-6.5	-10.7	-2.5
89.2	89.9	92.9	88.5	91.4	90.8	-1.9	-2.1	-1.8	-4.0	-4.4	-9.2
88.4	90.2	87.5	100.4	99.3	95.9	-2.0	-2.0	-3.3	0.1	-0.3	-4.1
193.7	169.8	157.1	128.1	98.9	93.6	11.6	11.2	12.0	8.6	-0.5	-6.4
155.2	107.1	74.1	62.7	60.3	79.5	7.6	1.4	-7.2	-14.4	-22.4	-20.5
99.6	108.1	114.3	113.7	110.7	105.2	-0.1	1.6	3.4	4.4	5.2	5.2

2—2 续表 4

指标	总量指标						
	2005	2006	2007	2008	2009	2010	2011
专利受理量（项）	333	485	589	744	987	1137	1602
专利批准量（项）	223	192	197	245	444	589	498
文化、新闻出版							
出版杂志数量（万册）	80	80	50	52	55	155.6	26.3
出版报纸数量（万份）	3000	3100	2312	2300	2350	1560.6	1901.6
广播电视							
电视差转站（座）	334	269	244	243	243	243	243
卫星地面接收站（座）	24682	27000	197810	167731	190701	215395	
家庭、生活、环境							
家庭							
家庭总户数（万户）	99.27	111.17	112.79	114.42	115.5	115.48	116.88
城镇家庭户均人口（人）	3.07	3.02	2.94	2.94	3.01	3.02	2.89
农村家庭户均人口（人）	4.05	4.04	3.99	3.99	3.98	3.99	3.94
婚姻							
结婚数（对）	23898	26386	22881	26825	26249	27888	26962
离婚数（对）	3664	3206	3159	3800	3559	3987	4213
居住							
城镇居民人均居住面积（平方米）	21.2	21.21	21.8	22.14	21.5	28.62	28.67
农村居民人均居住面积（平方米）	29.27	28.32	30.19	30.19	31.45	32.79	35.19
生活							

速 度 指 标(%)											
指数(2010 年为以下各年)						平均增长速度					
2005	2006	2007	2008	2009	2010	2005—2010	2006—2010	2007—2010	2008—2010	2009—2010	2010—2011
481.1	330.3	272.0	215.3	162.3	140.9	29.9	27.0	28.4	29.1	27.4	40.9
223.3	259.4	252.8	203.3	112.2	84.6	14.3	21.0	26.1	26.7	5.9	-15.4
32.9	32.9	52.6	50.6	47.8	16.9	-16.9	-19.9	-14.8	-20.3	-30.8	-83.1
63.4	61.3	82.2	82.7	80.9	121.9	-7.3	-9.3	-4.8	-6.1	-10.0	21.9
72.8	90.3	99.6	100.0	100.0	100.0	-5.2	-2.0	-0.1			
						-100.0	-100.0	-100.0	-100.0	-100.0	-100.0
117.7	105.1	103.6	102.1	101.2	101.2	2.8	1.0	0.9	0.7	0.6	1.2
94.1	95.7	98.3	98.3	96.0	95.7	-1.0	-0.9	-0.4	-0.6	-2.0	-4.3
97.3	97.5	98.7	98.7	99.0	98.7	-0.5	-0.5	-0.3	-0.4	-0.5	-1.3
112.8	102.2	117.8	100.5	102.7	96.7	2.0	0.4	4.2	0.2	1.3	-3.3
115.0	131.4	133.4	110.9	118.4	105.7	2.4	5.6	7.5	3.5	8.8	5.7
135.2	135.2	131.5	129.5	133.3	100.2	5.2	6.2	7.1	9.0	15.5	0.2
120.2	124.3	116.6	116.6	111.9	107.3	3.1	4.4	3.9	5.2	5.8	7.3

2—2 续表 5

指标	总量指标						
	2005	2006	2007	2008	2009	2010	2011
城乡居民储蓄存款余额 (万元)	2382498	2626944	2757834	3397950	4027507	4915981	5685882
城区居民人均可支配收入 (元)	10413	10944	12779	13693	14454	16130	17850
农村居民人均纯收入 (元)	1990	2191	2490	2841	3110	3499	4044
工资							
工资总额 (万元)	446068	469718	588952	721600	806507	1069612	1364425
在岗职工平均工资 (元)	16316	17313	17813	19181	20999	24723	28556
卫生							
医院卫生院 (个)	154	156	172	150	150	154	159
医院卫生院医生数 (人)	6441	6736	7072	6175	6746	7102	7129
卫生机构床位数 (张)	9820	10305	11353	12192	13812	16028	17846
市政建设							
自来水供应量 (万吨)	17609	18946	18575	18201	165898	169957	15928
供水管道长度 (公里)	705	777	849	866	866	1026	1084
公共汽车总额 (辆)	748	643	711	727	803	848	1581
铺装道路面积 (万平方米)	1061	1044	1189	1201	1289	1293	1496
绿化覆盖面积 (公顷)	15116	14329	15061	15118	15184	15432	16291
环境与灾害							
治理污染资金使用数 (万元)	5229	3180	3767	8320	4741	12185	21915
火灾发生数 (起)	132	465	360	611	593	687	687
交通事故数 (起)	467	415	299	232	227	246	100

注:1.本表价值指标均按当年价格计算。2.本表速度指标中,生产总值与三次产业、农林牧渔总产值,工业总产值指标按可比价格计算。职工工资总额,全社会固定资产投资、社会消费品零售总额、居民收入等指标按当年价格计算。

速度指标(%)											
指数(2010年为以下各年)						平均增长速度					
2005	2006	2007	2008	2009	2010	2005—2010	2006—2010	2007—2010	2008—2010	2009—2010	2010—2011
238.7	216.4	206.2	167.3	141.2	115.7	15.6	16.7	19.8	18.7	18.8	15.7
171.4	163.1	139.7	130.4	123.5	110.7	9.4	10.3	8.7	9.2	11.1	10.7
203.2	184.6	162.4	142.3	130.0	115.6	12.5	13.0	12.9	12.5	14.0	15.6
305.9	290.5	231.7	189.1	169.2	127.6	20.5	23.8	23.4	23.7	30.1	27.6
175.0	164.9	160.3	148.9	136.0	115.5	9.8	10.5	12.5	14.2	16.6	15.5
103.2	101.9	92.4	106.0	106.0	103.2	0.5	0.4	-1.9	2.0	3.0	3.2
110.7	105.8	100.8	115.4	105.7	100.4	1.7	1.1	0.2	4.9	2.8	0.4
181.7	173.2	157.2	146.4	129.2	111.3	10.5	11.6	12.0	13.5	13.7	11.3
90.5	84.1	85.7	87.5	9.6	9.4	-1.7	-3.4	-3.8	-4.3	-69.0	-90.6
153.8	139.5	127.7	125.2	125.2	105.7	7.4	6.9	6.3	7.8	11.9	5.7
211.4	245.9	222.4	217.5	196.9	186.4	13.3	19.7	22.1	29.6	40.3	86.4
141.0	143.3	125.8	124.6	116.1	115.7	5.9	7.5	5.9	7.6	7.7	15.7
107.8	113.7	108.2	107.8	107.3	105.6	1.3	2.6	2.0	2.5	3.6	5.6
419.1	689.2	581.8	263.4	462.2	179.9	27.0	47.1	55.3	38.1	115.0	79.9
520.5	147.7	190.8	112.4	115.9	100.0	31.6	8.1	17.5	4.0	7.6	0.0
21.4	24.1	33.4	43.1	44.1	40.7	-22.7	-24.8	-24.0	-24.5	-33.6	-59.3

3.交通运输是全社会口径。4.反映居民收入、消费、居住等指标都为抽样调查数，其中"城镇"仅指十堰城区。5.从2000年起出口总额统计范围调整为海关统计数。6.2—3表至2—4表中各指标口径同本表相同。

2—3 国民经济和社会发展结构指标

单位%

指 标	1949	1978	1995	2000	2005	2006	2007	2008	2009	2010	2011
人口与就业											
人口											
城乡结构											
乡村	95.9	88.1	76.4	72.2	61.2	61.0	60.8	60.0	59.0	53.7	51.6
城镇	4.1	11.9	23.6	27.8	38.8	39.0	39.2	40.0	41.0	46.3	48.4
性别结构											
男	53.5	53.3	52.8	52.9	52.4	53.0	53.0	52.9	52.9	52.4	52.9
女	46.5	46.7	47.2	47.1	47.6	47.0	47.0	47.1	47.1	47.6	47.1
就业											
产业结构											
第一产业	99.8	73	51.5	45.9	43.4	43.8	43.9	43.8	43.6	43.5	43.4
第二产业		12.1	20.9	20.5	19.5	19.2	18.8	18.5	18.6	18.6	18.6
第三产业	0.2	14.9	27.6	33.6	37.1	37.0	37.3	37.7	37.8	37.9	38
经济类型结构											
国有单位	0.2	17.8	18.1	14	6.7	6.6	6.4	6.5	6.1	6.5	6.6
集体单位		2.7	4.8	3.1	0.5	0.5	0.4	0.3	0.3	0.3	0.4
其他单位			0.8	3.6	6.2	6.1	9.1	11.7	12.5	14.4	16.3
私营企业和个体			2.5	4.3	10.9	10.5	11.5	13.7	15.3	16.9	18.3
乡村劳动力	99.8	79.5	73.8	64.8	69.3	69.8	69.9	70.0	65.8	70.7	58.4
宏观经济											
国民核算											
产业结构											
第一产业	96.6	39.3	20.5	14.4	11.5	11.4	11.1	11.8	12.1	10.6	11.4
第二产业	0.1	42.2	50.9	48.2	48.3	46.6	48.1	46.1	46.2	54.6	53.1
第三产业	3.3	18.5	28.6	37.4	40.2	42.0	40.8	42.1	41.6	34.8	35.5
支出结构											
最终消费		67.5	51.5	59.2	47	48.1	47.3	44.7	47.9	45.3	43.6
居民消费		58.1	40.4	47.2	37.6	38.6	37.7	35.2	38.3	36.2	35.4
农村居民		40.1	18.5	20.5	10.9	11.5	11.3	10.7	11.6	11.1	10.9
城镇居民		18	21.9	26.7	26.7	27.1	26.4	24.5	26.7	25.1	24.5
政府消费		9.4	11.1	12	9.4	9.5	9.6	9.5	9.5	9.1	8.3
资本形成		31.6	36.6	30.9	42.9	43.5	44.6	47.3	44.1	46.4	48.6
固定资本形成		17.9	22.5	17.9	33.1	34.1	35.5	39.0	35.3	38.0	40.6
存货增加		13.7	14.1	13	9.8	9.4	9.1	8.3	8.7	8.4	8

2—3 续表 1

指　标	1949	1978	1995	2000	2005	2006	2007	2008	2009	2010	2011
净出口		0.9	11.9	9.9	10.0	8.4	8.1	8.0	8.0	8.3	7.8
投资											
经济类型结构											
国有单位	100.0	100.0	76.6	58.1	37.4	42.4	44.1	37.8	51.8	43.4	50.3
集体单位			17.8	13.6	1.6	1.9	2.8	3.4	5.0	3.1	5
其他经济单位				12.5	55.3	47.3	48.1	52.3	43.1	53.5	44.7
产业结构											
第一产业		4.7	3.3	3.0	2.0	1.0	1.8	4.8	5.2	4.3	5.5
第二产业		81.7	51.1	34.6	41.9	24.5	35.8	40.6	36.6	40.7	34.8
第三产业		13.6	45.6	62.4	56.1	74.5	62.4	54.6	58.2	55.0	59.7
财政											
财政收入结构											
中央及省级收入			50.1	42.3	61.3	61.3	58.4	55.7	53.2	51.6	37.5
地方收入	100.0	100.0	49.9	57.7	38.7	38.7	41.6	44.3	46.8	48.4	62.5
#税收收入	100.0	74.6	40.1	45.4	32.3	32.2	33.7	35.8	38.1	45.1	43.2
非税收入		25.4	9.8	12.3	7.7	6.5	7.9	8.5	8.7	6.5	5.1
产业经济											
农业											
农林牧渔业产值结构											
农业	72.2	74.2	57.2	59.2	60.8	62.4	58.1	59.4	57.9	61.5	59.6
林业	12.5	11.4	8.3	7.5	4.1	4.7	4.3	3.3	3.7	3.7	4.1
牧业	15.2	14.2	31.2	30.7	31.0	28.6	31.9	31.0	32.0	28.5	30.5
渔业	0.1	0.2	3.3	2.6	3.1	3.3	4.9	5.4	5.5	5.5	5.2
农林牧渔服务业					1.0	1.0	0.8	0.9	0.9	0.8	0.6
工业											
工业总产值经济类型结构											
国有工业		93.4	71.9	55.5	11.9	13.2	13.2	9.6	12.4	6.7	6.2
集体工业	100.0	6.6	18.2	17.4	2.1	2.5	1.0	1.7	0.9	0.6	0.6
其他经济类型			6.5	18.9	80.1	77.9	80.1	83.1	86.7	92.7	93.2
建筑业											
建筑业总产值结构											
国有企业		100.0	48.0	40.5	13.2	14.3	14.5	6.2	7.5	3.9	4.9

2—3 续表 2

指标	1949	1978	1995	2000	2005	2006	2007	2008	2009	2010	2011
集体经济			47	35.3	6.1	4.9	5.9	2.5	1.5	1.2	1.1
其他经济			5	24.2	80.7	80.8	79.6	91.3	91	94.9	94
运输业											
货运量结构											
公路		58.2	64.9	95.5	84.2	86.2	87.7	85.3	91.6	93.6	95.5
水路		41.8	35.1	3.5	15.8	13.8	12.3	14.7	8.4	6.4	4.5
国内贸易											
按销售地区分											
按行业分											
批发零售贸易业	95.1	92.2	67.2	57.6	83.7	84.2	84.3	84.3	84	88.3	88.8
餐饮业	0.5	1.9	6	11.8	15.7	15.3	15.2	15.3	15.6	11.7	11.2
金融保险											
金融机构资金来源结											
#各项贷款		45.9	19.6	36.1	110.8	114.1	108.2	104.4	102.4	96.6	99.3
#中长期贷款		10.6	35.8	69.6	30.6	25.6	27.4	24.6	21.7	30.9	
储蓄存款					65	58.7	63.2	61.3	59.4	55.4	55.6
金融机构资金运用结											
#各项存款			67.7	96.2	44.1	55.2	47.5	42.4	45.7	46.2	46.4
#中长期贷款			18.5	22.7	18.3	19.7	23.2	21.2	25.7	30.9	33.8
有价证券及投资			3.1	1.7	1.8	5.6	9	12.1	13	9.9	4.4
教育、文化、科技											
教育											
在校学生结构											
大学生		0.3	1.7	1.8	4.8	4.5	4.2	7.1	10.6	10.9	10.6
中学生		29.1	22.4	32.9	43	40.8	38.1	35.5	48.9	48	44.2
小学生		69.6	61.9	62.1	40.1	37.7	34.6	34.1	40.5	41.1	45.2
专任教师结构											
大学		0.7	2.9	3.6	5.2	3.8	4.4	5.2	5.1	7.1	7.6
中学		34.3	30.7	32	42.1	41.5	41.5	40.5	52.5	49.6	52.3
小学		63.3	58	54.9	44.9	44.6	41.8	41.5	42.4	43.4	40.1
科技											
科技投入结构											
省级以上经费			42.1	23	54.9	50.6	58.4	59.6	32.3	28.9	28

2—3 续表 3

指标	1949	1978	1995	2000	2005	2006	2007	2008	2009	2010	2011
市级经费			93.7	13	24.6	26.5	35.9	34.8	18	17.7	20
县级经费			2.3	64	20.5	22.9	5.7	5.5	49.7	53.4	52
生活、环境											
生活											
城镇居民消费结构											
食品类			40.6	33.2	33.5	31.2	34.5	36.7	35.1	29.6	
衣着类			17.3	14.9	12.8	13.7	12.9	12.9	14.3	16.9	
用品及其他类			36.1	41.9	43.4	46.2	42.1	39.4	43	48.8	
居住			6.0	10.0	10.3	8.9	10.5	11.0	7.6	4.6	
农村居民消费结构											
食品类			61.3	56	51.1	50.2	50.7	51.4	48.4	43.6	53.9
衣着类			6.4	4.3	4.7	4.9	4.8	4.6	1.4	4.7	6.2
用品及其他类			26.7	25.4	33.9	34.9	33	32.3	37.1	27.3	29.3
居住			5.6	14.3	10.3	10	11.5	11.7	18.1	24.4	10.6
卫生											
卫生技术人员结构											
医生		48	45.5	48.5	44.6	43.8	42.6	39.1	31.7	37.3	35
护师护士		15.1	28.4	30.8	29.8	30.1	32.7	33.6	30.1	37.5	39.2
其他		26.9	26.1	20.7	25.6	26.1	24.7	27.3	38.2	25.2	25.8
床位结构											
县以上医院		63.1	49.1	62.5	68.6	66	65.5	67.8	62.6	63.2	62.3
其他		36.9	50.9	37.5	31.4	34.0	34.5	32.2	37.4	36.8	37.7
环境、灾害											
治理污染资金使用结构											
治理废水			38.9	44.5	32.5	27.9	23.4	30.6	8.2	41.8	98.6
治理废气			28.4	37.0	45.4	54.1	64.5	57.9	47.8	5.2	1.4
其他			25.7	18.5	22.1	18.0	12.1	11.5	44.0	53.1	

注：本表价值指标均按当年价格计算。

2—4 国民经济和社会发展比例与效益指标

指标	1949	1978	1995	2000	2005	2006	2007	2008	2009	2010	2011
人口与就业											
人口											
出生率		21.53	9.2	8.21	9.1	9.23	11.76	9.46	9.45	11.47	13.69
死亡率		8.44	7.36	7.27	6.1	3.17	5.15	4.39	3.85	5.24	7.61
自然增长率		13.09	1.8	0.94	3.00	6.06	6.61	5.07	5.60	6.23	6.08
就业											
就业者负担人口 (人)	1.73	1.7	1.96	1.7	1.71	1.72	1.72	1.73	1.74	1.7	1.7
三次产业从业者比例 (以第一产业为100)											
第一产业		100.0	100.0	100.0	100.0	100.0	100.0	100.0	100.0	100.0	100.0
第二产业		16.6	40.6	44.7	44.9	43.8	42.8	42.2	42.7	42.8	42.9
第三产业		20.4	53.6	73.2	85.5	84.5	85.0	86.1	86.7	87.1	87.4
城镇登记失业率 (%)			2.0	3.5	4.1	4.2	4.2	4.3	4.3	4.5	4.5
宏观经济											
国民核算											
三次产业增加值比例 (以第一产业为100)											
第一产业	100.0	100.0	100.0	100.0	100.0	100.0	100.0	100.0	100.0	100.0	100.0
第二产业	0.1	107.4	248.3	340.1	420.0	412.4	433.3	390.7	381.8	515.1	466.3
第三产业	2.9	47.1	139.5	264.1	349.6	372.6	367.6	356.8	344.6	328.3	312.1
全社会劳动生产率 (元/人)	278	686	8209	10882	15570	17103	20337	24081	27168	36205	41464
第一产业	269	370	3273	3379	4099	4434	5153	6520	7524	8784	10869
第二产业		2397	20011	25607	38531	41443	51951	59891	67576	106225	118262
第三产业	417	848	8492	12138	16932	19451	22253	26847	29947	33348	38812
人均生产总值 (元)	102	255	4179	5235	9058	10667	12745	15074	17015	22054	24436

2—4 续表 1

指标	1949	1978	1995	2000	2005	2006	2007	2008	2009	2010	2011
固定资产投资 (%)											
全社会固定资产投资占 GDP 比例		21.9	21.5	17.3	33.1	35.4	34.4	38.0	50.5	55.1	61.5
固定资产交付使用率		70.0	85.0	68.0	62.7	62.5	80.8	63.5	55.2	55.1	48.2
财政 (%)											
财政收入占 GDP 比例	0.3	9.9	6.4	8.1	10	9.9	9.1	9.3	10.0	11.5	12.5
财政支出占 GDP 比例	0.1	12.7	6.5	8.7	10.9	13.1	13.1	14.6	20.7	19.5	21.1
科教文卫事业费占财政支出的比重		29.6	35.0	30.0	27.8	28.2	28.9	30.1	24.2	14.1	22.9
产业经济											
农业											
人均耕地面积	5.58	0.09	0.06	0.05	0.04	0.05	0.05	0.05	0.05	0.05	0.05
农业从业者人均耕地面积 （公顷）	2.04	0.32	0.22	0.24	0.23	0.24	0.26	0.28	0.29	0.29	0.3
每公顷耕地用电量 （千瓦/小时）		63.6	714.8	735	1467	1579.4	1478.2	1622.3	2030.3	2187.9	2580.5
每公顷耕地施肥量 （千克）		96.4	117.2	520.1	733.7	731.8	647.2	697.5	699.9	755.7	760.5
每公顷耕地农业总产值 （元）	644	1881	22334	24293	41773	43168	49035	57461	65691	78386	96729
农业从业者人均农产品产量（千克）											
粮食	529.3	1013.4	1146.9	1226.1	1234.6	1398.4	1487.6	1773.3	1942.8	2077.9	1882
油料	7.3	14.7	53.7	77.8	108.8	108.8	115.6	137.8	167.9	197.0	205
肉类		39.8	141.6	155.8	208	207.9	190.7	244.6	262.8	295.6	330
水产品		1.2	21.3	27.5	41.7	33	39.9	82.1	89.4	97.4	102
每公顷播种面积农产品产量（千克）											
粮食	807	2047	2978	2988	3330	3547	3874	4006	4223	4347	3956
油料	267	558	1221	981	1325	1492	1502	1286	1446	1499	1514
工业											
工业企业效益情况 (%)											
固定资产利税率		5.44	7.41	3.49	12.28	15.39	5.77	20.01	53.52	84.16	83.8

2—4 续表 2

指标	1949	1978	1995	2000	2005	2006	2007	2008	2009	2010	2011
资金利税率				2.35	6.74	8.3	3.83	9.9	12.36	12.13	13.7
产值利税率				3.33	10.27	10.77	4.08	11.47	15.53	15.59	18.5
建筑业											
建筑企业全员劳动生产率 （元/人）		3765	27803	38877	129219	156782	156547	243149	264624	33825	587063
交通运输业											
公路网密度（公里/平方公里）		0.17	0.31	0.32	0.37	0.67	0.63	0.73	0.80	0.84	0.87
公路货运密度（吨/公里）		441	1537	1695	1037	712	898	960	1549	1708	2110
邮电通信业 （部）											
城镇百户拥有电话机				107	89	87	87	60	72	70	
农村百户拥有电话机				12	38	60	66	70	68	63	
国内商业 (%)											
批发零售餐饮业增加值占三产的比例	80.0	38.9	26.6	35.3	31.3	29.2	29.1	28.7	22.4	24.7	23.6
金融业 (%)											
存款余额占 GDP 比重	0.2	31.3	6.3	102.7	129.7	147.8	115.4	118.6	126.1	116.4	119.4
贷款余额占 GDP 比重	0.1	49.3	74.3	8.3	51.6	71.6	50.3	48.2	56.3	55.7	55.8
银行现金支出相当于收入的比重	79.1	105.8	101.9	104.6	103.3	102.8	102.1	101.8	101.7	101.9	101.8
教育、科技、文化											
教育 (%)											
学龄儿童入学率		97	99.2	99.2	100	100	100	100	100	100	100
小学升学率		89.5	88.1	90.6	100	100	100	100	100	100	100
初中升学率		44.4	51.7	43.2	65	75.5	99.7	100	80.8	100	100
每位教师担负学生数 （人）											
普通高校		8	7	12	16	16	18	18	19	19	18
普通中学		19	13	14	20	18	18	16	15	15	27
小学		24	19	21	17	16	16	15	16	17	19
科技											

2—4 续表 3

指标		1978	1995	2000	2005	2006	2007	2008	2009	2010	2011
科技投入占 GDP 比例	(%)			1.97	2.15	1.51	0.90	0.90	0.91	0.15	0.76
文化	**(个)**										
每百万人有公共图书馆			2.4	2.3	2.3	2.3	2.3	2.3	2.3	2.3	2.3
家庭、生活、环境											
家庭											
平均每户家庭人口	(人)	4.94	3.70	3.51	3.48	3.12	3.09	3.07	3.08	3.41	2.98
婚姻											
离婚率	(‰)	0.4	0.35	0.60	1.00	0.90	0.91	1.08	2.01	2.30	1.21
生活											
城镇与农村居民收入增长率比例(以 1990 年 = 100)	(%)		187.5	145.7	174.1	168.3	171.9	161.8	84.2	89.6	76.9
卫生											
每万人拥有医院数	(个)	0.56	0.52	0.54	0.45	0.45	0.69	0.46	0.46	0.46	0.46
每万人拥有卫生技术人员数	(人)	29.31	40.70	50.88	41.82	44.35	45.85	45.03	54.90	57.10	58.4
每万人拥有床位数	(张)	18.87	23.03	26.06	28.42	29.74	32.54	34.73	42.60	48.00	51.2
市政建设	**(城区)**										
自来水普及率	(%)		96.60	97.00	95.54	79.45	84.07	85.20	86.40	88.35	93.6
用气普及率	(%)		96.90	95.10	81.89	82.04	87.29	84.70	87.10	93.90	96.9
每万人拥有绿地	(公顷)		267.6	307.9	210.3	237.3	237.4	430.68	233.3	264.4	233.3
环境、灾害											
平均每次火灾损失	(元)		3154	6248	6152	1927	365	324	1528	2178	3508
平均每次交通事故损失	(元)			4119	2120	1877	2171	1556	2245	2931	2070
环境噪音达标比例	(%)		33	33	33	33	33	33	33	33	33

注:本表价值指标均按当年价格计算。

2—5 平均每天主要社会经济活动

指标	1949	1978	1995	2000	2005	2006	2007	2008	2009	2010	2011
每天创造的财富											
本市生产总值（万元）	48	197	3872	4935	8574	9460	11272	13360	15095	20186	23322
第一产业	46	78	795	703	980	1074	1254	1583	1822	2133	2655
第二产业	0.3	83	1970	2381	4138	4405	5420	6163	6980	11015	12380
工业	0.3	27	1804	3261	3800	3968	5044	5755	6275	10354	11450
建筑业		6	166	120	338	438	376	408	705	661	930
第三产业	1	36	1107	1851	3456	3981	4598	5614	6293	7038	8287
财政收入（万元）	0.2	19	246	395	858	998	1028	1229	1507	2326	2925
财政支出（万元）	0.1	25	252	426	938	1174	1486	2026	3126	3939	5071
粮食（吨）	13	2126	2786	2551	2166	2460	2557	2959	3156	3256	2949
油料（吨）	13	31	130	162	191	191	199	230	273	309	321
肉类（吨）		84	344	324	365	321	328	408	427	463.3	516.4
汽车（辆）		14	387	275	359	333	637	735	1019	1540	1570
轮胎外胎（条）		275	4795	3857	510	1679	5425	6932	13630	15838	13616
发电量（万千瓦时）		844	1002	1373	2196	1543	1746	1761	2495	2700	2277
水泥（吨）		162	1853	2126	3021	4825	5288	5370	2163	11384	10932
每天消费量											
最终消费（万元）		148	2002	2923	4037	4506	5111	5830	6583	7534	8754
居民消费		124	1571	1330	3227	3516	4066	4586	5272	6027	7096
农民		85	720	1010	937	1078	1217	1389	1601	1841	2192
非农民居民		39	851	1319	2290	2537	2849	3197	3671	4185	4905
政府消费		24	432	593	810	891	1034	1244	1311	1508	1658
社会消费品零售总额（万元）	3	68	1209	1875	3426	3965	4663	5758	6966	8394	10058
每天其他经济总额（万元）											
资本形成总额（万元）		69	1423	1633	3681	4079	4813	6162	6061	7721	9742
固定资产形成		44	874	949	2847	3195	3830	5079	4859	6317	8136
存货增加		25	549	683	834	884	935	1082	1203	1404	1605
货运量（吨）		6192	33178	3667	30082	35699	41178	45507	80466	99836	119479
客运量（人）		11233	75068	90466	95370	97041	111479	113973	120959	136959	157808
邮电业务总量（万元）	0.01	0.8	32	113	219	246	292	336	342	360	402
居民储蓄额（万元）		11	1682	2973	6527	7197	7556	9309	11034	13468	15578

2—6 主要工农业产品人均产量

年份	粮食(千克)	油料(千克)	茶叶(千克)	水果(千克)	肉类(千克)	禽蛋(千克)	水产品(千克)	烟叶(千克)
1949	193.75	2.68		3.05				0.27
1957	245.07	2.56	0.03	5.58				0.51
1962	218.32	2.58	0.02	4.79				0.46
1965	269.72	2.32	0.03	4.44				0.37
1969	197.92	2.22	0.03					0.32
1970	216.78	2.9	0.03	3.94				0.11
1975	215.61	2.99	0.04	5.85				0.17
1978	275.32	4.01	0.05	9.32	10.82		0.31	0.38
1980	260.78	3.98	0.07	6.08	10.73		0.3	0.11
1985	292.7	9.04	0.12	9.3	23.36	4.06	0.35	0.96
1990	311.47	9.42	0.19	10.83	25.5	5.39	2.16	1.07
1995	301.72	14.13	0.24	17.34	37.29	8.07	5.6	0.67
1996	333.57	14.57	0.25	26.93	37.26	9.45	8.91	1.11
1997	294.84	14.42	0.27	27.92	40.46	9.08	9.7	2.18
1998	345.25	19.36	0.32	28.69	45.55	9.83	10.65	1.59
1999	241.89	14	0.29	18	34.11	6.86	5.55	1.32
2000	273.2	17.33	0.29	23.51	34.71	6.96	6.13	1.14
2001	273.33	19.63	0.31	27.55	35.46	7.17	6.73	1.74
2002	211.00	18.20	0.34	27.20	34.80	7.13	6.90	1.72
2003	168.00	16.80	0.37	38.10	34.90	6.52	6.95	1.05
2004	213.73	18.96	0.40	40.33	35.86	6.55	7.45	1.12
2005	228.80	20.17	0.65	33.52	38.55	6.25	7.73	1.50
2006	278.13	21.63	0.68	62.74	36.34	8.96	6.56	1.13
2007	289.10	22.47	0.81	54.25	37.05	9.66	7.74	1.14
2008	333.88	25.95	2.47	81.66	46.06	9.71	15.46	3.46
2009	326.17	28.20	2.46	81.11	44.14	9.76	15.00	5.17
2010	355.78	33.73	3.12	95.66	50.61	12.37	16.66	5.47
2011	308.96	33.61	3.19	79.06	54.11	13.29	16.82	4.72

注:从2002年起人均按常住人口计算。

2—6 续表 1

年份	汽车 （辆）	改装汽车 （辆）	轮胎外胎 （条）	发电量 （千瓦时）	成品钢材 （千克）	布 （米）	化肥 （千克）	水泥 （千克）
1949								
1957				0.03		0.57		
1962				0.09		0.07		
1965				0.19		0.15		
1969				0.52		0.12		
1970			0.01	658.79		0.09		0.01
1975			0.02	2151.16		0.39		11.00
1978			0.04	1095.97		0.86		20.90
1980	0.01		0.10	1635.40		1.32		29.08
1985	0.03		0.18	2105.11		1.41		71.39
1990	0.03		0.31	1975.20		1.98		105.46
1995	0.04		0.52	1173.89		3.23		201.77
1996	0.04		0.56	1534.00		3.42		199.48
1997	0.04		0.59	1274.00		4.10		200.84
1998	0.04		0.65	1323.11		4.16	6.70	223.59
1999	0.04		0.62	907.09		1.68	4.04	240.95
2000	0.03		0.41	1470.17		1.84	5.93	227.72
2001	0.04		0.46	1509.22		1.97	4.85	271.57
2002	0.05		0.42	1230.45		2.08	2.90	290.01
2003	0.04	0.01	0.34	1855.84	19.67	2.15	7.26	257.39
2004	0.05	0.01	0.09	1745.91	18.20	5.43	15.89	282.53
2005	0.04	0.01	0.05	2319.54	17.39	8.58	7.67	291.17
2006	0.04	0.01	0.20	1739.57	15.30	6.69	8.82	544.02
2007	0.07	0.01	0.61	1973.97	23.14	6.40	9.29	597.83
2008	0.08	0.01	0.78	1986.40	37.38	6.87	0.99	606.80
2009	0.11	0.02	1.41	2578.85	71.80	6.02	3.45	689.37
2010	0.17	0.02	1.68	2862.70	13.10	9.24	5.59	1207.60
2011	0.16	0.02	1.43	2385.50	16.68	6.40	6.31	1145.40

三、国民经济核算

【简要说明】

一、本篇资料包括地区生产总值(即GDP)及其产业构成资料，是由市统计局根据不同产业部门的特点和资料来源情况采用不同的方法计算的。有的部门以生产法计算的增加值为准，有的部门以收入法计算的增加值为准，最后将各部门增加值求和得到地区生产总值。为避免在使用上的混乱，国家统计局规定按生产法和收入法计算的国内生产总值及指数，称为“国内生产总值及指数”，按支出法计算的国内生产总值称为“支出法国内生产总值”。

二、本年鉴公布的国民经济核算资料不是最终数，如果遇到普查年，或在能够获得最为详细的基础的情况下，也会发生变动。

三、本篇资料由何玲骊整理。

3-1 本市生产总值

单位：万元

年 份	全市生产总值	第一产业	第二产业	#工业	第三产业	#交通运输仓储邮电通信业	#批发和零售贸易餐饮业	人均生产总值(元)
1982	153976	39319	89745	83126	24912	4932	9957	525
1983	167256	48566	91546	86002	27444	5488	11856	423
1984	196847	53192	109958	102656	33697	6113	13478	661
1985	275878	60399	176059	164656	39420	6563	15506	914
1990	420241	105651	241691	225762	72899	12671	20492	1297
1991	506821	107668	305788	289947	93365	12154	26963	1544
1992	677418	128363	434762	405684	114293	17355	32635	2049
1993	1051100	149100	696000	647300	206000	30869	56510	3146
1994	1420600	242300	871400	813600	306900	48984	96708	4230
1995	1413300	290200	719200	658600	403900	67987	124382	4179
1996	1573800	349000	736700	685700	488100	78929	174621	4619
1997	1689400	350800	770300	725100	538300	89505	182271	4944
1998	1785800	356800	850200	803000	578800	99860	198594	5250
1999	1686300	236600	839200	798200	610500	106850	203049	4916
2000	1801200	256600	869100	825300	675500	117887	218217	5602
2001	2034300	276600	999900	945600	757800	130825	237820	6317
2002	2331800	288700	1199700	1140200	843400	142855	260122	7223
2003	2450500	304200	1169400	1097100	976900	156851	291125	7573
2004	2929000	348500	1495300	1410500	1085200	167956	330128	9026
2005	3066300	360800	1447100	1361100	1258400	130900	272000	9415
2006	3381500	391500	1545700	1416900	1444300	212100	312200	10446
2007	4114200	457600	1874400	1723900	1782200	258100	365000	12745
2008	4873600	577700	2232100	2042100	2063800	305700	460700	13884
2009	5509600	665100	2547600	2290200	2296900	339900	514500	17015
2010	7367800	778400	4020600	3779200	2568800	397300	633500	22054
2011	8512500	969100	4518800	4186500	3024600	451100	713500	25427

注：本表按当年价格计算。从2005年起按经济普查数进行了调整；从2000年起人均生产总值按常住人口计算。

3-2 本市生产总值指数

单位：%

年份	全市生产总值	第一产业	第二产业	#工业	第三产业	#交通运输仓储邮电通信业	#批发和零售贸易餐饮业	人均生产总值(元)
定基指数								
1992	502.1	213.0	936.3	960.8	500.2	367.5	373.4	428.4
1993	666.2	238.6	1256.5	1316.4	767.3	465.0	532.9	564.5
1994	699.5	255.0	1218.8	1263.7	968.0	670.0	649.4	673.4
1995	675.7	254.9	1071.3	1096.8	1142.8	820.7	766.2	646.3
1996	700	283	1080.9	1106.7	1193.1	871.6	904.3	664.7
1997	720.3	290.9	1099.3	1142.2	1262.3	918.7	958.4	680.3
1998	785.8	298.8	1227.9	1276.9	1365.8	812.2	1015.9	690.2
1999	762.3	209.2	1232.9	1298.7	1465.5	893.3	1006.8	671.8
2000	806.5	232.2	1301.6	1337.7	1590.1	1000.5	1137.2	710.1
2001	915.4	245.7	1530.7	1562.4	1757	1088.5	1257.7	807.4
2002	1042.6	258.2	1809.3	1853	1945	1191.9	1389.8	927.7
2003	1085.3	272.3	1774.9	1778.9	2215.4	1305.1	1551.0	962.9
2004	1262.2	2881.1	2227.5	2245	2374.9	1413.4	1715.4	1117.0
2005	1322.2	289.3	2147.1	2159.3	2702.6	1551.9	1947.0	1162.8
2006	1441.2	313.0	2254.5	2206.8	3081.0	1828.1	2198.2	1257.0
2007	1677.6	326.5	2802.3	2743.1	3435.3	1947.0	2409.2	1466.9
2008	1857.1	347.1	2992.8	2948.8	3995.2	2355.8	2720.0	1598.9
2009	2118.9	366.8	3513.6	3447.1	4502.6	2777.5	3206.8	1960.3
2010	2532.1	385.5	4732.8	4643.3	4979.9	3255.3	4002.1	2540.5
2011	2810.6	402.8	5243.9	5098.3	5637.2	3606.9	4382.3	2929.2
环比指数								
1990	92.5	104.3	85.0	84.0	106.4	108.2	103.9	101.8
1992	121.8	109.3	128.5	126.5	114.8	118.5	117.1	120.9
1993	132.7	111.9	134.2	137.0	153.4	126.5	142.7	131.8
1994	100.5	106.9	97.0	96.0	126.2	121.9	144.1	119.3
1995	96.6	99.9	87.9	86.8	118.0	122.5	118.0	95.9
1996	103.6	111.3	100.9	100.9	104.4	106.2	118.0	102.8
1997	102.9	102.5	101.7	103.2	105.8	105.4	106.0	102.3
1998	109.1	102.7	111.7	111.8	108.2	88.4	106.0	106.1
1999	97.0	70.0	100.4	101.0	107.3	110.0	105	97.3
2000	105.8	111.0	103.4	103.0	108.5	112.0	106.6	105.7
2001	113.5	105.8	117.6	116.8	110.5	108.8	110.6	113.7
2002	113.9	105.1	118.2	118.6	110.7	109.5	110.5	114.9
2003	104.1	104.7	98.1	96.0	113.9	109.5	111.6	103.8
2004	116.3	104	125.5	126.2	107.2	108.3	110.6	116
2005	104.8	102.9	96.4	96.2	113.8	109.8	113.5	104.1
2006	109.0	108.2	105.0	102.2	114.0	117.8	112.9	108.1
2007	116.4	104.3	124.3	124.3	111.5	106.5	109.6	116.7
2008	110.7	106.3	106.8	107.5	116.3	121.0	112.9	109.0
2009	114.1	105.7	117.4	116.9	112.7	117.9	117.9	122.6
2010	119.5	105.1	134.7	134.7	110.6	117.2	124.8	129.6
2011	111.0	104.5	110.8	109.8	113.2	110.8	109.5	115.3

注：本表按不变价格计算，定基指数 1978 年为 100，环比指数以上年 100。

3-3 本市生产总值构成

单位：%

年份	全市生产总值	第一产业	第二产业	#工业	第三产业	#交通运输仓储邮电通信业	#批发和零售贸易餐饮业
1982	100.0	25.5	58.3	53.9	16.2	3.2	6.4
1983	100.0	28.9	54.7	51.4	16.4	3.2	7.0
1984	100.0	27.0	55.9	52.1	17.1	3.1	6.8
1985	100.0	21.9	63.8	59.5	14.3	2.3	6.6
1990	100.0	25.2	57.5	5.7	17.3	3.0	4.8
1991	100.0	21.2	60.4	57.2	18.4	2.4	5.3
1992	100.0	18.9	64.2	59.8	16.9	2.5	4.8
1993	100.0	14.2	66.2	61.6	19.6	2.9	5.4
1994	100.0	17.1	61.3	57.3	21.6	3.4	6.8
1995	100.0	20.5	50.9	46.6	28.6	4.8	8.8
1996	100.0	22.2	46.8	43.6	31.0	5.0	11.1
1997	100.0	22.5	45.6	42.9	31.9	5.3	10.8
1998	100.0	20.0	47.6	45.0	32.4	5.6	11.1
1999	100.0	14.0	49.8	47.3	36.2	6.3	12.1
2000	100.0	14.2	48.3	45.8	37.5	6.5	12.2
2001	100.0	13.6	49.2	46.5	37.3	6.4	11.7
2002	100.0	12.4	51.5	48.9	36.2	6.1	11.2
2003	100.0	12.4	47.7	44.8	39.9	6.4	11.9
2004	100.0	11.9	51.1	48.2	37.1	5.7	11.3
2005	100.0	11.5	48.3	45.4	40.2	6.1	12.1
2006	100.0	11.3	46.6	43.5	42.1	6.8	12.4
2007	100.0	11.1	48.1	44.7	40.8	6.4	11.9
2008	100.0	11.8	46.1	43.1	42.1	6.9	12.1
2009	100.0	12.1	46.2	41.6	41.7	6.2	9.3
2010	100.0	10.6	54.6	51.3	34.8	10	8.6
2011	100.0	11.4	53.1	49.2	35.5	9.6	8.4

3-4 分项目、分行业地区生产总值

单位：万元

项目	2007	2008	2009	2010	2011
一、增加值项目	4114200	4873600	5509600	7367800	8512500
劳动者报酬	1912639	2302400	2612800	3264500	3738000
生产税净额	555668	636600	720900	1099200	1240800
固定资产折旧	913224	1061000	1192900	1899000	2233900
营业盈余	732669	873600	983000	1105000	1299800
二、地区生产总值	4114200	4873600	5509600	7367800	8512500
第一产业	457600	577700	665100	778400	969100
#农林牧渔业	457600	577700	665100	778400	969100
第二产业	1874400	2232100	2547600	4020600	4518800
#工业	1723900	2042100	2290200	3779200	4186500
建筑业	150500	190000	257400	241400	332300
第三产业	1782200	2063800	2296900	2568800	3024600
交通运输、仓储和邮政业	258100	305700	339900	397300	451100
信息传输、计算机服务和软件业	251700	266500	296600	336300	368800
批发和零售业	265800	335600	376700	470100	526200
住宿和餐饮业	99200	125100	137800	163400	187300
金融业	92100	109100	121700	140000	162700
房地产业	147300	186000	207200	223300	254300
租赁和商务服务业	45400	52600	58500	64200	84700
科学研究、技术服务和地质勘查业	20200	23400	26000	28300	27200
水利、环境和公共设施管理业	26100	32300	33700	38500	41700
居民服务和其他服务业	16000	30300	20700	23100	27200
教育	125800	18600	165600	179800	214700
卫生、社会保障和社会福利业	176000	148800	211100	231200	272200
文化、体育和娱乐业	35400	41000	45600	51400	105900
公共管理和社会组织	220400	240400	265800	221900	300500

注：本表按当年价格计算。由于核算资料收集来源不同，各县市增加值之和不一定等合计，请使用时注意。

3-5 支出法地区生产总值

单位：万元

年份	支出法地区生产总值	最终消费	居民消费	农村居民	城镇居民	政府消费	资本形成总额	固定资本形成	存货增加	货物和服务净流出
1982	133937.3	74254	64230	44951	19269	10024	33946	20051	13895	5737.3
1983	125875.5	80926	70001	48459	21542	10925	35196	20853	14343	9753.5
1984	147219.9	90755	78536	51024	27512	12219	39884	22243	17641	16580.9
1985	210532.5	122519	106634	69279	37355	15885	59826	33364	26462	28187.5
1986	248509.1	139195	123220	75132	48088	15975	52939	33705	19234	56375.1
1987	300251.6	153115	135542	82645	52897	17573	62574	39839	22735	84562.6
1988	387085.5	188392	168202	95211	72991	20190	104051	45368	58683	94642.5
1989	405436.9	208916	184721	106150	78571	24195	90597	23694	66903	105923.9
1990	416039	225433	195372	115453	79919	30061	70912	30061	40851	119694
1991	501753	250485	216857	118495	98362	33628	58902	38210	20692	192300
1992	670644	312144	262411	136642	125769	49733	162890	57604	105286	195610
1993	982445	367779	318693	165250	153443	49086	410037	162455	247582	204629
1994	1410821	591723	469701	228998	240703	122022	561674	270196	291478	257424
1995	1418965	730851	573353	262659	310694	157498	519301	318865	200436	168813
1996	1564244	836809	655224	303681	351543	181585	555819	365660	190159	171616
1997	1641241	931875	719401	322289	397112	212474	518984	303694	215290	190382
1998	1763522	1009804	783379	354357	429022	226425	556124	336004	220120	197594
1999	1716287	1020601	792489	354907	437582	228112	526520	303189	223331	169100
2000	1801908	1067001	850404	368826	481578	216597	556519	323600	232919	178388
2001	2025300	1143200	905900	381000	524900	237300	659200	412200	247000	222900
2002	2312100	1274000	1004500	422000	582500	269500	773800	507000	266800	264300
2003	2470000	1364600	1088600	447300	641300	276000	864200	586800	277400	241200
2004	2649400	1289200	1006200	325900	680300	283000	1060600	777800	282800	299600
2005	3135300	1473400	1177700	341900	835800	295700	1343500	1039000	304500	318400
2006	3471199	1644600	1319300	393400	925900	325300	1540299	1217614	322685	286300
2007	3937175	1861687	1484187	444361	1039826	377500	1756888	1397821	359067	318600
2008	4425700	2119800	1704600	520800	1183800	415200	1945500	1553600	391900	36040
2009	5018700	2402700	1924200	584500	1339800	478500	2212300	1773400	439000	403600
2010	6074300	2750000	2199700	672100	1527600	550300	2818100	2305700	512400	506200
2011	7321300	3195100	2590100	799900	1790200	605000	3555700	2969800	585900	570500

注：本表按当年价格计算。从2005年起按经济，普查数进行了调整。支出法生产总值不等于本市生产总值是由于统计误差的影响。

3-6 支出法地区生产总值指数

单位：%

年 份	支出法地区生产总值	最终消费					资本形成总额			货物和服务净流出
			居民消费	农村居民	城镇居民	政府消费		固定资本形成	存货增加	
1982	118.5	118.5	118.5	118.5	118.5	118.5	118.5	118.5	118.5	118.5
1983	116.6	116.6	116.6	116.6	116.6	116.6	116.6	116.6	116.6	116.6
1984	112.6	112.6	112.8	112.6	112.6	112.6	112.6	112.6	112.6	112.6
1985	123.5	123.5	123.5	123.5	123.5	123.5	123.5	122.5	123.5	123.5
1986	97.0	97.0	97.0	97.0	97.0	97.0	97.0	97.0	97.0	97.0
1987	116.7	116.7	116.7	116.7	116.7	116.7	116.7	116.7	116.7	116.7
1988	107.2	107.2	107.2	107.2	107.2	107.2	107.2	107.2	107.2	107.2
1989	100.5	100.5	100.5	100.5	100.5	100.5	100.5	100.5	100.5	100.5
1990	92.5	92.5	92.5	92.5	92.5	92.5	92.5	92.5	92.5	92.5
1991	112.0	112.0	112.0	111.3	112.3	112.0	112.0	112.0	112.0	112.0
1992	121.8	121.8	121.8	121.8	121.8	121.8	121.8	121.8	121.8	121.8
1993	132.7	132.7	132.7	132.7	132.7	132.7	132.7	132.7	132.7	132.7
1994	105.0	105.0	105.0	105.0	105.0	105.0	105.0	105.0	105.0	105.0
1995	96.6	96.6	96.6	96.6	96.6	96.6	96.6	96.6	96.6	96.6
1996	103.6	103.6	103.6	103.6	103.6	103.6	103.6	102.6	103.6	103.6
1997	102.9	102.9	102.9	102.9	102.9	102.9	102.9	102.9	102.9	102.9
1998	109.1	109.1	109.1	109.1	109.1	109.1	109.1	109.1	109.1	109.1
1999	97.0	97.0	97.0	97.0	97.0	97.0	97.0	97.0	97.0	97.0
2000	105.8	105.8	105.8	105.8	105.8	105.8	105.8	105.8	105.8	105.8
2001	113.5	113.5	113.5	113.6	113.4	113.5	113.5	113.2	113.9	113.5
2002	113.9	113.9	113.9	113.9	113.9	113.9	113.9	112.9	113.9	113.9
2003	104.1	104.1	104.1	104.1	104.1	104.1	104.1	104.1	104.1	104.1
2004	116.3	116.3	116.3	116.3	116.3	116.3	116.3	116.3	116.3	116.3
2005	112.8	105.1	105.5	103.6	106.4	103.2	125.7	132.9	106.1	101.9
2006	112.1	116.0	116.0	119.6	115.2	114.3	111.9	113.6	106.5	93.9
2007	112.0	108.7	108.0	108.4	107.8	111.4	115.6	117.7	108.2	112.3
2008	117.5	115.5	112.4	129.9	104.9	128.0	119.1	123.6	112.6	120.4
2009	118.9	111.5	115.1	99.4	123.4	98.5	127.2	125.5	123.3	117
2010	119.0	113.7	113.6	112.0	114.3	114.2	121.4	123.9	111.3	121.9
2011	110.7	119.4	120.2	119.7	122.0	118.9	125.7	128.1	112.9	113.7

注：本表按不变价格计算，指数以上年＝100。

3-7 第三产业构成

单位:%

项目	2007	2008	2009	2010	2011
合计	100.0	100.0	100.0	100.0	100.0
交通运输、仓储和邮政业	10.8	16.4	14.8	15.5	14.9
信息传输、计算机服务和软件业	0.8	0.8	0.8	13.1	12.2
批发和零售业	22.9	22.5	16.4	18.3	17.4
住宿和餐饮业	6.2	6.2	6.0	6.4	6.2
金融业	3.5	3.4	5.3	5.5	5.4
房地产业	9.6	9.1	9.0	8.7	8.4
租赁和商务服务业	1.7	1.7	2.5	2.5	2.8
科技研究、技术服务和地质勘查业	0.5	0.5	1.1	1.1	0.9
水利、环境和公共设施管理业	1.1	1.0	1.5	1.5	1.4
居民服务和其他服务业	1.8	1.6	0.9	0.9	0.9
教育	6.0	5.6	7.2	7.0	7.1
卫生、社会保障和社会福利业	5.7	5.5	8.8	9.0	9.0
文化、体育和娱乐业	6.1	6.0	2.0	2.0	3.5
公共管理和社会组织	23.3	19.7	23.7	8.6	9.9

3-8 资本形成总额及最终消费支出

单位:万元

项目	2007	2008	2009	2010	2011
资本形成总额	1756888	2030577	2212400	2818100	3555700
一、固定资产形成总	1397821	1628422	1773400	2305700	2969800
二、存货增加	359067	402155	439000	512400	585900
最终消费支出	1861687	2120442	2402700	2750000	3195100
一、居民消费支出	1484187	1671222	1924200	2199700	2590100
农村居民	444361	506572	584500	672100	799900
城镇居民	1039826	1164650	1339800	1527600	1790200
二、政府消费支出	377500	449220	478500	550300	605000

3-9 按行业划分的资本形成总额

单位：亿元

	2008	2009	2010	2011
固定资产形成总额	155.36	177.36	230.57	296.98
第一产业	3.01	3.31	4.55	8.16
农业牧渔业	3.01	3.31	4.55	8.16
第二产业	65.42	75.80	102.31	129.79
采掘业	2.52	3.38	4.81	5.00
制造业	43.20	49.00	69.28	83.14
电力、煤气及水的生产和供应业	13.42	15.88	19.12	17.15
建筑业	6.29	7.54	9.10	24.50
第三产业	86.93	98.22	123.71	159.03
交通运输、仓储和邮政业	28.96	31.41	45.11	53.23
信息传输、计算机服务和软件业	3.81	4.29	7.36	8.09
批发和零售业	0.98	1.05	3.08	4.52
住宿和餐饮业	1.04	1.13	1.66	2.42
金融业	0.22	0.24	0.25	0.00
房地产行业	28.14	32.55	35.81	55.11
其它行业	23.78	27.56	30.44	35.66
存货增加	39.19	43.90	51.24	58.59
第一产业	2.90	3.12	3.27	3.54
农业牧渔业	2.90	3.12	3.27	3.54
第二产业	19.80	22.57	28.13	32.38
工业	18.20	20.75	25.73	29.45
建筑业	1.60	1.83	2.40	2.93
第三产业	16.49	18.23	19.84	22.67
交通运输、仓储和邮政业	1.77	1.98	2.38	2.88
批发和零售业	3.95	4.54	5.22	6.00
住宿和餐饮业	3.76	4.14	4.39	4.91
其它行业	7.01	7.55	7.85	8.88

3-10 最终消费支出

单位：亿元

	2008	2009	2010	2011
最终消费支出	211.98	240.27	275.00	319.51
一、居民消费支出	170.46	192.42	219.97	259.01
（一）农村居民	52.08	58.45	67.21	79.99
1、农村类支出	16.45	18.35	20.20	25.35
2、衣着类支出	2.04	2.13	2.36	3.69
3、居住类支出	3.13	3.52	5.43	3.58
4、家庭设备、用品及服务类支出	1.58	1.84	2.27	3.40
5、医疗保健类支出	4.41	5	5.60	6.97
6、公共医疗消费支出	0.06	0.08	0.09	1.22
7、交通和通信类支出	3.25	3.68	4.65	5.58
8、文教娱乐用品及服务类支出	6.32	7.2	7.45	8.57
9、间接付费的金额中介服务支出	0.07	0.07	0.08	1.12
10、直接付费的金融服务支出	1.43	1.45	1.54	1.69
11、保险服务消费支出	0.09	0.09	0.09	0.11
12、自有住房服务虚拟支出	11.46	13.03	15.10	15.86
13、其它商品和服务类支出	1.77	2.04	2.34	2.85
（二）城镇居民	118.33	133.98	152.76	179.02
1、食品类支出	38.88	45.57	50.11	61.29
2、衣着类支出	14.21	18.05	20.21	24.30
3、居信类支出	11.07	13.28	15.73	17.98
4、家庭设备、用品及服务类支出	6.65	7.74	9.29	9.93
5、医疗保健类支出	6.51	7.55	8.51	10.39
6、公共医疗消费支出	0.94	1.07	1.28	1.47
7、交通客通信类支出	9.44	9.82	10.8	11.3
8、文教娱乐用品及服务类支出	12.05	12.29	14.1	17.4
9、间接付费的金额中介服务支出	0.24	0.26	0.28	0.32
10、直接付费的金融服务支出	4.33	4.91	5.26	5.46
11、保险服务消费支出	0.29	0.33	0.34	0.36
12、自有住房服务虚拟支出	5.83	6.13	7.05	7.45
13、实物消费支出	3.27	3.92	4.31	5.17
14、其它商品和服务类支出	4.66	50.5	5.49	6.22
二、政府消费支出	41.53	47.85	55.03	60.50

3-11 居民消费水平及发展速度

单位：元/人，%

年份	居民消费水平			居民消费水平发展速度		
		农村	城镇		农村	城镇
1982	221	172	507	143.7	117.1	111.8
1983	239	190	539	92.6	118.3	94.1
1984	263	198	599	111.4	112.2	107.4
1985	350	273	743	121.7	122.5	118.2
1986	400	295	912	95.5	96.0	93.5
1987	434	322	960	115.1	115.3	114.2
1988	531	367	1277	105.4	105.3	105.8
1989	575	404	1345	99.6	100.4	96.0
1990	598	431	1350	92.0	93.4	86.5
1991	658	442	1588	111.0	111.7	107.3
1992	791	515	1898	121.1	123.0	113.8
1993	958	624	2251	131.7	132.7	127.7
1994	1402	872	3324	104.5	107.2	95.1
1995	1701	1013	3992	95.9	97.5	92.1
1996	1930	1176	4326	102.8	103.5	99.6
1997	2108	1254	4715	102.6	103.6	99.7
1998	2298	1383	5062	109.6	109.1	111.3
1999	2326	1385	5181	96.7	97.0	95.7
2000	2494	1445	5619	105.9	106.9	104.1
2001	2672	1512	6032	108.3	105.4	109.6
2002	2972	1691	6585	111.5	112.3	109.3
2003	3205	1793	7019	106.1	104.3	106.3
2004	3195	1544	5799	97.5	84.1	79.8
2005	3409	1617	6235	105.4	103.4	106.2
2006	4063	1980	7350	112.2	115.2	110.9
2007	4254	2088	7642	104.7	105.5	104.0
2008	4856	2091	11615	114.2	100.1	152.0
2009	5448	2337	12996	112.2	111.8	111.9
2010	6584	3586	10416	120.9	153.5	80.1
2011	7736	4628	11052	119.9	129.1	106.1

3-12 各县市生产总值

单位：万元

年份	总计	丹江口市	郧县	郧西县	竹山县	竹溪县	房县
1985	275139	38286	22675	16239	14964	12733	18326
1990	420241	61102	36481	27704	28523	22708	27851
1991	506821	65360	41399	30029	28757	23815	31154
1992	677418	82284	53148	36676	31929	27702	41322
1993	1051100	101330	97300	41210	63160	33396	46896
1994	1420500	178450	99854	44218	70792	35151	61749
1995	1413300	219471	103449	47150	67493	37624	73529
1996	1573800	237851	110025	51533	74640	40819	86203
1997	1689400	257253	117603	50774	78970	46911	89487
1998	1785800	287171	123109	58066	85456	53568	97592
1999	1685200	252678	113202	57042	86693	58113	94293
2000	1801300	260346	123485	83446	92064	65586	98449
2001	2034400	296194	133947	95741	99499	74150	104545
2002	2331800	321294	142661	111401	105514	84005	108913
2003	2450500	355143	153617	125810	115009	96620	116838
2004	2929000	387851	161692	141543	128114	114934	131778
2005	3066300	421648	182304	154849	145140	132312	135763
2006	3381500	480067	224616	171699	162100	152066	163000
2007	4114200	545083	250068	193545	197298	176556	193274
2008	4873600	676324	310480	238900	262727	225087	244909
2009	5509600	757107	364477	265100	304138	255690	291344
2010	7367800	921359	439264	332800	360028	349485	357182
2011	8512500	1083800	539700	404300	496600	427200	437700

注：本表按当年价格计算，各县市相加不等于总计。从2005年起按经济普查进行了调整。

3-13 各县市生产总值构成和指数

(2011)

单位:万元、%、元

年份	生产总值				人均生产总值
		第一产业	第二产业	第三产业	
绝对数					
总计	8512500	969100	4518800	3024600	25427
丹江口市	1083800	164600	548200	370000	23363
郧县	539700	168400	203300	168000	8445
郧西县	404300	140600	105500	158200	7846
竹山县	496600	129400	203300	163900	10506
竹溪县	427200	138800	182000	106300	11419
房县	437700	166700	128800	142200	8997
构成					
总计	100	11.4	53.1	35.5	
丹江口市	100	15.2	50.6	34.2	
郧县	100	31.2	37.7	31.1	
郧西县	100	34.8	26.1	39.1	
竹山县	100	26.1	40.9	33.0	
竹溪县	100	32.5	42.6	24.9	
房县	100	38.1	29.4	32.5	
指数(上年＝100)					
总计	111	104.5	110.8	113.2	
丹江口市	109.4	104.5	111.1	109.1	
郧县	114.3	105.0	122.0	114.2	
郧西县	112.6	104.5	117.3	116.2	
竹山县	115.6	104.5	124.5	114.9	
竹溪县	113.0	104.4	116.0	119.6	
房县	115.7	104.5	123.7	121.2	
指数(1990＝100)					
总计	888.1	255.7	1037.0	845.3	
丹江口市	944.7	329.6	1039.8	814.6	
郧县	954.6	284.1	1233.2	1047.7	
郧西县	619.8	232.5	1237.4	1233.6	
竹山县	623.4	240.7	2723.4	596.7	
竹溪县	636.3	397.3	859.9	787.3	
房县	708.8	269.8	2096.8	1269.8	

注:本表绝对数、构成按现价计算,指数按不变价格计算。人均生产总值按常住人口计算。

四、人　口

【简要说明】

一、本篇资料反映历年人口方面的基本情况，如历年总户口数、总人口、出生率、死亡率及人口年龄结构等。另外，对建国以来六次人口普查及抽样调查主要数据进行了比较。

二、本篇资料来自于公安部门统计年报、人口普查资料和抽查调查汇总资料，其中历年户籍资料数据偏小或偏低，请使用时注意。

三、本篇资料整理人员徐群梅。

4-1 总人口

单位：万人

年份地区	总户数(万户)	总人口	农业人口	非农业人口	男	女
1957	44.86	203.82	194.26	9.56		
1962	44.86	203.86	194.26	9.56		
1965	47.18	223.14	207.5	15.64		
1969	48.52	240.58	222.8	17.78		
1970	49.07	247.41	223.99	23.43		
1975	54.22	274.32	243.03	31.29		
1978	57.38	283.63	249.92	33.71	151.16	132.47
1980	60.25	291.19	263.15	38.04	153.14	138.05
1985	68.94	304.51	254.2	50.31	161.13	143.38
1990	82.66	326.80	267.60	59.20	173.18	153.62
1995	91.34	338.19	257.54	79.65	178.72	159.47
1996	92.03	340.69	257.81	82.88	179.91	160.77
1997	92.53	341.73	256.15	85.58	180.33	161.40
1998	95.77	340.14	256.22	83.92	179.68	160.46
1999	100.54	341.15	256.13	85.02	180.07	161.08
2000	99.79	340.82	253.43	86.40	180.25	160.57
2001	100.73	337.26	249.61	87.65	178.03	159.23
2002	102.01	338.66	249.39	89.27	178.64	160.02
2003	104.00	340.64	245.50	91.14	180.39	160.25
2004	107.35	341.78	250.09	91.69	181.33	160.45
2005	109.91	343.68	243.43	100.25	182.51	161.17
2006	111.17	346.50	242.64	103.86	183.78	162.72
2007	112.79	348.86	244.70	104.16	184.98	163.88
2008	114.42	351.03	249.11	101.92	185.84	165.18
2009	115.50	353.22	250.13	103.09	186.96	166.26
2010	115.48	346.45	234.31	112.14	183.16	163.29
2011	116.88	348.36	230.12	118.24	184.27	164.09
城区	20.04	53.59	4.87	48.72	27.14	26.45
张湾区	9.86	26.27	3.28	22.99	13.32	12.94
茅箭区	10.18	27.32	1.59	25.73	13.82	13.50
丹江口市	16.01	45.99	26.62	19.37	23.87	22.12
郧县	18.86	63.91	48.29	15.62	33.75	30.16
郧西县	16.84	51.53	45.45	6.08	27.54	24.00
竹山县	14.86	47.27	39.46	7.81	25.92	21.35
竹溪县	12.81	37.41	32.06	5.35	20.20	17.21
房县	17.46	48.65	33.36	15.29	25.84	22.81

注：本表为公安年报表，按户籍状况统计，同人口普查登记原则有差异，请使用时注意(下同)。

4-2 人口出生率、死亡率、自然增长率

年份 地区	人口变动数(万人)			变动系数(‰)		
	出生数	死亡数	自然增长数	出生率	死亡率	自然增长率
1952			3.13			17.1
1957			4.37			21.48
1962	6.83	1.62	5.21	32.61	7.74	24.87
1965	6.71	2.52	4.19	30.14	10.98	19.16
1969	6.64	2.27	4.37	27.69	9.31	18.38
1970	6.72	2.11	4.61	27.44	8.61	18.83
1975	6.31	2.77	3.54	23.21	11.03	12.18
1978	6.07	2.38	3.69	21.53	8.44	13.09
1980	5.76	2.29	3.47	19.92	7.92	11.99
1985	4.32	2.32	2.00	14.30	7.68	6.63
1990	5.45	2.86	2.59	16.82	8.82	7.99
1995	3.10	2.48	0.62	9.20	7.36	1.8
1996	2.66	2.4	0.26	7.84	7.07	0.76
1997	2.64	2.37	0.27	7.74	6.95	0.79
1998	2.58	2.41	0.17	7.59	7.09	0.5
1999	2.64	2.25	0.39	7.74	6.6	1.14
2000	2.8	2.48	0.32	8.21	7.27	0.94
2001	2.54	2.02	0.52	7.53	5.99	1.54
2002	2.59	2.16	0.43	7.62	6.38	1.24
2003	2.71	1.8	0.91	7.9	5.2	2.7
2004	3.30	2.68	0.62	9.67	7.85	1.82
2005	2.80	1.43	1.37	9.10	6.10	3.00
2006	3.20	1.10	2.10	9.23	3.17	6.06
2007	4.09	1.79	2.3	11.72	5.13	6.59
2008	4.50	2.04	2.51	9.46	4.39	5.07
2009	4.60	1.03	2.97	9.45	3.85	5.60
2010	4.40	1.53	2.87	11.47	5.24	6.23
2011	4.77	2.65	2.12	13.69	7.61	6.08

注：本表为公安部门统计的户籍人口数据，08、09年的出生率、死亡率，自然增长率为数据。

4-3 历次人口普查主要数据

项 目		第一次人口普查(1953年)	第二次人口普查(1964年)	第三次人口普查(1982年)	第四次人口普查(1990年)	第五次人口普查(2000年)	第六次人口普查(2010年)
总人口	(人)	1880036	2131404	3006612	3292502	3415912	3340843
男性		1006548	1120287	1587815	1749367	1817856	1751834
女性		873488	1011117	1418797	1543135	1598056	1589009
性别比	(%)	115.23	110.79	111.91	113.36	113.75	110.25
总户数				639461	804260	973403	1198056
家庭户				639461	794906	932222	980327
家庭户规模	(人/户)			4.53	4.01	3.46	3.17
人口变动	(‰)						
出生率				21.34	24.38	8.42	11.47
死亡率				8.59	8.08	6.98	5.24
自然增长率				12.75	16.30	1.43	6.23
受教育程度	(人/万人)						
每万人中:大专以上			6.29	43.48	115.97	392.58	755.03
高中			66.18	585.08	747.85	1174.22	1561.44
初中			320.63	1476.44	1812.55	3127.85	3663.86
小学			2237.61	3105.04	3618.52	4276.72	2538.8
文盲半文盲人口	(人)		1021911	883043	717502	338815	237097
文盲率	(%)		73.69	40.92	30.85	12.85	7.10
市镇人口	(人)			535204	755820	1111827	1547638
人口城镇化水平	(%)			17.80	22.96	32.54	46.32
人口年龄构成	(%)						
少儿系数				34.69	29.34	22.97	15.07
老年系数				4.76	5.41	6.28	8.54
总抚养系数				39.45	34.75	29.25	23.61
人口在业状况	(%)						
在业人口比重				78.05	79.59	75.50	74.91
第一产业				81.29	76.59	69.22	52.69
第二产业				7.59	12.97	13.87	22.31
第三产业				11.12	10.44	16.91	25
不在业人口比重				21.95	20.41	24.5	25.09
在校学生				15.16	23.18	19.86	19.39
料理家务				65.27	43.50	30.31	32.52
市镇待业				0.91	1.83	2.54	9.6
离退休退职				2.77	6.31	15.68	17.66
人口婚姻状况	(%)						
未婚				29.01	26.85	20.27	22.32
有配偶				62.55	65.85	72.91	70.59
丧偶				7.69	6.65	6.11	6.06
离婚				0.75	0.65	0.71	1.03
妇女生育状况	(‰)						
一般生育率				90.44	95.66	29.92	34.67
总和生育率	(人)			2.89	2.80	1.06	
各民族人口比重							
汉族				99.64	99.62	99.62	99.65
少数民族				0.36	0.38	0.38	0.35

注:本表根据第一、二、三、四、五、六次人口普查数据加工整理。

4-4 2010年六普与2000年五普主要人口数据对比

		2000年第五次人口普查	2010年第六次人口普查	2010年与2000年比较	
				增加人数	增长率(%)
一、总户数	(万户)	97.34	119.80	22.46	23.07
家庭户	(万户)	93.22	98.03	4.81	5.16
家庭规模	(人)	3.46	3.17	-0.29	-8.38
二、总人口	(万人)	341.59	334.08	-7.51	-2.20
(一)总人口按性别分					
男性	(万人)	181.79	175.18	-6.61	-3.64
女性	(万人)	159.81	158.90	-0.91	-0.57
性别比	(%)	113.75	110.25	-3.50	-3.08
(二)总人口按城乡分					
市镇人口	(万人)	111.18	154.76	43.58	39.20
乡村人口	(万人)	230.41	179.32	-51.09	-22.17
(三)总人口按年龄分					
0-14岁	(万人)	77.86	50.36	-27.50	-35.32
15-64岁	(万人)	241.65	255.20	13.55	5.61
65岁及以上人口	(万人)	22.08	28.52	6.44	29.17
(四)总人口按民族分					
汉族	(万人)	340.29	332.90	-7.39	-2.17
少数民族	(万人)	1.30	1.19	-0.11	-8.46
三、人口变动	(‰)				
人口出生率		8.42	11.47	3.05	36.22
人口死亡率		6.98	5.24	-1.74	-24.93
人口自然增长率		1.44	6.23	4.79	332.64
四、受教育程度	(万人)				
大专以上		12.32	755.03	742.71	6028.49
高中		39.64	1561.44	1521.80	3839.05
初中		98.40	3663.86	3565.46	3623.43
小学		134.54	2638.80	2504.26	1861.35

4-5 十堰市常住人口

单位：万人

年 份	总 计	其中：城区常住人口	其中：五县一市常住人口
2000	321.5		
2001	322.06		
2002	322.81		
2003	323.58		
2004	324.49		
2005	325.7	52.6	273.1
2006	323.7	52.61	271.09
2007	322.8	56.69	266.11
2008	323.5	56.94	266.56
2009	324.1	57.09	267.01
2010	334.08	76.79	257.29
2011	334.81	76.84	257.97

注：2000年和2010年常住人口数分别取自当年人口普查资料，2005年常住人口数取自1%人口抽样调查资料，其他年份常住人口属统计部门推算数据。

4-6 各县市区常住人口

单位：万人

地 区	2007	2008	2009	2010	2011
总 计	322.8	323.5	324.1	334.08	334.81
茅箭区	28.57	28.76	28.85	39.94	39.97
张湾区	28.12	28.18	28.24	36.85	36.87
郧 县	57.43	57.53	57.71	55.83	55.95
郧西县	42.67	42.75	42.84	44.74	44.86
竹山县	42.59	42.61	42.72	41.71	41.82
竹溪县	33.23	33.43	33.46	31.53	31.64
房 县	42.11	42.08	42.15	39.1	39.21
丹江口市	48.08	48.16	48.13	44.38	44.49

注：2010年常住人口数取自当年人口普查资料，其他年份常住人口属统计部门推算数据。

4-7 全市迁入迁出人口

单位：人

年份	总人口(万人)	迁入	迁出	流入人口	流出人口
2001	337.26	35340	39732		
2002	338.66	38560	37126		
2003	340.64	31024	27593		
2004	341.78	27316	34113		
2005	343.68	31634	27407		
2006	346.5	42052	43876		
2007	348.86	38265	40760		
2008	351.03	37888	44955		
2009	353.22	34970	45927		
2010	346.45	43165	119463		
2011	348.36	35316	43658	189931	671384

注：本表根据公安年报整理。

4-8 各县市区迁入迁出人数

单位：人

地区	2007		2008		2009		2010		2011			
	迁入	迁出	迁入	迁出	迁入	迁出	迁入	迁出	迁入	迁出	流入	流出
茅箭区	7147	5880	6955	5930	5916	4402	6423	4234	7744	4808	106978	16688
张湾区	3812	5653	2831	5247	3822	4164	3201	4481	3526	5241	63350	14508
郧县	9421	7688	7269	7302	8433	9070	6989	39145	3249	6793	2284	80896
郧西县	2069	2348	1343	2628	1317	2564	1418	5100	1478	2489	1177	118902
竹山县	841	2779	5128	7505	6045	8800	6966	8676	7911	9293	3105	132667
竹溪县	5962	5565	6035	5865	1171	3163	9317	6488	3369	4233	2209	88548
房县	3175	4385	4270	5682	4818	6743	5101	6861	4546	6168	2581	178000
丹江口	5838	6462	4057	4796	3448	7021	3750	44478	3493	4633	8247	41175
总计	38265	40760	37888	44955	34970	45927	43165	119463	35316	43658	189931	671384

注：本表根据公安年报整理。

4-9 2010年第六次人口普查各县市区常住人口

单位：人

地区	人口数	年龄构成			占总人口比重(%)		
		0-14 周岁	15-64 周岁	65 周岁以上	0-14 周岁	15-64 周岁	65 周岁以上
总计	3340843	503558	2552029	285256	15.07	76.39	8.54
茅箭区	399449	58508	319874	21067	14.65	80.08	5.27
张湾区	368471	53132	288881	26458	14.42	78.4	7.18
郧 县	558355	87000	423427	47928	15.58	75.83	8.58
郧西县	447484	67981	339437	40066	15.19	75.85	8.95
竹山县	417081	65810	311454	39817	15.78	74.67	9.55
竹溪县	315257	48807	238095	28355	15.48	75.52	8.99
房 县	390991	54820	290129	46042	14.02	74.2	11.78
丹江口市	443755	67500	340732	35523	15.21	76.78	8.01

注：本表数据根据2010年第六次全国人口普查资料整理。

五、从业人员和职工工资

【简要说明】

一、本篇资料反映历年劳动经济方面的基本情况。包括从业人员、职工人数、城镇失业人员和安置人数、职工工资总额、平均工资等情况。

二、从2007年起，城镇从业人员口径有所调整，将首次包括所有城镇私营单位员工的数据。故城镇职工工资数字和过去不同，与往年数据有一定的出入。从1999年起，职工统计范围均为“在岗职工”。

三、本篇5-1表中，职工人数是全面报表数，城镇个体从业人员由市工商局提供，农村从业人员取自于农业年报。城镇失业人员及安置情况由市就业局统计，其余数据都由市统计局统计。

四、本篇资料整理人员彭静。

5-1 从业人员

单位：万人

年份	总计	按经济类型分						按产业分		
		职工	国有经济单位	城镇集体单位	其他经济单位	城镇私营和个体从业人员	乡村劳动力	第一产业	第二产业	第三产业
1957	77.73	2.60	2.51	0.09			75.13	75.93	0.26	1.54
1962	77.39	3.20	2.94	0.26			74.19	74.46	0.43	2.50
1965	81.71	5.07	4.82	0.25			76.64	76.91	2.11	2.69
	82.30	9.14	8.84	0.30			73.16	73.43	5.52	3.35
1970	91.76	14.95	14.48	0.47			76.81	77.08	10.64	4.04
1975	95.45	17.73	16.86	0.87			77.72	78.18	9.87	7.40
1978	104.94	21.46	18.64	2.82			83.48	76.58	12.68	15.68
1980	107.02	22.91	20.08	2.83		0.11	83.89	79.28	12.54	15.20
1985	127.22	27.93	22.15	5.78		4.83	94.20	83.35	21.17	22.70
1990	144.10	35.36	27.15	8.21		3.04	104.50	92.14	27.65	24.31
1991	152.20	37.04	28.51	8.53		3.16	110.90	99.00	28.48	24.72
1992	152.78	38.65	29.83	8.82		3.33	109.80	99.80	28.19	24.79
1993	158.31	39.86	31.39	8.33	0.14	3.60	112.35	98.87	32.98	26.46
1994	170.69	40.96	31.02	8.84	1.10	4.03	117.77	97.91	31.18	41.60
1995	172.16	40.87	31.23	8.20	1.44	4.24	111.43	88.66	35.94	47.56
1996	173.04	41.48	31.92	8.06	1.50	5.64	111.31	87.48	37.49	48.06
1997	174.25	41.27	32.00	7.32	1.95	6.30	111.14	87.34	37.58	49.33
1998	175.37	37.26	25.40	5.85	6.01	8.47	109.37	86.92	37.10	51.29
1999	167.23	34.89	24.31	4.69	5.89	7.24	109.65	79.10	36.95	51.18
2000	165.53	33.03	23.60	4.05	5.38	6.62	112.43	75.94	33.94	55.65
2001	164.81	30.04	22.01	3.25	4.78	7.12	111.24	73.23	33.24	58.34
2002	197.60	28.91	21.28	2.70	4.93	14.50	140.00	85.90	39.30	72.40
2003	199.00	28.58	20.46	1.23	6.89	16.70	140.20	86.30	39.40	73.30
2004	200.90	27.33	13.97	0.95	14.16	19.20	140.20	87.10	39.80	74.00
2005	201.00	27.22	13.42	0.92	12.50	21.90	139.30	87.30	39.20	74.50
2006	201.90	26.73	13.28	1.08	12.37	21.30	140.90	88.40	38.80	74.70
2007	202.30	32.18	12.91	0.84	18.38	23.34	141.50	88.80	38.08	75.42
2008	202.50	37.58	13.17	0.70	23.71	27.82	141.70	88.61	37.56	76.33
2009	202.80	38.42	12.47	0.51	25.44	31.06	143.75	88.40	37.70	76.70
2010	203.50	43.26	13.28	0.68	29.31	34.41	143.98	88.62	37.85	77.03
2011	205.30	47.78	13.50	0.87	33.41	37.65	144.35	89.16	38.21	77.93

注：1、1978年以来乡村劳动力，不包括外出合同工、临时工。2、1993年以来从业人员合计数包括城镇各单位的其他从业人员。3、1994年以后不包括16岁以下实际参加社会劳动的人数。4、1998年以后职工中不包括离岗职工。（即为在岗职工），以下表同。5、从2002年起全社会从业人员口径有所调整，故与往年数据有一定出入。6、从2007年起，城镇从业人员包括城镇私营单位从业人员。

5-2 分行业职工人数

单位：人

行　业	2005	2006	2007	2008	2009	2010	2011
总　计	212180	267287	321825	375840	384162	432631	477814
农林牧渔业	3965	3921	3780	3536	3606	3641	3807
采矿业	899	1274	1021	3147	4015	4676	5791
制造业	108614	106152	124807	149015	151051	173943	198885
电力、燃烧及水的生产和供应业	15211	13533	15590	15932	16737	14096	14793
建筑业	8184	9098	11158	15322	19525	22392	33975
交通运输、仓储和邮政业	8474	7618	9961	12341	9727	10175	10228
信息传输、计算机服务和软件业	1549	1577	6697	9170	7405	8472	9930
批发和零售业	14778	13926	28362	37532	43581	56509	61016
住宿和餐饮业	3636	3362	4222	6135	6121	6999	8362
金融业	7757	7200	7915	8108	7263	7536	8200
房地产业	1572	1945	2698	3431	5147	6829	6845
租赁和商务服务业	1131	1200	11846	2157	3656	5708	4111
科学研究、技术服务和地质勘察业	2803	3259	2979	2564	3539	3899	3577
水利、环境和公共设施管理业	2680	2792	2491	2720	2440	2890	2867
居民服务和其他服务业	504	719	4272	5535	4024	4205	5846
教育	39317	37895	38866	40621	37670	38351	37892
卫生、社会保障和社会福利业	15329	15820	16209	17488	17474	18691	18865
文化、体育和娱乐业	2665	2670	5548	6654	6248	6357	6652
公共管理和社会组织业	33112	33326	33403	34432	34634	37262	36172

5-3 国有经济单位分行业职工人数

单位：人

行业	2005	2006	2007	2008	2009	2010	2011
总　计	138832	132805	129104	131738	124726	132788	134986
农林牧渔业	3749	3744	3310	2918	2649	2541	2694
采矿业	440	859	476	765	500	693	793
制造业	12310	9264	7152	6815	4784	8510	8267
电力、燃烧及水的生产和供应业	6392	5575	6093	5872	5070	5872	5183
建筑业	2620	1976	1402	515	1448	1207	2736
交通运输、仓储和邮政业	5830	5437	5183	6383	5596	5518	5587
信息传输、计算机服务和软件业	1222	1243	1245	1358	1321	1829	1827
批发和零售业	3202	2693	2103	1864	1762	1696	2032
住宿和餐饮业	1434	1213	981	988	753	982	1125
金融业	4989	4118	4621	5021	3999	4037	4444
房地产业	698	701	675	664	623	801	848
租赁和商务服务业	680	712	807	682	589	618	596
科学研究、技术服务和地质勘察业	2664	3138	2819	2467	3448	3262	3163
水利、环境和公共设施管理业	2545	2646	2401	2426	2222	2370	2311
居民服务和其他服务业	417	433	464	472	355	120	1546
教育	39308	27891	37542	38759	35826	35808	35757
卫生、社会保障和社会福利业	15072	15505	15952	16835	16841	17961	18121
文化、体育和娱乐业	2507	2545	2536	2549	2391	2055	1871
公共管理和社会组织业	32753	33112	33342	34385	34549	37177	36085

5-4 城镇集体经济单位分行业职工人数

单位：人

行业	2005	2006	2007	2008	2009	2010	2011
总　计	9154	10808	8407	6975	5065	6788	8678
农林牧渔业	89	82			114	227	81
采矿业	155	155					
制造业	2664	2804	2746	2558	1295	1230	1632
电力、燃烧及水的生产和供应业	357	351	133	83	79	74	84
建筑业	1199	2514	1213	590	638	1730	2831
交通运输、仓储和邮政业	615	547	461	447	94	94	47
信息传输、计算机服务和软件业							
批发和零售业	1363	1120	805	605	386	590	683
住宿和餐饮业	369	366	321	257	175	178	451
金融业	1862	2259	2214	2018	1818	2026	2349
房地产业	32	32	26	26	12	57	18
租赁和商务服务业	25	18	28		11	11	12
科学研究、技术服务和地质勘察业	2	1			11	11	5
水利、环境和公共设施管理业	80	90	101	101	127	134	137
居民服务和其他服务业	13	46	29		39	58	29
教育	4	4					
卫生、社会保障和社会福利业	257	315	269	186	199	338	243
文化、体育和娱乐业							10
公共管理和社会组织业	88	104	61	47	67	63	66

5-5 其他经济单位分行业职工人数

单位：人

行业	2005	2006	2007	2008	2009	2010	2011
总　计	124194	123674	183767	237127	254371	293055	334150
农林牧渔业	127	95	464	616	843	1436	1032
采矿业	304	260	556	2382	3515	3983	4998
制造业	93660	94084	113683	139773	144972	164207	188986
电力、燃烧及水的生产和供应业	8462	7607	9297	9977	11588	8439	9526
建筑业	4365	4608	8654	14217	17439	19455	28408
交通运输、仓储和邮政业	2029	1634	4306	5511	4037	4563	4594
信息传输、计算机服务和软件业	327	334	5463	7812	6138	6643	8103
批发和零售业	10213	10113	25538	35063	41433	54181	58301
住宿和餐饮业	1833	1783	2985	4890	5193	5881	6786
金融业	903	823	1135	1069	1446	1421	1407
房地产业	842	1212	2017	2739	4512	5971	5979
租赁和商务服务业	426	470	1054	1461	3056	5079	3503
科学研究、技术服务和地质勘察业	137	120	35	39	325	626	409
水利、环境和公共设施管理业	55	56	65	193	91	386	419
居民服务和其他服务业	74	240	3837	5020	3630	4027	4271
教育	5		1350	1862	1844	2543	2135
卫生、社会保障和社会福利业			289	398	434	477	501
文化、体育和娱乐业	158	125	3039	4105	3857	4302	4771
公共管理和社会组织业	271	110			18	22	21

5-6 城镇失业人员安置情况

单位：人

行业	2004	2005	2006	2007	2008	2009	2010	2011
全年安置人数	29533	39976	36000	36480	39792	38632	39646	36189
国有经济单位	5660	6737	7198	6566	7162	5953	1982	1805
城镇集体经济单位	559	764	479	488	478	466	475	430
其他各种经济单位	13588	15724	14802	15321	16712	17224	21801	19903
城镇个体劳动者	9726	16751	14436	14105	15440	14989	15388	14051
年末失业人数	21876	23887	24201	24834	24317	24533	29328	29467

5-7 职工工资总额及指数

年份 地区	工资总额 (万元)	国有经济 单位	城镇集体 单位	其他经济 单位	指数 (上年＝100)	国有经济 单位	城镇集体 单位	其他经济 单位
1957	1074	1041	33					
1962	1387	1287	100					
1965	2671	2571	100					
1969	5282	5156	126					
1970	7282	7082	204					
1975	9638	9230	408					
1978	12116	10822	1294		124.4	116.7	280.7	
1980	16221	14677	1544		119.7	121.6	104.4	
1985	29119	24652	4467		124.9	123.3	134.5	
1990	73777	61359	12418		114.9	114.6	116.3	
1995	233191	187297	35518	10376	113.5	112.9	109.3	146.7
1996	243925	197311	36140	10474	104.6	105.3	101.8	100.9
1997	247050	201856	33300	11894	101.6	102.3	92.1	113.9
1998	261398	194820	30892	35686	105.8	96.5	92.8	300.0
1999	254886	191910	27137	35839	97.5	98.5	87.8	100.4
2000	252510	192370	24020	36120	99.1	100.2	88.5	100.8
2001	286567	220271	24629	41667	113.4	114.5	102.5	115.3
2002	349216	277047	27170	44999	121.9	125.8	110.3	108.0
2003	397883	317935	7951	71997	113.9	114.8	29.3	160.0
2004	403312	158001	7458	237853	101.4	49.7	93.8	330.4
2005	446068	181093	7902	257073	110.6	114.6	106.0	108.1
2006	469718	189100	10720	269898	105.3	104.4	135.7	105.0
2007	588952	231352	12754	344846	125.4	122.3	119.0	127.8
2008	721633	260349	10268	426677	122.5	112.5	80.5	123.7
2009	806507	274733	8198	523576	111.8	105.5	79.8	122.7
2010	1069612	351098	16213	702301	132.6	127.8	197.8	134.1
2011	1364425	402214	24013	938198	127.6	114.6	148.1	133.6
城区	864588	163290	6708	694590	126.6	108.8	91.3	132.2
丹江口市	172087	69783	6695	95609	131.5	111.9	132.8	150.8
郧县	94120	34743	614	58763	125.2	108.7	78.1	138.4
郧西县	51439	28483	737	22219	138.0	112.3	93.9	199.6
竹山县	52439	28557	930	22952	124.5	120.6	117.9	130.1
竹溪县	53469	33985	2131	17353	130.4	117.9	146.3	161.6
房县	51101	34136	2200	14765	124.2	126.5	114.6	149.8

注:从2007年起私营业全面纳入工资统计,与上年口径不可比,(下同)。

5-8 分行业职工工资总额

单位：万元

行　业	2005	2006	2007	2008	2009	2010	2011
总　计	446068	469718	588952	681441	806633	1069612	1364425
农林牧渔业	2820	3042	4100	4421	4379	5514	5876
采矿业	498	828	1024	4111	5534	8080	10977
制造业	231797	233990	260863	331570	358894	502875	675794
电力、燃烧及水的生产和供应业	29565	36370	42844	42100	47562	41947	49464
建筑业	8065	9175	14501	19436	30740	43222	78785
交通运输、仓储和邮政业	9204	9592	12792	16209	15745	19432	23305
信息传输、计算机服务和软件业	1974	2438	7285	11318	11138	14480	20515
批发和零售业	11063	11771	28627	44662	53969	81648	103965
住宿和餐饮业	2424	2496	4109	6664	8419	10848	14130
金融业	11594	13830	18161	21178	20404	32087	39140
房地产业	1812	2441	3690	4849	8176	14434	15411
租赁和商务服务业	1598	1602	2217	2771	4721	7601	6661
科学研究、技术服务和地质勘察业	4403	4774	5428	5496	7070	8630	9305
水利、环境和公共设施管理业	3087	3363	4035	4421	50600	5990	6775
居民服务和其他服务业	720	994	5587	7030	7328	6733	12510
教育	51402	55586	69985	77401	83178	99406	108465
卫生、社会保障和社会福利业	20645	22615	28608	35727	39527	52001	62863
文化、体育和娱乐业	3645	3817	3253	5409	10928	11957	14354
公共管理和社会组织业	49752	50994	66770	76864	83861	102728	106130

5-9 国有经济单位分行业职工工资总额

单位：万元

行　业	2005	2006	2007	2008	2009	2010	2011
总　计	181093	189100	231352	263930	278661	351098	402214
农林牧渔业	2652	2890	3652	3827	3346	3961	4227
采矿业	194	534	422	1041	743	1741	1985
制造业	12180	10233	8964	9678	8352	22139	27325
电力、燃烧及水的生产和供应业	8906	9139	12782	12831	11798	14610	17868
建筑业	2912	2540	3124	3980	2427	1956	4887
交通运输、仓储和邮政业	6604	6900	7544	8901	8982	10338	13435
信息传输、计算机服务和软件业	1538	1692	2042	2671	3201	5125	5853
批发和零售业	3374	3340	3247	3460	3659	4038	6226
住宿和餐饮业	1038	962	962	980	1101	1594	1872
金融业	7438	8202	9698	13265	13531	17530	20602
房地产业	937	960	1018	1116	1079	2281	2468
租赁和商务服务业	912	1012	1205	1254	1165	1301	1357
科学研究、技术服务和地质勘察业	4280	4668	5403	5397	6638	7776	8591
水利、环境和公共设施管理业	2792	2982	3477	3615	4780	4931	5759
居民服务和其他服务业	636	714	851	814	670	258	4445
教育	51399	55586	68042	74730	80047	93958	103608
卫生、社会保障和社会福利业	20422	22284	27826	34811	38396	50561	61098
文化、体育和娱乐业	3536	3703	4477	4827	5103	4545	4723
公共管理和社会组织业	49343	50759	66616	76732	83643	102449	105885

5-10 城镇集体经济单位分行业职工工资总额

单位：万元

行　业	2005	2006	2007	2008	2009	2010	2011
总　计	7902	10720	12754	10268	8245	16213	24013
农林牧渔业	72	75			123	358	99
采矿业	105	85					
制造业	1948	2176	3051	2620	2426	2017	4006
电力、燃烧及水的生产和供应业	267	234	82	85	163	112	226
建筑业	813	2100	1088	598	805	2849	4434
交通运输、仓储和邮政业	388	414	558	582	122	138	90
信息传输、计算机服务和软件业							
批发和零售业	612	550	619	406	394	575	1181
住宿和餐饮业	275	281	350	259	252	314	689
金融业	2920	4126	6273	5177	3094	8730	12190
房地产业	25	26	52	63	32	134	29
租赁和商务服务业	20	17	33	21	18	18	31
科学研究、技术服务和地质勘察业					19	21	8
水利、环境和公共设施管理业	69	80	85	85	141	142	179
居民服务和其他服务业	16	46	49	67	86	82	59
教育	1						
卫生、社会保障和社会福利业	223	330	361	174	394	505	596
文化、体育和娱乐业							14
公共管理和社会组织业	148	180	153	131	176	218	182

5-11 职工平均工资增长情况

年份 地区	人均货币工资(元/人)				人均工资指数(上年=100)				人均货币指数(1978年=100)			
		国有经济单位	城镇集体经济单位	其他经济单位		国有经济单位	城镇集体经济单位	其他经济单位		国有经济单位	城镇集体经济单位	其他经济单位
1962	433	440	385									
1965	527	538	400									
1969	537	549	420									
1970	529	550	435									
1975	544	564	469									
1978	581	593	498						100	100	100	
1980	745	765	592		117.9	117.5	111.9		128.2	129	118.9	
1985	1085	1500	828		113.6	113.3	117.4		186.7	193.9	166.3	
1990	2130	2293	1577		113.1	112.2	116.6		366.1	386.7	316.7	
1995	5733	6031	4324	7394	112.1	115.7	115.7	109	986.7	1017	868.3	
1996	5936	6257	4481	7001	103.5	103.7	103.6	94.7	1021.7	1055.1	899.8	
1997	6016	5356	4562	5914	101.5	101.6	101.8	84.5	1035.5	1071.8	916.1	
1998	6987	7656	5189	5971	116.1	120.5	113.7	101	1202.6	1291.1	1042	
1999	7290	7842	5762	6245	104.3	102.4	111	104.6	1254.7	1322.4	1157	
2000	7590	8114	5794	6671	104.1	103.5	100.6	106.8	1306.4	1368.3	1163.5	
2001	9405	9923	7258	8541	123.9	122.3	125.3	128	1618.6	1673.4	1457.4	
2002	11994	12968	9806	9034	127.5	130.7	135.1	105.8	2063.7	2187.1	1826.1	
2003	13850	15497	6428	10322	115.5	119.5	65.6	114.3	2383.8	2613.3	1290.8	
2004	14650	11462	7816	18596	105.8	74	121.6	180.2	2521.5	1932.9	1569.5	
2005	16316	13008	8574	20572	111.4	113.5	109.7	110.6	2808.3	2193.6	1721.7	
2006	17313	14130	9899	21312	106.1	108.6	115.5	110.6	2979.9	2382.8	1987.8	
2007	17813	17898	15217	17866	107.9	126.7	15.7	83.8	3065.9	3018.2	3055.6	
2008	19181	19855	14684	18920	107.7	110.9	96.5	105.9	3301.4	3348.2	2948.6	
2009	20999	22343	16276	20426	109.5	112.5	110.8	108.0	3614.3	3767.8	3268.3	
2010	24723	26440	23885	23965	117.7	118.3	146.7	117.3	4255.2	4458.7	4796.2	
2011	28556	29797	27671	28077	115.5	112.7	115.9	117.2	4915.0	5024.8	5556.4	
城区	31494	38481	45176	30120	115.6	110.4	118.8	119.9				
丹江口	28340	30980	21500	27351	115.2	118.4	109.1	119.7				
郧县	21807	25072	19864	22415	111.1	112.6	91.2	120.0				
郧西县	22864	23760	19714	25452	132.1	113.5	104.9	213.3				
竹山县	21213	22946	28009	19295	119.6	112.0	113.2	122.0				
竹溪县	20682	24885	13218	15578	115.7	113.4	116.9	132.4				
房县	19623	22276	11635	14895	108.8	117.4	106.6	124.7				

5-12 分行业职工平均工资

单位：元

行 业	2005	2006	2007	2008	2009	2010	2011
总 计	16316	17313	18300	19181	20999	24723	28556
农林牧渔业	7102	7750	10845	12520	12335	15144	15435
采矿业	5556	6521	10032	13132	13783	17279	18956
制造业	21197	21405	20893	22293	23760	28910	33979
电力、燃烧及水的生产和供应业	19213	26039	27482	26543	28417	29758	33438
建筑业	9576	8928	13000	12810	15744	19302	23189
交通运输、仓储和邮政业	10720	11140	12842	13149	16187	19098	22785
信息传输、计算机服务和软件业	12908	15508	10878	12180	14932	17092	20659
批发和零售业	7460	8385	10094	11953	12384	14449	17039
住宿和餐饮业	6717	7405	9733	11162	13754	15499	16898
金融业	14724	18811	22945	26147	29902	42578	47731
房地产业	11572	12720	16781	14260	15942	21137	22514
租赁和商务服务业	14166	13503	12009	12904	12914	13317	16204
科学研究、技术服务和地质勘察业	15713	14694	18222	21519	18742	22134	26013
水利、环境和公共设施管理业	11549	12176	16197	16700	20738	20728	23630
居民服务和其他服务业	14251	14160	13078	12811	14501	16011	21400
教育	13112	14640	18007	19211	22081	25920	28625
卫生、社会保障和社会福利业	13480	14345	17649	20844	22621	27822	33322
文化、体育和娱乐业	13566	14425	15006	8165	17492	18809	21579
公共管理和社会组织业	15050	15351	20017	22465	24214	27569	29340

5-13 国有经济单位分行业职工平均工资

单位：元

行 业	2005	2006	2007	2008	2009	2010	2011
总 计	13008	14130	17898	19855	22343	26440	29797
农林牧渔业	7063	7710	10989	13097	12632	16002	15690
采矿业	4400	6219	8859	13646	14860	25128	25032
制造业	9658	10068	11914	13418	17458	26027	33053
电力、燃烧及水的生产和供应业	13973	16253	20606	21975	23271	25815	34474
建筑业	11186	12706	12247	7698	16759	16207	17862
交通运输、仓储和邮政业	11156	12721	14617	13912	16051	18732	24047
信息传输、计算机服务和软件业	12743	13674	16538	20197	24231	29097	32036
批发和零售业	10382	12263	15589	18468	20768	25834	30640
住宿和餐饮业	7027	7652	9513	9876	14627	16229	16640
金融业	14577	19245	20817	26292	33836	43779	45359
房地产业	13381	13650	15119	16707	17316	28515	29104
租赁和商务服务业	13471	14415	15594	18387	19776	21091	22768
科学研究、技术服务和地质勘察业	16041	14900	18353	21921	19221	23854	27161
水利、环境和公共设施管理业	11004	11395	14956	15365	21601	32665	24920
居民服务和其他服务业	15261	16297	18343	17291	18870	22845	28752
教育	13114	14642	18132	19437	22347	26282	28976
卫生、社会保障和社会福利业	13562	14423	17774	21091	22799	28579	33717
文化、体育和娱乐业	13998	14693	17722	18942	21341	22255	25243
公共管理和社会组织业	15090	15379	20007	22458	24210	27726	29343

5-14 城镇集体经济单位分行业职工平均工资

单位：元

行　业	2005	2006	2007	2008	2009	2010	2011
总　计	8574	9899	15217	14684	16276	23885	27671
农林牧渔业	8067	9085			10754	15775	12222
采矿业	6794	5503					
制造业	7298	7866	11151	10184	18731	16990	24547
电力、燃烧及水的生产和供应业	7479	6675	6105	10241	20608	15135	26905
建筑业	6645	8206	9042	10131	11889	16468	15662
交通运输、仓储和邮政业	6262	7570	11828	13038	12989	14670	19149
信息传输、计算机服务和软件业							
批发和零售业	4473	4860	7666	6658	10194	9873	17291
住宿和餐饮业	7458	7683	11025	10004	14423	17624	15277
金融业	15663	18230	28535	25731	17254	42639	51894
房地产业	7688	8000	20115	24154	26917	23491	16111
租赁和商务服务业	8080	9278	11857	15214	16364	16364	25833
科学研究、技术服务和地质勘察业	2000	5000			17455	18909	16000
水利、环境和公共设施管理业	8625	8867	8416	8376	11087	10612	13066
居民服务和其他服务业	12000	10000	17034	15674	22000	17059	20345
教育	2500						
卫生、社会保障和社会福利业	8661	10535	13394	9525	19809	19980	24527
文化、体育和娱乐业							14000
公共管理和社会组织业	16830	17485	25550	26837	26254	34587	27576

5-15 其它经济单位分行业职工平均工资

单位：元

行　业	2005	2006	2007	2008	2009	2010	2011
总　计	20572	21312	17866	18920	20426	23965	28077
农林牧渔业	7575	8200	9803		10793	12728	15019
采矿业	6608	8157	11056	12967	13630	15913	17991
制造业	23138	22989	21716	22848	24013	29153	34101
电力、燃烧及水的生产和供应业	23556	33772	32398	29348	30722	32608	32932
建筑业	9444	9387	12033	13110	15774	19746	24453
交通运输、仓储和邮政业	10809	13287	10836	12305	16449	19629	21286
信息传输、计算机服务和软件业	13252	22305	9599	10859	12931	14082	18095
批发和零售业	6930	7739	9721	11705	12047	14207	16562
住宿和餐饮业	6302	7168	9668	11496	13604	15312	17048
金融业	13622	18162	20707	26293	35221	41004	45117
房地产业	10201	12296	13109	13562	15723	20180	21597
租赁和商务服务业	15627	12294	9362	10305	11579	12371	15056
科学研究、技术服务和地质勘察业	40982	9165	7200	10793	13385	13290	17262
水利、环境和公共设施管理业		54782	72662	37331	13143	23760	19976
居民服务和其他服务业	9027	10743	12401	12377	13993	15874	18747
教育			14500	14500	16984	21422	22745
卫生、社会保障和社会福利业			14800	16519	16979	19480	23333
文化、体育和娱乐业	9795	9063	13012	14319	15105	17230	20157
公共管理和社会组织业	9313	4973			23667	27864	29524

六、固定资产投资和建筑业

【简要说明】

一、固定资产投资统计的范围包括：基建投资、更新改造投资、国有单位其他投资、房地产开发、城镇集体和农村集体投资、其他经济类型固定资产投资、城镇工矿区私人建房、农村个人固定资产投资。

二、除农村集体和农村个人投资统计采用抽样方法外，其余为全面统计报表数。2004年建筑业为经济普查数据。

三、本篇资料由市统计局投资科统计，整理人员王崇军、敬玲、宦丽。

6-1 各个时期固定资产投资

单位：万元

年份	总计	国有单位	集体单位	其他单位
“一五”时期	571	571		
“二五”时期	3052	3052		
“调整”时期	1073	1073		
“三五”时期	38270	3827		
“四五”时期	130929	130929		
“五五”时期	75961	75961		
1978	15741	15741		
1979	11454	11454		
1980	14997	14879	118	
“六五”时期	133571	109171	12398	12005
1985	53386	10661	7170	5555
“七五”时期	337297	256331	52870	28096
1986	58405	45442	7205	5758
1987	69060	52284	10086	6690
1988	80526	61947	13481	5098
1989	62698	47054	10977	4667
1990	66608	49604	11121	5883
“八五”时期	1020937	785833	137637	61467
1991	102802	76912	16661	9229
1992	125880	93317	24334	8299
1993	189325	138870	34031	16424
1994	2699623	244363	44505	10755
1995	303307	232371	54106	16830
“九五”时期	1586061	1025999	258346	301716
1999	301919	185753	42409	73757
2000	348107	219029	41742	87336
“十五”时期				
2001	421727	298069	45408	78250
2002	507022	349587	51389	106046
2003	626766	353623	29676	243467
2004	775302	302033	7097	466172
2005	1036268	387635	16703	631930
“十一五”时期				
2006	1166098	494876	22197	649025
2007	1416617	580520	41347	794723
2008	1854439	700549	63039	1090821
2009	2783528	1417659	46222	1319647
2010	3930567	1961392	78756	1890419
2011	5232299	2631413	260926	2339960

注：本表中其他单位包括城乡私人投资。1997 年前只统计国有单位。本表包括汉十高速公路投资，2000 年为 4 亿元，2001 年为 5 亿元，2002 年为 5 亿元，2003 年为 4 亿元，下同。本表 2006 年不包括襄渝复线 5.5 亿元投资。

6-2 全社会按三次产业划分的投资额

单位：万元

年份	全市			#市县属		
	第一产业	第二产业	第三产业	第一产业	第二产业	第三产业
1985	3981	27598	21807	3981	9222	20817
1986	3432	36572	18401	3432	14412	18401
1987	5351	44016	19694	5351	13576	19694
1988	9025	52604	18897	9025	15393	18897
1989	5335	39851	17512	5335	10639	17513
1990	8783	38866	18959	8783	6917	18959
1991	9658	66162	26982	9658	17767	23974
1992	14566	76241	35073	14566	29559	30335
1993	13335	101533	74457	13335	43595	62322
1994	15329	163319	120975	15329	75455	94918
1995	10129	155061	138117	10129	86187	138117
1996	24918	196214	132348	24918	75732	128470
1997	17778	145568	128266	17778	81542	124856
1988	32672	110458	196813	23672	69858	176755
1999	32049	77695	192175	32049	47353	179129
2000	9307	106581	232219	9307	73721	187448
2001	11715	183518	226494	11715	104288	171678
2002	14539	206602	285881	14539	116933	213950
2003	17181	271210	338375	12636	174802	281143
2004	8439	380434	386429	4659	196133	294497
2005	10239	434263	640331	10239	245449	407711
2006	12637	299520	853941	12637	242488	585333
2007	36364	506579	873656	36364	334527	628686
2008	89542	752882	1012015	89542	686458	883474
2009	144389	1017605	1621534	137723	890918	1558573
2010	159846	1604774	2165947	150942	1436326	1786635
2011	288858	1823221	3120220	283658	1550177	2599205

6-3 全社会按国民经济行业分的固定资产投资

单位：万元

行　业	全市					#市县属				
	2007	2008	2009	2010	2011	2007	2008	2009	2010	2011
总　计	1416617	1854439	2783528	3930567	5232299	999577	1659474	2587214	3373903	4433040
农、林、牧、渔业	36364	89542	144389	159846	288858	36364	89542	137723	150942	283658
采掘业	18025	57285	53370	91708	92076	18025	57285	53370	91708	92076
制造业	367442	482111	638393	1121076	1378402	223372	417032	520576	999257	1159158
电力、煤气及水的生产和供应业	121130	213310	325842	391990	351543	93130	211965	316972	345361	297743
建筑业		176			1200		176			1200
交通运输业、仓储及邮电通讯业	278459	212743	329845	664848	897151	123398	130975	316241	360848	443316
信息传输、计算机服务	34120	13734	5266	21141	23350		3092	2810	1105	23108
批发和零售贸易	9950	40973	65253	99677	146282	8750	39573	55723	98307	145082
住宿和餐饮业	96968	16768	19974	40024	58530	9968	14268	19974	40024	58530
金融、保险业	1980	1043	3860			1980	1043	1260		
房地产业	324725	383771	548299	626719	967188	320307	380090	548299	605380	940440
居民服务和其他服务	3215	4475	5345	16684	2376	3215	4475	5345	16684	2376
卫生、体育、社会福利、教育、文化艺术及娱乐业	32916	58329	119904	150466	133237	32916	58329	117704	140066	116312
科学研究和综合技术服务业	4627	3308	13346	11818	2115	4627	3308	13346	11818	2115
公共管理和社会组织	74155	137423	161704	200172	396154	74155	135583	156770	198422	393394
租赁和商务服务业	13412	27326	97613	38667	56361	1312	27326	97613	38667	56361
水利、环境和公共设施管理业	86129	112122	251125	295731	437476	35958	85412	223488	275314	418171

注：从2003年起按国民经济新行业划分(下同)。

6-4 全市城镇以上固定资产投资完成情况

单位：万元

	2009 年		2010 年		2011 年	
	绝对量	构成%	绝对量	构成%	绝对量	构成%
一、计划总投资	7863752		10130534		12377449	
二、本年新开工项目计划总投资	3398534		3579714			
三、自开始建设累计完成投资	4227716		6377578		8397677	
四、本年完成投资	2592058	100.0	3827625	100.0	4869153	100.0
住宅投资	285907	11.0	336410	8.8	493424	10.1
1、按建设性质分						
新建	938186	63.2	1852661	48.4	2523825	51.8
扩建	705473	27.2	639913	16.7	787159	16.2
改建和技术改造	474930	18.3	679605	17.8	664648	13.7
2、按构成分						
建筑工程	1576416	60.8	2391241	62.5	3175311	65.2
安装工程	103482	4.0	205033	0.1	306968	6.3
设备工器具购置	413164	15.9	629993	16.5	586781	12.1
其中：用于更新的设备	50842	2.0	50395	0.0	29554	0.6
其他费用	498996	19.3	601358	15.7	820093	16.8
五、本年资金来源合计	2971019		4047670		5028468	
上年末结余资金	80801		244051		303332	
本年资金来源小计	2890218	100.0	3803619	100.0	4725136	100.0
国家预算内资金	457680	15.8	494743	13.0	755517	16.0
国内贷款	587506	20.3	624696	16.4	557618	11.8
债券					975	
利用外资	4700	0.2	12500	0.3	975	
其中：外商直接投资	3500	0.1				
自筹资金	1408719	48.7	2112942	55.6	2859255	60.5
企事业单位自有资金	453815	15.7	332115	8.7	492111	10.4
其中：发行股票						
其他资金来源	431613	14.9	558738	14.7	550796	11.7
六、本年各项应付款合计	870228		996420		1360374	
其中：工程款	655543		545267		909252	

注：从 2011 年起固定资产投资范围为 500 万以上投资项目。

6-5 全市城镇以上固定资产分经济类型完成情况

单位：万元

	2009 年		2010 年		2011 年	
	绝对量	构成%	绝对量	构成%	绝对量	构成%
全市总计	2592058	100.0	3827625	100.0	4869153	100.0
国有	1268815	49.0	1650414	43.1	2131337	43.8
集体	46222	1.8	85313	2.2	260926	5.4
股份合作	31864	1.2	38185	1.0	40434	0.8
联营	87		1321	0.0	782	0.02
有限责任公司	568798	21.9	856853	22.4	942726	19.4
国有独资公司	76688	3.0	91869	2.4	132616	2.7
其他有限责任公司	492110	19.0	764984	20.0	810110	16.6
股份有限公司	99490	3.8	129981	3.4	176893	3.6
私营	401694	15.5	129981	20.7	877409	18.0
其他内资	14813	0.6	178889	4.7	297456	6.1
港澳台投资	39110	2.7	33333	0.9	62180	1.3
港澳台合资经营	38916	1.5	22323	0.6	51523	1.1
港澳台合作经营	230					
港澳台独资	19500	0.8	2245	0.1	7417	0.2
港澳台股份有限	10464	0.4	8765	0.2	3240	0.1
外商投资	13713	0.5	21744	0.6	39490	0.8
外商合资经营	2831	0.1	12129	0.3	27500	0.6
外商合作经营			500			
外商独资	3186	0.1	635		7400	0.2
外商股份有限	7696	0.3	8480	0.2	4590	0.1
个体经营	77452	3.0	38464	1.0	39520	0.8
个体户	2970	0.1	4736	0.1	23380	0.5
个体合伙	74662	2.9	33728	0.9	16140	0.3

6-6 施工项目个数

单位：个、平方米、万元

分组指标	2009 年	2010	2011
施工项目个数	1028	1419	1179
其中：5000 万元以下项目	207	315	892
其中：本年新开工	784	990	846
本年投产项目个数	507	963	808
本年施工房屋面积	6609434	10016210	14631049
其中：住宅	3806873	5388392	7713161
本年竣工房屋面积	1972476	3082364	4121635
其中住宅	1177581	1447978	1660825
本年各项应付款合计	870228	996420	1360374
其中：工程款	655543	545267	909252
规划用地面积	28688488	32229532	37145455
本年实际征用和购置土地面积	5383021	4998562	11433523
本年实际征用和购置土地成交价款	76693	63070	81036

6-7 按国民经济行业划分的城镇以上固定资产投资

单位：万元

	2009 年		2010 年		2011 年	
	绝对量	构成%	绝对量	构成%	绝对量	构成%
全市总计	2592058	100	3827625	100	4869153	100
一、第一产业	99305	3.83	136552	3.6	208621	4.3
农业	7224	0.28	21906	0.6	54170	1.1
林业	30279	1.17	38940	1.0	66574	1.4
畜牧业	5945	0.23	10106	0.3	13505	0.3
渔业			1450		1660	
农、林、牧、渔服务业	54107	2.09	64150	1.7	72712	1.5
二、第二产业	1017570	39.26	1648512	43.1	1823221	37.4
(一)采矿业	53335	2.06	92458	2.4	92076	1.9
(二)制造业	638393	24.63	1163353	30.4	1378402	28.3
农副食品加工业	8931	0.34	25539	0.7	26044	0.5
食品制造业	3193	0.12	11212	0.3	12890	0.3
饮料制造业	46999	1.81	67477	1.8	40209	0.8
烟草制造业			160			
纺织业	7842	0.3	13292	0.3	15639	0.3
纺织服装、鞋、帽制造业	800	0.03			16600	0.3
木材加工及木、竹、藤、棕、草制			850		2280	
家具制造业	680	0.03	530			
造纸业			7500	0.2		
印刷业和记录媒介的复制	1700	0.07	3460	0.1	3850	0.1
文教体育用品制造业			80		500	
化学原料及化学制品制造业	23806	0.92	21990	0.6	25050	0.5
医药制造业	16507	0.64	19890	0.5	47210	1.0
橡胶制品业	12013	0.46	16714	0.4	8600	0.2
塑料制品业	5394	0.21	1573		6497	0.1
非金属矿物制品业	64983	2.51	58908	1.5	73679	1.5
黑色金属冶炼及压延加工业	6486	0.25	13185	0.3	35950	0.7
有色金属冶炼及压延加工业	5720	0.22	10421	0.3	16896	0.3
金属制品业			5940	0.2	2774	0.1
通用设备制造业	2872	0.11	27600	0.7	8640	0.2

6-7 续表 1

	2009年		2010年		2011年	
	绝对量	构成%	绝对量	构成%	绝对量	构成%
专用设备制造业	8126	0.31	18850	0.5	12100	0.2
交通运输设备制造业	361732	13.96	786449	20.5	1004592	20.6
电气机械及器材制造业	3838	0.15	10610	0.3	1620	
通信设备、计算机及其他电子设备制造业			14985	0.4		
工艺品及其他制造业	15265	0.59	25138	0.7	16782	0.3
废弃资源和废旧材料回收加工业	9800	0.38				
(三)电力、燃气及水的生产和供应业	325842	12.57	392380	10.3	351543	7.2
电力、热力的生产和供应业	295116	11.39	355174	9.3	323103	6.6
燃气生产和供应业			6284	0.2	6000	0.1
水的生产和供应业	28226	1.09	30922	0.8	22440	0.5
(四)建筑业			321		1200	
三、第三产业	1475183	56.91	2042561	53.4	2837311	58.3
(一)交通运输、仓储和邮政业	327125	12.62	678104	17.7	897151	18.4
道路运输业	312017	12.04	614460	16.1	837488	17.2
(二)信息传输、计算机服务和软件业	3310	0.13	21191	0.6	23350	0.5
(三)批发和零售业	34853	2.5	102599	2.7	146282	3.0
(四)住宿和餐馆业	19974	0.77	42727	1.1	58530	1.2
(五)金融业	3860	0.15	930			
(六)房地产业	414679	16	456656	11.9	684279	14.1
(七)租赁和商务服务业	97422	3.76	39817	1	56361	1.2
(八)科学研究、技术服务和地质勘查	13346	0.51	10250	0.3	2115	
(九)水利、环境和公共设施管理业	249644	9.63	309806	8.1	437476	9.0
(十)居民服务和其他服务业	5345	0.21	17344	0.5	2376	0.0
(十一)教育	61660	2.38	82127	2.1	67108	1.4
(十二)卫生、社会保障和社会福利业	33953	1.31	41163	1.1	40278	0.8
(十三)文化、体育和娱乐业	22910	0.88	31882	0.8	25851	0.5
(十四)公共管理和社会组织	157102	6.06	207965	5.4	396154	8.1

6-8 城镇以上按隶属关系划分的固定资产投资

单位：万元

	总计		中央属		地方		省属		市县属	
	2010	2011	2010	2011	2010	2011	2010	2011	2010	2011
计划总投资	10075516	12377449	779929	868806	9295587	11508643	1237280	1990526	8058307	9518117
本年新开工项目计划总投资	3534499	4607943	87826	302693	3446673	4305250	1119708	871398	2326965	3433852
自开始建设累计完成投资	6268745	8397677	563626	541531	5705119	7856146	432383	804046	5272736	7052100
本年完成投资	3721471	4869153	165179	281503	3556292	4587650	374354	495630	3181938	4092020
其中：国有经济控股	1961392	2631413	159470	281503	1801922	2349910	374354	487630	1427568	1862280
住宅投资	336206	493424	3250	4346	332956	489078	800		332156	489078
按经济类型分										
内资	3629116	4727963	160318	259003	3468798	4468960	374354	495630	3094444	3973330
国有	1599981	2131337	70728	141404	1529253	1989933	223522	303656	1305731	1686277
集体	78756	260926			78756	260926		1800	78756	259126
股份合作	38185	40434			38185	40434			38185	40434
联营	558	782		242		540				540
国有与集体联营										
其他联营										
有限责任公司	842165	942726	83323	117357	758842	825369	20900	7339	737942	818030
国有独资公司	91869	132616	83323	117357	8546	15259	1116	1139	7430	14120
其他有限责任公司	750296	810110			750296	810110	19784	6200	730512	803910
股份有限公司	124736	176893			124736	176893	3932		120804	176893
私营	765706	877409			765706	877409			765706	877409
其他内资	179029	297456	5709		173320	297456	126000	182835	47320	114621
港澳台投资	33333	62180	4861		28472	62180			28472	62180
港澳台合资经营	22323	51523			22323	51523			22323	51523
港澳台独资	2245	7417			2245	7417				7417
港澳台股份有限	8765	3240	4861		3904	3240			3904	3240
外商投资	21344	39490		22500	21344	16990			21344	16990
外商合资经营	12129	27500		22500	12129	5000			12129	5000
外商独资	635	7400			635	7400			635	7400
外商股份有限	8080	4590			8080	4590			8080	4590

6-8 续表 1

分组指标	总计		中央属		地方		省属		市县属	
	2010	2011	2010	2011	2010	2011	2010	2011	2010	2011
个体经营	37678	39520			37678	39520			37678	39520
个体户	4000	23380			4000	23380			4000	23380
个人合伙	33678	16140			33678	16140			33678	16140
按建设性质分										
新建	1805185	2523825	71834	141784	1733351	2382041	320650	461127	1412701	1920914
扩建	620066	787159		2400	620066	784759	26684	20283	593382	764476
改建和技术改造	648779	664648	89533	121797	559246	542851	8451	13600	550795	529251
建筑工程	2331816	3175311	55202	148372	2276614	3026939	290032	406908	1986582	2620031
安装工程	202459	306968	17311	15679	185148	291289	9339	3197	175809	288092
设备工器具购置	603327	586781	77090	98652	526237	488129	36978	6916	489259	481213
其中：用于更新的设备	49552	29554	26431	1246	23121	28308		1839	23121	26469
其他费用	583869	820093	15576	18800	568293	801293	38005	78609	530288	722684
按行业分										
(一)农、林、牧、渔业	122856	208621	8500	1700	114356	206921			114356	206921
农业	20122	54170	8500		11622	54170			11622	54170
林业	36030	66574		1200	36030	65374			36030	65374
畜牧业	6183	13505		500	6183	13005			6183	13005
渔业	1450	1660			1450	1660			1450	1660
农、林、牧、渔服务业	59071	72712			59071	72712			59071	72712
(二)采矿业	91708	92076			91708	92076			91708	92076
煤碳开采和洗选业	14000				14000				14000	
黑色金属矿采选业	36440	32484			36440	32484			36440	32484
有色金属矿采选业	5000	2200			5000	2200			5000	2200
非金属矿采选业	33190	51992			33190	51992			33190	51992
其他采矿业	3078	5400			3078	5400			3078	5400
(三)制造业	1121076	1378402	93584	199444	1027492	1178958	28235	19800	999257	1159158
农副食品加工业	25539	26044			25539	26044			25539	26044
食品制造业	11100	12890			11100	12890			11100	12890
饮料制造业	56572	40209			56572	40209			56572	40209
烟草制品业										
纺织服业	12992	15639			12992	15639			12992	15639

6-8 续表 2

分组指标	总计		中央属		地方		省属		市县属	
	2010	2011	2010	2011	2010	2011	2010	2011	2010	2011
纺织服装、鞋、帽制		16600				16600				16600
木材加工及木、竹、藤、棕	650	2280			650	2280			650	2280
家具制造业	530				530				530	
造纸及纸制品业	7500				7500				7500	
印刷业和记录媒介的复制	3300	3850			3300	3850			3300	3850
文教体育用品制造业		500				500				500
化学原料扩化学制品制造业	21220	25050			21220	25050			21220	25050
医药制造业	19670	47210			19670	47210			19670	47210
橡胶制造业	16714	8600			16714	8600			16714	8600
塑料制造业	1062	6497			1062	6497		3797	1062	2700
非金属矿物制品业	58308	73679			58308	73679			58308	73679
黑色金属冶炼及压延工业	12960	35950			12960	35950			12960	35950
有色金属冶炼及压延工业	10421	16896	5400		5021	16896			5021	16896
金属制品业	5490	2774			5490	2774			5490	2774
通用设备制造业	27600	8640			27600	8640			27600	8640
专用设备制造业	18200	12100			18200	12100			18200	12100
交通运输设备制造业	761005	1004592	83323	199444	677682	805148	20900	16003	656782	789145
电气机械及器材制造业	10610	1620			10610	1620			10610	1620
通信设备、计算机及其他电子设备	14565		4861		9704				2369	
仪器仪表及文化、办公用机械制造										
工艺品及其他制造业	25068	16782			25068	16782			25068	16782
废弃资源和废旧材料回收加工										
(四)电力、燃气及水的生产	391990	351543	30999	51240	360991	300303	15630	2560	345361	297743
电力、热力的生产和供应业	353470	323103	27810	51240	325660	271863	15630	2560	310030	269303
燃气生产和供应业	6284	6000	3189		3095	6000			3095	6000
水的生产和供应业	32236	22440			32236	22440			32236	22440
(五)建筑业		1200				1200				1200
房屋和土木工程建筑业										
(六)交通运输、仓储和邮政	664848	897151			664848	897151	304000	453835	360848	443316
道路运输业	602024	837488			602024	837488	304000	453835	298024	383653
城市公共交通业	32807	5951			32807	5951			32807	5951
仓储业	12667	9580			12667	9580			12667	9580
(七)信息传输、计算机服务	21141	23350	6267	242	14874	23108	13769		1105	23108
电信和其他信息传输服务业	21141	23350	6267	242	14874	23108	13769		1105	23108
(八)批发和零售	99677	146282		1200	99677	145082	1370		98307	145082
批发业	24565	25711		1200	24565	24511	1370		23195	24511

6-8 续表 3

分组指标	总计		中央属		地方		省属		市县属	
	2010	2011	2010	2011	2010	2011	2010	2011	2010	2011
零售业	75112	120571			75112	120571			75112	120571
(九)住宿和餐饮业	40024	58530			40024	58530			40024	58530
住宿业	34094	42060			34094	42060			34094	42060
餐馆业	5930	16470			5930	16470			5930	16470
(十)金融业										
银行业										
其他金融活动										
(十一)房地产业	454613	684279	3812	5222	450801	679057	800	2900	450001	676157
房地产业	454613	684279	3812	5222	450801	679057	800	2900	450001	676157
(十二)租赁和商务服务业	38667	56361			38667	56361			38667	56361
商务服务业	38667	56361			38667	56361			38667	56361
(十三)科学研究、技术服务	11818	2115			11818	2115			11818	2115
专业技术服务业										
科技交流和推广服务业	11818	2115			11818	2115			11818	2115
(十四)水利、环境和公共设施管理业	295731	437476	20417	19305	275314	418171			275314	418171
水利管理业	157410	164964	20417	19305	136993	145659			136993	145659
环境管理业	37022	26186			37022	26186			37022	26186
公共设施管理业	101299	246326			101299	246326			101299	246326
(十五)居民服务和其他服务	16684	2376			16684	2376			16684	2376
居民服务业	6900	10			6900	10			6900	10
其他服务业	9784	2366			9784	2366			9784	2366
(十六)教育	80211	67108			80211	67108	4400	13775	75811	53333
教育	80211	67108			80211	67108	4400	13775	75811	53333
(十七)卫生、社会保障和社会福利业	39711	40278		3150	39711	37128	6000		33711	37128
卫生	34881	37458		3150	34881	34308	6000		28881	34308
(十八)文化、体育和娱乐业	30544	25851			30544	25851			30544	25851
广播、电视、电影和音像业	3492	2450			3492	2450			3492	2450
文化艺术业	16880	15601			16880	15601			16880	15601
体育	1050	3800			1050	3800			1050	3800

6-8 续表 4

分组指标	总计		中央属		地方		省属		市县属	
	2010	2011	2010	2011	2010	2011	2010	2011	2010	2011
娱乐业	9122	4000			9122	4000			9122	4000
(十九)公共管理和社会组织	200172	396154	1600		198572	396154	150	2760	198422	393394
国家机构	194198	226177	1600		192598	226177	150	2760	192448	223417
群众团体、社会团体和宗教组织	2820	1800			2820	1800			2820	1800
基层群众自治组织	3154	168177			3154	168177			3154	168177
本年新增固定资产	2049081	3263578	50379	166378	1998702	3097200	57146	76492	1941556	3020708
施工项目个数	1113	1179	18	18	1095	1161	13	15	1082	1146
其中:500 万元以下项目										
其中:本年新开工	713	846	8	11	705	835	6	10	699	825
本年投产项目个数	676	808	5	6	671	802	8	7	663	795
本年施工房屋面积	9916963	14631049	118457	224131	9798506	14406918	42000	301662	9756506	14105256
其中:住宅	5475494	7713161	103808	97137	5371686	7616024	17000		5354686	7616024
本年竣工房屋面积	3046989	4121635	37481	32176	3009508	4089459	13000	2354	2996508	4087105
其中:住宅	1540380	1660825	31445	21163	1508935	1639662			1508935	1639662
本年资金来源小计	3985312	5028468	158647	266482	3826665	4761986	300070	340052	3526595	4421934
上年末结余资金	241499	303332	5264	2674	236235	300658	150	38400	236085	262258
本年资金来源小计	3743813	4725136	153383	263808	3590430	4461328	299920	301652	3290510	4159676
国家预算内资金	488709	755517	9000	50	479709	755467	80630	87153	399079	668314
国内贷款	623392	557618	10000	13000	613392	544618	119700	134836	493692	409782
利用外资	12100	975			12100	975			12100	975
其中:外商直接投资										
自筹资金	2065814	2859255	128161	231797	1937653	2627458	99590	73903	1838063	2553555
企事业单位自有资金	329385	492111	107381	191121	222004	300990	1116		220888	300990
其他资金来源	553798	550796	6222	18961	547576	531835		5760	547576	526075
本年各项应付款合计	982584	1360374	16334	31683	966250	1328691	102650	175618	863600	1153073
其中:工程款	535505	909252	5781	11481	529724	897771	150	175458	529574	722313
规划用地面积	30709502	37145455	1588150	813838	29121352	36331617	815270	5294997	28306082	31036620
本年实际征用和购置土地面积	4886975	11433523	13750	270000	4873225	11163523		4268464	4873225	6895059
本年实际征用和购置土地成交	62565	81036	385	310	62180	80726		29256	62180	51470

6-9 房地产开发投资

单位：万元、平方米

分组指标	2009	2010	2011
计划总投资	1110975	1344417	1847440
自开始建设累计完成投资	707507	1005553	1429930
本年完成投资	357267	410806	528582
其中：土地开发投资额	22837	37957	
其中：配套工程投资	7711	7459	10356
其中：国有经济控股	4563	4602	13504
民营			
内资	319323	395809	504034
国有	2773	4412	5222
集体	1161	260	12763
有限责任公司	149644	203450	216143
其他有限责任公司	149644	203450	208043
股份有限公司		23826	22232
私营	131248	178151	247674
私营独资	1825	23826	9457
私营合伙		3810	5475
私营有限责任公司	108457	137533	203579
私营股份有限公司	20966	12982	29163
其他内资			
港澳台投资	34758	14862	21148
港澳台合资经营	29808	14687	14551
港澳台独资	4950	175	6597
港澳台股份有限			
外商投资	3186	135	3400
外商独资	3186	135	3400
建筑工程	239013	273681	392524
安装工程	18506	25074	44955
设备工器具购置	2121	2238	9311
其他费用	97627	109813	81792
其中：旧建筑物购置费	4757	6964	4583
其中：土地购置费	53181	31096	48907
住宅投资	226862	272019	352964
其中：90平米以下住房	56476	69820	74878
其中：140平米以上住房	11174	26591	44437
其中：经济适用房	24863	18240	18409

6-9 续表 1

行业	2009	2010	2011
办公楼	8822	4027	4284
商品营业用房	43346	50673	84973
其他	78237	84087	86361
本年新增固定资产	255665	178984	230889
本年完成开发土地面积	351622	446000	-
待开发土地面积	251601	310772	331956
本年购置土地面积	718409	938915	815829
本年土地成交价款	54263	37620	48975
本年资金来源合计	533306	759472	1002687
上年末结余资金	57813	119615	175553
本年资金来源小计	475493	639857	827134
国内贷款	67706	130963	119806
其中:银行贷款	63068	121899	105396
非银行金融机构贷款	4638	9064	14410
自筹资金	168748	185155	321505
企事业单位自有资金	117531	124608	188449
其他资金来源	239039	323739	385808
其中:定金及预收款	136099	209471	212479
个人按揭贷款	93938	113003	148406
本年各项应付款合计	172174	171714	226370
其中:工程款	100701	104710	148490

6-10 房地产开发面积及销售情况

单位:平方米

分组指标	2009	2010	2011
房屋施工面积	4367664	5477773	7359748
其中:本年新开工面积	1587812	2503415	3026260
房屋竣工面积	1310922	967931	861619
其中:不可销售面积	116468	32139	83422
商品住宅竣工套数	10030	7025	
竣工房屋价值	223965	148960	143701
出租房屋面积	115816	41667	42197
商品房销售面积	1578868	1902786	1723638
现房销售面积	692536	412998	526302
期房销售面积	886332	1489788	1197336
商品房销售额	353507	504559	558654
现房销售额	146144	90872	122395
期房销售额	207363	413687	436259
商品住宅销售套数	14820	17446	14949
现房销售套数	6246	3750	4176
期房销售套数	8574	13696	10773
待售面积	589525	795576	560185
其中:待售1-3年面积	516710	634539	393306
待售3年以上面积	12664	10664	22469

6-11 各县市区全社会及开发区固定投资情况表

单位：万元

	全社会总计		固定资产投资（含房地产）		农村私人		经济开发区		
	2010年	2011年	2010年	2011年	2010年	2011年		2010年	2011年
十堰市	3930567	5232299	3721471	4869153	209096	363146	十堰经济开发区	139650	174767
茅箭区	738162	824932	724332	823603	13830	1329	十堰东城经济开发区	227325	305776
张湾区	631421	820925	628120	800128	3301	20797	十堰西城经济开发区	129374	237631
郧县	396347	634166	391802	591976	4545	42190	郧县经济开发区	73104	117231
郧西	232867	357298	213031	329298	19836	28000	郧西工业园区	41845	61368
竹山	479239	599791	444334	532124	34905	67667	竹山工业园	185539	241679
竹溪	338791	424536	302791	354536	36000	70000	竹溪工业园区	22850	13500
房县	402764	657128	339606	563928	63158	93200	房县青峰工业园区	125933	256812
丹江	571326	738756	537805	698793	33521	39963	丹江口经济开发区	139274	192470

6-12 建筑业企业基本情况

单位：个、人、万元

项目	2008		2009		2010		2011	
	企业个数	建筑业总产值	企业个数	建筑业总产值	企业个数	建筑业总产值	企业个数	建筑业总产值
总　计	159	905816	133	1585964	132	1795134	130	1994545
按经济类型分								
国有经济	13	56409	12	119633	12	70414	11	98395
集体经济	11	22407	9	24145	9	22170	9	21360
私营经济	54	116226	44	175413	44	198075	45	259903
股份制经济	14	244862	10	47021	10	54492	9	53656
其他经济	67	465912	58	1219751	57	1449983		
按行业分								
房屋和土木工程建筑业	104	861672	106	1541693	106	1742975	89	1868255
＃房屋建筑业	73	211235	71	314649	71	349625	63	425332
线路管道设施安装业			17	28914	2	2720	1	2110
建筑物装修装饰业	29	18097	7	11439	6	11731	9	14615
按企业资质等级分								
＃一二级企业	21	665978	35	1297443	36	1461032	41	1635938
三级及以下企业	78	160671	98	288521	96		89	358606

注：从1996年起，建筑业企业的统计范围改为资质等级四级及四级以上企业，口径比以前大（下同）。

6-13 建筑企业生产情况

(2011)

单位：万元

指标名称	企业个数		建筑业总产值					竣工产值
	建筑业企业个数(个)	亏损企业个数(个)	建筑业总产值	其中：在外省完成的产值	按构成分：1、建筑工程产值	2、安装工程产值	3、其他产值	
总　计	130	8	1994545	984038	1935134	37084	22327	528564
其中：国有及国有控股企业	17	1	764019	353546	755943	4760	3316	97596
一、按登记注册类型分组								
内资企业	130	8	1994545	984038	1935134	37084	22327	528564
国有企业	11	1	98395		96148	2247		48847
集体企业	9		21360		18171	3177	12	13525
股份合作企业								
有限责任公司	56	3	1561232	977816	1523296	23580	14356	214346
股份有限公司	9		53656		49590	3851	215	41449
私营企业	45	4	259903	6222	247929	4229	7744	210397
二、按国民经济行业分组								
房屋和土木工程建筑业	89	3	1868255	977816	1836374	18445	13436	449096
房屋工程建筑	63	1	425332	20989	411378	6191	7764	305500
建筑安装业	17	2	46175		25511	13795	6869	20030
建筑装饰业	9	2	14615		13761	854		5717
其他建筑业	3	1	9347		9027	321		7579
三、按隶属关系分组								
中央	3	1	616091	353546	614591	1500		4240
省(自治区、直辖市)	1		5986			5986		
地区(州、盟、省辖市)	17	2	743898	622670	738472	5266	160	83372
四、按企业资质等级分组								
施工总承包	92	4	1875147	984038	1848138	12080	14929	439754
一级	5		1325274	976216	1325274			59486
二级	25	3	250377	1600	249890		487	165317
三级及以下	62	1	299496	6222	272974	12080	14442	214952
专业承包	38	4	119398		86996	25004	7398	88810
二级	11	2	60287		48110	10389	1788	44198
三级及以下	27	2	59111		38885	14615	5610	44612
五、按地区分								
茅箭区	44	4	1478347	976216	1461877	14514	1955	172296
张湾区	23	4	132805	1600	118919	8318	5568	56415
郧县	10		59823		50250	4529	5044	44591
郧西县	3		25000		25000			8411
竹山县	10		110656		107681	2355	620	104521
竹溪县	12		56153	6222	50461	3670	2022	46141
房县	9		54628		53996		632	37118
丹江口市	20		81385		71200	3699	6486	61953

七、财　政

【简要说明】

一、本篇反映全市财政收支状况。资料来源为市财政局年度决算资料和历年统计年鉴。财政收支指标及范围有变化的都加了注释。

二、本篇资料由史明华、欧永群、肖超整理。

7-1 财政收支总额及指数

单位：万元

年份地区	总收入	总支出	指数(上年＝100)	
			总收入	总支出
1957	853	992	109.9	64.6
1962	1041	1306	109.9	64.6
1965	1319	1713	90.1	114.7
1969	1121	2394	108.2	101.7
1970	1405	3569	125.3	149.1
1975	6161	6622	129.8	113.0
1978	7104	9149	125.8	111.2
1980	6257	11579	77.1	113.1
1985	23598	25446	210.5	135.9
1990	38833	38662	107.7	103.4
1995	89788	92062	122.8	116.1
				109.0
2000	144274	155661	106.0	108.0
2001	146699	170859	101.7	109.8
2002	208600	204227	110.1	118.5
2003	232829	217278	111.6	107.3
2004	275274	272223	118.2	125.3
2005	313019	342548	113.7	125.8
2006	341212	428329	116.3	121.4
2007	375431	542412	110.0	126.6
2008	448632	739660	119.5	136.4
2009	550216	1185010	122.6	160.07
2010	849020	1469768	154.31	124.03
2011	1067686	1850858	125.8	125.9
城区	619239	543793	128.3	136.4
丹江口市	214367	320298	119.8	120.5
郧县	106557	250082	123.8	113.1
郧西县	26006	153031	118.2	101.0
竹山县	35282	173688	128.8	133.0
竹溪县	31208	170776	124.0	132.6
房县	35026	181600	130.9	128.2

注:2002 年财政收入统计口径包括了上划省级财政收入,同以前不可比。(下同)。

7-2 财政收入

单位：万元

年份地区	收入合计	企业收入	利润及所得税	国企计划亏损补贴	各项税收	#工商税	#农业税
1949	55				55	14	41
1952	599	3			555	238	317
1957	853	37			752	325	427
1962	1041	91			892	745	147
1965	1319	52			1219	752	467
1969	1120	-53			1136	739	397
1970	1405	-74			1439	964	475
1975	6161	1199			4925	4544	381
1978	7104	1325	1536	-211	5745	5298	447
1980	6257	508	764	-256	5726	5417	309
1985	23598	1373	4294	-2921	20751	20429	322
1990	38833	-2073	3482	-5555	39544	38335	566
1995	87788	1072	6739	-5667	32577	29280	763
2000	144274	2348	5085	-2737	65515	52757	1772
2001	146699	6848	9459	-2614	73404	63421	2453
2002	208600	9880	12582	-2702	181707	169727	9932
2003	232829	15198	17900	-2702	200710	187349	
2004	275274	19812	24317	-4505	236621	214684	
2005	313019	24116	28581	-4465	259393	253218	
2006	341212	41821	46763	-4943	276353	263940	
2007	375431	45237	49159	-3299	287754	289556	
2008	448632	43363	47068	-3705	363452	346285	
2009	550216	64119	68224	-4105	502032	460097	
2010	849020	131963	136523	-4560	794042	631125	
2011	1067686	182652	185288	-2636	956028	774716	

注：1、1985年以后企业收包括企业所得税，调节税。2、国有企业计划亏损补贴为负数，冲减财政收入。3、1994年以后，各项收入指标口径有变化。

7-3 财政支出

单位:万元

年份地区	支出合计	#科技三项费	#工交商事业费	#城市维护费	#农村水气事业费	#文教卫事业费	#抚恤和社会救济
1952	470		1		5	84	17
1957	992		16		58	416	99
1962	1306		12	1	86	489	250
1965	1713		51	16	217	580	271
1969	2394		20	8	476	793	274
1970	3569		146	13	1028	847	274
1975	6622	48	336	156	1052	2016	430
1978	9149	32	190	101	697	2683	4796
1980	11579	31	238	274	967	4084	545
1985	25446	120	572	1856	1050	4035	1058
1990	38662	243	711	3333	1633	12138	1367
1995	92062	388	1378	5105	4912	32050	2908
2000	155661	1260	2150	7951	6196	45427	5791
2001	170859	1475	1638	7463	7336	51711	5605
2002	202427	1773	2201	7563	15317	61455	6484
2003	217278	1985	2036	6801	16871	67413	7442
2004	272223	2068	2804	9409	18573	85728	7976
2005	342548	2436	3514	12790	25007	94885	11944
2006	428329	3882	7510	858080	39754	82328	14750
2007	542412	4918	9951	98763	61885	109167	18534
2008	739660	5252	12531	121524	84563	143643	29445
2009	1141039	7880	22858	207473	197369	175349	38660
2010	1469768	9600	13623	207537	262669	175561	54767
2011	1850858	20534	19590	269301	289427	233303	62625

注:从2006年起财政支出指标有所变化,与以前不可比。

7-4 分项财政收入

单位：万元

项目	2003	2004	2005	2006	2007	2008	2009	2010	2011
收入合计	232829	275274	313019	341212	375431	448632	550216	849020	1067686
上划中央收入	121425	142081	159629	172073	180011	202095	235741	332715	400638
上划省级收入	21821	26894	32307	37141	39528	47626	56885	78561	
地方收入	89583	106299	121083	131998	155892	198911	257590	437744	667048
工商税收	57383	75329	88020	91656	105420	131865	167471	219849	374078
#增值税	22783	26823	29721	29531	29962	33198	37185	48259	78880
营业税	15887	21563	27794	32717	35686	46575	56132	69874	124198
个人所得税	2693	2460	3670	4694	5090	8302	8490	9043	22709
城市维护建设税	6912	7081	7870	9470	12716	14393	13190	17455	28219
车船使用税	301	304	287	393	618	1020	1790	2625	4754
房产税	4546	5435	5501	7016	8590	10721	13461	14999	12649
资源税	348	414	458	772	944	1601	1374	1685	2357
城镇土地使用税	2737	3436	3207	3834	7678	10822	13760	15098	19021
印花税	1176	1631	1862	2390	2872	3735	5034	6680	7176
农牧业税和耕地占用税	12359	9729	6194	3000	2435	17167	22044	136266	144686
#农牧业税	10051	7296	6174						
农业特产税	1956	992	1032	1026					
耕地占用税	352	1441	1639	1974	2435	6147	22044	136266	144686
企业所得税	4457	5924	7012	10677	11801	11767	17055	34131	74115
国家资产经营收益	72	621	1849	4055	1955	1599	-358	-1560	663
国有企业计划亏损补贴	-2702	-4505	-4465	-4943	-3922	-3705	-4105	-4560	-2636
其他收入	15622	15371	18275	22524	30715	32771	6696	4101	3050
政法罚没收入	1406	744	1926	1385	4073	2700	4405	1960	2922
其他罚没收入	3770	879	4212	4617	4971		4961	6146	9960
专项收入	2392	3830	4218	5029	7488	7447	11015	11617	18872

7-5 分项财政支出

单位：万元

项 目	2008	2009	2010	2011
一般预算支出	714148	1185010	1469768	1850858
一般公共服务	121796	145055	143881	193405
公共安全	41253	52889	70449	75147
其中：公安	25589	32310	43602	47360
教育	145408	175349	175561	233303
其中：普通教育	113549	146732	140082	184302
科学技术	4878	7880	9600	20534
其中：技术研究与开发	2689	4730	6678	18374
文化体育与传媒	12497	22858	13623	19590
社会保障和就业	121166	207473	207537	269301
其中：财政对社保基金补助	9837	32451	39408	60800
行政事业单位离退休	55818	63822	71227	81721
医疗卫生	52196	82054	95910	149725
其中：医疗保障	34883	38620	52939	92296
环境保护	33207	108318	150961	126715
城乡社区事务	28913	38660	54767	62625
农林水事务	77873	197369	262669	289427
交通运输	25175	56634	94210	182608
采掘电力信息等事务	3034	17771	18127	22441
粮油物资储备管理等事务	20883	21194	6286	28911
商业服务业等事务			29687	18676
金融监管支出		3419	858	2823
地震灾后恢复重建支出		976		
国土资源气象等事务			20966	30066
住房保障等支出			55298	69969
国债还本付息支出		5028	24128	22589
其他支出	25869	42083	35250	31206

7-6 各县、市财政收入

单位：万元

年份	总计	城区	丹江口市	郧县	郧西县	竹山县	竹溪县	房县
1980	6257	3025	852	758	414	390	358	460
1985	23598	18795	2138	823	459	413	404	566
1990	38832	25444	5497	2209	1376	1419	1101	1786
1991	42396	27108	6191	2721	1580	1630	1185	1981
1992	48793	30245	7093	4273	1756	1826	1381	2219
1993	67377	44367	9008	5429	2167	2130	1668	2608
1994	73131	45716	10271	7224	2508	2481	1825	3106
1995	89788	53546	17504	7666	2684	2900	2001	3489
1996	100692	54525	24248	8501	3168	3751	2403	4310
1997	116669	64397	26748	9360	3885	4268	3016	4910
1998	132588	74462	28575	11181	4187	5118	3596	5469
1999	136066	79801	24006	11607	4916	5565	4321	5850
2000	144274	86620	23008	12310	5225	6047	4808	6256
2001	146699	89703	19689	13014	5818	6576	5290	6609
2002	208600	135840	31468	14098	6892	7032	6110	7160
2003	232829	151305	36158	14813	8010	7731	7006	7806
2004	275274	180363	44809	16269	9049	8207	8071	8506
2005	313019	204103	54242	18627	10031	8880	8518	8618
2006	341212	215998	61936	21523	10526	11055	10008	10166
2007	375431	230348	71768	24096	11252	13333	12018	12616
2008	448632	281339	79029	26493	12635	16870	15750	16516
2009	550216	345467	89458	36483	15394	21738	20369	21307
2010	849020	482650	178946	86105	22002	27390	25167	26760
2011	1067686	619240	214367	106557	26006	35282	31208	35026

7-7 各县、市财政支出

单位：万元

年份	总计	城区	丹江口市	郧县	郧西县	竹山县	竹溪县	房县
1980	11579	3691	1316	1488	1341	1237	1119	1387
1985	25446	12362	3423	2121	1940	1784	1629	2186
1990	38662	15918	6321	3584	3340	3155	2658	3686
1991	41716	16919	7225	3882	3414	3508	2798	3970
1992	49228	18913	8337	5543	3965	4183	3352	4935
1993	61678	26381	9840	6791	4901	4650	3800	5315
1994	79292	32400	11195	8448	7113	6500	6084	7552
1995	92062	33669	19013	9261	7763	7552	6371	8433
1996	98979	33469	25186	9596	8237	7529	6552	8395
1997	107564	38347	27237	10284	7991	7559	7050	9810
1998	115308	47080	27189	10844	7700	7643	6738	8114
1999	128868	49857	24572	14103	9624	9885	9277	11550
2000	155661	61223	25308	17400	11957	11555	11329	16889
2001	170859	66766	23108	18595	15035	15686	13913	17756
2002	202427	75386	26759	21396	18697	19966	17619	22604
2003	217278	80033	29505	25018	20835	20701	17886	23300
2004	272223	110716	35478	28509	24152	24328	20835	28205
2005	342548	128339	45892	36506	30521	29400	26987	36566
2006	428329	155159	57617	49859	41435	42529	35730	46000
2007	542412	174925	72882	65655	56322	56519	46509	69600
2008	739660	223495	104785	90691	80183	83558	70148	86800
2009	1141039	314933	170394	149535	120026	127155	107396	151600
2010	1469768	415941	266240	223101	159761	133580	129545	141600
2011	1850858	561250	329081	261756	167786	175388	173997	181600

八、物价指数

【简要说明】

一、本篇价格指数资料主要反映生产、流通和消费环节的价格变动趋势和变动幅度。包括居民消费价格指数，商品零售价格指数，农业生产资料价格指数，工业品出厂指数和原材料、燃料及动力购进价格指数。

二、价格指数统计由市城市社会经济调查队组织实施，并直接从基层采集原始数据汇总上报。各县市一般从1994年开始编制价格指数。

三、工业品出厂价格指数和原材料、燃料及动力购进价格指数采用重点调查方法，调查范围包括抽中的各类经济类型、规模的企业

四、本篇资料由袁小娟、涂兴军、顾林整理。

8-1 物价总指数

年份地区	零售物价指数		居民消费价格指数		农业生产资料价格指数	
	1993 年＝100	1993 年＝100	1993 年＝100	1993 年＝100	1993 年＝100	1993 年＝100
2000	143.2	97.8	163.3	98.9	139.0	98.0
2003	141.3	100.8	162.7	101.1	141.8	102.5
2004	144.8	102.5	171.0	105.1	152.9	107.8
2005	146.7	101.3	176.0	102.9	170.8	111.7
2006	148.0	100.9	178.5	101.4	171.3	100.3
2007	155.8	105.3	188.0	105.3	181.9	106.2
2008	166.9	107.1	201.3	107.1	213.6	117.4
2009	166.1	99.5	202.3	100.5	207.8	97.3
2010	171.7	103.4	208.8	103.2	219.9	105.8
2011	180.2	105.0	221.3	106.0		

8-2 城区物价指数

年份	零售物价指数		居民消费价格指数	
	上年＝100	1978 年＝100	上年＝100	1978 年＝100
1985	115.1	126.8	114.1	125.7
1990	105.1	195.2	107.1	199.4
1991	106.6	208.1	109.5	218.3
1992	108.8	226.4	108.2	236.2
1993	116.4	263.5	119.9	283.2
1994	120.4	317.3	128.1	362.8
1995	117.0	371.2	119.8	434.6
1996	108.4	402.4	110.0	482.4
1997	101.2	407.2	102.9	496.4
1998	96.6	393.4	98.4	488.5
1999	95.6	376.0	97.7	477.2
2000	98.0	368.5	98.8	471.5
2001	97.7	360.0	98.8	465.8
2002	99.5	358.2	98.3	457.9
2003	100.6	360.3	101.6	465.2
2004	102.9	370.7	103.6	481.9
2005	100.9	374.0	102.1	492.0
2006	101.3	378.9	101.4	498.9
2007	104.5	396.0	105.8	527.8
2008	106.3	420.9	106.3	561.1
2009	99.9	420.5	100.8	565.5
2010	103.3	434.4	102.7	580.8
2011	105.0	456.1	106.0	615.6

注：从1994年开始，将"职工生活费指数"和"服务项目指数"更改为"居民消费价格指数"。

8-3 零售物价、居民消费价格分类指数

类别	全市	
	2010	2011
商品零售价格指数	103.4	105.0
食品类	107.8	113.3
粮食	113.5	112.0
鲜菜	121.7	102.8
干菜及菜制品	112.1	103.4
肉禽及其制品	102.2	128.0
水产品	103.8	110.5
饮料、烟酒类	102.3	111.4
服装、鞋帽类	99.2	99.1
纺织品类	101.7	102.6
中西药品及医疗保健用品类	1401.2	101.8
化妆品类	100.1	101.2
书报、杂志类	100.1	100.3
体育娱乐用品类	97.7	98.6
日用品类	101.7	102.7
家用电器及音像器材类	97.5	99.8
金银珠宝类	115.1	113.2
燃料类	112.2	106.0
建筑类装璜材料类	101.0	103.3
五金电料类	102.1	104.2
居民消费价格指数	103.2	106.0
食品类	107.7	113.5
烟酒及用品	102.5	111.5
衣着类	99.5	99.2
家庭设备用品及维修服务类	100.9	102.6
医疗保健和个人用品类	101.4	101.6
交通和通讯类	100.0	100.2
娱乐、教育、文化用品及服务类	100.4	100.7
居住类	102.9	106.6
农业生产资料价格	105.8	

8-4 居民消费价格分类指数

(上年 = 100)

年份地区	总指数	食品	#粮食	#油脂	#肉禽及其制品	#蛋	#水产品	#菜	烟酒及用品
2000	98.8	96.7	86.6	85.5	101.5	84.4	95.1	103.7	98.8
2003	101.1	104.2	106.4	113.6	104.3	102.5	99.7	117.1	98.8
2004	105.1	111.3	128.6	124.6	121.8	117.6	112.7	100.5	99.4
2005	102.9	101.5	99.7	90.9	104.1	107.2	100.7	100.1	99.2
2006	101.1	100.6	101.9	96.4	98.3	99.3	98.3	99.4	101.4
2007	105.3	113.5	106.8	127.8	129.1	120.3	105.1	111.5	100.6
2008	107.1	114.9	107.7	131.6	124.7	103.8	119.5	106	103.8
2009	100.5	100.7	107.2	79.6	90.7	101.4	100.8	117.9	101.6
2010	103.2	107.7	114	104.6	102.7	110.8	104.1	121.2	102.5
2011	106.0	113.5	112.0	116.5	128.0	113.2	110.5	102.9	111.5

年份地区	衣着	家庭设备及维修服务用品	医疗保健用品和个人	交通和通讯	娱乐和教育文化用品及服务	居住
2000	97.1	98.3	100.8	93.6	93.8	105.3
2003	98.8	97.6	97.8	99.3	100.6	101.3
2004	99.5	98.4	99.7	99.6	104.9	106.1
2005	100.8	101.7	99.4	103.2	106.3	107.4
2006	100.6	100.4	110.2	99.2	96.0	104.0
2007	101.8	101.6	103.6	101.0	96.2	104.6
2008	100.4	103.7	103.7	102.0	100.1	107.6
2009	101.2	100.3	100.3	100.3	100.2	100.2
2010	99.5	100.9	101.4	100.0	100.4	102.9
2011	99.2	102.6	101.6	100.2	100.7	106.6

8-5 各县市商品零售价格分类指数

(上年＝100)

年份地区	总指数	食品	#粮食	#油脂	#肉禽及其制品	#水产品	#鲜菜	#鲜果	#干果	#在外用膳食品	烟酒及用品
2000	97.8	96.1	88.1	85.7	97.1	95.1	105	93.2	97.8	98.1	98.1
2003	100.8	105.7	102.9	117.9	106.2	101.9	115.5	107	96.4	99.6	98.2
2004	102.5	109.7	130.1	119.5	125.6	116.8	94	95.3	112	107.4	100.2
2005	101.3	101.6	101.5	92	102	100.8	102.9	101.1	105.7	101.5	100.7
2006	100.9	100.4	101.8	96.2	104.3	98.5	100	113.8	104	99.7	102.2
2007	105.3	113.8	106.7	127.8	129.3	104.2	110	100.5	108.4	103.1	101.4
2008	107.1	115	107.9	131.8	125.1	118.7	107	114	107.7	107.2	104.1
2009	99.5	100.9	107.5	78.9	90.2	101.2	122.4	118	94.7	101.8	101.3
2010	103.4	107.8	113.5	104.3	102.2	103.8	121.7	118.1	111.9	104.9	102.3
2011	105	113.3	112	116.5	128	110.5	102.8	143.8	109.2	106.3	111.4

年份地区	服装鞋帽	纺织品	中西医品及医疗保健用品	化妆品	书报杂志	体育娱乐用品	日用品	家用电器及音像器材	金银珠宝类	燃料	建筑装璜类	五金电料类
2000	96.8	97.9	100.8	96.6	101.1	98.1	98.7	92.5	96.1	123.7	96.7	94.0
2003	98.1	97.1	98.7	98.6	102.4	97.7	98.8	94.1	109.1	106.1	99.2	99.4
2004	98.5	95.9	93.2	97.4	101.5	99.6	97.5	92.0	116.6	110.0	105.9	94.3
2005	100.1	100.2	97.8	101.8	99.9	97.6	101.1	96.5	107.4	114.0	103.9	100.3
2006	100.6	99.4	96.1	100.9	100.3	100.1	101.6	99.9	116.8	116.0	102.5	103.0
2007	101.9	100.4	100.9	99.3	98.1	101.3	101.6	99.3	109.3	103.9	104.3	100.7
2008	100.2	101.0	102.4	100.6	100.6	101.9	104.0	99.4	124.0	118.4	107.9	103.3
2009	100.8	97.4	99.8	100	106.5	98.0	103.6	95.0	92.0	92.8	99.0	104.9
2010	99.2	101.7	101.2	100.1	100.1	97.7	101.7	97.5	115.1	112.2	101.0	102.1
2011	99.1	102.6	101.8	101.2	100.3	98.6	102.7	99.8	113.2	106	103.3	104.2

8-6 服务项目价格分类指数

(上年＝100)

年份 地区	总指数	通信	信件 邮寄	交通	个人用品 及服务	文娱费	学杂托幼费	家庭服务 及加工维 修服务	医疗保 健服务
2000	108.0	96.6	105.3	106.9	101.2	114.9	101.4	107.8	108.7
2003	100.3	98.8	100.0	99.5	99.8	96.7	101.9	101.5	97.6
2004	104.5	98.8	100.0	100.0	103.5	95.8	108.1	98.4	103.0
2005	102.8	99.6	100.0	105.3	100.9	101.6	108.1	135.7	102.6
2006	101.1	96.7	107.1	101.7	103.2	100.4	92.6	100.1	158.2
2007	105.3	99.3	142.0	100.8	101.1	103.1	94.3	102.3	111.7
2008	107.1	98.3	100.0	106.0	105.2	100.9	100.5	104.5	100.6
2009	100.5	98.8	100.0	101.8	100.6	101.7	101.7	107.3	100.8
2010	103.2	98.7	100.0	101.4	102.6	100.3	101.9	102.9	100.2
2011	104.3	97.4	100.0	102.7	102.6	100.0	100.2	103.0	100.4

8-7 原材料、燃料、动力购进价格指数

分 类	上年＝100						1993=100					
	2006	2007	2008	2009	2010	2011	2006	2007	2008	2009	2010	2011
总指数	105.1	103.8	108.4	98.0	106.8	106.2	169.8	176.2	191.0	187.1	199.8	212.3
燃料动力类	106.2	104.9	112.8	104.6	107.5	102.1	528.1	553.9	624.7	653.7	702.4	717.2
黑色金属材料类	94.3	110.5	119.8	86.5	108.9	105.5	69.9	77.2	92.4	79.9	87.0	91.8
＃钢材	91.7	109.8	120.1	85.8	108.9	104.7	82.3	90.3	108.5	93.1	101.4	106.1
有色金属材料类	137.0	89.2	68.5	74.3	122.8	109.8	187.1	166.9	114.3	85.0	104.3	114.5
化工原料类	102.4	105.2	108.2	98.1	103.0	108.9	145.3	152.8	165.4	162.2	167.0	181.8
建筑材料及非金属矿类	106.6	106.8	106.9	103.2	100.2	118.7	571.9	610.6	652.5	673.4	674.5	800.7
农副产品类	98.0	98.7	106.0	97.1	106.4	120.4	292.6	288.7	305.9	296.9	315.8	380.4
纺织原料类	98.2	100.0	100.0	100.0	108.3	124.8	362.5	362.5	362.5	362.5	392.4	489.6

8-8 工业品出厂价格指数

分类	上年＝100					1993 ＝ 100				
	2006	2008	2009	2010	2011	2006	2008	2009	2010	2011
总指数	101.7	105.1	99.5	103.8	103.9	118.1	128.9	128.2	133.1	138.4
按轻重工业分										
轻工业	103.1	108.0	99.6	106.5	128.8	140.7	159.6	159.0	169.4	218.1
以农产品为原料	101.0	105.4	98.2	107.3	127.2	159.3	178.2	175.0	187.8	238.9
以非农产品为原料	106.2	111.7	101.7	104.4	138.2	152.2	175.2	178.2	186.1	257.2
重工业	101.1	103.9	99.4	102.9	103.1	114.2	122.7	122.0	125.5	129.4
采掘业	94.7	107.2	105.1	103.2	111.9					
原料加工	102.3	104.9	100.2	103.0	106.0	193.2	205.8	206.2	212.4	225.1
加工工业	100.2	101.9	97.2	102.6	102.6	110.5	118.9	115.6	118.6	121.7
按两大部类分										
生产资料	102.2	104.4	99.4	104.5	103.1	117.7	126.9	126.2	131.9	135.9
原料	102.3	104.9	100.2	103.0	104.8	180.6	192.4	192.7	198.4	208.0
加工	102.2	103.6	97.9	106.0	102.7	115.6	125.5	122.9	130.3	133.8
生活资料	98.8	108.9	99.9	100.2	121.3	144.0	167.8	167.6	167.8	203.6
食品	98.9	112.0	99.0	100.4	129.1	193.8	237.9	235.5	236.4	305.3
衣着		100.0	100.0	100.0	100.0		100.0	100.0	100.0	100.0
一般日用品	98.6	99.7	97.2	98.6	120.5	110.3	110.1	107.0	105.6	127.2
按工业部门分										
冶金工业	99.9	97.5	90.2	109.3	115.1	188.5	208.4	18798.0	205.5	236.6
电力工业	102.0	102.9	100.4	102.7	103.4					
化学工业	103.2	118.1	101.2	103.8	113.8	96.7	123.6	125.7	130.5	148.5
机械工业	100.5	104.0	101.1	99.4	100.5	109.0	116.5	117.3	116.6	117.1
建筑材料工业	110.6	113.7	98.1	114.7	155.9					
食品工业	96.4	111.4	97.3	100.4	133.8	224.6	278.8	271.3	272.3	364.3
纺织工业	110.9	98.1	98.6	125.4	116.3	117.2	115.7	114.0	143.0	166.3
缝纫工业		100.0	100.0	100.0	100.0					
皮革工业				96.2	100.7					
其它工业	110.4	115.4	106.3	100.0	131.3	421.1	491.9	528.1	527.9	693.2

九、人民生活

【简要说明】

一、本篇资料反映全市人民生活状况，包括就业、居民收支、消费水平、住房及主要消费品拥有量、文化、教育、卫生、公用设施等。

二、居民消费水平是国民经济核算数据，它综合反映了人民物质文化生活水平。9-4 表到 9-10 表数据来源于城市住房调查资料，1997 年抽取了 100 户城镇家庭。9-10 表到 9-25 表是农村住房调查资料，1997 年全市共抽取了 600 个家庭户作为样本。

三、城镇、农村住户都是采取多阶段、随机起点和对称等距的方法抽取的。为了保证住户调查资料的准确性，住户都随时记帐，在农村设置了现金帐和实物帐，还聘请辅调员协助记帐。为了防止样本老化或住户厌烦情绪，一般要定期更换样本。

四、参加本篇资料搜集和整理的人员有：鞠海涛、付俊峰。

9-1 城区居民家庭生活基本情况

年份	调查户数（户）	平均每户常住人口（人）	平均每户就业人口（人）	平均每一就业者负担人数（人）	平均每户就业面（%）	平均每人家庭总收入（元）	平均每人家庭总支出（元）	消费性支出	#食品	平均每人居住面积（平方米）
1985	80	3.88	2.11	1.84	54.38	795.48	770.04	723.72	325.68	7.75
1986	80	3.76	2.13	1.77	56.65	967.20	929.40	811.32	410.28	7.92
1987	60	3.71	2.12	1.75	57.14	1118.16	1060.68	910.20	455.16	8.40
1988	60	3.76	2.17	1.73	57.71	1318.08	1550.16	1019.64	540.00	9.72
1989	80	2.48	2.11	1.65	60.63	1479.84	1816.20	1030.44	580.20	9.69
1990	80	3.43	2.06	1.67	60.06	1647.24	1897.44	1179.24	629.76	10.16
1991	80	3.43	2.08	1.65	60.65	1883.88	2209.56	1321.20	700.92	10.50
1992	80	3.43	2.09	1.64	60.93	2360.18	2198.50	1842.52	831.89	8.05
1993	80	3.31	2.05	1.61	61.93	3495.69	3344.19	2658.94	1041.04	9.97
1994	40	3.38	2.13	1.61	63.02	5024.33	5031.22	3314.55	1249.00	10.41
1995	40	3.33	2.10	1.59	63.06	5578.76	4853.85	4300.10	1745.4	10.82
1996	90	3.45	2.11	1.64	61.16	5676.75	5473.75	4717.89	2042.27	10.21
1997	100	3.45	2.11	1.64	61.16	5718.24	5692.68	4602.36	1940.40	11.56
1998	100	3.20	2.01	1.59	62.81	6202.32	6086.04	5164.20	1893.00	12.51
1999	100	3.27	1.97	1.65	60.24	6798.53	6903.03	5785.78	1912.88	13.94
2000	100	3.19	1.85	1.72	57.99	7164.12	6529.44	5692.20	1888.44	14.65
2001	100	3.12	1.75	1.78	56.00	7936.68	8124.12	6823.56	2018.04	15.03
2002	100	3.05	1.70	1.79	55.74	9225.84	9418.92	6829.20	2000.40	18.56
2003	100	3.12	1.69	1.85	54.17	9793.32	9022.56	6965.40	2174.40	18.18
2004	100	3.16	1.65	1.91	52.22	10501.44	9587.46	7332.97	2308.13	18.51
2005	100	3.07	1.50	2.04	48.86	11460.48	11476.22	7900.83	2649.58	21.20
2006	100	3.04	1.51	2.01	49.67	1200.60	11811.45	8616.00	2694.99	21.21
2007	100	2.94	1.42	2.07	48.30	14162.30	14471.30	10223.10	3531.95	21.80
2008	100	2.93	1.57	1.87	53.40	15211.22	1448.41	10460.25	3844.09	22.60
2009	100	3.01	1.60	1.88	53.20	16128.34	15671.71	11027.66	3866.63	21.50
2010	100	3.02	1.57	1.71	51.30	17843.05	17862.64	11891.49	4073.12	28.62
2011	100	2.89	1.66	1.57	57.20	19768.07	19259.98	13709.96	5286.26	28.67

注：本表统计范围为十堰城区，下同。2001 年以前数据为实际收入和实际支出数。人均居住面积从 2002 年改为使用面积数与以前不可比。

9-2 城区居民人均收入与支出情况

年份	平均每人家庭总收入	可支配收入	工薪收入	平均每人家庭总支出	消费性支出	#食品	#衣着	#家庭设备
1985	795.48	48.44	719.16	770.04	723.72	325.68	115.32	116.76
1986	967.20	910.08	852.60	929.40	811.32	410.28	142.80	141.00
1987	1118.16	1024.56	973.44	1060.68	910.20	455.16	151.32	135.72
1988	1318.08	1238.52	1103.28	1550.16	1019.64	540.00	182.64	188.88
1989	1479.84	1355.88	1160.64	1816.20	1030.44	580.20	209.64	102.12
1990	1647.24	1518.60	1333.56	1897.44	1179.24	629.76	232.80	161.04
1991	1883.88	1685.64	1488.24	2209.56	1321.20	700.92	260.76	170.52
1992	2360.16	2175.00	2051.52	2198.52	1842.48	831.84	354.60	178.68
1993	3495.72	3189.48	2847.96	3344.16	2658.96	1041.00	543.00	302.64
1994	5024.33	5845.58	4212.12	5031.24	3314.52	1698.48	1314.12	33.36
1995	5578.80	5101.20	4927.56	4853.88	4300.08	1745.40	744.00	552.84
1996	5676.72	5014.56	3945.12	5473.80	4717.92	2042.28	812.40	287.28
1997	5718.24	5679.96	4718.76	5692.68	4602.36	1940.40	724.92	309.24
1998	6202.32	6261.24	4874.88	6086.04	5164.20	1893.00	660.36	586.92
1999	6798.53	6725.28	5141.40	6903.00	5785.80	1903.20	695.40	411.72
2000	7164.12	7130.52	4937.64	6529.44	5692.20	1888.44	846.00	417.00
2001	7936.68	7900.56	5385.60	8124.12	6823.56	2018.04	972.96	478.80
2002	9225.84	8548.20	7183.08	9418.92	6829.20	2000.40	918.12	499.20
2003	9793.32	8987.04	7892.76	9022.56	6965.40	2174.40	960.24	416.76
2004	10501.44	9519.93	8349.63	9587.46	7332.97	2308.13	892.92	408.42
2005	11460.48	10412.54	7949.64	11476.22	7900.83	2649.58	1010.15	551.70
2006	12200.60	10944.45	9009.34	11811.45	8616.00	2694.99	1179.19	564.56
2007	14162.30	12778.50	10349.20	14471.30	10233.10	3531.95	1314.50	648.80
2008	15211.22	13692.82	11708.68	10460.28	10460.25	3844.09	1347.74	630.89
2009	16128.34	14453.93	12641.74	15671.71	11027.66	3866.63	1579.66	766.30
2010	17843.05	16130.21	13740.97	17862.64	12519.44	4073.12	1541.19	919.57
2011	19768.07	17850.25	15131.40	19259.98	13709.96	5286.26	1853.36	1011.97

9-3 城区居民家庭收支情况

(2011)

单位：元

项目	总计	最低收入户	更低收入户	低收入户	中等偏下户	中等收入户	中等偏上户	高收入户	最高收入户	更高收入户
调查户数（户）	100	10	5	10	20	20	20	10	10	5
比重（%）										
平均每户家庭人口（人）	2.9	3.45	3.4	3.3	3.09	2.93	2.71	2.5	2.26	1.92
平均每户离退休人口（人）	0.3	0.3	0.4	0.4	0.33	0.4	0.3	0.1	0.16	0.32
平均每一就业者负担人数(人)	1.57	2.39	3.41	2.57	1.49	1.44	1.39	1.33	1.23	1.33
平均每户人口就业率（%）	59	21		32	59	66	67	72	82	83
平均每人家庭总收入	19768.07	7576.02	7572.53	10637.93	15960.93	19948.24	24735.76	31592.12	36687.79	41606.11
#可支配收入	17850.25	5895.73	4464.41	10093.52	14436.14	18405.36	22452.86	27720.87	33390.91	37220.19
平均每人借贷收入	7350.68	2719.42	4976.7	2301.83	3807.09	4810.14	6812.05	11287.99	35020.07	16933.3
#提取储蓄存款	6349.59	2136.81	4082.58	1865.47	3532.16	4228.95	6747.43	11251.99	26163.98	16933.3
平均每人借贷支出	7715.2	1612.13	1520.99	2375.02	3977.09	10100.13	7575.1	10261.95	26415.85	14544.91
#存入储蓄款	6555.34	1275.03	948.64	2269.56	3488.71	7800.81	7029.66	9348.15	21825.38	14544.91
平均每人家庭总支出	19259.98	8611.23	11009.88	10346.38	15554.05	15132.99	23708.91	32135.82	44465.7	41054.06
#消费性支出	13709.96	5783.3	6288.02	8579.26	12333.75	11656.71	18283.91	22949.97	21203.94	30462.95
食品	5286.26	3215.43	3282.53	3844.65	4876.54	4577.8	7204.65	6636.18	7417.71	9932.58
粮食	455.1	340.08	326.79	333.95	453.29	418.72	586.41	558.33	477.79	553.46
淀粉及薯类	64.36	51.21	50.25	52.73	62.37	62.96	78.3	80.65	59.08	68.2
干豆类及豆制品	89.07	71.98	70.4	77.88	90.22	80.57	106.38	109.05	86.82	100.01
油脂类	198.11	135.16	130.24	192.7	196.52	174.21	264.26	238.69	164.87	182.94
肉禽蛋水产品类	1276.46	934.13	925.12	949.07	1227.06	1139.05	1669.97	1563.35	1507.64	2068.08
肉类	785.78	575.95	569.44	575.86	738.31	722.25	1043.08	943.67	915.67	1242.02
禽类	214.91	162.53	164.91	162.49	213.14	186.57	275.94	264.75	248.16	342.93
蛋类	100.63	74.68	73.25	77.12	100.14	84.81	130.63	134.17	107.91	143.61
水产品类	175.15	120.97	117.52	133.6	175.47	145.42	220.31	220.75	235.91	339.52

9-3 续表 1

项目	总计	最低收入户	更低收入户	低收入户	中等偏下户	中等收入户	中等偏上户	高收入户	最高收入户	更高收入户
蔬菜类	596.61	483.74	454.23	472.27	617.31	501.57	760.54	749.18	578.11	689.49
调味品	58.54	40.84	45.37	41.51	61.07	52.95	79.49	68.46	56.74	69.49
糖类	41.49	23.76	26.48	27.55	40.01	32.69	59.18	52.01	61.64	83.54
烟草类	333.29	227.12	216.83	145.42	316.66	277.50	584.24	423.99	257.79	264.47
糖烟酒饮料类	743.45	475.48	473.64	440.92	724.73	616.39	1166.03	923.35	762.49	953.32
酒类	284.16	171.09	175.24	210.65	284.18	228.97	418.43	332.01	332.21	491.35
饮料	84.51	53.50	55.09	57.30	83.88	77.24	104.18	115.34	110.85	113.96
干鲜瓜果类	369.45	255.09	285.97	267.17	366.12	316.78	484.44	439.13	486.18	624.48
其他干鲜瓜果类及制品	104.52	66.40	72.50	67.09	101.64	90.57	139.61	123.30	156.47	182.86
糕点类	113.49	79.13	85.34	78.26	112.51	103.77	133.22	146.93	160.92	225.94
奶及奶制品	217.84	147.04	158.66	154.15	206.27	194.95	274.43	314.56	267.17	317.14
其他食品	48.07	33.96	31.64	30.51	45.14	36.72	71.86	55.17	67.78	81.58
在外用餐	1055.04	167.57	244.87	753.53	713.35	878.18	1527.38	1389.32	2742.13	3998.46
食品加工服务费	0.68				0.57	0.98	1.95			
衣着	1853.36	591.34	665.12	876.63	1554.81	2032.48	2714.86	3005.60	2220.20	2506.97
服装	1391.97	391.52	480.36	627.86	1216.64	1451.24	2103.61	2198.49	1763.77	1806.25
衣着材料	16.85	22.01	26.26	5.15	6.71	20.07	22.24	43.24	3.38	7.96
其他衣着用品	41.01	17.77	8.92	29.22	29.96	48.39	41.89	99.69	37.82	40.27
衣着加工服务费	7.74	2.17	4.41	1.12	2.23	6.67	9.40	29.88	15.32	19.41
家庭设备用品及服务	1011.97	328.45	493.31	731.84	1040.72	855.49	884.38	2977.46	922.36	1118.16
耐用消费品	574.45	166.32	337.53	445.42	758.51	459.72	412.54	1722.80	296.90	381.91
室内装饰品	36.46				25.71	21.88		298.00	10.63	25.04
床上用品	54.31	17.68	26.65	50.37	19.29	55.75	43.66	169.22	106.49	221.22
家庭日用杂品	321.00	130.57	116.66	216.68	223.86	289.82	385.35	761.00	469.73	489.99

9-3 续表 2

项目	总计	最低收入户	更低收入户	低收入户	中等偏下户	中等收入户	中等偏上户	高收入户	最高收入户	更高收入户
家庭服务	25.34	13.88	12.47	19.36	11.50	28.32	42.83	26.44	38.61	
医疗保健	867.72	677.62	706.85	607.10	734.69	787.12	1051.45	819.74	1724.41	1327.06
医疗器具	1.87			0.08	0.81		5.48		8.56	20.17
保健器具	5.50			0.45	1.42	19.76	3.62	5.12	0.43	
药品费	255.28	98.67	80.02	236.06	156.54	379.46	309.24	251.88	345.70	169.95
滋补保健品	32.28	0.71	1.44	2.27	16.03	85.00	16.91	2.72	101.91	182.14
医疗费	569.99	578.24	625.39	368.24	559.89	292.56	716.07	560.02	1259.16	954.64
其他医疗保健支出	2.79					10.35	0.15		8.64	0.16
交通和通讯	1155.64	218.27	277.46	521.77	932.29	805.70	1431.64	1489.44	4000.42	8080.52
交通	682.07	85.19	101.06	205.35	577.73	330.78	683.12	734.42	3425.70	7432.38
通信	473.57	133.08	176.40	316.42	354.56	474.91	748.52	755.02	574.71	648.14
教育文化娱乐服务	1794.86	210.35	355.05	1133.06	1332.63	1486.70	3511.32	2945.88	1855.27	2769.51
文化娱乐用品	338.92	110.59	196.72	83.27	358.20	360.74	521.63	511.14	323.08	548.15
教育	974.18	75.44	127.80	1003.67	735.05	677.67	2002.45	1604.96	562.34	893.63
文化娱乐服务	481.76	24.32	30.53	46.12	239.38	448.28	987.24	829.78	969.85	1327.72
居住	1219.14	500.21	439.19	583.95	1642.92	778.49	979.51	3894.88	839.49	861.05
住房	513.74	39.68	3.82		1036.17	123.08	0.18	3044.88		
水、电、燃料及其他	627.38	449.99	413.95	533.98	560.38	583.22	862.38	682.07	708.52	707.78
居住服务费	78.02	10.55	21.41	49.96	46.37	72.20	116.94	167.94	130.98	153.27
其它商品和服务	521.00	41.64	68.52	280.25	219.15	332.94	506.11	1180.78	2224.09	3867.11

9-4 城区居民家庭平均每百户年末耐用消费品拥有量

(2011)

品　名		总平均	最低收入户 10%	更低收入户 5%	低收入户 10%	较低 20%	中间 20%	较高 20%	高收入户 10%	最高收入户 10%	更高收入户 5%
助力车	(辆)										
摩托车	(辆)	25	10		40	25	30	30	20	10	
家用汽车	(辆)	10				5	10	15	20	20	20
洗衣机	(台)	98	100	100	90	95	95	105	100	100	100
电冰箱	(台)	98	90	80	90	95	100	105	100	100	100
彩色电视机	(台)	111	100	100	100	100	110	125	120	120	140
家用电脑	(台)	75	60	40	60	55	75	80	110	100	80
组合音响	(台)	18	10		20	10	25	20	10	30	40
摄像机	(架)	9	10			20		10	10	10	20
照相机	(架)	48	20	20	40	30	35	60	100	70	40
消毒碗柜	(台)	16	10		10	5		25	40	40	60
其他中高档乐器	(件)	5					5	10		20	20
微波炉	(台)	70	50	40	40	70	80	75	90	70	80
空调器	(台)	110	70	60	70	90	120	115	150	160	180
沐浴热水器	(台)	68	50	60	70	60	75	80	40	90	80
健身器材	(台)	4	10	20		5	5	5			
固定电话	(台)	42	50	40	30	25	35	60	40	60	100
移动电话	(部)	199	180	200	130	205	210	195	230	230	220

9-5 城区居民家庭平均每人全年购买商品数量

(2011)

品　　名		总平均	最低收入户10%	更低收入户5%	低收入户10%	较低20%	中间20%	较高20%	高收入户10%	最高收入户10%	更高收入户5%
粮食	(元)	455.10	340.08	326.79	333.95	453.29	418.72	586.41	558.33	477.79	553.46
#大米	(千克)	47.44	40.24	37.29	40.22	46.51	38.31	61.45	60.42	47.17	50.98
面粉	(千克)	7.84	4.93	4.92	4.84	9.79	7.28	9.45	8.80	7.88	8.53
其他粮食及制品	(元)	196.09	131.67	127.43	126.76	192.27	206.97	245.81	232.54	218.50	275.66
淀粉及薯粉	(元)	64.36	51.21	50.25	52.73	62.37	62.96	78.30	80.65	59.08	68.20
干豆类及豆制品	(元)	89.07	71.98	70.40	77.88	90.22	80.57	106.38	109.05	86.82	100.01
油脂类	(元)	198.11	135.16	130.24	192.70	196.52	174.21	264.26	238.69	164.87	182.94
食用植物油	(千克)	14.33	9.97	9.50	14.30	14.31	12.86	18.72	17.04	11.38	11.86
食用动物油	(元)	1.76	0.92	0.95	4.06	1.40	1.54	1.75	1.80	1.20	1.21
肉类	(元)	785.78	575.95	569.44	575.86	738.31	722.25	1043.08	943.67	915.67	1242.02
猪肉	(千克)	19.63	14.85	14.04	14.93	18.35	17.93	25.84	22.45	23.75	32.17
牛肉	(千克)	3.04	1.93	1.70	2.22	3.01	2.57	4.08	3.82	3.95	6.17
羊肉	(千克)	0.30	0.16	0.15	0.22	0.24	0.20	0.51	0.32	0.56	1.01
其他肉及肉制品	(元)	153.01	123.08	138.06	103.42	147.28	146.78	199.95	179.02	161.69	210.67
禽类	(元)	214.91	162.53	164.91	162.49	213.14	186.57	275.94	264.75	248.16	342.93
鸡	(千克)	4.62	3.24	3.33	3.26	4.27	4.01	6.17	6.10	5.94	8.89
鸭	(千克)	0.67	0.69	0.96	0.58	0.56	0.66	0.75	0.87	0.70	0.81
其他禽及禽制品	(元)	106.55	83.99	83.46	86.40	112.21	89.07	133.55	122.14	118.18	160.81
蛋类	(元)	100.63	74.68	73.25	77.12	100.14	84.81	130.63	134.17	107.91	143.61
鲜蛋	(千克)	9.27	7.26	6.96	6.95	9.48	7.94	11.78	11.88	9.69	12.52
蛋制品	(元)	12.78	7.45	8.26	10.93	10.72	10.17	18.32	19.53	15.24	22.52
水产品类	(元)	175.15	120.97	117.52	133.60	175.47	145.42	220.31	220.75	235.91	339.52
鱼	(千克)	8.23	5.90	5.28	7.36	7.88	7.35	10.82	10.12	8.01	9.76
虾	(千克)	0.66	0.46	0.42	0.61	0.72	0.49	0.83	0.77	0.78	0.83
其他水产品及制口品	(元)	30.80	20.07	21.18	16.82	31.16	22.33	34.77	42.22	66.36	118.98
鲜菜	(千克)	120.49	99.73	93.18	99.46	122.92	102.69	153.04	147.32	114.55	134.20
糖类	(元)	41.49	23.76	26.48	27.55	40.01	32.69	59.18	52.01	61.64	83.54

9-5 续表 1

品名		总平均	最低收入户10%	更低收入户5%	低收入户10%	较低20%	中间20%	较高20%	高收入户10%	最高收入户10%	更高收入户5%
烟草类	(元)	333.29	227.12	216.83	145.42	316.66	277.50	584.24	423.99	257.79	264.47
酒类	(元)	284.16	171.09	175.24	210.65	284.18	228.97	418.43	332.01	332.21	491.35
白酒	(千克)	2.06	1.30	1.32	1.89	2.04	1.59	3.02	2.33	2.10	2.86
果酒	(千克)	0.07	0.03	0.06	0.03	0.07	0.04	0.11	0.07	0.15	0.15
啤酒	(千克)	8.06	5.84	5.51	5.65	7.96	5.10	11.30	9.57	13.49	23.08
其他酒	(元)	20.23	12.49	14.45	11.70	20.05	28.19	22.78	20.74	17.71	22.20
鲜果	(千克)	35.41	24.68	27.59	28.60	34.94	30.83	45.40	41.61	44.08	58.06
鲜瓜	(千克)	10.81	9.12	11.35	8.02	11.60	8.67	13.89	12.18	11.97	15.91
其它干鲜瓜果	(元)	104.52	66.40	72.50	67.09	101.64	90.57	139.61	123.30	156.47	182.86
糕点	(千克)	6.13	4.41	4.88	4.96	5.93	5.71	7.22	7.78	7.64	8.85
鲜乳品	(千克)	15.32	11.50	11.38	12.98	13.38	13.59	19.07	23.94	15.84	18.42
奶粉	(千克)	0.90	0.57	0.58	0.41	0.98	0.79	1.23	1.18	1.05	0.82
酸奶	(千克)	3.06	1.95	2.15	2.56	3.00	1.91	4.40	4.96	3.36	4.15
饮食服务	(元)	1055.72	167.57	244.87	753.53	713.92	879.16	1529.32	1389.32	2742.13	3998.46
服装	(件)	11.54	2.94	3.42	8.18	9.43	10.95	15.55	17.12	21.10	18.77
衣着材料	(元)	16.85	22.01	26.26	5.15	6.71	20.07	22.24	43.24	3.38	7.96
鞋类	(双)	2.66	1.04	0.88	1.53	2.22	2.82	3.55	4.52	3.33	3.81
其他衣着用品	(元)	41.01	17.77	8.92	29.22	29.96	48.39	41.89	99.69	37.82	40.27
家庭日用杂品	(元)	321.00	130.57	116.66	216.68	223.86	289.82	385.35	761.00	469.73	489.99
水	(吨)	63.39	52.38	40.95	34.51	58.86	45.98	100.58	88.99	62.42	78.42
电	(度)	579.17	424.43	351.41	496.53	561.52	519.90	765.91	609.78	656.34	701.53
罐装液化石油气	(千克)	10.61	8.60	8.26	9.24	9.74	16.71	9.53	7.06	8.84	8.64
管道煤气	(立方米)	0.24			0.58	0.33	0.29	0.24			

9-6 城区居民家庭房屋居住分布情况

分　组	调查户数(户)			各组户数占总户数比重(%)			家庭常住人口(人)		
	2009	2010	2011	2009	2010	2011	2009	2010	2011
总计	100	100	100	100	100	100	301	302	299
住房总建筑面积									
租赁公房	2	2	2	2	2	2	6.02	6.04	5.92
原有私房	2	2	7	2	2	7	6.02	6.04	20.9
房改私房	58	58	47	58	58	47	175	175	140
商品房	37	37	41	37	37	41	111	111	122
其他	1	1	3	1	1	3	3	3	9
按自来水使用情况分									
无自来水									
独用自来水	100	100	100	100	100	100	301	302	299
公用自来水									
按卫生设备拥有情况分									
无卫生设备									
有浴室厕所	91	91	75	9	91	75	274	275	224
有厕所无浴室	9	9	23	9	9	23	27	27	69
公用卫生设备									

9-6 续表 1

分组	调查户数(户)			各组户数占总户数比重(%)			家庭常住人口(人)		
	2009	2010	2011	2009	2010	2011	2009	2010	2011
按取暖设备拥有情况分									
无取暖设备	19	19	21	19	19	21	57	57	62
空调设备	46	46	40	46	46	40	138	138	125
暖气	35	35	33	35	35	33	105	105	86
其他									
按饮水情况分									
自来水	99	100	100	99	100	100	298	300	299
矿泉水									
纯净水	1			1			3		
按燃料使用情况分									
管道煤气	45	45	35	45	45	35	135	135	105
液化石油气	51	49	56	51	49	56	154	147	167
煤	4	4	4	4	4	4	12	12	12
其他									
按电话拥有情况分									
无电话									
固定电话 (部/百户)	70	70	42	70	70	42	60	70	125
移民电话 (部/百户)	213	213	199	213	213	199	213	213	199
使用互联网 (条/百户)	55	55	53	55	55	53	55	55	53
按住宅建筑样式分									
家庭单栋配套楼房									
单元式配套住宅	100	100	100	100	100	100	301	302	299
一居室	1	1	1	1	1	1	301	3.02	2.99
二居室	62	62	60	62	62	60	187	187	185
三居室	35	35	28	35	35	28	105	105	84
四居室及以上	2	2	1	2	2	1	6	6	2.99
普通楼房									
其他住宅									

9-7 农民家庭基本情况

年份	调查户数(户)	常住人口(人)	平均每户常住人口(人)	平均每户整半劳力(人)	平均每个劳动力负担人口(人)	平均每户经营耕地面积(亩)	平均每户年末拥有生产性固定资产原值(元)
1989	600	2937	4.90	2.74	1.79	6.53	495.86
1990	600	2893	4.82	2.69	1.79	6.23	542.53
1991	600	2822	4.70	2.60	1.81	6.35	501.84
1992	600	2805	4.68	2.51	1.86	5.60	468.75
1993	600	2705	4.51	2.67	1.69	5.36	568.24
1994	450	2043	4.54	2.60	1.74	5.19	921.14
1995	450	2043	4.54	2.44	1.73	5.36	921.80
1996	550	2415	4.39	2.60	1.69	5.51	1467.73
1997	600	2516	4.19	2.56	1.64	4.47	1381.32
1998	600	2471	4.12	2.60	1.59	4.57	1571.68
1999	600	2428	4.05	2.54	1.59	4.50	1455.14
2000	600	2443	4.07	2.70	1.51	4.07	1306.72
2001	600	24441	4.07	2.68	1.52	4.52	1495.53
2002	600	2428	4.05	2.68	1.50	4.51	1376.00
2003	600	2471	4.11	2.75	1.49	4.17	1537.65
2004	600	2442	4.07	2.81	1.44	4.50	2517.53
2005	600	2431	4.05	2.82	1.44	4.25	1819.64
2006	600	2429	4.08	2.92	1.38	4.21	5030.90
2007	600	2396	3.99	2.99	1.33	4.58	5687.90
2008	600	2393	3.99	3.01	1.32	4.56	5565.65
2009	600	2387	3.98	3.11	1.28	4.50	5486.20
2010	600	2391	3.99	3.13	1.27	4.41	5556.41
2011	600	2366	3.94	3.00	1.31	4.36	5683.70

9-7 续表 1

年份	平均每户年内新建房屋面积（平方米）	平均每人年末使用房屋面积（平方米）	生活居住面积（平方米）	平均每户年末使用房屋价值（元）	平均每人总收入（元）	平均每人纯收入（元）	平均每人生活费支出（元）
1989	4.44	19.05	17.94	1528.72	601.10	462	424.74
1990	5.76	19.69	18.53	1935.85	669.13	498	469.40
1991	2.35	21.67	20.38	2002.93	681.99	509	461.24
1992	1.73	21.45	20.23	2391.22	707.69	538	476.38
1993	2.59	23.88	23.88	2563.74	747.50	601	600.40
1994	3.69	19.38	19.38	3247.48	1178.43	815	809.21
1995	3.83	21.49	21.49	3580.03	1356.67	951	831.04
1996	2.97	24.18	24.18	6315.73	2000.20	1306	1238.68
1997	3.36	26.31	26.31	7485.98	2119.91	1438	1404.33
1998	2.14	25.54	25.54	7575.32	2076.75	1563	1258.24
1999	3.42	26.10	26.10	7882.57	1824.28	1433	1258.15
2000	2.81	26.64	26.64	9841.01	1995.61	1487	1324.13
2001	1.48	26.77	26.77	12132.33	2133.25	1592	1344.75
2002	1.85	29.65	27.23	12117.83	2282.70	1714	1430.60
2003		28.32	28.32	14476.10	2378.09	1808	1489.16
2004	3.28	28.13	28.13	15810.00	2522.20	1916	1822.03
2005	2.10	29.27	29.27	1454.17	2540.96	1970	1911.41
2006	2.08	28.32	28.32	4443.50	2764.50	2191	1992.80
2007	3.71	30.19	30.19	21457.75	3162.52	2490	2312.66
2008	4.65	30.61	30.19	22268.92	3578.33	2841	2642.29
2009	4.63	31.45	31.45	27215.92	3827.82	3110	2700.62
2010	5.42	32.79	31.29	32834.80	4240.76	3499	3100.27
2011	5.59	35.19	35.10	67802.00	4989.34	4044	3661.53

9-8 农民家庭户均生产情况

单位：千克、头、只

项目	2000	2003	2004	2005	2006	2007	2008	2009	2010	2011
粮食总产量	1325.73	1306.94	1153.63	930.78	996.90	1004.24	976.52	1069.41	1255.78	1367.56
棉花总产量	0.50			0.11	0.13	0.24	0.06			0.37
油料总产量	142.71	196.28	125.52	129.79	124.60	143.64	146.07	191.60	165.50	140.43
蔬菜总产量	925.65	778.09	816.79	550.75	525.80	471.15	445.04	434.53	485.74	522.36
水果总产量	304.87	318.47	331.28	332.91	343.10	301.15	570.00	620.67	490.50	209.02
出售自宰肥猪头数	0.75	1.66	1.32	1.37	1.44	1.41	1.21	1.13	1.25	1.28
出售自宰猪肉产量	95.97	137.03	103.83	112.43	113.60	115.06	88.58	99.49	108.88	109.98
出售自宰菜羊只数	0.03	0.13	0.22	0.07	0.04	0.03	0.02	0.06	0.04	0.08
出售自宰羊肉产量	1.04	2.97	3.26	1.62	0.82	0.65	0.41	1.88	0.68	1.77
出售自宰家禽只数	0.88	4.05	2.69	2.57	3.12	2.43	3.09	3.87	5.00	4.32

9-9 农民家庭的人均总收入分类

单位：元、%

项目	2003	2004	2005	2006	2007	2008	2009	2010	2011
全年总收入	2378.09	2522.20	2540.96	2764.50	3162.52	3578.33	3827.82	4240.76	4989.34
全年纯收入	1808.00	1916.00	1970.00	2191.00	2490.00	2841.00	3110.00	3499.00	4044.00
按来源分类									
工资性收入	709.12	833.80	983.98	1167.50	1355.30	1439.00	1576.74	1679.84	2096.96
家庭经营收入	1508.83	1529.50	1448.78	1452.60	1654.30	1928.08	1900.71	2163.54	2440.62
其他非生产性收入	160.14	158.90	108.20	144.40	152.92	211.26	350.36	397.38	451.76
按类别分类									
生产性收入	2217.95	2363.30	2432.76	2620.10	3009.60	3367.07	3477.45	3843.38	4537.58
农业生产收入	1508.83	1529.50	1448.78	1196.50	1387.75	1634.07	1573.39	1819.26	1958.68
非农业生产收入	709.12	833.80	983.98	1423.50	1621.85	1733.00	1904.06	2024.12	2578.90
非生产性收入	160.14	158.90	108.20	144.40	152.92	211.26	350.36	397.38	451.76
比重(总收入＝100)									
按来源分类									
工资性收入	29.81	33.06	38.72	42.20	42.86	40.22	41.19	39.61	42.03
家庭经营收入	63.45	60.65	57.02	52.50	52.31	53.89	49.66	51.02	48.92
其他非生产性收入	6.74	6.29	4.26	5.30	4.84	5.91	9.15	9.37	9.05
按类别分类									
生产性收入	93.26	93.71	95.74	94.80	95.17	94.1	90.85	90.63	90.95
农业生产收入	63.45	60.65	57.02	43.30	43.89	45.67	41.10	42.90	39.26
非农业生产收入	29.81	33.06	38.72	51.50	51.29	48.43	49.74	47.73	51.69
非生产性收入	6.74	6.29	4.26	5.20	4.84	5.91	9.15	9.37	9.05

9-10 农民家庭收入人均经营收入

单位：元

项目	2003	2004	2005	2006	2007	2008	2009	2010	2011
家庭经营收入	1508.83	1529.50	1448.78	1452.60	1654.30	1928.08	1900.71	2163.54	2440.62
农业收入	971.07	984.76	805.37	821.40	935.54	1137.73	1127.69	1332.20	1279.90
林业收入	70.55	24.54	11.28	31.60	19.82	24.98	26.88	30.50	35.70
牧业收入	337.71	346.77	370.26	330.20	419.48	463.73	417.92	453.28	638.59
渔业收入	6.08	11.03	13.25	13.30	12.91	7.62	0.90	3.27	4.69
工业收入	11.67	7.39	21.19	31.10	45.61	50.79	59.37	63.49	15.28
建筑业收入	14.70	20.82	13.26	7.50	8.85	28.86	24.09	36.49	38.19
运输业收入	24.76	54.84	117.91	102.10	95.18	117.31	127.64	112.57	171.76
商业、饮食业收入	23.10	21.97	34.62	68.50	71.27	49.43	68.47	88.86	201.48
服务业收入	34.13	37.39	32.89	15.90	13.35	11.98	6.82	17.68	15.56
其他家庭经营收入	14.86	19.99	28.75	31.00	32.29	35.64	37.89	23.41	39.47

9-11 农民家庭人均纯收入分组

项目	2003	2004	2005	2006	2007	2008	2009	2010	2011
调查户合计	600	600	600	600	600	600	600	600	600
100 元以下	1	3		5	9				5
100-200 元	2			6	1				
200-300 元	1	4	10	6	3	1	2	3	1
300-400 元	3	6	11	9	9	7	2	4	
400-500 元	10	15	16	12	8	9	4	4	2
500-600 元	15	18	23	21	10	21	8	3	2
600-800 元	41	59	50	46	40	41	25	9	6
800-1000 元	51	67	64	55	72	54	29	16	6
1000-1500 元	152	71	81	77	63	49	78	66	35
1500-2000 元	107	89	82	80	70	46	66	64	50
2000 元以上	217	268	247	283	315	365	381	428	493

9-12 农民家庭年人均生产支出

单位：元

项目	2000	2003	2004	2005	2006	2007	2008	2009	2010	2011
全年总支出	1863.01	2150.15	2623.45	2561.11	2597.13	3100.09	3464.11	3531.13	4004.54	5038.04
家庭经营费用支出	360.25	431.20	489.77	565.10	498.60	579.34	627.55	584.87	602.80	791.38
农业生产支出	188.63	253.59	235.29	264.96	401.40	286.74	256.19	233.03	235.79	297.67
#购买化肥	61.22	85.65	71.32	88.32	86.20	88.55	110.77	102.79	96.53	118.97
购买农药	3.62	7.02	7.29	6.83	7.06	8.39	10.63	10.80	13.11	18.71
购买农用薄膜	2.40	2.46	3.51	1.45	4.79	3.44	4.53	2.26	2.96	3.72
林业生产支出	2.14	6.69	7.52	2.37	3.90	3.46	7.25	3.99	4.99	12.67
牧业生产支出	148.7	146.53	186.94	216.49	161.60	195.57	271.43	235.49	249.74	277.91
渔业生产支出	0.30	2.41	3.47	2.51	2.50	3.12	1.75	0.64	0.03	0.45
工业生产支出	5.36	2.85	4.08	7.17	17.60	15.42	16.12	22.89	23.69	3.97
建筑业生产支出	0.70	4.62	12.55	13.09	9.90	2.58	1.76	2.51	19.56	9.83
运输业生产支出	7.66	5.34	30.13	25.46	32.00	28.96	28.16	38.54	38.10	86.06
商业、饮食业支出	1.63	1.26	1.54	8.77	23.40	27.26	35.54	40.59	24.22	96.37
服务业支出	1.39	5.79	7.69	12.88	6.20	0.97	2.23	1.20	1.39	0.17
其他经营支出	3.41	2.11	0.46	11.40	3.50	11.18	7.12	6.00	5.29	6.28
购置生产性固定资产支出	9.77	20.64	106.02	22.39	19.00	107.43	79.06	70.74	57.67	42.23
#大中型铁木农具	0.02	0.11			0.20					
农林牧渔业机械	2.34	5.19	5.64			45.72	14.28	14.55	13.74	18.06
工业机械	3.79	2.88	3.00	0.58	0.66	0.27	0.34	2.99		1.55
缴纳税款	33.62	51.85	34.73	5.64	5.00	5.40	0.59	0.09	0.50	2.83

9-13 农民家庭年人均现金收支

单位：元

项目	2000	2003	2004	2005	2006	2007	2008	2009	2010	2011
期内现金收入合计	1110.57	1633.60	1725.69	1865.02	2120.80	2387.57	2744.95	2929.50	3218.07	4100.66
工资性收入	491.49	709.12	833.84	982.50	1167.49	1355.30	1439.00	1576.74	1679.84	2096.84
出售农副产品的现金收入	366.44	649.93	355.78	293.70	307.50	346.33	402.74	428.69	522.51	584.98
出售其他产品的现金收入	7.44									
工业加工费的现金收入	20.51	11.67	7.39	14.62	14.80	9.47	14.78	16.89	13.27	14.97
建筑业的现代收入	15.95	14.70	20.82	13.26	7.50	8.85	26.10	24.09	36.49	38.19
运输业的现金收入	40.74	24.76	54.84	117.91	213.10	95.18	117.31	127.64	112.57	171.76
商业饮食业的现金收入	32.13	23.10	21.97	34.62	68.50	71.27	49.43	68.47	88.86	201.48
服务业的现金收入	20.61	34.31	37.39	32.89	15.90	13.35	11.98	6.82	17.68	15.56
其他经营的现金收入	22.89	9.72	12.37	14.10	18.50	8.24	10.56	19.79	0.45	39.03
其他非生产性现金收入	90.62	128.34	137.01	168.97	143.30	141.09	209.77	351.00	394.22	562.35
储蓄借贷款现金收入	244.32	317.95	351.31	249.49	288.30	264.83	337.42	305.67	709.84	889.99
期内现金支出合计	1108.96	1582.89	1856.02	1835.80	1939.00	2264.95	2541.17	2780.47	3284.03	4249.82
家庭经营费用支出的现金	168.00	307.04	300.66	460.12	395.30	420.58	471.56	468.15	480.57	632.84
缴纳税款	33.62	51.85	34.67	5.57	5.00	5.40	0.59	0.09	0.50	2.83
购买生产性固定资产支出的现金	9.77	20.64	106.02	22.39	19.00	107.43	79.06	70.74	57.67	42.23
生活消费支出的现金	764.42	1046.50	1244.02	1314.66	1438.40	1636.46	1875.40	2066.68	2502.00	3034.14
其他非生产性现金支出	92.92	156.76	170.56	165.99	81.33	95.08	112.14	174.81	243.16	537.65
储蓄借贷现金支出	257.21	161.59	255.29	205.79	205.50	205.58	247.49	273.03	458.78	382.12
期末手存现金	558.79	304.70	332.16	325.13	355.90	667.20	733.58	903.49	1017.44	551.20
期末存款余额	294.23	295.32	404.20	386.35	494.40	345.90	486.04	614.96	791.21	1475.09

注：从2000年以后，期内现金支出、收入均不包括储蓄借款现金支出及收入。

9-14 农民家庭年人均粮食收入

单位:千克

项目	2000	2003	2004	2005	2006	2007	2008	2009	2010	2011
年内粮食收入合计	411.87	393.99	344.07	303.80	315.20	320.93	313.05	368.36	357.39	397.26
家庭经营生产的	375.17	321.64	283.45	263.31	279.60	290.25	282.67	319.92	315.13	346.84
购入	36.21	35.91	38.43	39.85	35.60	30.13	30.39	40.29	42.26	50.42
#从集市上购入	4.95	31.12								
借入	0.05		0.12							
收回借出粮	0.05									
其他粮食收入	0.40	36.44	22.07	0.64	0.55	0.43	8.15			
年内粮食支出合计	350.57	300.66	307.96	314.45	349.30	326.33	337.80	329.14	313.98	350.46
主食用粮	244.24	188.68	180.42	170.61	157.00	164.47	161.51	178.22	166.44	149.32
#稻谷	96.27	81.67	85.02	76.02	69.00	66.90	71.45	83.94	80.28	68.98
小麦	76.23	55.38	46.21	47.98	52.10	48.97	47.42	42.53	46.85	55.14
其他生活用粮	4.89									
出售	23.06	37.54	32.52	34.82	66.90	56.57	48.44	64.08	48.72	88.27
种籽	11.68	6.85	7.47	4.12	3.70	2.75	2.54	3.15	2.75	3.89
饲料	58.56	67.08	87.31	104.48	121.40	102.42	125.27	83.69	96.07	107.85
借出	7.08	0.04		0.03						
归还借粮	0.07		0.02							0.03
其他粮食支出	1.13	0.47	0.23	0.40	0.26	0.13	0.04			1.09
年末粮食结存	359.94	210.86	187.37	210.69	226.40	247.88	287.95	258.13	259.62	301.95
#口粮	264.85	116.51	109.47	116.50	110.80					
饲料	84.58	69.33	63.02	71.05	75.40					
种子	9.68	7.39	6.73	5.40	6.70					
附:生产加工用粮	2.92	10.76	5.95	1.76	26.50					

9-15 农民家庭年人均生活消费支出

单位：元

项目	2000	2003	2004	2005	2006	2007	2008	2009	2010	2011
生活消费支出	1324.13	1489.16	1822.03	1911.41	1992.80	2312.66	2642.29	2700.62	3100.27	3661.53
食品消费支出	741.67	750.11	908.06	976.18	1000.40	1172.18	1359.42	1308.10	1351.62	1680.88
＃主食	201.11	199.54	248.41	225.91	217.70	280.97	265.60	289.35	319.80	325.27
副食	394.94	485.42	396.58	413.60	572.70	791.04	949.05	836.86	840.19	1130.63
居住消费支出	189.51	185.70	255.11	196.78	199.50	365.27	474.36	488.64	755.34	600.01
家庭设备用品及服务	48.79	68.61	71.72	73.15	83.30	90.14	112.16	131.47	163.28	243.97
医疗保健	58.42	99.59	113.64	179.92	154.00	148.73	184.81	218.44	206.40	333.97
交通通讯消费支出	49.05	65.24	128.04	139.95	155.50	176.61	183.30	196.79	249.77	269.08
文教用品及娱乐服务支出	160.47	191.13	236.85	219.88	250.30	201.55	166.90	164.35	169.98	174.18
其他商品及服务支出	19.50	34.03	33.99	35.94	52.40	46.96	39.73	61.49	59.08	132.46

9-16 农民家庭年人均出售农副产品情况

项目		2000	2003	2004	2005	2006	2007	2008	2009	2010	2011
粮食(原粮)	(千克)	23.06	37.54	32.52	31.26	66.9	56.57	48.44	64.07	48.73	88.27
油料	(千克)	6.13	30.69	13.96	14.57	14.60	24.23	19.61	18.27	20.77	11.04
烟叶	(千克)	0.09	2.24	1.65	2.08	0.21	0.91	2.84	2.90	1.29	3.18
蔬菜	(千克)	57.85	83.04	78.42	31.35	38.60	35.71	28.61	27.8	27.06	43.94
水果	(千克)	17.19	70.37	78.41	78.66	82.20	73.07	131.78	145.47	117.37	52.51
茶叶	(千克)	0.04	0.04	0.02	0.09	2.90	0.06	0.39	0.72	0.93	0.22
肉猪	(千克)	19.00	21.00	16.00	15.00	16.00	21.90	11.26	11.59	10.61	15.27
猪肉(包括自宰后出售)	(千克)	2.42	2.16	2.36	1.57	2.07	1.75	1.74	1.96	4.13	2.11
羊肉	(千克)	0.05	0.13	0.05	0.16	0.09	0.02	0.44	0.14		0.36
牛肉(包括自宰后出售)	(千克)	0.03	0.01	0.08	0.04	0.22	0.14	0.28	0.95	0.58	0.42
家禽	(千克)	0.44	0.14	0.23	0.28	0.35	0.27	0.31	0.43	0.94	0.51
蛋类	(千克)	0.77	0.67	0.56	0.47	0.47	0.46	0.46	0.42	1.92	0.52
鱼虾	(千克)	0.12	0.78	2.86	2.77	2.74	2.31	1.20	0.07	0.22	0.18

9-17 农民家庭年人均主要实物消费量

项目		2000	2003	2004	2005	2006	2007	2008	2009	2010	2011
粮食	(千克)	242.54	188.68	180.42	170.61	157.10	164.47	161.51	178.22	166.44	149.32
蔬菜	(千克)	164.54	124.25	134.11	119.98	99.30	92.26	89.64	82.24	96.44	114.09
食用油	(千克)	11.29	7.64	5.24	4.33	5.80	5.17	5.14	4.97	4.75	7.39
#植物油		4.11	5.08	2.75	2.81	4.03	4.15	4.21	4.36	4.53	7.03
猪肉	(千克)	20.68	19.15	13.9	17.28	19.70	15.08	16.78	19.50	17.12	16.68
牛羊肉	(千克)	0.22	0.23	0.21	0.28	0.37	0.53	0.48	0.41	0.65	0.59
牛羊奶	(千克)	0.01	0.03	0.03	0.05	0.13	0.11	0.19	0.44	0.37	0.68
家禽	(千克)	1.07	1.31	1.33	1.34	1.57	1.68	1.87	2.06	1.93	2.54
蛋类	(千克)	2.59	2.48	2.65	2.34	2.31	2.11	2.61	2.79	2.71	3.68
鱼虾	(千克)	0.70	1.58	1.48	1.45	1.67	1.73	1.78	1.83	1.71	1.64
食糖	(千克)	1.37	1.35	1.30	1.26	1.14	1.24	1.15	0.95	0.83	0.78
酒	(千克)	7.12	10.85	11.79	11.84	16.90	15.66	16.78	17.71	18.44	18.92
糖果、糕点	(千克)	0.61	0.58								
水果	(千克)	5.36	6.67	5.50	5.09	6.20	6.02	6.62	5.88	4.28	5.37

9-18 农民家庭每百户主要耐用物品拥有量

项目		2000	2003	2004	2005	2006	2007	2008	2009	2010	2011
自行车	(辆)	75	69	61	53	45	35	37	35	30	13
电视机	(台)	75	95	93	84	93	95	92	99	100	97
#彩电		18	46	54	56	72	85	87	90	94	97
收录机	(台)	14	8	5	3	4					
照相机	(架)	1	1	1	1	1	1	2	1	1	1
电风扇	(台)	65	92	100	94	108					
洗衣机	(台)	3	3	6	7	17	18	23	29	37	54
电冰箱	(台)	2	2	4	5	10	15	20	29	38	50
摩托车	(辆)	6	10	11	11	19	22	25	31	36	37
大型家具	(件)	595	592	586	205	157	1				

9-19 各县市农民人均纯收入

项目	2000	2001	2002	2003	2004	2005	2006	2007	2008	2009	2010	2011
全市平均	1487	1592	1714	1808	1916	1990	2191	2490	2841	3110	3499	4044
丹江口市	2230	2272	2283	2368	2416	2443	2645	2998	3374	3657	4046	4587
郧县	1386	1506	1596	1703	1801	1882	2086	2397	2741	3021	3442	3997
郧西县	1316	1401	1580	1708	1815	1894	2099	2363	2705	2931	3350	3820
竹山县	1332	1438	1550	1681	1789	1875	2077	2395	2740	3026	3336	3923
竹溪县	1331	1453	1557	1677	1795	1900	2104	2438	2801	3072	3484	4006
房县	1363	1462	1555	1684	1787	1808	2010	2326	2671	2945	3360	3965

9-20 各县市农民人均总收入构成

(2011)

单位：元

项目	全市平均	丹江口市	郧县	郧西县	竹山县	竹溪县	房县
全市总收入	4989.34	5757.1	4608.53	4474.94	4488.92	5401.18	5265.37
工资性收入	2096.96	1955.13	2252.06	2220.49	2086.04	2065.94	1987.37
非企业组织劳动收入	112.97	50.40	89.37	178.87	81.76	36.60	232.06
在本乡地域内劳动收入	900.98	1055.26	1040.83	758.66	886.63	1030.47	650.11
外出从业得到收入	1083	849.47	1121.86	1282.96	1117.65	998.87	1105.20
家庭经营收入	2440.62	3349.09	1970.94	1905.89	2013.20	2681.61	2789.74
农业	1279.7	2154.72	1094.84	1097.45	983.05	1125.29	1265.64
农产品收入	1234.5	2154.72	1078.43	875.93	971.93	1120.14	1260.06
林业	35.7	46.84	29.85	16.38	4.49	1.49	114.75
牧业	638.59	943.92	432.47	367.62	579.38	884.73	656.62
渔业	4.69	9.31	1.24	12.23		5.18	
工业	15.28	2.04	1.50	11.70		76.76	0.34
建筑业	38.19		82.54	131.91			6.47
交通运输业及邮电业	171.76	11.25	185.91	52.43	344.45	198.91	239.53
批发零售餐饮业	201.48	102.26	131.93	13.75	94.76	389.25	481.16
社会服务业	15.56	29.92	10.66	50.66	0.65		
其他	12.61			71.65			0.34
文教卫生业	26.39	47.75		79.61	6.42		22.48
转移性收入	407.32	401.71	364.03	347.23	347.08	587.24	401.85
非常住人口寄回带回	3.63	1.33					20.30
财产性收入	44.44	51.18	21.50	1.33	42.60	66.39	86.40

9-21 各县市农民人均生活消费支出

单位：元

项目	2000	2001	2002	2003	2004	2005	2006	2007	2008	2009	2010	2011
全市平均	1324.13	1344.75	1430.61	1489.16	1822.03	1911.41	1992.80	2312.66	2642.29	2700.62	3100.30	3661.53
丹江口市	1459.76	1242.3	1539.41	1518.77	1882.25	1977.37	2008.70	2178.19	2685.76	3203.33	3177.40	3554.49
郧县	1231.26	1347.22	1281.60	1306.88	1453.53	1603.71	1738.90	2139.70	2237.30	1782.32	2825.10	3507.80
郧西县	1166.69	1485.94	1476.94	1253.22	1623.76	1624.63	1627.40	1714.83	2039.56	2109.35	2275.10	3047.63
竹山县	1186.08	1303.31	1313.08	1585.57	2148.60	1968.64	2322.00	2349.92	2818.93	2916.46	2994.80	3455.47
竹溪县	1638.90	1351.47	1532.99	1891.36	2033.58	2077.97	2354.00	3275.71	3235.08	3325.29	3428.70	4405.34
房县	1302.11	1342.39	1447.63	1401.88	1701.03	2207.11	1887.90	2212.71	2826.29	2880.94	3880.50	4031.19

9-22 各县市农民人均生活消费支出构成

(2011)

单位：元

项目	全市平均	丹江口市	郧县	郧西县	竹山县	竹溪县	房县
生活消费支出	3661.53	3554.49	3507.80	3047.63	3455.47	4405.34	4031.19
按消费类别分							
食品	1680.88	1652.57	1427.37	1504.76	1719.63	2151.38	1649.99
#主食	1070.49	1124.12	993.26	827.82	914.67	1458.42	1123.05
副食	311.4	356.5	271.5	219	410.5	352.6	251.9
食品消费性服务支出	298.99	171.95	162.61	457.94	394.46	340.36	275.04
衣着	226.97	217.65	170.32	196.97	199.81	296.68	282.44
居住	600.01	574.24	910.12	390.64	400.77	582.40	740.48
家庭设备用品及服务	243.97	238.75	241.73	199.24	216.83	194.73	372.00
医疗保健消费总支出	333.97	289.35	323.26	233.92	326.05	388.77	445.32
交通和通讯消费总支出	269.08	207.67	210.96	271.39	252.08	367.19	304.15
文教娱乐用品及服务	174.18	240.23	176.59	111.52	191.51	208.64	124.08
其他商品和服务消费	132.46	134.03	47.45	139.20	148.81	215.53	112.73

十、城区概况

【简要说明】一、本篇资料反映十堰市城区社会经济发展状况，从1996年起本篇内容有动，除保留经济指标以外，另充实了很多社会发展指标，在时间排列上也注意同鉴衔接。

二、本篇资料来自历年“城市经济年报”，各指标可以同全国其他城市直接对比。全国城市综合实力评价都依据本篇数据。

三、本篇资料由肖超整理。由于经济普查，导致有些数据没有分项，根据国家统计局通结构进行分摊而得。

10-1 十堰城区社会经济发展主要统计指标

项　目	2000	2003	2004	2005	2006	2007	2008	2009	2010	2011
人口、劳动力及土地面积										
年末总人口　（万人）	47.78	50.00	50.65	51.61	51.93	52.22	52.36	52.78	53.20	53.59
＃非农业人口	39.07	41.48	42.01	6.76	47.32	47.54	47.67	48.04	48.36	48.72
年出生人口　（人）	5921	5398	6405	5400	5042	51.48	5094	4867	9011	4985
年死亡人口　（人）	1948	2129	2891	1766	1639	1808	2063	1926	1377	2505
年末总户数　（万户）	16.91	18.12	18.39	18.59	18.65	18.84	19.11	19.38	29.2	20.04
年末单位从业人员数(万人)	17.61	16.71	16.36	16.18	15.7	17.73	23.02	24.36	26.68	29.61
＃城镇私营和个体劳动者从业人员	3.0	6.3	7.3	9.10	11.02	11.4	13.85	14.71	14.7	16.06
第一产业	0.08	0.05	0.05	0.04	0.05	0.05	0.04	0.06	0.05	0.05
第二产业	12.37	11.56	11.06	10.58	10.17	11.27	14.29	15.1	16.58	18.41
第三产业	5.18	5.1	5.25	5.56	5.48	6.41	8.69	9.2	10.05	11.15
城镇失业人员年末数（人）	9760	7154	9260	91017	10672	13559	13277	12210	16814	16945
土地面积　（平方公里）	1193	1193	1193	1193	1193	1193	67	1193	1193	1193
＃建成区面积(平方公里)	51	53	53	60	61	67	67	67	62	65
综合经济										
城区生产总值(现价)(亿元)	107.79	148.75	186.31	195.76	196.25	255.78	291.75	327.04	460.76	550.85
第一产业	1.09	1.30	1.69	1.33	1.45	1.94	1.88	2.61	4.46	3.06
第二产业	65.18	90.91	124	106.52	100.13	141.71	16.13	171.73	289.50	347.84
＃工业	63.03	85.83	118.1	101.86	96.89	131.87	150.15	150.48	250.86	330.35
第三产业	41.52	56.54	60.62	87.81	94.66	112.13	128.74	152.70	166.83	199.96

10-1 续表 1

项　目		2000	2003	2004	2005	2006	2007	2008	2009	2010	2011
人均生产总值	（元）	22583	29750	36784	37931	37791	48629	55720	63616	86605	71688
农业											
农林牧渔业总产量	（万元）	17912	20008	24611	25978	27104	31497	32399	34685	37741	47715
年末耕地面积	（千公顷）	2.93	1.96	1.84	1.99	2.32	2.33	2.30	2.20	2.05	2.08
粮食产量	（万吨）	9862	4102	5045	6238	6709	6665	6814	6465	5812	5322
蔬菜产量	（万吨）	10.45	10.18	11.32	107	123	12.56	12.5	12.54	12.68	12.74
油料产量	（吨）	711	329	396	485	441	454	641	651	693	666
水果产量	（吨）	2835	3531	3699	2938	2670	2596	2565	2876	2564	2377
猪肉产量	（吨）	4145	3976	4273	4114	3982	4477	4456	4169	4192	4484
牛羊肉产量	（吨）		238	236	193	203	227	248	328	317	440
奶产量	（吨）	650	840	680	680	680	680	700	740	780	850
禽蛋产量	（吨）	442	481	453	450	485	993	1257	1006	779	765
水产品产量	（吨）	1280	1160	1121	1054	1044	1040	1067	1050	1076	1390
工业											
规模以上单位数	（个）	82	135	166	164	173	210	303	333	382	249
国有企业		30	19	10	10	8	9	6	8	4	3
集体企业		35	5	9	6	3	3	3	7	6	5
其他企业		29	93	134	137	149	185	163	306	359	228
港澳台投资企业		8	18	5	4	5	5	7	5	6	5
外商投资企业				8	7	8	8	7	7	7	8

10-1 续表 2

项　目	2000	2003	2004	2005	2006	2007	2008	2009	2010	2011
规模以上工业总产值(万元)	1956421	3080769	4215493	3334206	3245167	4573985	4910051	6355528	10236509	10398263
国有企业	1266441	1889460	266874	315155	332300	473365	358916	622229	414669	381774
集体企业	316923	11833	16663	10601	17079	24626	34225	35283	39713	47502
其他企业	286115	572715	507289	709847	980377	1274523	3872981	5698016	3970880	3958590
外商及港澳台商投资企业	86942	606761	3224667	2298603	1915411	2801471	2643929	3069892	5811247	6010397
工业增加值　(万元)	434211	835450	1163896	797496	883790	1477008	1538864	1717327	2773382	2916466
流动资产合计　(万元)	1709655	1771012	2023493	3882322	2684435	3190874	4338436	7219275	13003817	11899238
固定资产原价合计 (万元)	1604982	2079976	1792312	2617974	1861229	2905410	2456126	2469560	8163797	5484706
固定资产合计　(万元)	859046	1120744	1122750	1426093	1515802	1603992	1663796	7127045	8163797	10088475
主营业务收入　(万元)	2127470	3753108	5191312	5024807	5288696	4974978	4942385	6162725	9440027	9660413
主营业务收入税金及附加 (万元)	12198	11624	5230	3154	31636	10565	16367	35580	22352	44810
本年应交增值税　(万元)	77491	118673	103538	162588	117942	131267	174233	159565	320889	331986
利润总额　(万元)	-40565	27218	178118	190469	212436	-9240	383416	1070146	1350607	1786906
交通运输、邮电通信、电力										
铁路客运量　(万人)	153	155.2	169.1	181.5	203.3	251.4	214.5	237.6	231.2	256.1
铁路货运量　(万吨)	90	98	128	132	148	172	300	289	151	183
公路客运量　(万人)	3273	4591	4850	5410	3467	3993	4088	4357	4963	5732
公路货运量　(万人)	1295	1489	1035	925	1123.35	1318	1417	2691	3412	4166
年末邮政局(所)数　(个)	36	23	25	25	29	29	29	26	49	26

10-1 续表 3

项　目	2000	2003	2004	2005	2006	2007	2008	2009	2010	2011
无线移动电话用户(户)	59916	263322	297366	320900	339038	690200	565300	964700	1045000	1204000
全年用电量(万千瓦时)	249209	362232	326009	386330	392600	221756	305697	279801	375120	373712
#工业用电	220629	29200	286758	311780	341600	165469	240589	205026	285275	277962
城乡居民生活用电	5577	37183	39251	41300	43500	43933	41994	38783	38670	37564
批发零售贸易与外经										
批发零售贸易业商品销售总额(万元)	186500	319103	869379	704521	762030	923905	1294369	1380437	1966195	2462308
社会消费品零售总额(万元)	293611	447336	195263	658480	777176	864094	1121966	1359439	1644552	1950191
外国和港澳台地区投资										
当年新签项目(合同)个数(个)	5	10	18	12	12	2	3	3	4	4
当年合同外资金额(万美元)	258	3961	9481	1543	2955	2393	1264	31540	1253	42879
当年实际使用外资金额(万美元)	80	889	3624	1350	2637	2304	2717	3812	5148	7124
固定资产投资										
全社会固定资产投资(万元)	134720	253086	437520	608110	648475	763746	808150	1061754	1509233	1820624
#住宅建设	10557	47772	79251	147168	143490	134908	145969	157054	236213	249860
房地产开发投资　(万元)	22946	84229	79251	190601	216464	220115	231376	270190	287561	306705
新增固定资产　(万元)	71395	187701	192501	328357	304784	695994	610620	563193	1954669	1171044
商品房屋销售建筑面积(万平方米)	7.60	33.26	30.27	50.72	106.6	106.28	81.78	112.59	117.41	89.41
商品房屋销售额　(万元)	7150	43429	43389	78303	213739	215616	184394	295090	378829	405726
教育、科技、文化、卫生										
学校总数　(个)	188	136	124	120	120	111	112	114	112	110

10-1 续表 4

项目	2000	2003	2004	2005	2006	2007	2008	2009	2010	2011
#高等学校	3	4	4	4	4	3	3	4	4	7
中等专业学校	7	9	9	9	6	8	9	13	11	9
普通中学	41	38	38	35	37	35	38	37	37	35
小学	137	85	73	72	73	65	62	60	60	59
专任教师总数 （人）	6576	7805	7256	7329	7629	7687	8247	8703	9382	9383
高等学校	810	1169	1060	1183	1102	1124	1190	1748	2403	2534
中等专业学校	499	561	544	647	888	835	1243	1087	975	939
普通中学	2652	3409	2870	2777	2861	2987	5080	3156	3246	3684
小学	2615	2666	2782	2722	2778	2741	2734	2712	2758	2226
在校学生总数 （万人）	9.46	12.43	14	13.58	15.08	17.53	17.43	18.02	19.6	18.03
普通高等学校学生 （人）	8463	24185	29344	31441	31526	20290	20919	32479	44504	45507
高中阶段在校学生数（人）	4858	7643	9649	13296	26165	28208	23206	23422	22908	21353
普通中学学生数 （万人）	3.30	4.34	4.48	4.54	4.76	4.85	4.89	4.89	4.79	4.57
小学学生数 （万人）	4.82	4.91	4.77	4.57	4.55	4.5	4.57	4.73	5.08	5.33
在榆高校在校学生数（人）	1298	8838	11278	6970	10905	10709	19693	28067	19520	14394
剧场、影剧院数 （个）	2	2	2	2	3	3	2	2	2	2
公共图书馆图书藏量（千册）	559	598	568	996	982	995	1005	582	570	592

10-1 续表 5

项　目		2000	2003	2004	2005	2006	2007	2008	2009	2010	2011
医院、卫生院数	（个）	29	28	31	30	32	35	35	29	29	35
医院、卫生院床位数	（张）	3597	4317	4539	4666	5032	5470	4732	5393	6510	7656
医生数	（人）	2561	2103	2504	2282	2426	2653	3634	2041	2084	2248
注册护士	（人）						2418	2837	3551	4010	3727
市政公用事业											
年实有铺装道路面积	（万平方米）	519	576	605	620	641	702	710	733	746	772
城市下水道总长度	（公里）	313	313	334	340	362	378	392	452	473	508
自来水生产能力	（万吨/日）	41.0	39.0	40.6	39.1	40.6	40.6	40.6	41.2	42.7	49.7
全年供水总量	（万吨）	11550	11816	12010	12022	13638	13010	12530	11029	11494	9957
生活用水量	（万吨）	4877	3672	3829	3935	3150	4313	4159	3589	3765	3925
用水人口	（万人）	49.0	49.4	52.3	46.8	53.0	47.1	47.4	47.4	47.4	52.5
煤气供气总量	（万平方米）	1804	1800	1556	1556	1582	1658	1658	1934	1982	1982
＃家庭用量		1804	1800	1556	1556	1582	1658	1658	1235	1435	1435
用煤气人口	（万人）	19.3	20	15	13.5	13.3	14.21	14.21	30	30	30
液化石油气供气总量	（吨）	9500	6920	8600	8029	10507	8863	8480	15998	18055	18241
＃家庭用量		9500	6920	7213	7250	8630	7261	7100	12091	10702	10772
用液化气人口	（万人）	19.70	27.60	35.30	36.50	37.82	40.86	47.80	49.85	49.97	49.97
公共汽车营运车辆数	（辆）	581	581	503	542	587	587	623	709	848	859
公共汽车客运总量	（万人次）	8456	10566	10345	10158	10779	14250	13582	14238	18000	19000
实有出租汽车数	（辆）	617	782	782	750	800	745	800	677	700	800
园林绿地面积	（公顷）	12010	12205	12333	12325	12325	12394	12394	12394	12468	12500

10-1 续表 6

项　目	2000	2003	2004	2005	2006	2007	2008	2009	2010	2011
#公园绿地面积	410	420	428	429.3	439	428	475	487	532	534
建成区绿化覆盖面积（公顷）	2340	12283	2538	2543	2548	3268	4744	2742	2816	2849
工业废水排放总量（万吨）	1781	2674	2753	2208	2181	2488	2702	2772	2700	2327
环境噪声达标面积（平方公里）	50	41	52	54	54	54	54	67	67	67
生活垃圾清运量（万吨）	20	20	21	26	21	22	22	28	22	38
#无害处理量	20	18	19	26	20	21	21	25	22	38
财政、金融、保险										
财政总收入（万元）	86620	151305	176700	199018	215988	230348	281338	345466	482650	619239
地方财政一般预算内收入（万元）	43338	50808	58794	68055	77084	89856	117297	144224	193241	336653
#各项税收	34697	40951	51366	59212	67754	82469	105822	130032	150210	293662
地方财政预算内支出（万元）	61223	75689	107021	133829	155159	174241	221455	314933	602988	561250
#科学事业费	606	148	168	190	260	2033	1865	2421	3582	9656
教育事业费	2874	9743	24538	26066	26748	36965	43637	50973	52125	69972
金融机构存款余额（万元）	1301149	2079178	2458468	2732588	3606882	2946018	3451264	3995838	4573976	5208563
#城乡居民储蓄余额	723356	1166918	1306209	1455580	1526351	1405655	1699926	2217958	2564044	2824429
金融机构各项借款余额（万元）	1359315	1172962	1092597	1208454	2054979	1571568	1698000	1985256	22523337	2659034
人民生活										
在岗职工平均人数（万人）	17.46	15.92	15.39	14.85	14.58	16.72	21.81	24.36	26.68	29.61
在岗职工工资总额（万元）	165037	278757	274935	305554	313206	385384	450634	551270	706749	932155

10-1 续表 7

项 目		2000	2003	2004	2005	2006	2007	2008	2009	2010	2011
城镇居民人均可支配收入	(元)	7131	8987	9520	10413	10944	12778	13693	14454	16130	17850
城镇居民人均消费支出	(元)	5692	6965	7333	7901	9547	10223	10460	11028	11892	13710
食品		1888	2174	2308	2650	2699	3532	3844	3867	4073	5286
衣着用品		846	960	893	1010	1181	1315	1348	1590	1541	1853
家庭设备、用品及服务		417	417	408	552	565	649	631	766	920	1012
医疗保健		282	449	736	754	589	629	669	673	760	868
交通和通讯		403	689	610	861	1107	891	829	1129	1138	1156
娱乐、教育、文化服务		978	1347	1228	1190	1403	1665	1655	1722	1975	1795
居住		570	643	766	810	771	1075	1152	837	990	1219
杂项商品和服务		307	286	384	283	332	467	332	454.09	525.01	521
居民消费价格指数(上年＝100)	(%)	98.8	101.6	103.6	102.1	101.1	105.9	106.3	100.84	103.2	106.0
商品零售价格指数(上年＝100)	(%)	98.0	100.6	102.9	101.3	101.4	104.5	106.3	99.9	103.4	105.0
基本养老保险参保职工	(人)	24850	171909	169250	159415	159573	160857	160822	183341	173453	135840
基本医疗保险参保人数	(人)	25170	210207	261305	254844	257923	262382	263694	300280	373645	220350
社会福利院数	(个)	16	10	10	10	10	10	12	18	11	11
社会福利院床位数	(张)	748	930	1050	1148	1253	1326	1438	2322	827	827
社会治安指标											
刑事案件发案数	(件)	2473	3075	3136	3376	3125	3056	533	608	1020	1219
犯罪人数		1499	731	525	756	675	1046	908	1220	1379	1262

十一、农　业

【简要说明】

一、本篇主要反映农村农业基本情况。内容包括农村基层组织、耕地构成，农林牧渔业总产值及指数，主要农副产品生产情况，农业现代化情况。

二、十堰市统计局依所《全国农业普查条例》，以农业普查结果为基础对2006、2007年常规统计数据进行了重新修订衔接。

三、本篇资料来自农业统计年报，资料整理人员杨静波、杜从国、杨晓巽。

11-1 农村基层组织和乡村劳动力情况

项目	2000	2003	2004	2005	2006	2007	2008	2009	2010	2011
农村基层组织个数 (个)										
乡政府	84	43	43	43	43	43	43	43	40	38
镇政府	63	62	62	61	61	61	61	61	65	67
村民委员会	2979	1873	1837	1788	1887	1882	1881	1892	1845	1874
村民小组	17905	10778	10323	10461	10427	10415	10393	10384	10082	10525
乡村户数、劳动力										
乡村户数 (万户)	64.86	65.49	67.84	67.95	68.38	67.8	67.67	67.83	65.47	65.23
乡村人口数 (万人)	246.09	243.48	248.16	249.46	249.55	249.61	250.78	251.46	244.01	244.53
乡村劳动力 (万人)	116.25	114.26	115.59	119.78	123.45	125.73	130.15	134.72	135.19	146.89
按性别分 (万人)										
男劳动力	62.77	62.8	63.75	66.81	68.37	69.93	72.79	76.54	75.44	81.12
女劳动力	49.66	51.46	51.84	52.97	55.08	55.8	57.36	58.18	59.75	65.77
按行业分组 (万人)										
农林牧渔业	74.49	66.88	62.06	64.03	64.20	61.43	59.38	59.30	57.20	
工业	5.66	6.26	6.12	7.54	7.77	7.98	9.14	10.63	17.79	
建筑业	5.07	6.17	6.17	7.79	8.58	9.30	10.25	11.52	15.43	
交通运输、仓储及邮电通讯业	2.01	2.52	2.51	2.59	2.79	3.15	3.56	3.52	5.76	
批发、零售、餐饮业	3.05	3.64	3.99	4.28	4.20	5.41	5.87	5.84	7.85	
其他非农行业	22.15	28.79	34.69	33.50	35.91	38.46	41.95	43.75	31.16	
#外出合同工、临时工	15.18	23.08	29.66	29.16	31.13	—	—	—		
国营农场劳动力 (万人)	1.85	1.76	1.81	2.09	2.14	2.27	2.77	1.98	2.10	2.13
农业劳动力	1.45	1.32	1.36	1.31	1.26	1.30	1.53	1.26	1.30	1.34
非农业劳动力	0.40	0.44	0.45	0.78	0.88	0.97	1.24	0.72	0.80	0.79

11-2 乡村劳动力情况

年份地区	合计	农林牧渔业	工业	建筑业	交通运输仓储邮电业	批发零售贸易业餐饮业	其他
1952	68.24	68.24					
1957	75.13	75.13					
1962	74.19	74.19					
1965	76.64	76.64					
1969	73.16	73.16					
1970	76.81	76.81					
1975	77.72	77.72					
1978	86.48	75.17	1.31				
1979	83.54	75.98	0.84				
1980	84.39	77.85	0.89				
1985	94.46	79.71	3.66	1.36	1.01	1.36	7.36
1990	104.99	90.42	3.67	1.47	0.82	1.00	7.61
1995	111.43	87.45	5.47	2.98	1.17	1.95	12.41
1996	111.31	86.24	5.25	3.28	1.58	1.87	13.09
1997	111.14	85.18	5.25	3.44	1.34	2.07	13.86
1998	107.83	80.00	5.34	4.49	1.29	2.44	15.54
1999	109.65	78.28	5.40	4.73	1.98	2.68	16.58
2000	116.25	74.49	5.66	5.07	2.01	3.05	22.15
2001	111.24	71.39	5.98	5.35	2.25	3.76	22.51
2002	116.36	70.78	6.07	5.33	2.37	3.55	24.26
2003	114.26	66.88	6.26	6.17	2.52	3.64	28.79
2004	115.59	62.06	6.12	6.17	2.51	3.99	34.69
2005	119.78	64.03	7.54	7.79	2.59	4.28	33.50
2006	123.45	64.20	7.77	8.58	2.79	4.20	35.91
2007	125.73	61.43	7.98	9.30	3.15	5.41	38.46
2008	130.15	59.38	9.14	10.25	3.56	5.87	41.95
2009	134.72	59.30	10.63	11.53	3.41	5.84	44.01
2010	135.19	57.20	17.79	15.43	5.76	7.85	31.16
2011	134.68						

11-3 耕地面积变化情况

单位：千公顷

年份地区	年末实有耕地面积	水田	旱地	年内减少的耕地面积	#国家基建占地	#乡村集体占地	#农民个人建房占地
1952	328.35	31.29	297.06				
1957	345.28	36.21	309.07				
1962	379.39	38.24	341.15				
1965	365.39	38.95	326.44				
1969	293.25	38.11	255.14				
1970	275.81	40.40	235.41				
1975	251.73	44.77	206.96				
1978	244.49	43.73	200.76	3.27	0.15	0.12	
1979	243.70	43.52	200.18	3.98	0.23	0.14	
1980	243.04	43.23	199.81	4.27	0.27	0.27	
1985	214.57	39.09	175.48	11.85	0.47	0.31	0.31
1990	207.26	38.27	168.99	2.91	0.11	0.12	0.09
1995	194.44	37.41	157.03	3.32	0.19	0.31	0.05
1996	193.24	37.23	156.01	1.85	0.07	0.17	0.08
1997	192.63	37.10	155.53	1.47	0.05	0.20	0.06
1998	190.35	37.86	152.49	2.89	0.10	0.25	0.08
1999	186.87	36.88	149.99	4.64	0.10	0.35	0.06
2000	181.54	35.79	145.75	6.02	0.36	0.15	0.08
2001	169.60	35.98	133.62	13.63	0.24	0.22	0.11
2002	142.84	35.39	107.45	8.97	0.16		
2003	133.56	34.96	98.6	21.05	0.16		
2004	138.91	36.54	102.37	2.08	0.45		
2005	144.20	37.44	106.76	3.22	0.20		
2006	152.78	37.63	115.15	1.5	0.07		
2007	157.83	37.96	119.87	0.78	0.18		
2008	167.84	38.52	129.32	0.84	0.55		
2009	170.41	38.87	131.54	2.53	0.37		
2010	169.91	38.30	131.61	1.67	0.69		
2011	173.65	38.07	135.58	3.81	0.59		
丹江口市	20.57	6.60	13.97	0.17	0.09		
郧县	35.09	6.87	28.22	2.98	0.18		
郧西县	26.72	3.35	23.37	0.07	0.04		
竹山县	32.32	6.60	25.72	0.27	0.14		
竹溪县	28.72	5.80	22.92	0.18	0.08		
房县	28.15	8.41	19.74	0.09	0.09		

11-4 农、林、牧、渔业分项产值

项目	绝对数(万元)				构成(%)				2011年为2010年(%)
	2008	2009	2010	2011	2008	2009	2010	2011	
农牧林渔业产值	964429	1119433	1331859	1679666	100.00	100.00	100.00	100.00	26.11
农业产值	573669	647859	818721	1000504	59.48	57.87	61.47	59.57	22.20
粮食作物	236918	260404	323160	334629	24.56	23.36	24.26	19.92	3.55
棉花	93	147	322	542	0.01	0.01	0.02	0.03	68.32
油料	49393	46316	56166	69739	5.12	4.14	4.22	4.15	24.17
糖料	348	345	410	798	0.04	0.03	0.03	1.14	94.63
烟叶	12722	21026	13546	28500	1.32	1.87	1.02	1.7	110.39
药材	17605	15172	27611	41270	1.83	1.35	2.07	2.46	49.47
蔬菜瓜类	152257	171544	223351	266826	15.79	15.32	16.77	15.89	19.46
茶桑果	88567	113393	152037	218921	9.18	10.12	11.42	13.03	43.99
其他农作物	48	62	9	75	0.01				733.33
花卉园艺	328	487	375	651	0.04	0.04	0.03	0.04	73.60
采集野生植物	1511	600	990		0.16	0.05	0.07		
林业产值	31573	41609	49937	69167	3.27	3.72	3.75	4.12	38.51
营林	13084	17422	18359	22307	1.36	1.56	1.38	1.33	21.50
林产品	5361	7501	15774	8577	0.56	0.67	1.18	0.51	-45.63
竹木采伐	13128	16686	15804	16706	1.36	1.49	1.19	0.99	5.71
牧业产值	298801	358169	379907	511839	30.98	31.99	28.52	30.47	34.73
大牲畜	16796	25157	30502	39531	1.74	2.24	2.29	2.35	29.60
猪	207014	235490	234640	321714	21.46	21.04	17.62	19.15	37.11
羊	19216	20276	25390	36355	1.99	1.81	1.91	2.16	43.19
家禽	28025	45693	54933	64843	2.91	4.08	4.12	3.86	18.04
活的畜禽产品	25005	29638	32499	43717	2.59	2.64	2.44	2.60	34.52
渔业产值	51958	62579	73113	87044	5.39	5.59	5.49	5.18	19.05
渔类	39428	46115	53530	59459	4.08	4.11	4.02	3.54	11.08
虾蟹类	6734	1004	961	1316	0.70	0.08	0.07	0.08	36.94
贝类		20							
其他	12083	15440	18622	26269	1.25	1.38	1.40	1.56	41.06

11-5 农、林、牧、渔业总产值及指数

单位：万元、%

年份地区	绝对数合计	农业	林业	牧业	渔业	指数	农业	林业	牧业	渔业
1952	22563	16398	2959	3189	17					
1957	31640	21492	4631	5483	34					
1962	25649	17326	3518	4779	26					
1965	33353	22790	4480	6046	37					
1970	36688	25069	4928	6650	41					
1975	36431	24144	4675	7512	100					
1978	46050	34189	5227	6536	98	108.50	107.02	106.86	118.57	108.54
1980	45468	33449	5011	6892	116	86.78	84.92	93.30	90.62	117.12
1985	82436	51049	11619	18560	1208	107.63	99.59	104.30	136.52	165.00
1990	153124	88774	17168	44830	2352	105.64	93.95	119.64	126.79	183.02
1995	434267	248494	36026	135424	14323	106.38	103.93	98.06	113.52	118.03
2000	441011	261056	33126	135453	11376	111.10	119.29	100.39	100.68	120.92
2001	467501	286588	19631	147815	13467	104.99	115.64	59.71	100.36	107.02
2002	488887	313469	21809	139111	14498	105.40	108.10	105.30	98.80	111.80
2003	520081	330816	28352	140730	15730	105.84	107.38	109.32	98.00	96.09
2004	582077	368093	19861	171387	17099	105.13	109.84	77.77	100.19	101.85
2005	602365	366206	24866	186900	18599	104.00	100.30	122.20	109.90	104.00
2006	659519	411712	30762	188876	21770	108.60	111.80	120.10	100.70	110.20
2007	773924	449267	33381	246740	37569	105.60	101.00	105.80	109.00	162.30
2008	964429	573669	31573	298801	51958	107.80	114.30	87.30	100.20	97.10
2009	1119433	647859	41609	358169	62579	106.96	103.49	117.10	111.93	110.33
2010	1331863	818728	49937	379907	73113	111.08	115.78	117.91	101.15	114.48
2011	1679666	1000504	69167	511839	87044	118.88	115.92	122.35	126.49	112.04
城区	47715	27706	1839	16573	1182	121.23	122.86	111.86	121.85	101.20
丹江口市	298833	127197	7586	109683	53057	118.03	120.86	149.24	120.53	104.96
郧县	271390	141091	15157	110797	3035	117.55	105.45	133.46	134.11	167.59
郧西县	262718	177978	11939	70831	490	123.21	122.88	124.94	124.35	115.57
竹山县	250554	185916	6958	52719	2582	121.85	119.82	116.08	128.58	242.21
竹溪县	260656	188602	5546	64794	266	114.60	111.21	125.59	125.09	104.72
房县	287800	152014	20142	86442	26432	118.33	115.25	108.98	127.71	117.91

注：本表绝对数按当年价格计算，指数按可比价计算以上年＝100。1978年以前为推算数。

11-6 农、林、牧、渔业总产值指数

年份地区	合计	农业	林业	牧业	渔业
1980	98.67	96.82	109.75	98.69	120.37
1985	149.64	125.95	165.62	253.26	577.31
1990	173.58	133.04	186.18	356.49	1357.41
1991	182.33	132.99	228.70	380.86	1501.85
1992	191.68	144.03	204.37	410.47	1443.52
1993	201.80	155.85	224.47	397.08	1885.65
1994	216.40	150.80	280.48	453.35	3648.61
1995	230.21	156.72	275.05	514.65	4306.48
2000	237.97	195.95	240.70	385.96	4449.54
2001	249.84	226.60	143.72	387.35	4761.90
2002	263.33	244.95	151.34	382.70	5323.80
2003	278.71	263.03	165.45	375.05	5115.63
2004	293.01	288.91	128.67	375.76	5210.27
2005	304.73	289.78	157.23	412.96	5418.68
2006	330.94	323.97	188.83	415.85	5971.39
2007	349.47	327.21	199.78	453.28	9691.56
2008	376.73	370.00	174.41	454.19	9410.50
2009	402.95	382.91	204.23	508.37	10382.60
2010	447.27	440.35	240.99	513.45	11836.16
2011	537.71	510.45	294.85	649.46	13261.23

注：本表按不变价计算，以1978年为100。

11-7 农、林、牧、渔业增加值

(2011)

单位：万元

年份地区	合计	农业	林业	牧业	渔业	农业服务业
农林牧渔总产值	1679666	1000504	69167	511839	87044	11112
中间消耗	710583	423024	29394	219038	34050	5077
中间物质消耗	519241	302785	16143	170059	25177	5077
生产服务支出	191342	120239	13251	48979	8873	
增加值	969083	577480	39773	292801	52994	6035

11-8 非农行业总产值

单位：万元

年份地区	合计	工业	建筑业	运输业	批发零售贸易餐饮业
1985	34867	17549	7351	3753	6214
1990	71473	48277	7985	5499	9712
1995	574645	415898	53368	33362	72017
2000	625049	333467	80143	63318	148121
2001	692559	413173	83307	64169	131910
2002	726132	433315	70665	70584	151568
2003	738305	417200	65946	73581	181578
2004	704153	409294	71199	80221	143439
2005	770695	455598	72094	85502	157501
2006	844508	520907	73870	84832	164899
2007	927169	584936	81085	90431	167717
2008	1015880	636588	85706	96848	196738
2009	1138165	713382	114141	106109	204533
2010	1568904	971416	183408	136415	277665
城区	206590	133530	6494	9575	56991
丹江口市	204656	91385	14011	28311	70949
郧县	375749	299214	17589	32114	26832
郧西县	148816	88829	17346	10959	31682
竹山县	170001	49696	81920	6788	31597
竹溪县	128083	101056	7536	5926	13565
房县	335009	207706	38512	42742	46049

11-9 农业机械年末拥有量

项　　目		2000	2003	2004	2005	2006	2007	2008	2009	2010	2011
农业机械总动力	（千瓦）	565750	719490	764548	837320	958629	1039822	1116449	1241642	1353290	1567845
大中型农用拖拉机	（台）	3004	2153	2062	1841	1502	1802	2181	2755	3055	3192
	（千瓦）	56215	43538	42141	38394	39782	46270	539647	72746	83859	89897
小型及手扶拖拉机	（台）	1343	2506	3195	3011	3034	4253	5265	6791	8272	8743
	（千瓦）	12022	26033	29756	30766	29088	29305	35686	47214	56230	59426
联合收割机	（台）	18	26	32	40	74	118	156	206	279	297
机动收割机	（台）	11	78	52	93	103	97	132			
机动脱粒机	（台）	13188	18519	19632	22593	19839	23256	29669	31266	34839	40956
农用水泵	（台）	5087	11945	14512	15084	13707	17988	19037	24328	28531	31397
大中型农用拖拉机配套农具	（台）	1237	1350	1318	1571	2302	2498	2114	4477	5548	6170
农副产品加工机械	（台）	45346	51230	53112	49085	65206	70942	75751	74156	70536	77299
＃碾米机		12513	14152	14456	15574	16193	16904	20834			
磨面机		15185	16885	17110	20213	21269	21774	22279			
轧花机		234	247	250	255	284	247	553			
榨油机		2073	2559	2687	2881	3477	3603	3729			
低速载贷汽车	（辆）	1385	1719	1955	2046	2331	2541	55314		6126	18995
	（千瓦）	98162	124510	132562	154652	172710	182020	184612		198851	123955
大中型拖车	（辆）	2643	1938	1533	1302	1144	1143		2755		
小型拖车	（辆）	907	1345	2071	2474	8908	2764		6971		
动力喷雾机	（部）	1137	1260	372	1140	1185	1531		2670		
渔用机动船	（艘）	1003	1843	2003	2102	2466	2582				
排水量	（吨）	2816	9930	10902	11431	12715	13412				
动力	（千瓦）	8246	16553	18119	19871	23904	25472				

11-10 农业机械化、用电、化肥、水利情况

项目		2000	2003	2004	2005	2006	2007	2008	2009	2010	2011
农业机械化情况											
当年实际机耕面积	（千公顷）	29.33	40.9	46.18	48.61	49.22	52.3	63.61	71.83	80.2	
占耕地面积比重	（%）	16.16	30.6	33.24	33.71	32.22	33.14	37.9	42.15	47.2	
农村用电情况											
乡及乡以下办水电站	（个）	123	101	87	97	98	118	124	127	141	142
发电能力	（万千瓦）	3.95	6.52	6.75	8.53	10.99	13.24	13.91	14.32	32.06	33.15
已通电的村	（个）	2934	1866	1836	1838	1835	1882	1881	1891	1845	
农村用电量	（万千瓦）	13344	17019	19022	21161	24130	25992	27229	34599	37174	44781
化肥施用量	**（吨）**	94419	98209	96606	105774	111793	113799	116897	119283	128408	132065
氮肥	（折纯）	57907	54521	54626	59174	59362	59561	60996	61473	57368	58483
磷肥		13786	14065	13529	14672	15859	16653	17237	17979	20360	21859
钾肥		3910	5249	5479	6124	7524	7001	7273	7689	8466	10003
农药使用量	**（吨）**	2056	1920	2295	2121	2400	2681	3353	2898	2999	3940
农田水利情况											
有效灌溉面积	（千公顷）	33.37	33.89	35.64	35.72	36.89	36.96	36.28	37.29	40.24	35.86
占耕地比重	（%）	18.38	25.37	25.66	24.77	24.15	23.42	21.62	21.88	23.68	20.65
旱涝保收面积	（千公顷）	32.05	25.03	32.78	33.65	33.69	33.73	34.15	34.87	36.23	33.48
占耕地比重	（%）	17.65	18.74	23.6	23.34	22.06	21.38	20.35	20.46	21.32	19.28

11-11 主要农作物

年份地区	总播种面积	粮食作物	#稻谷	#小麦	#玉米	#薯类	#大豆	棉花	油料
1952	512.45	459.49	30.41	114.12	134.17	44.61	16.65	15.22	21.47
1957	545.39	495.77	35.69	135.22	138.51	46.61	29.73	13.73	21.38
1962	592.26	545.34	32.61	147.57	153.69	51.03	23.69	13.06	24.4
1965	570.61	533.27	35.32	145.15	153.96	66.55	21.97	9.95	21.26
1969	450.35	412.44	43.27	105.33	125.8	48.47	18.19	6.99	19.74
1970	435.96	400.59	39.55	105.47	112.76	52.71	17.55	6.17	18.73
1975	386.37	349.29	40.84	91.85	91.89	67.21	15	3.53	19.09
1978	419.51	379.09	35.84	112.22	103.46	56.88	14.36	3.23	20.23
1980	412.51	377.67	39.07	135.51	105.71	47.84	13.61	3.31	23.06
1985	403.81	349.35	36.55	131.37	96.53	32.39	18.71	0.78	31.61
1990	428.62	363.69	36.66	137.36	98.25	38.21	21.31	0.41	34.31
1995	426.09	341.4	29.6	122.55	90.02	38.62	27.91	0.47	38.99
2000	447.65	311.61	33.36	96.43	72.61	60.22	31.97	0.2	60.2
2001	430.52	284.92	31.86	83.3	66.76	59.35	27.81	0.11	56.41
2002	375.63	232.58	30.39	66.27	53.44	46.18	22.29	0.09	53.23
2003	332.21	173.52	27.54	44.03	38.89	36.01	15.56	0.07	45.36
2004	356.11	201.57	33.72	42.32	55.27	26.5	17.86	0.12	46.79
2005	365.62	237.37	35.47	56.39	67.4	28.4	20.7	0.13	52.55
2006	381.24	253.11	36.07	67.44	69.99	43.66	21.77	0.11	50.18
2007	394.36	262.07	35.94	72.66	75.63	41.81	22.44	0.1	52.48
2008	413.39	269.63	36.34	74.88	78.58	42.15	23.62	0.12	65.27
2009	427.92	272.8	36.86	73.39	81.07	26.2	23.68	0.12	68.87
2010	434.83	273.45	36.91	74.41	81.48	26.79	22.42	0.16	75.18
2011	450.05	272.1	36.21	72.72	81.35	26.25	22.2	0.24	77.32
城区	4.84	1.75	0.25	0.64	0.6	0.14	0.09		0.41
丹江口市	41.58	29.98	6.06	13.27	6.69	2.22	0.75	0.13	6.58
郧县	82.91	56.34	6.49	21.43	16.43	5.88	2.88	0.07	11.77
郧西县	89.82	52.74	3.15	16.92	16.69	6.77	3.76	0.01	10.59
竹山县	83.29	47.97	6.4	7.76	15.08	5.26	5.3		23.3
竹溪县	79.55	41.4	5.73	3.87	11.45	4.11	5.46		15.07
房县	68.06	41.92	8.13	8.83	14.41	1.87	3.96	0.03	9.6

播种面积

单位：千公顷

#花生	#油菜籽	#芝麻	麻类	#苎麻	糖料	#甘蔗	烟叶	#烤烟	其他作物
0.53	2.44	17.03	0.09				1.41		6.19
0.75	2.69	17.95	0.25				1.51		7.77
0.14	3.07	21.19	0.19				1.35		3.69
0.24	2.38	18.64	0.05				0.82		2.63
0.21	4.07	15.43	0.03				0.83		5.01
0.15	4.51	14.07	0.04				0.46		3.99
0.45	6.55	12.02					0.59		4.1
1.96	6.92	11.23	0.05	0.05	0.03	0.03	0.99		13.59
2.9	7.33	12.68	0.03	0.03	0.03	0.03	0.22		7.41
7.43	9.42	14.66	0.06	0.06	0.27	0.27	1.95		17.73
5.05	13.93	14.17	0.05	0.05	0.31	0.31	3.27		23.17
5.86	17.78	13.8	0.01	0.01	0.6	0.6	2.36	1.03	38.92
6.43	19.72	15.2	0.02	0.02	0.98	0.98	4.02	2.5	2.03
6.29	19.93	14.68	0.01	0.01	0.51	0.51	6.03	3.64	4.6
6.79	23.07	15.9	0.01	0.01	0.46	0.46	4.21	2.6	53.82
7.58	28.23	17.57	0.01	0.01	0.66	0.66	3.91	1.95	56.94
7.78	32.46	18.5	0.03	0.03	0.69	0.69	4.02	2.72	70.9
7.77	30.63	16.48	0.01	0.01	0.58	0.58	4.15	3.12	3.17
6.51	31.89	13.84			0.57	0.57	4.43	2.89	0.68
5.55	27.41	11.29			0.47	0.47	2.58	1.79	1.51
6.7	26.42	12.62			0.53	0.53	2.65	2.01	1.63
7.62	30.49	13.39			0.65	0.65	3.47	2.84	1.82
8.09	27.97	13.11			0.78	0.78	4.63	3.86	2.36
18.7	44.37	12.93			0.44	0.44	7.97	6.78	0.8
0.08	0.29	0.04							
0.98	3.89	1.71					0.58		
1.81	6.13	3.52					0.12	0.1	
2.29	6.02	2.19			0.41	0.41	1.88	1.29	
10.12	11.27	1.82			0.02	0.02	1.78	1.78	0.03
2.03	9.55	2.66			0.01	0.01	1.52	1.52	
1.39	7.22	0.99					2.09	2.09	0.77

11-12 主要农作

年份地区	粮食作物	#稻谷	#小麦	#玉米	#薯类	#大豆	棉花	油料
1952	414644	81639	85126	103796	51355	13005	1264	7091
1957	499505	119605	109939	120237	62951	20844	1793	5214
1962	457425	80519	103995	120797	67149	14003	1063	7506
1965	601849	120848	97263	168914	113511	26568	1031	5173
1969	476163	125917	96494	103947	80063	22518	1143	5335
1970	536328	142121	110855	116032	90027	20390	1241	7172
1975	591450	159110	121850	134505	117755	17005	660	8210
1978	776070	166610	191090	233915	110495	21220	702	11293
1980	754175	140235	233130	216055	104505	19575	591	11505
1985	883965	198205	252225	254365	90355	34705	233	27291
1990	1074263	238541	390613	263911	99143	29655	124	30539
1995	1016855	197932	340742	244261	126912	48789	204	47626
2000	931136	221234	194065	275885	190848	33148	130	59074
2001	921875	215693	208933	240872	203667	34800	112	66232
2002	723497	178570	148341	197930	158405	26034	55	62351
2003	576906	153159	111360	147194	133887	18459	56	55958
2004	737221	207712	117469	216622	114175	23476	108	65423
2005	790494	194440	162537	223675	118314	24057	82	69653
2006	897800	214300	208000	296400	130200	29400	76	69827
2007	933200	226100	224900	302100	127600	32918	68	72547
2008	984382	244386	243666	342849	184741	40994	76	83951
2009	1037367	261870	235808	313839	159835	42208	81	99583
2010	1057818	264996	229071	329681	167997	42697	91	112698
2011	1076348	261000	219826	343290	121569	44175	149	117130
城区	5322	1257	1326	2070	418	208		666
丹江口市	113941	42801	43412	20015	5500	1071	47	8884
郧县	194600	42400	65600	48900	27298	5500	48	15501
郧西县	178029	25430	50036	52005	29087	7142	12	14408
竹山县	222090	49612	22652	88100	27666	10400		39083
竹溪县	222300	51600	15000	81800	26400	12500		23233
房县	140066	47900	21800	50400	5200	7354	42	15355

物产量

单位：吨

#花生	#油菜籽	#芝麻	麻类	#苎麻	糖料	#甘蔗糖	烟叶	#烤烟
359	901	5830	53				1099	
393	585	4235	67				1042	
85	715	6702	21				973	
209	525	4440	13				821	
184	1091	4048	12				769	
135	1730	5301	17				284	
375	3185	4595					455	
1750	3788	5603	18	18	344	344	1078	
2443	4719	4207	30	30	315	315	315	
9741	8490	8983	97	97	5368	5368	2887	
4929	17131	7871	17	17	6068	6068	3464	
8399	23097	15048	13	13	242	242	2252	980
9900	21648	17031	6	6	2159	2159	3763	2498
7728	29223	11377	33	33	2698	2698	7431	4955
11765	32558	20382	9	9	2755	2755	5416	3695
9679	21310	15735	6	6	20838	20838	4496	2569
12424	27923	17521	8	8	19593	19593	3900	1798
13116	35035	16864	11	11	28956	28956	5961	4221
11627	34342	15482			9263	9263	5902	4045
986	36718	8305			7129	7129	3618	2752
12955	40291	11153			9718	9718	3862	3112
13734	46199	8793			13115	13115	5177	4704
10416	45931	12394			2488	2488	3655	3074
52419	55057	17745			10406	10406	16438	15200
182	429	55						
1953	5295	1636					487	
5886	4474	4953					158	130
5587	4617	4027			10233	10233	2632	1909
20794	15439	2695			33	33	4962	4962
4337	14745	2762			140	140	3229	3229
3680	10058	1617					4970	4970

11-13 主要农产品

年份地区	粮食作物	#稻谷	#小麦	#玉米	#薯类	#大豆	棉花	油料
1952	900	2685	743	773	1151	718	83	230
1957	1008	3350	813	868	1351	701	131	244
1962	840	3476	668	788	1316	591	81	308
1965	1125	3398	668	1095	1706	1209	104	243
1969	1154	3443	916	825	1652	1238	164	270
1970	1339	3593	1051	1028	1708	1162	201	383
1975	1695	3900	1320	1470	1752	495	180	435
1978	2047	4648	1703	2261	1943	1485	218	558
1980	1997	3590	1720	2044	2185	1440	179	499
1985	2530	5423	1920	2635	2790	1845	299	864
1990	2954	6508	28444	2686	2601	1392	305	890
1995	2978	6686	2780	2713	3286	1748	434	1221
2000	2988	6632	2012	3800	3169	1037	650	981
2001	3236	6770	2508	3608	3432	1251	1018	1174
2002	3111	5876	2238	3702	3430	1168	611	1234
2003	3325	5563	2529	3785	3718	1186	800	1398
2004	3657	6160	2776	3919	4308	1314	900	1325
2005	3330	5482	2882	3319	4166	1162	631	
2006	3795	6345	3084	4172	4499	1378	691	1492
2007	3874	6721	3095	4203	4619	1467	680	1502
2008	4006	6725	3254	4363	4658	1736	633	1286
2009	4223	7159	3363	4663	4940	1782	675	1446
2010	4347	7411	3358	4800	5132	1904	569	1499
2011	3956	7208	3023	4220	4631	1990	621	1515
城区	3041	5028	2072	3450	2986	2311		1624
丹江口市	3801	7063	3271	2992	2477	1428	362	1350
郧县	3454	6533	3061	2976	4643	1910	686	1317
郧西县	3376	8073	2957	3116	4296	1899	12000	1361
竹山县	4630	7752	2919	5842	5260	1962		1677
竹溪县	5370	9005	3876	7144	6423	2289		1542
房县	3341	5892	2469	3498	2781	1857	14000	1599

单位面积产量

单位：千克/公顷

#花生	#油菜籽	#芝麻	麻类	#苎麻	糖料	#甘蔗糖	烟叶	#烤烟
677	369	342	589				779	
524	217	236	268				690	
607	233	316	111				721	
870	221	238	268				1001	
876	268	262	400				927	
900	384	377	425				617	
825	480	375					780	
900	555	495	385	435	12900	12900	1095	
840	645	345	1125	1252	9450	9450	885	
1305	990	615	1605	1897	20130	20130	1485	
976	1230	555	340	320	19574	19574	1059	
1433	1299	1090	1300	1300	403	403	954	951
1540	1098	1120	300	300	2203	2203	999	999
1229	1466	775	3300	3300	5290	5290	1361	1361
1733	1411	1282	900	900	5989	5989	1286	1420
1277	755	896	600	600	31573	31573	1150	1317
1597	857	947	267	267	28396	28396	970	661
1688	1144	1023	1100	1100	49924	49924	1412	1353
1786	1077	1119			16251	16251	1332	1400
1776	1340	756			15168	15168	1402	1537
1934	1524	884			18336	18336	1457	1548
1802	1515	657			20177	20177	1492	1656
1910	1642	945			14353	14353	1523	1661
2268	1241	1372			23650	23650	2062	2242
2275	1479	1375						
1993	1361	957					840	
3252	730	1407					1317	1300
2440	767	1839			24959	24959	1400	1480
2055	1370	1481			1650	1650	2788	2788
2136	1544	1038			14000	14000	2124	2124
2647	1393	1633					2378	2378

11-14 林业生产情况

指 标	2000	2003	2004	2005	2006	2007	2008	2009	2010	2011
当年造林面积 （千公顷）	31.27	51.43	21.8	16.29	16.86	17.78	11.76	12.89	19.59	29.55
人工造林	31.27	51.43	21.8	16.29	16.86	17.78	11.76	12.89	14.99	20.31
按主要林种分 （千公顷）										
用材林	7.05	10.64	4.39	2.51	1.51	5.28	2.62	2.48	3.39	7.05
经济林	12.47	9.13	4.05	3.89	7.39	10.07	5.97	4.93	6.7	6.72
防护林	9.67	29.19	8.35	6.23	4.19	1.64	2.7	4.74	8.31	14.56
薪炭林	1.99	2.45	4.9	3.18	2.91	0.69	0.28	0.562	0.58	0.56
特种用途林	0.09	0.02	0.11	0.48	0.86	0.01	0.2	0.18	0.62	0.67
当年零星植树 （万株）	3161	2165	1310	1252	1367	1369	1145	1343	1130	1274
迹地更新面积 （千公顷）	6.71	1.09	0.97	0.63	0.16	0.55	0.56	1.85	1.45	
育苗面积 （千公顷）	2.04	1.26	0.58	0.61	0.67	0.62	0.65	0.87	0.97	1.17
幼林抚育面积 （千公顷）	36.8	48.73	62.88	65.45	71.39	61.93	67.59	50.89	52.89	21.66
成林抚育面积 （千公顷）	26.16	17.73	28.64	60.8	31.33	39.02	35.32	46.02	50.55	58.43
主要林产品生产情况 （吨）										
生漆	35	18	27	26	30	24	15	18	16	24
油桐籽	5688	3785	3653	5172	4278	4872	4897	5798	7194	12052
油茶籽	54	262	49	43	25	39	45	42	56	163
乌桕籽	423	181	207	292	133	332	142	33	29	176
五倍子	74	103	130	338	784	645	517	950	742	814
棕片	106	83	113	75	83	108	89	84	83	107
竹笋干	120	108	91	215	312	337	296	363	428	530
核桃	573	535	764	1566	1361	1357	1582	1639	2026	6174
板栗	3067	2659	3139	3823	4347	5623	4472	5779	6896	7512
木材采伐量 （立方米）	106856	39737	40776	51878	99993	93303	71403	99367	70605	66074
楠竹采伐量 （万根）	90	188	152	148	146	271	308	236	106	70

11-15　主要土特产品产量

年份地区	茶叶	#绿毛茶	蚕茧	#桑蚕茧	水果	#桃子	#柑桔	#苹果	黑木耳
1952	27	27	17					2	471
1957	54	54	62						579
1962	36	36	15						93
1965	69	69	26						231
1969	67	67	124						261
1970	76	78	219						276
1975	100	100	256		16055	770			
1978	155	155	579	567	26262	1060	68	683	373
1980	214	214	484	453	17580	696	507	989	374
1985	360	360	80	56	28096	603	10622	756	825
1990	603	603	113	110	35101	844	26755	588	596
1995	805	805	79	69	58439	2833	42999	1174	624
2000	978	978	24	24	80132	3750	64006	1541	539
2001	1061	1061	69	69	92894	2989	64160	1389	554
2002	1170	1153	206	206	93475	3206	78495	1045	297
2003	1259	1259	452	452	130931	3522	83756	789	525
2004	1373	1347	435	435	139122	4082	100369	723	795
2005	2234	2226	626	626	115773	3879	102707	743	947
2006	2191	2184	802	802	203123	3814	189539	853	1231
2007	2626	2615	930	930	175130	4525	159643	676	1127
2008	7955	7946	918	918	364196	4692	248380	668	1233
2009	8702	8698	409	409	286468	5581	266545	748	1706
2010	10411	10404	555	555	319159	6269	292140	1249	1142
2011	11130	11130	376	376	275354	6219	255191	1134	1374
城区	31	31			2377	583	694	6	
丹江口市	201	201			217087	477	215528		117
郧县	778	778	236	236	37842	2810	32062	107	114
郧西县	55	55	140	140	4966	775	832	362	172
竹山县	4558	4558			3234	640	227	288	3
竹溪县	5008	5008			894	83	100	305	2
房县	499	499			8954	751	5748	62	966

11-16 水产品生产情况

年份地区	水产品产量(吨)	#鱼类	淡水养殖面积(公顷)	淡水养殖产量(吨)
1980	1067	1059	926	320
1985	4839	4815		
1986	4600	4467		
1987	4179	3971		
1988	4373	4099		
1989	6139	5991	3766	3593
1990	7008	6896	3540	4460
1995	18870	16497	18093	13737
1996	30234	22278	15214	19506
1997	33089	27080	15580	17466
1998	36284	4989	15418	25493
1999	18942	5136	3004	1078
2000	20879	7395	5361	12043
2001	22709	6112	6771	15098
2002	23683	6935	6007	16748
2003	23907	22789	6178	16208
2004	25695	24488	6021	17853
2005	26736	26517	6321	18998
2006	21190	20415	4960	15701
2007	24547	23653	5360	19058
2008	50060	49960	11587	38424
2009	53020	52887	13024	40761
2010	55671	13703	12810	41816
2011	58619	12969	13857	45175
城区	1390	81	145	1309
丹江口市	51966	11220	9162	40519
郧县	2973	982	2221	1761
郧西县	447	74	1059	362
竹山县	330	225	280	105
竹溪县	259	100	308	152
房县	1254	287	682	967

11-17 畜牧业生产情况

指标	2000	2003	2004	2005	2006	2007	2008	2009	2010	2011
主要牲畜年末存栏										
大牲畜合计(头)	271051	259563	264670	270727	218217	211700	244631	262034	283976	319603
牛	269466	258310	263360	269627	217100	210600	241787	259268	280128	315965
马	298	269	243	205	210	182	486	352	1543	1530
驴	918	573	585	459	476	444	1986	2391	1788	1628
骡	369	411	482	436	431	462	372	23	517	480
猪年末存栏(万头)	130.95	112.66	120.78	127.3	116.22	122.03	144.45	152	166.76	181.11
#能繁母猪	5.75	5.83	5.46	8.52	5.12	7.94	10.16	11.79	11.47	13.11
羊年末存栏(万只)	34.51	49.6	57.23	59.68	56.25	58.95	63.39	68.95	752641	841596
年末家禽存栏(万只)	689.82	708.18	676.72	721.38	616.28	671.75	1042.49	1403.82	1675.46	1536.03
#鸡	672.55	684.09	648.87	693.36	595.32	653.13	1008.57	1379.24	1637.72	1496.8
鸭	15.4	22.57	17.25	17.64	15.84	13.78	29.44	18.8	37.71	39.11
主要畜禽出栏及产量										
出售和自宰牛(头)	33067	41132	42794	49973	46700	49100	56781	60627	76596	96897
出售和自宰羊(只)	250292	318016	409759	398800	472400	526240	610236	663681	773168	900526
出售和自宰猪(万头)	134.25	128	125.66	133.07	123.19	123.99	138.95	151.72	160.75	170.25
出笼家禽(万只)	424.38	488.31	535.32	594.38	655.73	655.73	1300.47	1669.6	2254.12	2333.01
肉类总产量(吨)	118288	119931	123657	133190	117292	119576	149038	155859	169093	188539
猪肉	106781	103675	104765	111253	94856	95621	113098	113037	115408	127685
牛肉	3841	5602	5819	6851	6470	6691	8496	9082	11378	13846
羊肉	2831	4899	6310	6863	7101	7901	9317	10883	11927	13359
牛奶产量(吨)	650	877	695	687	695	703	705	740	780	850
禽蛋产量(吨)	23736	22433	22609	21591	28936	31194	31411	34491	41330	46290
蚕茧产量(吨)	24	276	435	626	802	930	918	409	555	376
#桑蚕茧	24	452	435	626	802	930	918	409	555	376

11-18 牲畜存栏、出栏情况

年份地区	大牲畜存栏（万头）	#耕牛	牲猪存栏（万头）	牲猪出栏（万头）	羊存栏（万只）	羊出栏（万只）
1952	21.47	20.18	15.74	5.15	9.92	3.92
1957	24.15	22.54	44.69	12.12	7.20	6.82
1962	21.81	20.57	45.15	11.65	31.07	
1965	23.38	22.12	45.25	16.79	10.34	
1970	28.62	27.44	58.71	29.49	12.66	
1975	29.27	28.16	89.97	40.78	29.47	
1978	27.53	26.58	111.42	54.52	33.81	6.16
1979	26.56	26.49	111.30	62.18	37.75	7.54
1980	24.56	23.83	102.11	62.04	26.53	7.05
1985	23.03	22.48	136.99	91.42	19.71	6.79
1990	29.58	29.16	141.35	93.66	29.29	11.08
1995	31.12	30.82	145.80	136.08	34.21	17.10
1996	32.40	32.14	157.63	145.59	42.91	22.31
1997	32.71	32.49	148.79	156.80	49.09	27.56
1998	31.95	31.77	127.40	150.36	28.65	21.63
1999	28.90	28.75	136.74	134.77	35.31	22.27
2000	27.10	26.95	130.95	134.25	34.51	25.03
2001	29.06	25.91	126.58	132.90	38.73	24.07
2002	25.20	25.07	126.70	130.40	39.82	25.66
2003	25.96	25.83	112.66	128.00	49.60	31.80
2004	26.47	26.34	120.78	125.66	57.23	40.98
2005	27.07	26.96	127.30	133.07	59.68	39.88
2006	21.82	21.71	116.22	123.19	56.25	47.24
2007	21.17	21.06	122.03	123.99	58.95	52.62
2008	24.46	24.18	144.45	138.95	63.39	61.02
2009	26.20	25.93	152.35	151.72	68.95	66.36
2010	28.40	28.01	166.76	160.75	75.26	77.32
2011	31.96	31.59	181.11	170.25	84.16	90.05
城区	0.21	0.21	4.91	5.98	1.42	2.05
丹江口市	7.19	7.17	27.68	24.71	4.20	3.48
郧县	10.58	10.24	41.64	36.12	12.98	8.74
郧西县	5.35	5.35	25.21	26.11	25.57	25.10
竹山县	2.59	2.59	27.78	24.02	5.01	3.07
竹溪县	2.99	2.99	26.96	26.83	4.07	4.46
房县	3.03	3.02	26.93	26.48	30.90	43.14

11-19　农村居民家庭平均每户生产性固定资产原值

年份地区	合计	役畜产品畜	大中型铁木家具	农林牧渔业机械	工业机械	运输机械	生产用房	其他生产用固定资产
2000	1306.72	386.08	55.66	47.15	106.39	178.01	398.05	66.16
2003	1537.66	233.12	83.96	165.29	108.33	151	305.89	6.67
2004	2517.53	371.9	78.9	363.07	20.83	79.17	1501.09	140
2005	1819.64	251.75	63.88	135.45	4.33	105.83	1225.57	32.83
2006	2030.9	388.9	93.2	183.01	17.7	297.5	1814.5	10.25
2007	5687.85	692.9	133.68	200.83	160.42	431.67	3574.43	81.67
2008	5565.65	319.33	106.28	219.33	160.42	494.17	3444.94	13.33
2009	5486.2	683.58	121.32	213.75	88.75	527	3378.97	
2010	5556.4	654	114.5	309.1	66.8	698	3450.5	2.5
丹江口市	4746.3	1307	65	1280	120	400	1525.3	
郧县	3434.5	660	5	303.5		650	1216	
郧西县	149	14		3	5.5	18	69.5	15
竹山县	20651	1622	198	188	15	1825	16478	
竹溪县	1647.6	249	217.7	67.3	240	145	467	
房县	2710.1	70	201.1	12.5	20	1150	947	

11-20 农村居民家庭平均每百户拥有主要生产性固定资产数量

年份地区	汽车	大中型拖拉机	小型手扶拖拉机	机动脱粒机	水泵	役畜	产品畜
2000	0.50	1.33	1.00	3.00	33.92	16.00	
2003	0.50	0.33	1.50	1.66	4.50	14.88	15.17
2004	0.50	0.50	2.16	2.83	2.60	16.58	4.54
2005		0.50	1.17	1.50	0.67	13.75	5.17
2006	0.50	0.33	1.83	1.83	2.17	13.58	29.30
2007	0.50	0.33	1.83	1.50	3.50	17.83	22.50
2008	0.67	0.33	1.50	2.33	4.17	18.83	19.00
2009	0.33	0.83	2.83	2.17	4.50	17.83	15.50
2010	0.67	0.17	3.33	3.33	4.50	14.00	17.00
丹江口市	1		16			35	32
郧县				12	3	13	8
郧西县					1		
竹山县	1	1	3	5	8	7	56
竹溪县					7	10	6
房县	2		1	2	9	19	0

十二、工　业

【简要说明】

一、本篇主要包括以下几个方面内容：

1、全部工业总产值、指数及分县市汇总资料；规模以上工业企业单位数及构成；

2、分行业的规模以上工业企业总产值及各种分组的主要财务指标和经济效益指标；

3、按企业规模分的工业企业财务状况；

4、主要工业产品质量。

二、1998年工业统计范围改为全部国有控股和年销售收入500万元以上非国有企业。因此，年鉴中取消了原国有工业企业的指标分组名称，改为国有及国有控股企业名称，1998年以前将国有投股企业的数据视为“0”处理。

三、本篇资料由市统计局工交科搜集整理，资料整理人员有刘运茂、任旭、宋晶、沈萌。

12-1 工业企业单位数

分 类	2000	2003	2004	2005	2006	2007	2008	2009	2010	2011
合 计	268	293	330	333	380	443	622	829	872	505
#国有及国有控股企业	205	111	74	61	52	50	54	49	50	35
按登记注册类型分										
国有企业	160	69	42	33	34	33	26	27	25	16
集体企业	32	22	18	18	14	17	18	20	19	10
其他企业	76	202	280	282	332	393	578	782	828	479
按轻重工业分										
轻工业	85	71	68	74	85	83	101	135	143	86
重工业	183	222	262	259	295	360	521	694	729	419
按企业规模分										
大型企业	25	8	9	5	4	5	8	7	11	14
中型企业	43	41	42	39	44	49	51	56	69	55
小型企业	200	244	279	289	332	389	563	766	792	384
微型企业										52
按隶属关系分										
中央企业	19	25	21	10	10	11	11	13	12	10
省属企业	5	6	4	5	5	5	5	10	8	4
市属企业	244	262	305	318	265	427	606	806	852	491

注:1997 年以前为乡以上工业企业,从 1998 年起为全部国有及国有控股和年销售收入 500 万元以上的非国有企业,2007 年起改为年销售收入 500 万元以上的工业企业。2011 年改为年销售收入 2000 万元以上工业企业,下同。

12-2 工业企业单位数构成

分 类	2000	2003	2004	2005	2006	2007	2008	2009	2010	2011
合 计	100	100	100	100	100	100	100	100	100	100
#国有及国有控股企业	76.49	37.88	22.12	18.32	13.68	11.29	8.68	5.91	5.73	6.93
按登记注册类型分										
国有企业	59.71	23.54	12.73	9.91	8.95	7.45	4.18	3.26	2.87	3.17
集体企业	11.94	7.50	5.45	5.41	3.68	3.84	2.89	2.41	2.18	1.98
其他企业	28.35	68.96	84.80	84.68	87.37	88.71	92.93	94.33	94.95	94.85
按轻重工业分										
轻工业	31.72	24.23	20.61	22.22	22.37	18.74	16.24	16.28	16.40	17.03
重工业	68.28	75.77	79.39	77.78	77.63	81.26	83.76	83.72	83.60	82.97
按企业规模分										
大型企业	9.33	2.73	2.73	1.50	1.05	1.13	1.29	0.84	1.26	2.77
中型企业	16.04	13.99	12.73	11.71	11.58	11.06	8.20	6.76	7.91	10.89
小型企业	74.62	83.28	84.55	86.79	87.37	87.81	90.51	92.40	90.83	76.03
微型企业										10.29
按隶属关系分										
中央企业	7.09	8.53	6.36	3.00	2.63	2.48	1.77	1.57	1.38	1.98
省属企业	1.86	2.04	1.21	1.50	1.32	1.13	0.80	1.20	0.92	0.79
市属企业	91.05	89.43	92.42	95.50	96.05	96.39	97.43	97.23	97.71	97.23

12-3 工业总产值

单位：万元

年 份	合 计	#规模以上工业	按经济类型分 国有及国有控股企业	集体企业	城乡个体企业	其他企业	按轻重工业分 轻工业	重工业
1962	1565	1565	1077	488			1227	338
1965	1707	1707	1095	612			1403	304
1969	2940	2940	1871	1069		2274	666	
1970	16539	16539	15320	1219			3582	12957
1975	61401	61401	58575	2826			9654	51747
1978	55870	55870	52156	3714			17496	38374
1980	144268	142337	137363	4974	16	1915	14398	129870
1985	382543	373503	347157	26346	300	8740	44604	337939
1990	781611	759155	672309	86846	3432	19024	114312	667299
1995	2549353	2473377	1833029	486277	37988	116083	370647	2344706
1996	2325124	2236063	1632978	449441	44530	109114	383694	2141430
1997	2535503	2429263	1728474	536795	53120	110874	269765	2265738
1998	2808164	2516455	1967628	484683	145854	352214	344595	2463569
1999	2645025	2362264	1793616	477777	141080	452053	276467	2368558
2000	2758530	2305343	1828143	479951	226593	522819	370748	2387782
2001	3401303	3001416	2629296	336318	209750	756329	315039	3086264
2002	4415823	4000510	3459015	145474	204928	606406	339687	4076136
2003	4032639	3609778	2953718	39603	181468	552471	314546	3718093
2004	4998992	4806592	3054832	57369	95429	3973060	211884	4786018
2005	4667703	4113087	3281410	98332	275089	3737102	327585	4340118
2006	4724411	4114333	2709448	116251	302598	3682501	365793	4358618
2007	6389562	5629562	3768973	122349	363118	5119169	434573	5954989
2008	7241560	6339110	3691626	125986	403061	6005702	436272	6805288
2009		8323952	4850400	70664		7220209	437929	7886023
2010		12804018	7769914	82734		11869635	572675	12231343
2011		13622739	7364294	87189		12695072	853044	12769695

12-4 工业总产值指数

年份	合计		按经济类型分				按轻重工业分	
		#规模以上工业	国有及国有控股企业	集体企业	城乡个体企业	其他企业	轻工业	重工业
定基指数								
1985	576.02	543.29	569.12	556.31			303.60	660.65
1990	920.53	850.87	842.73	1498.13	725.80	217.23	590.45	1015.35
1995	2462.10	2060.51	1691.06	6570.81	2901.40	381.87	1469.67	2686.45
1996	2368.54	1862.90	1506.56	5993.23	3539.78	458.25	1886.32	2443.06
1997	2593.55	2023.86	1594.70	7158.92	3822.96	531.57	2177.00	2641.92
1998	3042.49	2327.44	1833.91	8304.34	4167.04	568.78	2220.54	3073.34
1999	3029.71	2269.25	1788.10	8017.02	4417.58	563.04	2196.78	2995.89
2000	3159.99	2139.67	1745.01	5956.65	6345.85	1060.09	2946.10	3020.46
2001	3896.30	2785.60	2509.70	4211.40	5874.40	942.40	2503.30	3903.90
2002	5058.57	3712.93	3302.01	1821.40	5739.29	755.62	2699.06	5155.88
2003	7217.89	6461.03	5663.23	1066.31	5082.14	688.37	1226.25	9689.09
2004	8947.54	8603.17	5857.11	1544.67	2672.56	4950.37	1211.04	3685.24
2005	8354.58	7361.89	6291.53	2647.60	91696.33	42758.60	1872.34	11310.05
2006	8456.08	7364.12	5194.89	3130.08	100866.00	42133.88	2090.72	11358.26
2007	11436.48	10076.18	7226.35	3294.26	121039.26	58571.73	2483.84	15518.29
2008	12961.45	11346.18	7078.05	3392.19	134353.67	68715.13	2493.55	17734.11
2009		14897.50	9300.60	1903.10			2503.50	20553.80
环比指数								
1985	120.60	120.56	118.80	149.50			128.70	120.60
1990	98.50	98.10	96.30	113.80	124.75	106.77	107.80	97.00
1995	105.50	99.05	94.70	118.60	130.92	91.22	117.30	100.80
1996	96.20	90.41	89.09	91.21	122.99	120.24	128.30	90.94
1997	109.50	108.64	105.85	119.45	108.34	116.90	115.41	108.14
1998	117.31	115.28	115.62	116.58	109.10	107.66	102.61	116.33
1999	99.58	97.54	97.45	96.54	106.25	99.87	98.93	97.48
2000	104.30	94.29	97.59	74.30	143.65	115.70	134.10	100.81
2001	123.30	130.19	143.82	70.07	92.57	144.66	84.97	129.25
2002	129.83	133.29	131.57	43.25	97.70	80.18	107.82	132.07
2003	91.32	90.23	85.39	27.22	88.55	91.10	63.15	91.21
2004	123.96	133.15	103.42	144.86	52.59	719.14	67.36	128.72
2005	93.37	85.57	107.42	171.40	288.27	94.04	154.61	90.68
2006	101.21	100.03	82.57	118.22	110.00	98.54	111.66	100.43
2007	135.25	136.83	139.10	105.25	120.00	139.01	118.80	136.63
2008	113.33	112.60	97.95	102.97	111.00	117.32	100.39	114.28
2009		131.30	131.40	115.30		129.40	140.00	130.90
2010		153.82	160.19	117.08		164.39	130.77	155.10
2011		106.39	94.78	105.38		106.95	148.96	104.40

注：定基指数以1978年为100计算，其中"城乡个体、其他"以1985年为100计算。环比基数均上年为100。

12-5 分行业工业总产值

单位：万元

分　类	2000	2003	2004	2005	2006	2007	2008	2009	2010	2011
总　计	2305343	3609778	4806592	4113087	4114333	5629562	6339110	8323952	12804018	13622739
#国有企业及国有控股企业	1828143	2953718	3054832	3281410	2709448	3768973	3677056	4850400	7769914	7364294
按登记注册类型分										
国有企业	1529167	2143427	470093	557180	623061	784926	698128	1033079	851648	840478
集体企业	343995	39603	38148	42870	55243	56349	61267	70664	82734	87189
其他企业	432181	1426748	4298352	3513037	3436029	4788287	5579715	7220209	11869635	12695072
按轻重工业分										
轻工业	101063	158240	166575	193922	218764	234573	312778	437929	572675	853044
重工业	2204279	3451538	4640017	3919165	3895570	5394989	6026332	7886023	12231343	12769695
按企业规模分										
大型企业	1817798	2281918	3187233	2752725	2257463	3190388	3448602	3753863	7820940	8531465
中型企业	243093	779607	938679	625825	855530	1173212	1193088	2155899	2296689	1842862
小型企业	244452	548252	680681	734537	1001340	1265962	1697420	2414190	2686388	3248413
按工业行业分										
煤炭采选业	735	338	6467	378	4390	2860	6080	9565	19772	3429
黑色金属矿采选业						676	13556	23830	84600	130631
有色金属矿采选业	4805	2803	3413	3993	4553	5044	5734	11303	15861	22561
非金属矿采选业	1739	3085	2724	2760	5285	10566	18994	54786	85994	69756
木材及竹材采运业	4169	11929								
农副食品加工业	11007		18096	23525	31646	30339	56275	73186	105686	173549
食品制造业	1013	4166	3161	2891		1500	4386	8724	7676	23400
饮料制造业	3705	2474	7632	24983	39543	48881	74804	107203	106452	246585

12-5 续表 1

分类	2000	2003	2004	2005	2006	2007	2008	2009	2010	2011
烟草加工业	9109	27263								
纺织业	17821	24558	30546	31205	41644	43031	44828	59370	87937	108333
纺织服装及鞋帽制造业	9970	4687	7009	7016	7176	3691	1886		11946	6288
皮革、毛皮、羽绒及其制品业	12207	10576	13683	14833	17293	15478	14884	10881	11587	13872
木材加工及竹藤、棕、草制品业	420						1385	7558	12527	12215
家俱制造业	85						1301	1575	3630	3229
造纸及纸制品业	4838	1852	1787	1216		983	1902	2941	5536	4091
印刷业和记录媒介的复制	1541	5135	2405	1964	1066	958	3970	5951	7777	2067
文教体育用品制造业	208					640				
石油加工、炼焦及核燃料加工业		7898	10170	11738	16229	15330	17199		13851	6063
化学原料及化学制品制造业	25539	53659	76687	82509	97480	136736	216745	221376	307157	379269
医药制造业	14087	51681	68186	72454	61058	64868	83077	101162	174666	218038
橡胶制品业	76114	67817	11517	18452	47182	79462	65575	150270	225026	226998
塑料制品业	9889	14837	4256	15416	16269	18777	19661	34279	69040	77168
非金属矿物制品业	25168	22263	26673	30575	64406	75903	110445	191509	319065	327208
黑色金属冶炼及延加工业	14984	20093	45258	30012	19829	31056	62801	93033	169101	223486
有色金属冶炼及延加工业	79900	115584	150426	211672	250195	268419	288793	199012	307311	338041
金属制品业	11428	7734	7208	10932	9615	10070	18426	36079	56517	41111
通用设备制造业	39397	78146	65518	34400	36011	55139	96991	151518	476500	294708
专用设备制造业	3872	20792	29288	8918	23636	34438	42897	44869	87646	52761
交通运输设备制造业	1809348	2920740	4069542	3190046	3056189	4349261	4797780	6151355	9738873	10238267
电器机械及其器材制造业	1025	979	2929	3377	5143	12123	26498	16737	34141	39713
通讯设备、计算机及其他电子设备					617	2075				
工艺品及其他制造业	575			2870	3261	2896	10491	12368	16644	2760
电力、热力的生产和供应业	106892	122671	140544	274954	247917	301430	223456	521418	520272	332965
水的生产和供应业	3749	6022	5529	6101	6703	6934	7443	9607	18042	4177

12-6 规模以上工业企业主要经济指标

单位：万元

指标	2000	2003	2004	2005	2006	2007	2008	2009	2010	2011
企业单位数 （个）	268	293	330	333	380	443	622	829	872	505
#亏损企业 （个）	132	116	137	168	160	143	174	184	142	95
工业总产值 （当年价）	2305343	3609778	4806592	4113087	4114333	5629562	6339110	8323952	12804018	13622739
工业增加值 （当年价）	538518	1019830	1362234	1023530	1145763	1790950	2023751	2421384	3633600	3864900
从业人员年平均数 （人）	173300	147643	141777	130708	129441	129557	157178	182205	196400	173277
流动资产合计	2122937	2111958	2819489	3066635	3248709	3920166	3967241	8049319	14083288	13018529
固定资产合计	1578706	1770292	1690739	2197807	2862667	2573754	7124551	8155162	9412837	11258044
固定资产原价	2198301	2807530	2595651	3438692	2878825	3980068	3634806	3902591	4652240	7053356
固定资产净值	1220690	1595517	1536722	2011067	2180993	2272445	2406294	2415574	2371378	5419236
资产总计	4687702	6196440	7628364	9155762	10267146	11314260	11613687	16789729	24208130	25469952
负债总计	3100171	2910080	3187320	4497941	4280612	4628062	4425674	8261252	13118188	14367288
所有者权益	1587531	3286360	4441044	4657820	5986534	6686198	7188013	7764304	11044883	10441649
主营业务收入	2461072	4288085	5772828	5771023	6091350	5704619	6332067	7825954	11848816	12446369
#主营业务成本	2157492	3807828	5139190	4987593	5278441	5008130	5445232	6837355	10271785	10960082
主营业务税金及附加	17719	22517	8715	8271	37193	16685	24903	46521	36207	58337
主营业务销售利润	230959	109796	53547	551424	527384					
管理费用	237983	300708	4129426	424977	526744	493767	468132	703285	881401	804188
亏损企业亏损额	105679	39134	38478	53466	74551	12868	96508	53133	19200	28062
利润总额	-39492	41978	190979	209770	243440	32320	458694	1148254	1562859	2019114
应交增值税	98512	147694	130591	204264	162401	18489	243802	204500	396763	438781
利税总额	76740	212189	330285	422305	443034	229493	727399	1292970	1995830	2520946

12-7 各种分组的规模以上工业企业主要经济指标

单位：万元

分 组	企业单位数(个)		亏损企业数(个)		工业总产值(当年价)	
	2010	2011	2010	2011	2010	2011
总 计	872	505	142	95	12804018	13622739
#国有及国有控股企业	50	35	7	8	7769914	7364294
按隶属关系分						
中央企业	12	10	1	2	6504276	6711432
省属企业	8	4	2		425217	88339
市县属企业	852	491	139	93	5874525	6822968
按轻重工业分						
轻工业	143	86	13	10	572675	853044
重工业	729	419	129	85	12231343	12769695
按企业规模分						
大型企业	11	14		2	7820940	8531465
中型企业	69	55	4	5	2296689	1842862
小型企业	792	384	138	79	2686388	2857397
微型企业		52		9		391016
按工业行业分						
煤采选业	12	1			19772	3429
黑色金属矿采选业	18	14	10	5	49856	130631
有色金属矿采选业	7	5	3		12956	22561
非金属矿采选业	43	19	9	2	53569	69756
其他矿采选业						
木材及竹材采运业						
农副食品加工业	32	25	1	2	91650	173549
食品制造业	7	2			11659	23400

12-7 续表 1

分　组	企业单位数(个)		亏损企业数(个)		工业总产值(当年价)	
	2010	2011	2010	2011	2010	2011
饮料制造业	29	16	3		144259	246585
烟草加工业						
纺织业	12	9		1	85907	108333
服装及其他纤维制品制造业	4	2	2		8400	6288
皮革、毛皮、羽绒及其制品业	1	1	1		11587	13872
木材加工及竹藤、棕、草制品业	7	3			10103	12215
家俱制造业	2	1			3430	3229
造纸及纸制品业	3	2			5536	4091
印刷业	5	1	1	1	4152	2067
文教体育用品制造业						
石油加工及炼焦业		2		2		6063
化学原料及化学制品制造业	45	24	10	5	291629	379269
医药制造业	16	18	1	3	132011	218038
橡胶制品业	7	4		2	232294	226998
塑料制品业	15	11	2	2	63307	77168
非金属矿物制品业	80	26	11	5	310618	327208
黑色金属冶炼及延加工业	14	8	5	2	194617	223486
有色金属冶炼及延加工业	12	10	3	2	306340	338041
金属制品业	11	5			48068	41111
通用设备制造业	34	24	3	3	257253	294708
专用设备制造业	12	6	2	2	53669	52761
交通运输设备制造业	382	241	68	49	9999521	10238267
电器机械及其器材制造业	10	6		1	19430	39713
通讯设备、计算机及其他电子设备						
废弃资源和废旧材料加收加工业	1				1403	
工艺品及其他制造业	10	1			15028	2760
电力、蒸气热水的生产供应业	32	16	5	4	355452	332965
自来水的生产和供应业	8	2	2	2	9389	4177

12-7 续表 2

分 组	工业增加值		全部从业人员平均人数(人)		所有者权益	
	2010	2011	2010	2011	2010	2011
总 计	3633600	3864900	196400	173277	11044883	10441649
#国有及国有控股企业	2009053	2080962	92730	82843	9766924	9013967
按隶属关系分						
中央企业			65138	68307	9480657	8846732
省属企业			14253	3069	72616	23468
市县属企业			117009	101901	1491610	1571449
按轻重工业分						
轻工业	180421	224964	13536	9561	157387	177210
重工业	3453179	3639936	182864	163716	10887496	10264439
按企业规模分						
大型企业			89564	98158	9708164	9229020
中型企业			53803	33109	556609	504960
小型企业			53033	38002	780110	586852
微型企业				4008		120816
按工业行业分						
煤采选业	6423	7483	641	130	8125	459
黑色金属矿采选业	23918	20203	969	1182	19631	44746
有色金属矿采选业	8487	12179	628	575	2384	4773
非金属矿采选业	30875	21520	1791	1276	16453	16743
其他矿采选业						
木材及竹材采运业						
农副食品加工业	26578	46770	1886	1531	16911	34016
食品制造业	2427	6654	283	75	4768	2829

12-7 续表 3

分　组	工业增加值		全部从业人员平均人数(人)		所有者权益	
	2010	2011	2010	2011	2010	2011
饮料制造业	31983	47369	2314	1789	54512	61917
烟草加工业						
纺织业	23707	28687	2332	2141	5201	10470
服装及其他纤维制品制造业	3400	1689	628	210	841	753
皮革、毛皮、羽绒及其制品业	2654	4065	180	168	4158	4897
木材加工及竹藤、棕、草制品业	3257	2981	321	319	2990	2747
家俱制造业	1018	817	68	28	1716	490
造纸及纸制品业	1406	937	132	64	1349	956
印刷业	2591	551	305	95	2830	1223
文教体育用品制造业						
石油加工及炼焦业	3601			92		-607
化学原料及化学制品制造业	76126	95451	5179	4382	64978	72773
医药制造业	57236	52427	1416	1773	35972	41689
橡胶制品业	39443	54005	4268	2577	45653	11561
塑料制品业	19004	32646	3086	1637	14516	18251
非金属矿物制品业	97545	97960	5941	2843	95112	60043
黑色金属冶炼及延加工业	46501	71408	1478	1286	29285	59217
有色金属冶炼及延加工业	72095	91532	4141	4311	52434	68386
金属制品业	12463	3285	611	316	5279	1831
通用设备制造业	126170	157987	5766	5369	78622	86188
专用设备制造业	22592	17348	1008	825	22197	55452
交通运输设备制造业	2625001	2730575	140562	130308	9905648	9268930
电器机械及其器材制造业	9781	7097	518	355	6348	6647
通讯设备、计算机及其他电子设备						
废弃资源和废旧材料加收加工业	372		14		155	
工艺品及其他制造业	4613		397	52	3636	431
电力、蒸气热水的生产供应业	197251	188891	8604	7180	532035	498307
自来水的生产和供应业	5904	4808	874	388	11019	5532

12-7 续表 4

分　组	流动资产合计		固定资产原价	
	2010	2011	2010	2011
总　计	8049319	13018529	4652240	7053356
#国有及国有控股企业	6536057	10477533	3173095	5403013
按隶属关系分				
中央企业	6097544	10179381	2589288	5045368
省属企业	200076	45952	102582	26326
市县属企业	1751699	2793196	1960370	1981662
按轻重工业分				
轻工业	138789	225004	225988	268179
重工业	7910530	12793525	4426252	6785177
按企业规模分				
大型企业	6213094	11138297	2775921	5450119
中型企业	882880	761226	788091	629337
小型企业	953345	1044138	1088229	731378
微型企业		74869		242522
按工业行业分				
煤采选业	1642	230	7491	380
黑色金属矿采选业	11328	36962	20771	39853
有色金属矿采选业	9214	11311	5342	7576
非金属矿采选业	10336	26686	17433	12259
其他矿采选业				
木材及竹材采运业				
农副食品加工业	16975	35757	16850	31266
食品制造业	3653	3808	2637	802

12-7 续表 5

分组	流动资产合计		固定资产原价	
	2010	2011	2010	2011
饮料制造业	48234	46986	83368	99604
烟草加工业				
纺织业	24722	32046	25572	51837
服装及其他纤维制品制造业	1660	1407	1218	274
皮革、毛皮、羽绒及其制品业	8246	8853	4084	3142
木材加工及竹藤、棕、草制品业	2080	6479	2900	1709
家俱制造业	1437	483	762	391
造纸及纸制品业	1709	1155	944	944
印刷业	4593	2064	6087	2750
文教体育用品制造业				
石油加工及炼焦业		23418		1370
化学原料及化学制品制造业	84892	93438	85519	87139
医药制造业	51411	64503	18130	24009
橡胶制品业	53127	64461	83993	97086
塑料制品业	23248	32408	16889	21097
非金属矿物制品业	85715	83457	177658	159644
黑色金属冶炼及延加工业	29976	28063	28135	42162
有色金属冶炼及延加工业	87408	83595	148433	145216
金属制品业	8376	3052	3563	5739
通用设备制造业	149308	166267	91565	77811
专用设备制造业	48518	79948	12268	11780
交通运输设备制造业	12960326	11788915	2984851	5440902
电器机械及其器材制造业	11255	14033	4233	2897
通讯设备、计算机及其他电子设备				
废弃资源和废旧材料加收加工业	155		151	
工艺品及其他制造业	2556	1034	3448	522
电力、蒸气热水的生产供应业	298832	266416	751159	645721
自来水的生产和供应业	14004	11294	46555	37474

12-7 续表 6

分　　组	固定资产净值		主营业务收入	
	2010	2011	2010	2011
总　计	2371378	5419236	11848816	12446369
#国有及国有控股企业	1336128	4304280	7002548	6730864
按隶属关系分				
中央企业	959916	4078946	5857072	6135202
省属企业	28036	9871	414232	91806
市县属企业	1383425	1330419	5577512	6219361
按轻重工业分				
轻工业	162127	175679	556515	722745
重工业	2209251	5243557	11292301	11723624
按企业规模分				
大型企业	1009319	4311243	7099128	7830171
中型企业	560727	387531	2116760	1681396
小型企业	801332	493565	2632927	2570314
微型企业		226896		364489
按工业行业分				
煤采选业	2336	228	18719	3429
黑色金属矿采选业	14531	32146	35960	98795
有色金属矿采选业	2384	4287	11814	19417
非金属矿采选业	9757	10010	63725	58906
其他矿采选业				
木材及竹材采运业				
农副食品加工业	14341	25123	90542	153100
食品制造业	1306	550	11569	22700

12-7 续表 7

分 组	固定资产净值		主营业务收入	
	2010	2011	2010	2011
饮料制造业	66284	76605	113955	181975
烟草加工业				
纺织业	15053	20973	84577	93113
服装及其他纤维制品制造业	1156	212	7173	5455
皮革、毛皮、羽绒及其制品业	1147	274	11296	15330
木材加工及竹藤、棕、草制品业	2462	1639	9714	10801
家俱制造业	726	335	3138	3229
造纸及纸制品业	590	480	5148	4056
印刷业	3110	999	7147	2067
文教体育用品制造业				
石油加工及炼焦业		363		6370
化学原料及化学制品制造业	58758	55963	268343	353777
医药制造业	15167	18820	150545	186900
橡胶制品业	61726	68240	218841	138677
塑料制品业	8693	9228	60969	75476
非金属矿物制品业	141730	115902	231630	260388
黑色金属冶炼及延加工业	24170	30974	180061	215616
有色金属冶炼及延加工业	68483	63966	295183	314190
金属制品业	2044	3914	47999	41574
通用设备制造业	54053	38190	270833	281796
专用设备制造业	7846	7264	52644	46342
交通运输设备制造业	1254948	4384825	9225752	9494899
电器机械及其器材制造业	3107	1928	23779	35826
通讯设备、计算机及其他电子设备				
废弃资源和废旧材料加收加工业	85		1403	
工艺品及其他制造业	2684	411	11485	2010
电力、蒸气热水的生产供应业	491991	421092	323328	315395
自来水的生产和供应业	32267	24297	10402	4760

12-7 续表 8

分 组	主营业务税金及附加		流动负债		利润总额	
	2010	2011	2010	2011	2010	2011
总 计	36207	58337	11727835	11596869	1562859	2019114
#国有及国有控股企业	13902	31996	9894396	9223674	1143864	1672251
按隶属关系分						
中央企业	10470	30669	9327960	8918953	1037066	1620800
省属企业	674	436	181383	55236	33556	10569
市县属企业	25064	27232	2218492	2622679	492238	387745
按轻重工业分						
轻工业	3265	4232	170678	184029	46165	71363
重工业	32943	54104	11557158	11412840	1516694	1947750
按企业规模分						
大型企业	17747	39622	9970223	9810221	1274420	1688771
中型企业	6612	5579	772079	682936	152632	157567
小型企业	11848	11778	985533	926676	135807	125658
微型企业		1357		177035		47118
按工业行业分						
煤采选业	301	33	3609	240	1858	623
黑色金属矿采选业	420	633	19226	32623	26	9030
有色金属矿采选业	53	176	3905	7864	91	953
非金属矿采选业	1161	2393	12752	26727	3508	3451
其他矿采选业						
木材及竹材采运业						
农副食品加工业	354	487	16374	28662	8388	7902
食品制造业	45	35	7022	2753	362	574

12-7 续表 9

分　　组	主营业务税金及附加		流动负债		利润总额	
	2010	2011	2010	2011	2010	2011
饮料制造业	1426	2201	46458	50851	20042	29341
烟草加工业						
纺织业	215	305	27015	31081	7437	7379
服装及其他纤维制品制造业	48	64	1833	734	-36	62
皮革、毛皮、羽绒及其制品业	32	41	4736	3686	-409	792
木材加工及竹藤、棕、草制品业	55	111	1920	5555	74	1139
家俱制造业	88	82	202	11	157	143
造纸及纸制品业	11	7	888	647	477	128
印刷业	70	16	4544	1840	367	-60
文教体育用品制造业						
石油加工及炼焦业		6		21697		-1010
化学原料及化学制品制造业	1108	1643	85935	91744	23052	23918
医药制造业	513	457	36315	47021	9155	26040
橡胶制品业	909	140	60838	126023	18714	650
塑料制品业	141	356	20983	28613	1528	3245
非金属矿物制品业	1267	1245	118641	129857	-575	12997
黑色金属冶炼及延加工业	104	560	16603	20853	1145	24796
有色金属冶炼及延加工业	886	937	113781	91130	51288	12029
金属制品业	175	159	5540	2995	3378	4281
通用设备制造业	819	697	115867	119014	16391	36365
专用设备制造业	292	147	36767	37506	7983	4718
交通运输设备制造业	22932	44222	10717499	10414137	1324518	1790989
电器机械及其器材制造业	90	50	8928	12361	1033	589
通讯设备、计算机及其他电子设						
废弃资源和废旧材料加收加工业	9		85		205	
工艺品及其他制造业	198		1018	320	422	141
电力、蒸气热水的生产供应业	2374	1113	229695	257973	63925	22657
自来水的生产和供应业	109	23	8230	2355	-1656	-4747

12-7 续表 10

分 组	亏损企业亏损额		利税总额		本年应交增值税	
	2010	2011	2010	2011	2010	2011
总 计	19200	28062	1995830	2520946	396763	438781
#国有及国有控股企业	2476	14653	1449334	2013137	291568	307014
按隶属关系分						
中央企业	498	9257	1289487	1938823	241951	287354
省属企业	58		46122	13714	11892	2651
市县属企业	18644	18805	660222	568410	142919	142919
按轻重工业分						
轻工业	2671	5510	62617	96262	13187	20538
重工业	16529	22552	1933212	2424684	383576	418243
按企业规模分						
大型企业		9025	1561822	2044802	269654	314940
中型企业	5335	2071	225023	217485	65780	53767
小型企业	13865	15881	208985	201491	61329	61390
微型企业		1085		57168		8684
按工业行业分						
煤采选业			3198	827	1039	171
黑色金属矿采选业	1163	1033	1071	15193	625	3253
有色金属矿采选业	217		551	3192	408	2006
非金属矿采选业	142	607	6347	8264	1678	2407
其他矿采选业						
木材及竹材采运业						
农副食品加工业	9	97	10126	11744	1384	3355
食品制造业			627	952	220	342

12-7 续表 11

分　组	亏损企业亏损额		利税总额		本年应交增值税	
	2010	2011	2010	2011	2010	2011
饮料制造业	97		25303	39769	3836	8227
烟草加工业						
纺织业		51	10488	10455	2836	2771
服装及其他纤维制品制造业	189		110	141	98	15
皮革、毛皮、羽绒及其制品业	409		-62	1240	315	408
木材加工及竹藤、棕、草制品业			201	1561	72	312
家俱制造业			267	309	21	84
造纸及纸制品业			545	179	57	44
印刷业	119	60	707	108	270	151
文教体育用品制造业						
石油加工及炼焦业		1010		-951		53
化学原料及化学制品制造业	1001	1678	31762	40933	7603	14861
医药制造业	88	528	12665	31050	2997	4537
橡胶制品业		329	28960	6705	9337	5914
塑料制品业	34	179	1997	4203	328	602
非金属矿物制品业	7667	1852	7656	21818	6964	7526
黑色金属冶炼及延加工业	242	299	2881	33723	1631	8367
有色金属冶炼及延加工业	462	182	60231	26170	8057	13204
金属制品业		0	4634	5203	1081	763
通用设备制造业	132	368	25775	44776	8564	7714
专用设备制造业	499	478	10740	6005	2465	1139
交通运输设备制造业	4494	5225	1658909	2162758	311460	327178
电器机械及其器材制造业		28	1813	970	691	332
通讯设备、计算机及其他电子设备						
废弃资源和废旧材料加收加工业			350		136	
工艺品及其他制造业			989	253	370	
电力、蒸气热水的生产供应业	491	9313	88104	47908	21805	22832
自来水的生产和供应业	1747	4747	-1153	-4510	394	215

12-8 规模以上大中型工业企业主要经济指标

单位:万元

指 标		合计		大型企业		中型企业	
		2010	2011	2010	2011	2010	2011
企业单位数	(个)	80	69	11	14	69	55
#亏损企业	(个)	4	7		2	4	5
工业总产值	(当年价)	10117630	10374326	7820940	8531465	2296689	1842862
从业人员年平均数	(人)	143367	131267	89564	98158	53803	33109
流动资产合计		12976390	11899522	12156277	11138297	820113	761226
固定资产合计		8506492	10441089	7901583	9993147	604909	447942
固定资产原价		3564011	6079456	2775921	5450119	788091	629337
资产总计		22010382	23300149	20433945	21940300	1576436	1359848
负债总计		11709137	12930841	10714216	12088092	994921	842749
所有者权益		10264772	9733981	9708164	9229020	556609	504960
主营业务收入		9215888	9511566	7099128	7830171	2116760	1681396
主营业务成本		7949855	8404799	6094941	6967460	1854914	1437339
营业费用		439232		327691		111541	
主营业务税金及附加		24359	45202	17747	39622	6612	5579
管理费用		771034	696212	587495	600675	183539	95537
亏损企业亏损额		5335	11096		9025	5335	2071
利润总额		1427052	1846338	1274420	1688771	152632	157567
应交增值税		335434	368707	269654	314940	65780	53767
利税总额		1786845	2262287	1561822	2044802	225023	217485

12-9 国有及国有控股工业企业主要经济指标

单位：万元

指标	2000	2003	2004	2005	2006	2007	2008	2009	2010	2011
企业单位数 (个)	205	111	74	61	52	50	54	49	50	35
#亏损企业 (个)	104	49	43	37	25	21	16	12	7	8
工业总产值 (当年价)	1828143	2953718	3054832	3281410	2709448	3768973	3677056	4850400	7769914	7364294
工业增加值 (当年价)	411848	832591	900660	805021	801845	1252449	1212950	1246433	1969923	2080962
从业人员年平均数 (人)	135727	103180	75497	91720	73010	72782	85749	112767	92730	82843
流动资产合计	1788128	1710514	2256309	2645604	2557401	3026277	2830011	6536057	11994486	10477533
流动资产年平均余额	1699842	1721998	1774562	3945573	2532877	2907125	3875947			
固定资产合计	1290456	1455789	1176108	1877427	2243900	2891317	6347955	7169741	8213467	9936004
固定资产原价	1886638	2382559	1748597	3037627	2082273	3085017	2609425	2624044	3173095	5403013
固定资产净值平均余额	1023224	1318561	1056906	1673610	1631022	1674003	1695968			
资产总计	4036471	5431583	6430410	8330965	8774679	9563582	9483164	14011060	20547594	21164122
负债总计	2662532	2398693	2467333	3939985	3277926	3420334	2985589	6347767	10749978	11528239
所有者权益合计	1373939	3032890	3963077	4390980	5496753	6145048	6497575	6912051	9766924	9013967
主营业务收入	2010696	3665511	4054036	5003511	4761423	3925936	3762356	4572487	7002548	6730864
主营业务成本	1758389	3270124	3562467	4308480	4088258	3447367	3176194	3989146	5966039	5908621
营业费用	45638	330722	119515	201228	209291	107429	146193	165269	338086	
主营业务税金及附加	11189	9069	4407	4785	29076	4778	8343	30192	13902	31996
管理费用	204683	245857	321414	377038	438315	394317	342090	520113	567297	544909
亏损企业亏损额	96984	22934	19135	37177	46122	102103	77652	34928	2476	14653
利润总额	-34480	44302	178293	202002	244617	15725	377059	1055728	1143864	1672251
应交增值税	81147	120807	81989	181590	125115	133450	151535	168528	291568	307014
利税总额	57856	174177	264689	388377	398808	153953	536936	1194451	1449334	2013137

注：1997年以前统计范围为国有独立核算工业企业。下同。

12-10 各县市规模以上工业企业总产值

(2011)

单位：万元

指 标	总计	城区	丹江口市	郧县	郧西县	竹山县	竹溪县	房县
总 计	13622739	10398263	1564661	598690	179797	237972	338902	304455
在总计中：国有控股企业	7364294	6611637	583796	51009		4109	49983	63760
按登记注册类型分组								
内资企业	7548015	4387866	1528525	586945	179797	235212	332692	296978
国有企业	840478	381774	345071	39530			48566	25538
集体企业	87189	47502	21423		8196			10069
其他企业	97891	38459	1491	5802	42547			9593
港、澳、台商投资企业	50762	33607		9678				7477
外商投资企业	6023962	5976790	36136	2067		2760	6210	
在总计中								
亏损企业	856951	447288	199507	78015	29382	18509	32705	51545
农村工业	25237	3263		12119	6627			3229
轻工业	853044	131068	276731	27579	11819	79149	174375	152323
重工业	12769695	10267194	1287930	571111	167978	158823	164527	152132
大型企业	8531465	8046828	362579	122058				
中型企业	1842862	852349	550630	318659	45800	35016		40407
小型企业	2857397	1466078	651452	157974	126784	202956		252153
微型企业	391016	33008			7212		338902	11894

注：对本表数据没作机械调整，分项之和可能不等于总计或合计。下表同。

12-11 各县市规模以上工业企业主要指标

(2011)

单位：万元

指标		总计	城区	丹江口市	郧县	郧西县	竹山县	竹溪县	房县
企业单位数	(个)	505	249	77	43	29	26	29	52
＃亏损企业	(个)	95	50	16	10	8	1	3	7
工业总产值	(当年价)	13622739	10398263	1564661	598690	179797	237972	338902	304455
工业增加值	(当年价)	3864900	2883410	431218	175303	55056	69276	117765	89179
从业人员年平均数	(人)	173277	127848	22850	9568	2788	2550	3566	4107
流动资产合计		13018529	11899238	641271	195985	71711	67766	53875	88684
固定资产合计		11258044	10088475	451116	231453	91704	64067	249485	81743
固定资产原价		7053356	5484706	783128	261604	107215	81352	231555	103797
资产总计		25469952	22651682	1442358	495872	195075	140694	343676	200595
负债总计		14367288	12739325	760397	305557	122398	78830	219424	141357
所有者权益		10441649	9281198	669059	184584	72373	61380	115052	58002
主营业务收入		12446369	9660413	1356428	538200	143332	196993	310667	240337
主营业务成本		10960082	8626576	1139499	458351	119586	168811	251642	195618
主营业务税金及附加		58337	44810	3756	2861	1221	1931	1148	2610
营业费用									
管理费用		804188	627787	112412	26195	7857	11565	5890	12481
财务费用		132253	95477	17156	5055	3515	2539	4140	4371
亏损企业亏损额		28062	11184	11012	2307	2423	57	471	608
利润总额		2019114	1786906	87409	58901	10703	9569	46116	19510
应交增值税		438781	331986	60601	18456	4699	7818	7704	7517
利税总额		2520946	2164043	155937	80236	16689	19432	54968	29642

12-12 主要工业产品产量

指标		2000	2003	2004	2005	2006	2007	2008	2009	2010	2011
汽车	(辆)	100522	139563	170952	130644	121648	232518	268276	372056	561942	572506
#载货汽车		47813	30870	161122	117528	105306	151704	170175	202126	306343	295349
发电量	(万千瓦时)	501065	638484	539600	801355	563123	637244	642641	910875	985350	831252
其中:水电		406100	531800	493700	694900	439200	513700	539000	789512	856245	711499
改装汽车	(辆)	14567	22774	30474	25766	23070	29968	32789	61622	79391	78950
轮胎外胎	(万条)	140.78	115.57	29.9	18.6	61.3	197.6	252.8	497.5	578.1	497
化学原料(药)	(吨)	97	712	1919	3163	2875	1825	1889	941	1890	2230
纱	(吨)	7367	10562	13320	13945	16155	17672	18208	20157	21951	21016
布	(万米)	626	739	1874	2963	2164	2065	2222	2125	3178	2229
服装	(万件)	229.87	149	188	169	185	102	89	156	343	14
化肥	(吨)	20226	24994	54823	26497	28558	29990	321	121900	192251	219693
合成氨	(吨)	28659	35256	32553	9252	7418	5159		1979		
水泥	(万吨)	77.61	88.55	97.45	100.26	176.1	193	196	243.5	415.5	399
成品钢材	(吨)	4723	66987	62215	59764	52998	80719	131230	253642	449837	581065
白酒	(千升)	2447	671			331	964	898	1094	2288	363
内燃机	(万千瓦)	136	401	350	339	265	195	215	325	941	1207

12-13 能源消费总量

年份	能源消费量合计（万吨标煤）	煤炭（吨）	焦炭（吨）	汽油（吨）	柴油（吨）	电力（万千瓦时）
1990	138.1	928256	46305	32283	14005	149884
1995	224.6	1554354	76865	25374	15196	248119
1996	225.98	1800893	114257	24830	12163	243284
1997	211.24	1556219	79409	24320	12127	247319
1998	238.67	1571829	58755	16130	12720	265404
1999	231.26	1427483	49051	13190	12661	280972
2000	237.61	1372077	38111	15104	21869	295274
2001	291.5	1556099	65568	21908	49207	370094
2002	276.15	1458783	67798	13394	12849	399582
2003	268.79	1465173	90385	8087	13148	366989
2004	360.51	1854749	171440	7427	27494	517139
2005	172.5	1885944	171851	6363	17556	478152
2006	168.68	1671998	171754	6536	16864	528273
2007	167.47	1759667	223009	6983	25806	550326
2008	176.81	1637113	304029	6327	21362	632040
2009	191.99	1935902	280863	7144	22730	654757
2010	222.15	2374108	221353	9414	42915	766479
2011	242.64	2381626	366236	6008	33888	797291

12-14 规模以上工业部门能源消费量

指标	2000	2003	2004	2005	2006	2007	2008	2009	2010	2011
能源消费量（万吨标煤）	237.61	268.79	360.51	172.5	168.68	167.47	176.81	191.99	222.15	242.64
每万元工业总产值能源消费量（吨标准煤）	1.04	0.74	0.75	0.42	0.41	0.2976	0.2787	0.2321	0.1696	0.18
每万元工业总产值煤炭消费量（吨）	0.59	0.4	0.39	0.46	0.41	0.31	0.258	0.234	0.1812	0.1752
每万元工业总产值电力消费量（千瓦小时）	1298	1017	1076	1163	1284	978	997	792	585	587

12-15 县、市每万元工业总产值能源消费量

指标	2000	2003	2004	2005	2006	2007	2008	2009	2010	2011
总计	2.33	1.57	1.58	0.42	0.41	0.30	0.28	0.23	0.17	0.18
茅箭区	0.38	0.13	0.14	0.04	0.07	0.03	0.10	0.02	0.02	0.07
张湾区	0.78	0.38	0.30	0.13	0.10	0.09	0.10	0.08	0.11	0.08
郧县	2.41	2.52	4.80	1.35	1.52	1.29	10.41	0.55	0.57	0.57
郧西县	2.87	1.52	1.33	0.69	0.63	0.44	0.14	0.44	0.49	0.55
竹山县	2.98	2.47	2.43	0.76	0.59	0.52	0.37	0.33	0.22	0.20
竹溪县	2.99	2.49	2.14	0.42	0.39	0.17	0.14	0.14	0.13	0.13
房县	2.05	2.19	3.20	0.74	0.69	0.65	0.35	0.44	0.36	0.29
丹江口市	2.57	3.21	4.66	1.09	1.02	0.99	0.95	0.89	0.57	0.64

注：2005年起电力折标系数改为当量值。

十三、运输和邮电

【简要说明】

一、本篇反映我市交通运输业和邮电通信业发展状况。

1、交通运输主要包括线路里程、运输工具拥有量，货运量及周转量、客运量及周转量、邮电通信资料包括线路里程、主要业务量、设备拥有量和服务水平等。

二、本资料由市统计局和市直有关部门整理、编辑，资源来源于交通统计、邮电统计报中交通工具由交通局、交警支队和农机局提供。本料整由张宇整理。

13-1 运输路线长度

单位：公里

指标	2000	2003	2004	2005	2006	2007	2008	2009	2010	2011
铁路过境内正线	145	145	145	145	145	145	145	145	145	145
非路产专用线	90	90	90	90	90	90	90	90	90	90
公路通车里程	7636	8757	8755	8922	15769	16728	17297	18964	19977	20665
#二级以上公路里程	426	707	1343	1512	1515	1544	1572	1756	1778	1824
内河航道里程	688	684	661	745	745	745	745	745	745	746
公路通车里程中：										
国道公路	497	437	433	433	433	433	427	424	417	413
省道公路	1016	1089	1258	1262	1262	1257	1246	1246	1182	1183
县级公路	2442	1891	1719	1760	1703	1668	1717	1718	1724	1724
乡镇公路	3020	4760	4884	4888	4196	4088	4267	4708	4760	4777
专用公路	663	523	523	523	523	523	550	123	124	124
公路通车里程中：										
等级公路里程合计	4581	4572	5415	5739	11604	13524	14020	14021	17991	19096
高速公路				57	57	57	107	164	160	164
一级	30	6	27	27	27	27	53	53.3	82	77
二级	396	673	1283	1455	1489	1517	1539	1539	1448	1583
三级	654	857	562	470	1351	1333	1286	1287	1282	1310
四级	3501	3037	3543	3788	8738	10647	11142	11142	15179	16126
公路通车里程中：										
晴雨通车里程	4537	5861	6070	6160	12447	13524	14738	14738	18270	19326
绿化里程	1990	2487	2534	2453	2685	2685	2680	2680	2657	2657

13-2 运输里程及运输工具拥有量

年份	年末公路通车里程(公里)	#晴雨通车	内河通航里程(公里)	民用汽车拥有量(辆)	#货车	#客车	机动船拥有量(艘)
1962				33	33		5
1965	1026	867		214	203	11	9
1969				843	805	38	28
1970	2219			1563	1496	67	29
1975	3228	1995					169
1978	4048	2423	776	5197	3982	900	319
1980	4569	2714	690	5763	4264	1211	252
1985	5870	3232	690	7415	5216	1231	176
1990	6888	4261	666	10557	6916	3177	338
1995	7497	4513	688	19579	11391	7303	239
1996	7612	4513	688	20693	11832	8214	302
1997	7612	4513	688	22228	12087	9537	307
1998	7636	4537	688	23946	12844	10536	303
1999	7636	4537	688	25494	13976	10993	288
2000	7636	4537	688	27670	15337	11786	286
2001	8699	5804	686	24778	12049	12729	269
2002	8699	5804	661	36285	19659	16138	223
2003	8756	5861	684	42633	22475	19611	220
2004	8755	6070	661	60745	24177	23299	341
2005	8922	6160	745	66993	25168	28311	596
2006	15769	12447	745	72884	24620	33934	597
2007	16728	13524	745	83304	28453	40050	514
2008	17297	14738	745	102393	34112	49785	495
2009	18964	14738	745	108074	34366	60077	411
2010	19977	18270	745	127868	38316	77161	408
2011	20665	19326	745	153895	44759	97545	440

13-3 客运量及客运周转量

年份	客运量（万人）	公路	水运	旅客周转量（万人公里）	公路	水运
1962	23.0	14.0	9.0	1677	1067	610
1965	67.0	57.0	10.0	4386	3656	730
1969	92.0	79.0	13.0	6317	5040	1277
1970	103.0	92.0	11.0	6487	5749	738
1975	207.0	128.0	79.0	11181	9091	2090
1978	410.0	340.9	69.2	13745	11915	1830
1980	511.5	427.4	84.1	19747	17413	2334
1985	994.7	852.4	142.3	40299	36296	4003
1990	1002.8	882.9	119.9	45225	40572	4653
1995	2740.0	2694.0	46.0	93041	91545	1496
1996	3391.7	3332.0	58.7	194572	193082	1490
1997	3142.0	3096.0	46.0	213688	211864	1824
1998	3106.7	3067	39.7	160714	158947	1767
1999	3180.3	3155.5	24.8	140599	139561	1038
2000	3302.0	3273.0	29.0	148041	146482	1559
2001	3520.1	3486.0	34.1	194898	163212	1686
2002	3097.6	3062.0	35.6	147751	145828	1923
2003	3164.9	3386.0	52.9	179101	175858	2580
2004	3457.0	4850.0	71.3	139100	135857	3243
2005	3481.0	3410.0	71.0	181274	178201	3073
2006	3542.0	3467.0	75.0	197536	193945	3591
2007	4069.0	3993.0	76.0	206455	202785	3670
2008	4160.0	4088.0	72.0	265462	2622785	2677
2009	4415.0	4362.0	53.0	296423	294126	2297
2010	4999.0	4963.0	36.0	381270	380381	889
2011	5760.0	5732.0	28.0	492984	492398	586

13-4 货运量及货运周转量

年份	货运量（万吨）	公路	水运	货运周转量（万吨公里）	公路	水运
1962	38	5	33	3305	398	2907
1965	58	18	40	4027	1630	2397
1969	64	41	23	5299	3416	1883
1970	94	70	24	6636	4806	1830
1975	160	124	36	7932	5148	2748
1978	226	179	48	9228	5490	3438
1980	296	246	50	13816	7089	6727
1985	155	110	45	25821	8512	17309
1990	130	84	46	26928	7740	19188
1995	1211	1152	59	128650	110511	18139
1996	2268	2221	47	153500	140893	12607
1997	2626	2589	37	159390	149701	9689
1998	1511	1490	21	59729	55994	3735
1999	1297	1261	36	59447	54294	5153
2000	1342	1295	48	61066	56515	4551
2001	2297	2253	44	170801	167625	3176
2002	1345	1300	45	58572	57088	1484
2003	854	809	45	78176	76465	1711
2004	1063	904	159	85345	77086	8259
2005	1098	925	173	86679	77929	8750
2006	1303	1123	180	89019	81919	7100
2007	1503	1318	185	95585	88635	7250
2008	2587	2343	244	408548	402009	6449
2009	2937	2691	246	481997	475470	6527
2010	3644	3412	232	656950	651953	4997
2011	4361	4166	195	780062	775650	4412

13-5 交通运输工具拥有量

指标	2000	2003	2004	2005	2006	2007	2008	2009	2010	2011
机动车辆总数 (辆)	67418	169376	192692	216696	251325	267240	321557	351676	401929	466815
民用汽车	27670	42633	60742	66993	72884	83304	102393	108074	127868	153895
载货汽车	15337	22475	24177	25168	24620	28453	34112	34366	38316	44759
载客汽车	11786	19611	23299	28311	33934	40050	49785	60077	77161	97545
#大型载客汽车	1410	1879	1935	1917	1952	1993	2192	2251	2274	2447
其他汽车	547	547	13266	13514	14330	14801	18496	13631	12391	11591
运输用拖拉机	4347	4659	5257	4852	4536	6055	7446	5749	6560	11935
摩托车	32022	107931	126455	144554	160028	177251	211040	237034	266336	299697
#普通	25590	97812	119739	137553	153027	164420	202510	228043	258527	292193
其他机动车	3379	13418	13266	13514	13493	630	678	4	4	4
机动运输船(艘)	286	220	341	596	597	514	495	411	408	440
拖船	21	15	1	8	11	12	9	3	10	4
货船	226	159	297	319	330	278	268	217	154	222
客船	39	46	43	269	256	224	218	193	211	213
驳船 (艘)	72	29	5	43	47	41	39	21	33	21

注:其他机动车包括农用车。

13-6 邮电通信基本情况

年份	邮电营业网点(处)	邮电业务总量(万元)	函件(万份)	报刊发行量(万份)	本地电话用户数	特快专递(万件)	移动电话(万户)
1962		85					
1965	60	200					
1970	208	436					
1975	188	322					
1978	172	291	642	3929			
1980	167	342	758	4351			
1985	168	594	807	5515			
1990	168	2235	1010	4582	12284	0.10	
1995	176	11809	1848	6921	65647	10.10	0.43
1996	177	16899	1740	6628	90863	15.30	0.85
1997	177	22546	1565	6334	119090	12.10	1.54
1998	219	31157	1537	5822	135934	14.10	2.62
1999	237	37388	1414	6453	159710	15.40	3.74
2000	362	41126	1321	6522	176261	17.80	8.53
2001	300	45412	2072	6587	296470	21.50	17.50
2002	223	52182	1648	7932	341600	26.00	25.51
2003	427	68584	1702	5570	375000	29.00	37.69
2004	348	72517	948	2720	521024	32.60	53.48
2005	340	79769	533	2320	491500	30.20	55.04
2006	320	89765	480	2318	545600	33.60	78.12
2007	325	106500	521	2667	617600	42.00	119.90
2008	330	122500	263	2758	609700	45.00	122.03
2009	384	124705	503	2565	578100	54.00	239.89
2010	427	131504	248	3107	649000	58.00	230.30
2011	697	146694	352	3263	660840	57.10	248.20

注：邮电业务总量1980年以前按1970年不变价计算；1981-1989年按1980年不变价格计算；1991-2000年按1990年不变价格计算；2000年后按2000年不变价格计算。

13-7 邮电通信网络

指 标		2000	2003	2004	2005	2006	2007	2008	2009	2010	2011
邮政局所	(处)	186	154	151	152	149	149	138	147	157	157
邮路总长度	(公里)							4506	4506	4857	4641
农村投递线路长度	(公里)	23020	25973	23436	22500	23331	23333	23564	19276	18824	18824
长途光缆线路长度	(公里)							1058	1072	1535	1649
固定电话局用交换机容量	(万门)	22.8	35.2	53.5	50.2	52.7	51.5	53.6	63.1	49.9	44.8
移动电话交换机容量	(万户)							202.0	407.0	434.9	383.3

13-8 邮电业务量及用户数

指标		2000	2003	2004	2005	2006	2007	2008	2009	2010	2011
邮电业务总量	(亿元)	4.11	6.85	7.25	7.98	8.97	10.65	11.81	12.02	13.15	14.67
邮政业务总量	(亿元)							2.03	2.33	1.99	2.00
电信业务总量	(亿元)							9.70	9.69	11.16	12.67
固定电话年末用户	(万户)	22.63	37.50	52.10	60.65	54.56	61.76	60.97	57.81	64.90	66.08
年末城市电话	(万户)							37.13	35.12	39.60	42.28
年末农村电话	(万户)							23.84	22.69	25.30	23.80
移动电话年末用户	(万户)	8.53	37.69	53.48	55.04	78.12	119.9	122.03	239.80	230.30	248.18
互联网宽带接入用户	(万户)							12.14	16.07	24.25	33.41

13-9 邮电通信水平

指标		2000	2003	2004	2005	2006	2007	2008	2009	2010	2011
每百人平均函件量	(件/百人)	388	500	277	155	139	148	75	86	72	101
每百人平均订阅报刊量	(份/百人)			795	675	669	765	786	727	896	936
电话普及率	(部/百户)	22.7	36.1	48.5	55.1	49.1	54.7	53.3	50.1	56.2	56.5
移动电话普及率	(部/百人)	2.5	11.1	15.6	16.1	22.5	34.4	31.4	67.8	66.5	71.2

注:从 2010 年始调整了部分统计指标

十四、国内贸易

【简要说明】

一、本篇资料主要反映国内市场发展变化情况。主要内容包括社会消费品零售总额,大中型批发零售贸易业财务状况和城乡集市贸易情况。

二、本篇资料除城乡集市贸易情况由工商管理局统计外,其余由市统计局按照统计报表制度进行搜集。报表的报送范围是有零售业务的各种经济类型的企业、行政事业单位及农民。报表主要采用全面调查及抽样调查,局部资料采取推算。

三、资料整理人员有李晓滨、候军、王煦。

14-1 社会消费品零售总额

单位：万元

项目	2000	2003	2004	2005	2006	2007	2008	2009	2010	2011
社会消费品零售总额	684547	931521	1087679	1250591	1447225	1701942	2101794	2542475	3063662	3671247
按销售地区分										
市的零售额	394583	568722	649401	752985	882835	1039110	1276146	1543059	1644552	1950191
县的零售额	118920	159417	225702	261618	298639	353681	440025	532229	1419110	1721056
按行业分										
批发零售贸易业	394272	798815	923227	1046491	1218059	1434059	1769100	2134709	2704795	3258462
住宿和餐饮业	80493	124648	156339	195862	220711	259158	322317	395805	358867	412785
按县、市分										
城区	293611	447336	563044	658480	777176	917850	1121966	1359439	1644552	1950191
丹江口市	124756	156710	140928	152844	169098	191983	241033	290204	346086	415130
郧县	88528	113210	109342	128495	141798	160741	197551	238496	297657	364778
郧西县	37110	50895	74090	83026	95008	114200	143167	172198	204609	246054
竹山县	30246	40405	71463	81117	93556	110871	139020	169074	201448	247108
竹溪县	24757	33200	52233	60500	70680	85616	107546	129802	150024	180070
房县	41416	51085	76579	86129	99909	120681	151511	183262	219286	267916

注：1、2002年以后"社会消费品零售额"不再包括"制造业"企业对居民及社会集团的零售额和"农业生产者"对非农业居民的零售额。2、"制造业"、"农民对非农业居民零售额"归到"批发零售贸易业"不再单列。3、2004年限额以下批发零售贸易业、餐饮业零售额是以抽样数据替代。4、2004年以后零售额按经济普查计算。与以前年份口径不一致(下同)。5、新的方法制度改革规定按销售单位所在地划分为：城镇、乡村，取消了以前的按市、县、县以下划分。

14-2 按行业分的社会消费品零售总额

单位：万元

年份地区	社会消费品零售总额	批发零售贸易业	住宿和餐饮业	其他
1965	6768	6337	186	99
1969	12483	11505	173	423
1970	15481	14198	201	661
1975	22422	20772	421	501
1978	24975	22191	486	1468
1980	35120	30335	696	2013
1985	82775	66528	2178	10600
1990	135193	99491	3434	27861
1995	441106	284704	26626	117842
2000	684547	394272	80493	199143
2001	752659	438955	90677	209072
2002	832426	718632	106350	7444
2003	931521	798815	124648	8058
2004	1087679	923227	156339	8113
2005	120591	1046491	195862	8238
2006	1447225	1218059	220711	8455
2007	1701942	1434059	259158	8725
2008	2101794	1769100	322317	10377
2009	2542475	2134709	395805	19611
2010	3063662	2704795	358867	
2011	3671247	3258462	412785	
城区	1950191	1753933	196258	
张湾区	619984	545586	74398	
茅箭区	1195593	1079887	115706	
十堰经济开发区	134614	128460	6154	
丹江口市	415130	355314	59816	
郧县	364778	321004	43774	
郧西县	246054	216528	29526	
竹山县	247108	217455	29653	
竹溪县	180070	158462	21608	
房县	267916	235766	32150	

14-3 按销售地区分的社会消费品零售总额

单位：万元

年份地区	社会消费品零售总额	市(城镇)	县(乡村)
1962	6404		3663
1965	6768		3914
1969	12483	1488	7682
1970	15481	3023	9527
1975	22422	6918	9658
1978	24975	7324	10081
1980	35120	10953	10237
1985	82775	34152	17512
1990	135193	65052	29292
1995	441106	255300	81951
2000	684547	394583	118920
2001	752659	441856	130202
2002	832426	497763	143110
2003	931521	568722	159471
2004	1087679	649401	225702
2005	1250591	752985	261618
2006	1447225	882835	298639
2007	1701942	1039110	353681
2008	2101794	1276146	440025
2009	2542475	1543059	532229
2010	3063662	2596619	467043
2011	3671247	3148274	522973
城区	1950191	1950191	
张湾区	619984	619984	
茅箭区	1195593	1195593	
十堰经济开发区	134614	134614	
丹江口市	415130	288930	126200
郧县	364778	253885	110893
郧西县	246054	171254	74800
竹山县	247108	171987	75121
竹溪县	180070	125329	54741
房县	267916	186698	81218

14-4 限额以上批发和零售业法人商品购进、销售和库存综合表

(2011)

单位：万元

指标名称	法人企业数(个)	从业人员期末人数(人)	商品购进额	商品销售额	批发额	零售额	期末商品库存额
总计	212	19044	1993156	2705179	1486748	1218431	202305
一、批发业	82	3319	1031090	1300527	1166710	133817	77003
1.按批发行业小类分							
农畜产品批发	1	13	2290	2170	1194	977	120
其他农畜产品批发	1	13	2290	2170	1194	977	120
食品、饮料及烟草制品批发	13	1217	340529	334626	310716	23910	16626
米、面制品及食用油批发	2	354	14152	11514	7865	3649	9595
肉、禽、蛋及水产品批发	3	88	38132	38280	21742	16539	350
盐及调味品批发	1	90	2006	3924	3924		979
烟草制品批发	7	685	286239	280908	277185	3722	5703
医药及医疗器材批发	1	36	7783	7483	4392	3091	300
西药批发	1	36	7783	7483	4392	3091	300
矿产品、建材及化工产品批发	14	794	221593	297957	223034	74923	16363
煤炭及制品批发	3	36	8360	7910	5266	2644	450
石油及制品批发	3	346	115297	175012	102733	72279	6529
金属及金属矿批发	4	83	52196	56599	56599		2287
建材批发	1	23	22827	19977	19977		2850
化肥批发	1	22	1450	16256	16256		1460
其他化工产品批发	2	284	21463	22204	22204		2787
机械设备、五金交电及电子产品批发	49	1221	449185	646846	616635	30211	42878
农业机械批发	1	79	128	14767	8122	6645	1010
汽车、摩托车及零配件批发	45	984	389284	577808	554242	23566	27644
家用电器批发	1	81	50144	45255	45255		13612
其他机械设备及电子产品批发	2	77	9629	9017	9017		612
其他批发	4	38	9710	11445	10739	706	716
再生物资回收与批发	4	38	9710	11445	10739	706	716
2.按登记注册类型分							
内资企业	82	3319	1031090	1300527	1166710	133817	77003
国有企业	11	1151	305014	299563	292192	7371	16576
有限责任公司	25	841	247569	367820	319365	48455	22701
其他有限责任公司	25	841	247569	367820	319365	48455	22701
股份有限公司	1	184	98015	100571	60343	40228	1129

14-4 续表 1

指标名称	法人企业数(个)	从业人员期末人数(人)	商品购进额	商品销售额	批发额	零售额	期末商品库存额
私营企业	43	1105	363524	502366	464603	37763	35880
私营独资企业	2	23	39378	40194	40194		1535
私营合伙企业	3	68	10815	12816	12816		534
私营有限责任公司	38	1014	313331	449356	411593	37763	33811
其他企业	2	38	16968	30208	30208		717
3.按控股情况分							
国有控股	11	1303	398952	396078	348479	47599	17632
私人控股	56	1381	453483	690620	625631	64990	49217
其他	15	635	178654	213828	192600	21228	10154
4.按经营形式分							
独立门店	66	2184	584110	799903	746639	53265	49458
连锁总店(总部)	4	946	316977	368420	292419	76001	18874
其他	12	189	130002	132203	127652	4551	8671
二、零售业	130	15725	962067	1404652	320038	1084614	125303
1.按零售行业小类分							
综合零售	23	10731	525031	591931	129762	462169	77498
百货零售	3	1106	39913	55739	15246	40493	4912
超级市场零售	19	8937	439073	487391	104642	382750	67306
其他综合零售	1	688	46045	48800	9874	38926	5280
食品、饮料及烟草制品专门零售	14	552	62144	87947	55571	32376	11084
粮油零售	2	29	1687	1236	399	837	1260
饮料及茶叶零售	6	188	17641	17052		17052	1039
烟草制品零售	3	171	33185	31303	23397	7905	5767
其他食品零售	3	164	9631	38356	31775	6581	3018
纺织、服装及日用品专门零售	5	166	8722	9242		9242	995
服装零售	3	140	5892	6577		6577	710
其他日用品零售	2	26	2830	2665		2665	285
文化、体育用品及器材专门零售	10	292	15541	15699		15699	1949
图书零售	7	238	9063	9669		9669	1500
珠宝首饰零售	1	20	500	491		491	9
其他文化用品零售	2	34	5979	5539		5539	440
医药及医疗器材专门零售	9	665	40803	45163	21289	23874	4429
药品零售	9	665	40803	45163	21289	23874	4429
汽车、摩托车、燃料及零配件专门零售	38	1934	217752	556642	111468	445174	19920
汽车零售	34	1290	214816	236380	31008	205372	19129
摩托车及零配件零售	3	34	2937	2607	483	2124	792
机动车燃料零售	1	610		317655	79977	237678	
家用电器及电子产品专门零售	22	888	72319	75019	972	74047	7316
家用电器零售	17	787	64698	66679	972	65707	6752
计算机、软件及辅助设备零售	3	62	3909	4561		4561	376
通信设备零售	1	9	2607	2477		2477	130
其他电子产品零售	1	30	1106	1302		1302	58

14-4 续表 2

指标名称	法人企业数(个)	从业人员期末人数(人)	商品购进额	商品销售额	批发额	零售额	期末商品库存额
五金、家具及室内装修材料专门零售	8	485	19224	22491	977	21514	2099
五金零售	1	12	2600	2350		2350	250
家具零售	4	384	10137	11547		11547	1544
其他室内装修材料零售	3	89	6487	8594	977	7618	305
无店铺及其他零售	1	12	531	519		519	12
生活用燃料零售	1	12	531	519		519	12
2.按登记注册类型分							
内资企业	130	15725	962067	1404652	320038	1084614	125303
国有企业	10	335	38169	36493	23796	12697	8347
集体企业	5	1718	93457	102313	25120	77193	10474
有限责任公司	37	8088	505083	597396	152549	444848	73045
其他有限责任公司	37	8088	505083	597396	152549	444848	73045
股份有限公司	4	2069	46644	370396	79977	290419	2690
私营企业	74	3515	278714	298054	38596	259458	30747
私营独资企业	16	776	45368	46290	977	45313	3329
私营合伙企业	4	136	12690	12403		12403	1544
私营有限责任公司	47	1936	186059	204718	37619	167099	23729
私营股份有限公司	7	667	34598	34643		34643	2146
3.按控股情况分							
国有控股	11	2013	111829	452736	104328	348407	15429
集体控股	7	1862	95708	107041	25120	81921	11012
私人控股	93	9559	644052	700375	184951	515424	83649
其他	19	2291	110478	144501	5638	138863	15213
4.按经营形式分							
独立门店	111	7065	534442	627832	120316	507516	55511
连锁总店(总部)	13	7843	374415	721896	189747	532149	62677
其他	6	817	53210	54924	9975	44949	7114
5.按零售业态分							
有店铺零售	130	15725	962067	1404652	320038	1084614	125303
便利店	3	742	47746	50390	9975	40415	6085
超市	13	1996	76173	104151		104151	10911
大型超市	8	7197	374467	403902	104642	299260	57477
百货店	3	958	36585	43284	15246	28038	4124
专业店	56	2241	218632	269874	92762	177112	18463
专卖店	43	2282	157322	479110	97413	381696	25459
家居建材商店	1	113	2485	2485		2485	115
厂家直销中心	3	196	48658	51456		51456	2669

14-5 限额以上批发零售法人企业财务状况综合表(1)

(2011)

单位：万元

指标名称	法人企业数(个)	年初存货	流动资产合计	固定资产合计	固定资产原价	累计折旧
总计	214	166595	904404	173524	223826	60623
一、批发业	84	87439	511801	61249	84515	25634
1.按批发行业小类分						
农畜产品批发	1	15	135	315	500	185
其他农畜产品批发	1	15	135	315	500	185
食品、饮料及烟草制品批发	13	32848	73685	33197	51373	18921
米、面制品及食用油批发	2	6701	14203	2639	4350	1849
肉、禽、蛋及水产品批发	3	315	1079	1249	1554	305
盐及调味品批发	1	1230	2884	1547	2467	920
饮料及茶叶批发						0
烟草制品批发	7	24602	55518	27762	43001	15847
医药及医疗器材批发	1	695	2149	55	65	11
西药批发	1	695	2149	55	65	11
矿产品、建材及化工产品批发	14	14847	74637	19030	22340	3623
煤炭及制品批发	3	555	6223	877	1201	323
石油及制品批发	3	6378	16272	16627	18916	2601
金属及金属矿批发	4	2530	17663	113	225	112
建材批发	1	2786	18716	291	354	64
化肥批发	1	1002	1967	590	730	141
其他化工产品批发	2	1598	13798	531	915	383
机械设备、五金交电及电子产品批发	51	38361	359437	8250	10122	2885
农业机械批发	1	1294	3162	1525	1854	329
汽车、摩托车及零配件批发	47	28034	322931	6398	7701	2314
家用电器批发	1	8728	31448	88	140	53
其他机械设备及电子产品批发	2	306	1897	240	427	189
其他批发	4	672	1758	402	115	9
再生物资回收与批发	4	672	1758	402	115	9
2.按登记注册类型分						
内资企业	84	87439	511801	61249	84515	25634
国有企业	11	33267	74065	32260	49819	18616
有限责任公司	25	24457	167424	8913	10229	2031
国有独资公司						
其他有限责任公司	25	24457	167424	8913	10229	2031
股份有限公司	1	819	1234	11437	13346	1909

14-5(1)续表 1

指标名称	法人企业数(个)	年初存货	流动资产合计	固定资产合计	固定资产原价	累计折旧
私营企业	45	27966	265213	8351	10721	2965
私营独资企业	2	1707	23805	577	662	86
私营合伙企业	3	322	6628	5	19	15
私营有限责任公司	40	25938	234781	7769	10039	2865
其他企业	2	929	3865	288	401	113
3.按控股情况分						
国有控股	11	34034	74941	43698	63165	20525
集体控股						
私人控股	58	42840	350836	13462	16046	3798
其他	15	10565	86024	4089	5305	1311
4.按经营形式分						
独立门店	68	43706	369718	19658	23995	6156
连锁总店(总部)	4	35165	79726	39395	58218	18823
其他	12	8568	62358	2196	2302	656
二、零售业	130	79156	392603	112275	139311	34989
1.按零售行业小类分						
综合零售	24	44162	205029	62660	77423	15470
百货零售	3	625	42585	2407	3133	1226
超级市场零售	20	43255	158452	59787	73345	13745
其他综合零售	1	282	3991	466	945	498
食品、饮料及烟草制品专门零售	14	4564	13002	3199	3851	1170
粮油零售	2	832	1120	556	827	403
饮料及茶叶零售	6	704	2194	1629	1770	499
烟草制品零售	3	605	3721	591	789	214
其他食品零售	3	2422	5968	423	465	55
纺织、服装及日用品专门零售	5	536	1238	3562	4027	1215
纺织品及针织品零售						
服装零售	3	305	639	3485	3920	1185
其他日用品零售	2	231	599	77	107	30
文化、体育用品及器材专门零售	10	1859	5963	4571	3113	469
图书零售	7	1013	5257	3827	2403	286
珠宝首饰零售	1	500		217		
其他文化用品零售	2	346	706	527	710	183
医药及医疗器材专门零售	8	2859	17279	2912	3530	623
药品零售	8	2859	17279	2912	3530	623
汽车、摩托车、燃料及零配件专门零售	38	14834	125208	25932	38521	13536
汽车零售	34	14250	123579	7031	9257	3173
摩托车及零配件零售	3	504	280	260	316	56
机动车燃料零售	1	80	1349	18641	28948	10307
家用电器及电子产品专门零售	22	8578	16730	5944	4931	1365
家用电器零售	17	7812	14964	4149	2096	325
计算机、软件及辅助设备零售	3	439	1011	1315	2086	771
通信设备零售	1	105	350	150	210	60
其他电子产品零售	1	222	405	330	539	209

14-5(1)续表 2

指标名称	法人企业数(个)	年初存货	流动资产合计	固定资产合计	固定资产原价	累计折旧
五金、家具及室内装修材料专门零售	8	1731	7804	3063	3537	1088
五金零售	1	192	402	50	61	13
家具零售	4	1273	5655	1081	1537	456
其他室内装修材料零售	3	266	1747	1932	1939	619
无店铺及其他零售	1	35	350	432	379	54
生活用燃料零售	1	35	350	432	379	54
2.按登记注册类型分						
内资企业	130	79156	392603	112275	139311	34989
国有企业	10	2264	9221	3849	2822	831
集体企业	5	1516	48757	3804	4942	1844
有限责任公司	38	48003	224359	58451	69978	13777
其他有限责任公司	38	48003	224359	58451	69978	13777
股份有限公司	4	2111	11972	28224	40831	12608
私营企业	73	25262	98295	17947	20738	5930
私营独资企业	15	4497	14027	4052	4572	889
私营合伙企业	4	1267	2500	1274	1753	479
私营有限责任公司	47	17712	76360	9687	11026	3989
私营股份有限公司	7	1786	5408	2934	3387	574
3.按控股情况分						
国有控股	11	9857	44630	46402	55889	11213
集体控股	8	1826	50425	5112	6050	2255
私人控股	93	58349	260187	47756	60945	17032
其他	18	9124	37361	13004	16427	4488
4.按经营形式分						
独立门店	112	39861	236173	38876	43926	12749
连锁总店(总部)	13	37390	140693	71619	92221	20729
其他	5	1905	15738	1779	3164	1511
5.按零售业态分						
有店铺零售	130	79156	392603	112275	139311	34989
便利店	2	755	4784	523	1244	739
超市	14	6550	22753	7536	9934	2595
大型超市	8	37552	137273	52947	64271	11328
百货店	3	40	41605	2670	3334	1174
专业店	56	16052	83014	15961	17334	4756
家居建材商店	1	8	2718	42	66	23
厂家直销中心	3	1337	39574	1362	2350	1156

14-5限额以上批发零售法人企业财务状况综合表(2)

(2011)

单位：万元

指标名称	资产总计	流动负债合计	负债合计	所有者权益合计	主营业务收入	主营业务成本	主营业务税金及附加
总计	1194161	914055	949933	244229	2647683	2376539	28812
一、批发业	617680	488523	500246	117435	1428824	1270149	18890
1.按批发行业小类分							
农畜产品批发	450	300	300	150	2050	1540	103
其他农畜产品批发	450	300	300	150	2050	1540	103
食品、饮料及烟草制品批发	120901	56844	57182	63720	315924	237703	15269
米、面制品及食用油批发	16842	12907	12933	3908	12430	12248	1
肉、禽、蛋及水产品批发	2606	1535	1747	859	34771	30219	1242
盐及调味品批发	5659	3360	3360	2299	4460	2501	37
饮料及茶叶批发							
烟草制品批发	95795	39042	39142	56653	264262	192735	13990
医药及医疗器材批发	2410	1799	2149	261	6396	4797	320
西药批发	2410	1799	2149	261	6396	4797	320
矿产品、建材及化工产品批发	106923	85733	89663	17260	282372	269386	624
煤炭及制品批发	7569	5501	5651	1918	7034	6100	133
石油及制品批发	42305	35782	39562	2743	164762	158069	127
金属及金属矿批发	18375	15258	15258	3117	55810	53741	340
建材批发	19007	11318	11318	7688	19263	18087	9
化肥批发	2556	1906	1906	650	16256	14753	7
其他化工产品批发	17111	15968	15968	1143	19247	18636	9
机械设备、五金交电及电子产品批发	384316	342787	349671	34645	811855	751321	446
农业机械批发	5142	125	1125	4017	1005	653	1
汽车、摩托车及零配件批发	344307	308651	314471	29836	754972	741353	275
家用电器批发	31626	31503	31503	124	48171	4178	25
其他机械设备及电子产品批发	3241	2509	2573	668	7707	5137	145
其他批发	2680	1061	1281	1400	10228	5402	2128
再生物资回收与批发	2680	1061	1281	1400	10228	5402	2128
2.按登记注册类型分							
内资企业	617680	488523	500246	117435	1428824	1270149	18890
国有企业	120068	56374	56650	63418	284468	210432	14032
有限责任公司	182005	147951	157796	24209	346775	327899	3331
国有独资公司							
其他有限责任公司	182005	147951	157796	24209	346775	327899	3331
股份有限公司	22077	22077	22077		100571	95967	84

14-5(2)续表 1

指标名称	资产总计	流动负债合计	负债合计	所有者权益合计	主营业务收入	主营业务成本	主营业务税金及附加
私营企业	288461	257885	259392	29069	666802	606298	1428
私营独资企业	27858	27024	27024	835	40196	39550	13
私营合伙企业	7597	3850	3857	3740	221773	221466	8
私营有限责任公司	253007	227011	228512	24495	404833	345282	1407
其他企业	5069	4237	4331	738	30208	29554	14
3.按控股情况分							
国有控股	140276	78450	78727	61549	380984	304387	13466
集体控股							
私人控股	381389	328149	338374	43015	857819	787255	3985
其他	96015	81924	83144	12871	190021	178507	1438
4.按经营形式分							
独立门店	404316	340093	348153	56163	734841	635524	9042
连锁总店(总部)	139120	83728	87385	51735	355266	298625	9810
其他	74244	64702	64708	9536	338717	336000	38
二、零售业	576481	425532	449687	126794	1218859	1106391	9922
1.按零售行业小类分							
综合零售	308955	252115	258988	49967	532129	454447	3111
百货零售	44992	33237	34239	10753	46978	36129	1001
超级市场零售	259380	211963	217820	41561	436466	369848	1995
其他综合零售	4582	6916	6929	-2347	48685	48470	115
食品、饮料及烟草制品专门零售	20938	9001	11935	9003	62289	45046	3631
粮油零售	2268	973	2099	168	1407	1384	0
饮料及茶叶零售	4528	678	943	3585	16771	12778	993
烟草制品零售	5829	2358	2358	3472	33685	22448	2470
其他食品零售	8313	4993	6535	1778	10426	8437	168
纺织、服装及日用品专门零售	4818	3285	3285	1533	7951	6262	294
纺织品及针织品零售							
服装零售	4142	2947	2947	1195	5651	4481	214
其他日用品零售	676	338	338	338	2300	1781	79
文化、体育用品及器材专门零售	13059	3256	3356	9703	14222	10676	274
图书零售	11078	2386	2386	8693	8997	6662	65
珠宝首饰零售	747			747	491	464	5
其他文化用品零售	1233	870	970	263	4734	3551	205
医药及医疗器材专门零售	22856	18858	19017	3838	41028	37236	273
药品零售	22856	18858	19017	3838	41028	37236	273
汽车、摩托车、燃料及零配件专门零售	167596	119704	125525	42071	469611	479562	623
汽车零售	142236	108079	113888	28348	229526	217614	231
摩托车及零配件零售	540	168	168	373	2407	1602	271
机动车燃料零售	24820	11457	11469	13351	237678	260346	121
家用电器及电子产品专门零售	24540	11539	19493	5047	70319	58228	1086
家用电器零售	20912	9761	16853	4059	62878	52290	862
计算机、软件及辅助设备零售	2393	746	1596	797	4022	3245	109
通信设备零售	500	350	350	150	2117	1588	106
其他电子产品零售	735	682	693	42	1302	1106	9

14-5(2)续表 2

指标名称	资产总计	流动负债合计	负债合计	所有者权益合计	主营业务收入	主营业务成本	主营业务税金及附加
五金、家具及室内装修材料专门零售	12938	7525	7550	5388	20791	14519	623
五金零售	452	150	150	302	2009	1506	100
家具零售	8806	5178	5203	3604	10929	6475	469
其他室内装修材料零售	3679	2197	2197	1482	7854	6537	54
无店铺及其他零售	782	250	540	243	519	415	8
生活用燃料零售	782	250	540	243	519	415	8
2.按登记注册类型分							
内资企业	576481	425532	449687	126794	1218859	1106391	9922
国有企业	17009	5580	6706	10303	38855	26649	2220
集体企业	52851	42018	43034	9818	100577	91278	1121
有限责任公司	325497	264465	275140	50357	522765	453093	1255
其他有限责任公司	325497	264465	275140	50357	522765	453093	1255
股份有限公司	48946	29448	31790	17156	279526	295730	775
私营企业	132178	84021	93017	39160	277135	239640	4551
私营独资企业	20784	7450	10809	9976	44810	37033	987
私营合伙企业	3780	1377	1452	2327	11846	9221	727
私营有限责任公司	97905	70035	75309	22596	185895	166165	1797
私营股份有限公司	9709	5158	5448	4261	34585	27222	1040
3.按控股情况分							
国有控股	107307	78027	78526	28781	354165	351924	2587
集体控股	55980	44569	45585	10395	105074	95329	1140
私人控股	356526	258960	278996	77530	640359	558681	5199
其他	56668	43976	46580	10088	119262	100457	996
4.按经营形式分							
独立门店	302879	206801	220231	82647	553863	474244	8804
连锁总店(总部)	252655	201708	207602	45053	611026	578787	989
其他	20948	17023	21854	-906	53970	53360	129
5.按零售业态分							
有店铺零售	576481	425532	449687	126794	1218859	1106391	9922
便利店	5786	7752	8253	-2466	49567	49352	115
超市	37498	28845	28845	8653	75833	61225	756
大型超市	224974	184779	190636	34338	372858	316432	1404
百货店	44331	32019	33021	11309	42960	34506	1015
专业店	111881	73800	78552	33330	218269	182769	5771
专卖店	103136	62371	70374	32762	405884	414711	680
家居建材商店	4831	3545	3545	1286	2163		57
厂家直销中心	44044	32422	36462	7583	51325	47396	124

14-5 限额以上批发零售法人企业财务状况综合表(3)

单位：万元

指标名称	销售费用	管理费用	财务费用	营业利润	利润总额	应交增值税
总　计	93905	60527	18728	77579	117927	49826
一、批发业	30880	26699	11617	71933	130595	23759
1.按批发行业小类分						
农畜产品批发	62	185	125	36	36	15
其他农畜产品批发	62	185	125	36	36	15
食品、饮料及烟草制品批发	13811	18182	409	30200	31570	10309
米、面制品及食用油批发	779	1074	560	-2241	-53	704
肉、禽、蛋及水产品批发	929	1483	660	239	239	149
盐及调味品批发	1174	781	18	-76	-76	153
饮料及茶叶批发						
烟草制品批发	10928	14844	-829	32278	31460	9304
医药及医疗器材批发	385	559	310	25	25	16
西药批发	385	559	310	25	25	16
矿产品、建材及化工产品批发	4684	3476	2850	2397	101321	1502
煤炭及制品批发	175	326	278	22	21	81
石油及制品批发	2497	2084	669	2282	101198	1223
金属及金属矿批发	290	289	1064	132	132	33
建材批发	534	255	333	45	45	136
化肥批发	909	321	176	90	100	
其他化工产品批发	279	201	331	-174	-176	30
机械设备、五金交电及电子产品批发	11832	4203	7913	36790	-2742	11538
农业机械批发	32	33	5	281		3
汽车、摩托车及零配件批发	5474	3448	7754	-2509	-2739	2466
家用电器批发	6117	371		37309	-106	8189
其他机械设备及电子产品批发	210	352	154	1709	103	880
其他批发	107	94	10	2486	386	379
再生物资回收与批发	107	94	10	2486	386	379
2.按登记注册类型分						
内资企业	30880	26699	11617	71933	130595	23759
国有企业	13014	16825	-201	30004	31368	10173
有限责任公司	5240	4947	3525	2182	3	1484
国有独资公司						
其他有限责任公司	5240	4947	3525	2182	3	1484
股份有限公司	2137	808	6	2280	101282	974

14-5(3)续表 1

指标名称	销售费用	管理费用	财务费用	营业利润	利润总额	应交增值税
私营企业	10398	3765	8124	37436	-2089	10992
私营独资企业	66	190	497	-46	-46	16
私营合伙企业	191	36	77	-4	-4	11
私营有限责任公司	10142	3538	7550	37487	-2039	10965
其他企业	91	355	163	31	31	137
3.按控股情况分						
国有控股	15151	17403	-195	31121	132650	11062
集体控股						
私人控股	12227	6532	9872	38873	-2552	12016
其他	3502	2764	1940	1939	497	681
4.按经营形式分						
独立门店	18524	9973	10086	51974	5788	13990
连锁总店(总部)	11400	15873	380	20144	124990	9590
其他	956	853	1151	-185	-183	179
二、零售业	63025	33828	7111	5646	-12669	26067
1.按零售行业小类分						
综合零售	40382	20358	3652	16007	12863	5542
百货零售	1301	2745	1442	4499	4472	1181
超级市场零售	39080	17509	2209	11513	8377	4361
其他综合零售	1	104		-6	14	
食品、饮料及烟草制品专门零售	1592	1351	266	10465	353	309
粮油零售	20	45	38	-58	-58	68
饮料及茶叶零售	722	319	62	1898	98	101
烟草制品零售	431	816	14	7539	302	76
其他食品零售	418	171	152	1086	11	64
纺织、服装及日用品专门零售	295	499	237	363	57	36
纺织品及针织品零售						
服装零售	156	309	157	334	28	19
其他日用品零售	139	191	80	29	29	18
文化、体育用品及器材专门零售	795	1396	210	870	813	244
图书零售	489	1079	1	701	645	163
珠宝首饰零售		20		2	2	2
其他文化用品零售	306	297	210	166	166	79
医药及医疗器材专门零售	1357	1064	212	916	357	505
药品零售	1357	1064	212	916	357	505
汽车、摩托车、燃料及零配件专门零售	12845	5656	1712	-30253	-30358	17883
汽车零售	5249	3727	1680	1597	1649	16268
摩托车及零配件零售	125	29	5	376	210	93
机动车燃料零售	7471	1900	27	-32226	-32216	1522
家用电器及电子产品专门零售	3932	2368	456	4654	1439	1051
家用电器零售	3519	2025	322	4132	1111	919
计算机、软件及辅助设备零售	193	167	66	375	181	111
通信设备零售	169	111	68	76	76	21
其他电子产品零售	50	66		71	71	1

14-5(3)续表 2

指标名称	销售费用	管理费用	财务费用	营业利润	利润总额	应交增值税
五金、家具及室内装修材料专门零售	1826	1110	326	2595	1777	491
五金零售	185	141	35	41	41	15
家具零售	1401	766	49	1976	1121	84
其他室内装修材料零售	240	203	243	578	616	392
无店铺及其他零售		27	40	29	29	7
生活用燃料零售		27	40	29	29	7
2.按登记注册类型分						
内资企业	63025	33828	7111	5646	-12669	26067
国有企业	803	1636	52	7553	889	258
集体企业	1396	3279	1507	2133	2094	1230
有限责任公司	41473	15837	2936	13390	13651	14223
其他有限责任公司	41473	15837	2936	13390	13651	14223
股份有限公司	9185	5324	281	-30869	-32023	2077
私营企业	10169	7751	2337	13439	2720	8281
私营独资企业	1903	922	461	3535	823	599
私营合伙企业	582	527		800	9	93
私营有限责任公司	6317	5717	1777	4761	1668	7422
私营股份有限公司	1367	585	99	4343	219	167
3.按控股情况分						
国有控股	15251	6838	192	-21984	-28660	3208
集体控股	1727	3428	1506	2080	2078	1251
私人控股	38590	20233	4627	18037	7463	20293
其他	7456	3329	786	7513	6450	1316
4.按经营形式分						
独立门店	20666	14800	4649	32667	14216	20303
连锁总店(总部)	42069	18640	1942	-26421	-26387	5346
其他	290	388	521	-600	-498	418
5.按零售业态分						
有店铺零售	63025	33828	7111	5646	-12669	26067
便利店	14	142	28	-64	-44	
超市	6233	1352	174	6663	4411	722
大型超市	33397	16278	2073	8393	6434	3743
百货店	931	2863	1415	2367	2340	1146
专业店	7591	5566	1551	15423	1495	2055
专卖店	12639	7044	1467	-30136	-30381	8758
家居建材商店	856	363	3	1091	1092	
厂家直销中心	1364	219	400	1909	1985	9643

14-5 限额以上批发零售法人企业财务状况综合表(4)

单位：万元

指标名称	管理费用	财务费用	营业利润	利润总额	应交增值税
总 计	60527	18728	77579	117927	49826
一、批发业	26699	11617	71933	130595	23759
1.按批发行业小类分					
农畜产品批发	185	125	36	36	15
其他农畜产品批发	185	125	36	36	15
食品、饮料及烟草制品批发	18182	409	30200	31570	10309
米、面制品及食用油批发	1074	560	-2241	-53	704
肉、禽、蛋及水产品批发	1483	660	239	239	149
盐及调味品批发	781	18	-76	-76	153
饮料及茶叶批发					
烟草制品批发	14844	-829	32278	31460	9304
医药及医疗器材批发	559	310	25	25	16
西药批发	559	310	25	25	16
矿产品、建材及化工产品批发	3476	2850	2397	101321	1502
煤炭及制品批发	326	278	22	21	81
石油及制品批发	2084	669	2282	101198	1223
金属及金属矿批发	289	1064	132	132	33
建材批发	255	333	45	45	136
化肥批发	321	176	90	100	
其他化工产品批发	201	331	-174	-176	30
机械设备、五金交电及电子产品批发	4203	7913	36790	-2742	11538
农业机械批发	33	5	281		3
汽车、摩托车及零配件批发	3448	7754	-2509	-2739	2466
家用电器批发	371		37309	-106	8189
其他机械设备及电子产品批发	352	154	1709	103	880
其他批发	94	10	2486	386	379
再生物资回收与批发	94	10	2486	386	379
2.按登记注册类型分					
内资企业	26699	11617	71933	130595	23759
国有企业	16825	-201	30004	31368	10173
有限责任公司	4947	3525	2182	3	1484
国有独资公司					
其他有限责任公司	4947	3525	2182	3	1484
股份有限公司	808	6	2280	101282	974
私营企业	3765	8124	37436	-2089	10992
私营独资企业	190	497	-46	-46	16
私营合伙企业	36	77	-4	-4	11

14-5(4)续表 1

指标名称	管理费用	财务费用	营业利润	利润总额	应交增值税
私营有限责任公司	3538	7550	37487	-2039	10965
其他企业	355	163	31	31	137
3.按控股情况分					
国有控股	17403	-195	31121	132650	11062
集体控股					
私人控股	6532	9872	38873	-2552	12016
其他	2764	1940	1939	497	681
4.按经营形式分					
独立门店	9973	10086	51974	5788	13990
连锁总店(总部)	15873	380	20144	124990	9590
其他	853	1151	-185	-183	179
二、零售业	33828	7111	5646	-12669	26067
1.按零售行业小类分					
综合零售	20358	3652	16007	12863	5542
百货零售	2745	1442	4499	4472	1181
超级市场零售	17509	2209	11513	8377	4361
其他综合零售	104		-6	14	
食品、饮料及烟草制品专门零售	1351	266	10465	353	309
粮油零售	45	38	-58	-58	68
饮料及茶叶零售	319	62	1898	98	101
烟草制品零售	816	14	7539	302	76
其他食品零售	171	152	1086	11	64
纺织、服装及日用品专门零售	499	237	363	57	36
纺织品及针织品零售					
服装零售	309	157	334	28	19
其他日用品零售	191	80	29	29	18
文化、体育用品及器材专门零售	1396	210	870	813	244
图书零售	1079	1	701	645	163
珠宝首饰零售	20		2	2	2
其他文化用品零售	297	210	166	166	79
医药及医疗器材专门零售	1064	212	916	357	505
药品零售	1064	212	916	357	505
汽车、摩托车、燃料及零配件专门零售	5656	1712	-30253	-30358	17883
汽车零售	3727	1680	1597	1649	16268
摩托车及零配件零售	29	5	376	210	93
机动车燃料零售	1900	27	-32226	-32216	1522
家用电器及电子产品专门零售	2368	456	4654	1439	1051
家用电器零售	2025	322	4132	1111	919
计算机、软件及辅助设备零售	167	66	375	181	111
通信设备零售	111	68	76	76	21
其他电子产品零售	66		71	71	1

14-5(4)续表 2

指标名称	管理费用	财务费用	营业利润	利润总额	应交增值税
五金、家具及室内装修材料专门零售	1110	326	2595	1777	491
五金零售	141	35	41	41	15
家具零售	766	49	1976	1121	84
其他室内装修材料零售	203	243	578	616	392
无店铺及其他零售	27	40	29	29	7
生活用燃料零售	27	40	29	29	7
2.按登记注册类型分					
内资企业	33828	7111	5646	-12669	26067
国有企业	1636	52	7553	889	258
集体企业	3279	1507	2133	2094	1230
有限责任公司	15837	2936	13390	13651	14223
其他有限责任公司	15837	2936	13390	13651	14223
股份有限公司	5324	281	-30869	-32023	2077
私营企业	7751	2337	13439	2720	8281
私营独资企业	922	461	3535	823	599
私营合伙企业	527		800	9	93
私营有限责任公司	5717	1777	4761	1668	7422
私营股份有限公司	585	99	4343	219	167
3.按控股情况分					
国有控股	6838	192	-21984	-28660	3208
集体控股	3428	1506	2080	2078	1251
私人控股	20233	4627	18037	7463	20293
其他	3329	786	7513	6450	1316
4.按经营形式分					
独立门店	14800	4649	32667	14216	20303
连锁总店(总部)	18640	1942	-26421	-26387	5346
其他	388	521	-600	-498	418
5.按零售业态分					
有店铺零售	33828	7111	5646	-12669	26067
便利店	142	28	-64	-44	
超市	1352	174	6663	4411	722
大型超市	16278	2073	8393	6434	3743
百货店	2863	1415	2367	2340	1146
专业店	5566	1551	15423	1495	2055
专卖店	7044	1467	-30136	-30381	8758
家居建材商店	363	3	1091	1092	
厂家直销中心	219	400	1909	1985	9643

14-6 限额以上住宿餐饮法人企业经营情况综合表

(2011)

单位：万元

指标名称	法人企业数（个）	从业人员期末人数（人）	营业额					客房数（间）	床位数（个）	餐位数（位）
				客房收入	餐费收入	商品销售收入	其他收入			
总计	67	6470	64811	21725	41060	1324	702	524	924	3267
一、住宿业	25	2569	27014	13092	13578	94	249	299	523	997
1.按住宿行业小类分										
旅游饭店	21	2342	25006	12437	12277	65	228	274	476	937
一般旅馆	4	227	2008	655	1301	29	22	26	47	60
2.按登记注册类型分										
内资企业	25	2569	27014	13092	13578	94	249	299	523	997
国有企业	7	811	6176	2918	3204	17	37	64	123	225
集体企业	1	113	699	699				13	25	
股份合作企业	1	172	1147	718	429			12	18	
有限责任公司	6	233	2332	957	1376			44	71	170
其他有限责任公司	6	233	2332	957	1376			44	71	170
股份有限公司	1	262	2380	1287	892	65	137	17	33	270
私营企业	9	978	14280	6514	7678	12	76	149	253	333
私营独资企业	4	452	2865	919	1935	12		33	63	116
私营合伙企业										
私营有限责任公司	4	446	10264	4954	5235		76	96	155	187
私营股份有限公司	1	80	1150	642	509		0	20	35	30
3.按控股情况分										
国有控股	7	811	6176	2918	3204	17	37	64	123	225
集体控股	1	262	2380	1287	892	65	137	17	33	270
私人控股	15	1375	17326	8083	9154	12	76	203	338	473
其他	2	121	1132	804	328			15	29	30
4.按经营形式分										
独立门店	25	2569	27014	13092	13578	94	249	299	523	997

14-6 续表 1

指标名称	法人企业数(个)	从业人员期末人数(人)	营业额					客房数(间)	床位数(个)	餐位数(位)
				客房收入	餐费收入	商品销售收入	其他收入			
5.按星级分										
五星	2	221	8310	4265	3991		54	80	126	134
四星	3	552	5690	2690	2963		37	49	86	115
三星	14	1656	12565	5690	6546	192	137	139	248	703
二星	8	471	6504	2482	3367	304	352	69	121	179
其他	16	1436	13107	2773	10100	136	99	78	147	858
二、餐饮业	42	3901	37797	8633	27482	1230	453	225	401	2270
1.按餐饮行业小类分										
正餐服务	42	3901	37797	8633	27482	1230	453	225	401	2270
2.按登记注册类型分										
内资企业	42	3901	37797	8633	27482	1230	453	225	401	2270
国有企业	3	77	786	187	500	99		11	18	63
集体企业	2	252	2209	910	1052	170	77	16	31	80
股份合作企业	1	147	2013	428	983	277	325	13	24	30
有限责任公司	14	954	10391	3274	6756	334	27	79	134	526
其他有限责任公司	14	954	10391	3274	6756	334	27	79	134	526
私营企业	20	2378	20782	3819	16589	350	24	105	190	1419
私营独资企业	6	806	6882	775	6064	43		23	44	612
私营合伙企业	1	26	410	157	253			6	11	36
私营有限责任公司	12	1441	12394	2531	9532	307	24	74	131	691
私营股份有限公司	1	105	1096	356	740			2	4	80
其他企业	2	93	1617	14	1603			2	3	152
3.按控股情况分										
国有控股	3	77	786	187	500	99	0	11	18	63
集体控股	3	399	4222	1339	2035	447	402	29	55	110
私人控股	32	3155	29709	6629	22370	684	27	168	295	1867
其他	4	270	3080	478	2578		24	18	33	230
4.按经营形式分										
独立门店	35	2540	23904	6430	15949	1149	376	183	319	1433
连锁总店(总部)	3	1053	11692	1317	10375			16	30	672
其他	4	308	2202	887	1158	81	77	26	52	165

14-7 限额以上住宿和餐饮业法人财务状况综合表(1)

(2011)

单位：万元

指标名称	法人企业数(个)	年初存货	流动资产合计	固定资产合计	固定资产原价	累计折旧
总　计	68	1800	27164	57885	74973	22423
一、住宿业	26	918	10079	35595	49568	15170
1.按住宿行业小类分						
旅游饭店	20	872	9371	34136	47571	14531
一般旅馆	6	46	708	1459	1997	639
2.按登记注册类型分						
内资企业	26	918	10079	35595	49568	15170
国有企业	7	182	2513	10578	16933	7182
集体企业	1		67	824	1394	570
股份合作企业	1	20	414	2263	4644	2381
有限责任公司	5	70	303	1720	2190	483
国有独资公司						
其他有限责任公司	5	70	303	1720	2190	483
股份有限公司	1	212	1670	1005	2164	1416
私营企业	11	435	5112	19205	22243	3138
私营独资企业	5	25	2091	707	1031	424
私营有限责任公司	5	380	2482	18390	21079	2689
私营股份有限公司	1	29	539	108	133	25
3.按控股情况分						
国有控股	7	182	2513	10578	16933	7182
集体控股	1	212	1670	1005	2164	1416
私人控股	17	525	5830	23188	29077	6003
其他	1		67	824	1394	570
4.按经营形式分						
独立门店	26	918	10079	35595	49568	15170
5.按星级分						
五星	2	319	2412	17114	19198	2084
四星	3	128	1425	6256	9737	3481
三星	14	463	8371	12747	22702	10488
二星	8	196	1805	2938	5231	2314
其他	17	176	4524	9615	11278	2417

14-7(1)续表1

指标名称	法人企业数(个)	年初存货	流动资产合计	固定资产合计	固定资产原价	累计折旧
二、餐饮业	42	882	17084	22291	25405	7253
1.按餐饮行业小类分						
正餐服务	42	882	17084	22291	25405	7253
2.按登记注册类型分						
内资企业	42	882	17084	22291	25405	7253
国有企业	3	31	209	210	255	45
集体企业	2	59	657	4465	5464	1102
股份合作企业	1	149	520	721	2049	1335
有限责任公司	14	274	6115	6861	10230	3391
国有独资公司						
其他有限责任公司	14	274	6115	6861	10230	3391
私营企业	20	353	9335	9824	7165	1348
私营独资企业	6	35	641	557	929	373
私营合伙企业	1	21	937	1620	1650	30
私营有限责任公司	12	285	7478	7320	4191	877
私营股份有限公司	1	12	280	327	395	68
其他企业	2	16	249	209	242	33
3.按控股情况分						
国有控股	3	31	209	210	255	45
集体控股	3	208	1176	5186	7512	2437
私人控股	32	578	14827	16823	17302	4507
其他	4	65	872	72	335	264
4.按经营形式分						
独立门店	35	768	14615	16618	18486	5904
连锁总店(总部)	3	61	941	557	948	391
其他	4	54	1528	5116	5971	958

14-7 限额以上住宿和餐饮业法人财务状况综合表(2)

单位：万元

指标名称	资产总计	流动负债合计	负债合计	所有者权益合计	主营业务收入	主营业务成本	主营业务税金及附加
总 计	125683	43910	126586	-904	64842	29428	3066
一、住宿业	83794	21345	95532	-11738	26925	9331	1541
1.按住宿行业小类分							
旅游饭店	81373	20498	94368	-12995	24920	8112	1406
一般旅馆	2421	847	1165	1257	2004	1220	134
2.按登记注册类型分							
内资企业	83794	21345	95532	-11738	26925	9331	1541
国有企业	13905	7730	23827	-9923	6415	2377	345
集体企业	975	924	930	45	699	33	46
股份合作企业	2690	2496	2496	194	1147	268	64
有限责任公司	3140	1441	2072	1068	1899	1131	109
国有独资公司							
其他有限责任公司	3140	1441	2072	1068	1899	1131	109
股份有限公司	2675	2095	2095	580	2380	774	129
私营企业	60410	6660	64113	-3702	14385	4749	848
私营独资企业	4320	1915	2055	2265	2892	1403	184
私营有限责任公司	55442	3936	61248	-5806	10277	3083	586
私营股份有限公司	648	810	810	-161	1216	263	77
3.按控股情况分							
国有控股	13905	7730	23827	-9923	6415	2377	345
集体控股	2675	2095	2095	580	2380	774	129
私人控股	66240	10596	68680	-2440	17431	6148	1020
其他	975	924	930	45	699	33	46
4.按经营形式分							
独立门店	83794	21345	95532	-11738	26925	9331	1541
5.按星级分							
五星	53861	3421	60703	-6842	8376	2128	489
四星	8359	4193	4804	3555	5669	1720	330
三星	24447	16466	37093	-12646	12407	4976	653
二星	5242	2513	3426	1816	6504	3705	317
其他	15364	9909	10576	4787	13277	6344	495

14-7(2) 续表 1

指标名称	资产总计	流动负债合计	负债合计	所有者权益合计	主营业务收入	主营业务成本	主营业务税金及附加
二、餐饮业	41889	22565	31054	10834	37918	20097	1525
1.按餐饮行业小类分							
正餐服务	41889	22565	31054	10834	37918	20097	1525
2.按登记注册类型分							
内资企业	41889	22565	31054	10834	37918	20097	1525
国有企业	488	114	114	374	786	405	41
集体企业	5834	6029	6029	-194	2209	862	133
股份合作企业	1241	453	957	284	2013	885	55
有限责任公司	14288	7790	12924	1365	10390	5904	617
国有独资公司							
其他有限责任公司	14288	7790	12924	1365	10390	5904	617
私营企业	19534	7814	10665	8869	20902	11418	594
私营独资企业	1295	476	476	820	7796	4008	116
私营合伙企业	2557	291	291	2266	410	274	11
私营有限责任公司	15074	6997	9848	5226	11600	6440	438
私营股份有限公司	607	50	50	557	1096	696	28
其他企业	504	365	367	138	1617	624	86
3.按控股情况分							
国有控股	488	114	114	374	786	405	41
集体控股	7075	6482	6985	90	4222	1746	188
私人控股	33360	14683	22669	10691	29855	16696	1160
其他	966	1286	1286	-320	3055	1250	136
4.按经营形式分							
独立门店	32816	15597	23149	9667	24792	12713	1267
连锁总店(总部)	1575	82	630	945	10923	6491	124
其他	7498	6887	7275	222	2203	893	134

14-7 限额以上住宿和餐饮业法人财务状况综合表(3)

单位：万元

指标名称	销售费用	管理费用	财务费用	营业利润	利润总额	应交增值税
总　计	17452	14129	1049	72	-2070	17
一、住宿业	9186	9922	295	-3100	-2924	3
1.按住宿行业小类分						
旅游饭店	8783	9775	272	-3177	-2991	3
一般旅馆	402	148	24	76	68	
2.按登记注册类型分						
内资企业	9186	9922	295	-3100	-2924	3
国有企业	2694	1355	34	-227	-213	1
集体企业	300	328	31	5		
股份合作企业	321	984	26	-517	-333	
有限责任公司	600	83	24	-47	-62	
国有独资公司						
其他有限责任公司	600	83	24	-47	-62	
股份有限公司	965	494	14	5	5	2
私营企业	4306	6678	168	-2320	-2320	
私营独资企业	984	67	62	192	192	
私营有限责任公司	2785	6036	100	-2271	-2271	
私营股份有限公司	538	574	5	-241	-241	
3.按控股情况分						
国有控股	2694	1355	34	-227	-213	1
集体控股	965	494	14	5	5	2
私人控股	5227	7744	217	-2883	-2716	
其他	300	328	31	5		
4.按经营形式分						
独立门店	9186	9922	295	-3100	-2924	3
5.按星级分						
五星	2341	5843	75	-2501	-2501	
四星	2345	1825	51	-523	-339	
三星	4205	2971	403	-528	-506	3
二星	1549	761	38	134	135	
其他	4166	1203	404	665	643	

14-7(3) 续表 1

指标名称	销售费用	管理费用	财务费用	营业利润	利润总额	应交增值税
二、餐饮业	8266	4207	754	3172	854	14
1.按餐饮行业小类分						
正餐服务	8266	4207	754	3172	854	14
2.按登记注册类型分						
内资企业	8266	4207	754	3172	854	14
国有企业	62	45	13	220	54	
集体企业	493	427	304	-9	-219	
股份合作企业	600	430	13	31	31	
有限责任公司	1592	1695	332	353	-270	
国有独资公司						
其他有限责任公司	1592	1695	332	353	-270	
私营企业	5095	1601	86	2111	791	14
私营独资企业	1798	470	11	1393	801	
私营合伙企业	37	54		34	34	
私营有限责任公司	3261	1027	73	363	-364	14
私营股份有限公司		50	2	320	320	
其他企业	425	9	7	466	466	
3.按控股情况分						
国有控股	62	45	13	220	54	
集体控股	1093	857	316	22	-188	
私人控股	6135	3029	415	2523	620	14
其他	977	275	11	406	367	
4.按经营形式分						
独立门店	4231	2841	343	3501	1553	14
连锁总店(总部)	3535	848	58	-132	-493	
其他	500	518	354	-197	-207	

十五、对外经济与旅游

【简要说明】

一、本篇主要反映近几年对外经济、贸易和旅游基本情况。主要内容有：外商投资企业基本情况、进出口总额及产品情况，旅游包括旅游发展状况和接待旅游情况。

二、本篇由市商务局、市旅游局、市统计局统计。参加资料整理人员有靳丽、李秋云、李晓滨。

15-1 进出口总额

项目		2000	2003	2004	2005	2006	2007	2008	2009	2010	2011
进出口总额	(万美元)	6605	7936	11137	11292	5063	8850	21147	20932	24036	28586
进口总额		3393	4388	6630	3584	1142	2398	2378	1994	4104	5017
出口总额		3212	3548	4507	7708	3921	6452	18769	18938	19932	23569

15-2 利用外资情况

项目		2000	2003	2004	2005	2006	2007	2008	2009	2010	2011
项目数	(个)	9	36	24	16	17	10	8	6	8	12
合同外资金额	(万美元)	909.93	11223	10327	2545	2032	5730	5227	-217	3115	46341
实际利用外资	(万美元)	138	3496	3750	1859	3459	4112	5045	5733	7203	10725
#直接利用外资	(万美元)	138	3050	3750	1859	3459	4112	5045	5733	7203	10725

15-3 分县市直接利用外资情况

(2011)

单位：万美元

项目	项目个数(个)	合同外资	实际到资
总计	12	46341	10725
城区	4	42879	7124
茅箭区	1	2700	2020
张湾区	1	34366	2900
市经济开发区	2	5813	208
丹江口市			123
郧县		-119	1658
郧西县	2	476	431
竹山县	3	1822	454
竹溪县	1	900	425
房县	1	255	400
武当山	1	128	110

15-4 外贸出口情况

项目	2004	2005	2006	2007	2008	2009	2010	2011
外贸出口总值 (万美元)	4507	7708	3921	6433	18769	18938	19932	23569
按贸易性质分类								
一般贸易	3547	6529	3883	4565	15467	15193	25234	24755
加工贸易	960	1179	38	1878	3237	3229	3090	4071
其它			516	1259			1259	2980
按企业构成分类								
国有企业	3362	5836	1894	4205	6273	10660	7969	7072
三资企业	228	573	532	295	6231	526	6923	6693
其它企业	917	1299	1495	1943	6265	7752	14691	18041
按出口国别分类								
(一)亚洲	3261	4379	1943	2784	11794	12978	23577	21332
香港	483	536	631	402	15	233	453	468
伊朗	102	487	143	225	45	89	533	859
日本	1273	775	112	134	150	94	235	
韩国	9	544	119	98	196	85	474	499
泰国			293	464	724	708	740	325
(二)非洲	281	1703	596	1275	1782	2100	1694	3998
南非			328	114	38	116		
阿尔及利亚	9	434	18	110	95	243	212	262
(三)欧洲	307	388	395	1279	2499	1863	1734	2423
(四)拉美洲	78	405	477	240	1161	440	793	1233
(五)北美洲	541	799	451	797	1418	1403	1317	2354
美国	514	792	438	790	1418	1396	1303	2319
(六)大洋洲	39	34	59	68	115	154	468	466

15-5 外贸出口主要商品出口量

项目		2004	2005	2006	2007	2008	2009	2010	2011
汽车整车	(辆)	1289	2104	754	1154	2935	6491	5034	3785
轮胎	(万条)			2	79	96	1672	1384	1006
铜材	(吨)		500	407	347	618	318	431	
铝材	(吨)		20	431	682	767			
板石	(万美元)	188	204	125	129	115	41	16	7
绿松石	(万美元)	9	21	35	38	18			
感光 PS 版	(万平方米)	71	92	80	61	95	65	71	76
食用菌	(吨)	605	850	426	216	459	925	1726	2492
魔芋制品	(吨)	34	150	100	88	116	113	82	3
密封件	(吨)	13	16	15	32	18	9		

15-6 接待国内外旅游人数

项目	2000	2002	2003	2004	2005	2006	2007	2008	2009	2010	2011
接待旅游人数(千人)	3762	4785	4210	5403	5976	6712	7600	9210	11329	14771	18641
国内	3745	4760	4199	5380	5950	6667	7539	9132	11239	14662	18508.7
外国人	4.2	5.3	4.1	13.3	11.6	18.6	25	35	24	44	22.057
港澳台同胞	12.7	18.4	6.9	9.3	14.6	26.4	36	43	66	65	110.291
旅游人数比重(%)	100	100	100	100	100	100	100	100	100	100	100
国内	99.6	99.5	99.7	99.6	99.6	99.3	99.2	99.2	99.2	99.3	99.5
外国人	0.1	0.1	0.1	0.2	0.2	0.2	0.3	0.4	0.2	0.3	0.1
港澳台同胞	0.3	0.4	0.2	0.2	0.2	0.3	0.5	0.5	0.6	0.4	0.4

15-7 旅游机构人员及收入情况

项目	2000	2002	2003	2004	2005	2006	2007	2008	2009	2010	2011
旅行社个数(个)	18	20	42	56	56	62	78	76	79	82	85
旅游管理机构(个)	10	10	10	10	10	10	10	10	10	10	10
星级饭店(个)	25	48	55	54	55	66	63	63	63	68	70
旅游外汇收入(万美元)	325	439	345	509	687	1159	1727	2362	3084	3304	3831
国内旅游收入(亿元)	15.40	19.79	16.86	21.50	25.20	28.00	30.30	41.80	62.30	89.30	116.43

十六、金融和保险

【简要说明】

一、本篇反映建国以来，尤其是近几年金融保险业务发展状况。内容主要包括金融业和保险业两部分，分别由市人行和各保险公司统计。

二、从1998年起，金融业部分指标有较大变化，为便于可比按新口径作了归类，其中不易分类的都归入“其他”。本篇金融机构包括国家银行和非银行金融机构两部分，非银行金融是指投资银行、城市(农村)信用社和财务公司。

三、本篇资料由人民银行、保险协会收集整理。

16-1 金融机构各项存款年末余额

单位：万元

负债项目	2000	2003	2004	2005	2006	2007	2008	2009	2010	2011
资金来源总计	1559751	1996903	1739638	3663995	4474769	4362207	5540334	6784469	8878569	10238565
各项存款	1851215	2997270	3576945	4060313	5105246	4747837	5782933	6946497	8576445	10164820
企业存款	563357	847995	1045949	1121958	1144977	1193771	1361100	1473338	2010586	3903594
活期存款	396964	649820	824808	821203	792399	816083	979726	1055488	1668577	3208440
定期存款	166939	198175	221141	300755	352578	377688	381373	417855	342009	695153
财政存款	11561	12056	53471	28101	50812	128578	154619	308759	442728	539875
机关团体部队存款	11984	39130	47262	82294	144452	128738	215297	293124	590789	976984
储蓄存款	1085143	1836528	2118286	2382498	2626944	2757834	3397950	4027507	4915981	5693049
活期存款	375779	648442	729806	818882	935462	1047313	1224783	1565955	2086947	2451098
定期存款	709364	1188086	1388480	1563616	1691482	1710521	2173167	2461551	2829034	3241951
农业存款	35444	131027	195233	227653	188680	228089	272220	406765	276740	
委托存款	8151	-50244	-64156	8795	678090	-29753	1619	1422	-294	-8
其他存款	129955	180778	180900	209014	271291	340580	380127	435580	339915	11119
金融债券	429	-3891	-4158	343	343	343	343	343	343	342
所有者权益	-59130	-40350	-44962	88307	91085	35401	111203	134732	197540	286231
#实收资本	46350	39062	39029	146658	144515	93527	90678	90678	94583	120317
其他	-232892	-976892	-1817972	-569178	-813146	-515168	-522804	-552875	-157923	-650302

16-2 金融机构各项贷款年末余额

单位：万元

运用项目	2000	2003	2004	2005	2006	2007	2008	2009	2010	2011
资金运用总计	1559751	1996903	1739638	3663995	4474769	4362207	5540334	6784469	8878569	10238565
各项贷款	1500599	1700552	1494451	1615100	2471404	2072633	2351356	3101770	4103182	4749350
短期贷款	992853	957422	832949	871729	915727	965116	997203	1131330	1007000	1169590
工业贷款	459298	342150	176401	149314	158080	15349	224033	205167	801700	1079850
商业贷款	260774	241213	209963	207243	248081	119668	192114	174684	551000	611018
建筑业贷款	2581	11127	10961	8844	29071	25791	3350	90	76000	79852
农业贷款	59610	133550	154688	175333	241782	305867	371002	455589	189800	85616
三资企业贷款	21488	6286	3244	1500	1500	1500				
私营企业及个体贷款(个人经营性贷款)	6782	4053	3101	1328	1024	2852	11702	28989		438569
其他短期贷款	134901	155172	200130	235391	231627	199941	195001	266811		
中长期贷款	353963	399410	520253	669329	880236	1011420	1176307	1740735	2741000	3462620
基本建设贷款	93492	110788	127827	159045	269810	242874	368325	463718	2740530	1456880
技术改造贷款	145656	58027	108584	105263	134357	95028	95003	2.5		451543
其他中长期贷款	114815	230595	283842	405021	476069	673518	712979	1277014		1554197
票据融资				72558	99519	95445	176153	195452	94937	85832
有价证券及投资	27120	116589	69051	66797	252211	392357	673064	879682	879322	850085
固定资产				86652	93232	77760	82592	85534	92861	124932
库存现金	23550	23122	27227	27927	31403	35989	36075	44768	55151	70824

16-3 国家银行存款和贷款年末余额

单位：万元

年份	存款余额	#企业存款	#城镇储蓄存款	#农业存款	贷款余额	#工业贷款	#商业贷款
1962	2554	381	354	1160	6273	185	5339
1965	2788	539	491	865	6380	143	5189
1969	7850	3054	675	2005	11183	345	9406
1970	11620	4967	959	3122	18170	3279	13115
1975	20909	7835	1835	3673	26953	5734	15865
1978	22506	10338	2382	4641	35528	11230	20175
1980	33522	15184	4043	5411	45518	17211	22239
1985	72511	36216	18686	4565	134562	41343	46101
1990	200248	63186	99877	10093	396686	180616	108217
1995	848047	291528	531166	1978	1005371	312714	209917
1996	890985	288743	588847	2248	1062940	356913	244483
1997	1032617	360533	623616	2631	1386988	531766	289120
1998	1214544	391289	735790	3012	1552335	466302	323342
1999	1392533	457075	829741	3504	1587397	507705	334195
2000	1578323	538413	888158	3157	1331195	447956	248331
2001	1876788	611946	1038264	4525	1317661	440543	238534
2002	2239489	705851	1277802	3759	1428181	4469991	238615
2003	2480441	712758	1544223	2697	1311214	339912	241213
2004	2862722	829563	1775460	2484	1007474	176401	209963
2005	3186597	873577	2007893	3538	1031762	100231	207243
2006	2923667	864261	1742655	165	1156821	121712	175077
2007	3225924	1074200	1775309	104	1324580	150349	205901
2008	3908915	1199434	2191440	38	1506710	224033	123370
2009	6946498	1473338	4027507	406765	3101769	205167	174684
2010	8576445	2010585	4915981	276740	4103200	801700	551000
2011	10164820	3903594	5685882		4749350	1079850	611018

16-4 金融机构现金收支

单位：万元

年份	收入合计	#商品销售收入	#服务事业收入	支出合计	#工资性及个人其他支出	#农产品采购支出	#行政企事业管理费支出
1962	8188	5035	354	8205	2392	1099	501
1965	7977	5498	316	8749	2829	1845	720
1969	12268	8539	448	13388	4172	1777	1707
1970	17995	11517	582	19712	6575	1633	1685
1975	23063	15438	1658	25012	9113	2002	2081
1978	25272	17355	1955	26747	10222	2007	1958
1980	36906	24122	2735	39574	12694	3880	3093
1989	259002	97640	13622	265822	44875	18537	16196
1990	274530	102648	15728	287433	6092	21733	18903
1995	1798761	356849	58303	1832620	159974	35265	89739
1996	2358022	362207	79317	2467772	147011	38452	93370
1997	2944957	357232	89343	3076588	151843	41916	101871
1998	2741824	334055	111540	2864765	156239	22403	113073
1999	3358316	512589	188587	3519571	180008	35417	172897
2000	3679320	589580	176924	3847840	206287	39419	179766
2001	4624114	585206	197901	4779709	241388	56803	196068
2002	5361895	762034	212907	5545832	266800	50795	262744
2003	6296479	786177	272270	6450534	306556	77957	301500
2004	7115326	834476	296802	7293326	309188	107128	313019
2005	8039830	868976	416875	8283334	332804	86436	290967
2006	8819112	924420	412827	9069836	581138	93034	315986
2007	10478545	1197727	392270	1058889	718981	112383	354642
2008	10894859	1132294	420527	11093919	803804	107944	380612
2009	11657163	1166478	388410	194726	734833	121191	372925
2010	13736567	1282523	502740	14000495	782595	136888	468294

注：1998年以前为国家银行现金收支情况。其中“国家工资及奖金支出中不含奖金”，“行政企事业管理费支出”中不含企事业管理费支出（下同）。

16-5 金融机构现金收入

单位：万元

项　目	2000	2003	2004	2005	2006	2007	2008	2009	2010
收入合计	3679320	6296479	7115326	8039830	8819112	10478545	10894859	11657163	13736567
商品销售收入	589580	786177	834476	868976	924420	1197727	1132294	1166478	1282523
服务业收入	176924	272270	296802	416875	412827	392270	420527	388410	502740
税款收入	27236	52913	58901	68173	75569	113116	124538	143443	179471
居民归还贷款收入	42240	162558	189849	177780	192704	138209	120152	137573	182115
城乡个体经营收入	211649	433194	320089	320747	377557	546837	694353	765528	827580
储蓄存款收入	2318596	4102998	4874325	5609134	6178178	7572395	7791102	8317913	10067082
其他金融机构收入	50081	55575	32807	42672	142602	27104	49883	43828	22039
汇兑收入	38208	33497	36037	29220	62931	17786	25262	126975	88761
有价证券收入	6577	5240	2219	3710	2808	6273	3352	1308	26
其他收入	218229	392057	469821	502543	449516	466828	533396	565707	584228
投入(+)或回笼(-)	168520	154055	17800	243504	250724	110354	198340	194726	263928

16-6 金融机构现金支出

单位：万元

项　目	2000	2003	2004	2005	2006	2007	2008	2009	2010
支出合计	3847840	6450534	7293326	8283334	9069836	10588899	11093199	11851889	14000495
工资性支出	378016	533706	580392	673367	581138	718981	803804	734833	782595
农副产品采购支出	39419	77957	107128	86436	93034	112383	107944	121192	136888
工矿及其他产品采购	29045	37846	50272	80368	60958	123730	98115	121508	177147
行政企事业管理费支	179766	301500	313019	290967	315986	354642	380612	372925	468294
城乡个体经营支出	267558	464289	443673	453450	495304	702015	768181	707005	861019
储蓄存款支出	2558588	4315407	4953628	5807953	6528349	7934395	8203302	8912699	10768826
其他金融机构支出	26817	96057	59274	61769	177855	83378	36863	83685	31652
居民提取贷款支出	40553	117726	137583	160013	147841	83903	80457	109114	173587
汇兑支出	56512	53065	43795	26218	54127	17337	13172	127139	78097
有价证券支出	2564	2597	1797	824	1248	2117	167	8442	932
其他支出	268557	450384	600784	641454	613997	570596	601302	553349	521458

注：因为全市金融系统，2011年起不再统计现金收支情况，故16-4,16-5,16-6表无数据。

16-7 保险业主要指标

单位：万人、万元、件

项　目	2000	2003	2004	2005	2006	2007	2008	2009	2010	2011
保险总计										
保费收入	35048	68911	69972	63871	87948	114087	193626	201525	284899	276878
给付金额	14454	21353	25620	20161	55890	53936	67010	52134	40365	54443
人寿保险										
保费收入	22021	52997	52191	45461	63347	83232	157068	161263	230311	211546
短期人身险							11235	9018	9609	9438
长期人身险							145833	152244	220703	202108
给付金额	8003	12565	10273	8119	39281	38778	45124	30237	16525	22769
短期人身险							5404	6330	5869	5174
长期人身险							39721	23960	10656	17595
财产保险										
保费收入	13027	15914	17781	18410	24601	30855	36558	40262	54588	65332
企业财产险	2381	2564	1696	3216	2070	2122	1792	2198	2775	3948
运输工具险	9206	10904	14316	12450	19711	22665	24460	32765	45419	55259
家庭财产险	343	471	211	252	357	522	1150			
农业险	78	15	20	20	10	399	1162	1157	305	323
其它	430	1351	1329	2278	2309	2532	4929	4142	6088	5801
已决赔款金额	6451	8788	15347	12042	16609	15158	21886	21921	23839	31674
企业财产险	1112	1312	1944	1191	978	1297	2219	584	938	1503
运输工具险	4692	6318	11788	9643	11263	11946	16004	17776	20391	27672
农业险	65	5	23	11		6	662	838	513	159
其它	168	821	1391	1059	1628	142	325	2723	1999	2340

十七、教育、科技和文化

【简要说明】

一、本篇反映我市教育文化事业和科技活动情况。

1、教育部分包括各类在校生数、招生数、毕业生数、教职工数等指标。学校范围包括高等教育、中等教育、初等教育、幼儿教育、特殊教育及各类成人教育。

2、科技部分包括科技活动投入、构成和发展资料。

3、文化部分主要包括艺术、图书馆、群众文化、广播、电视、电影、新闻出版等文化事业结构、人员和业务情况。

二、本篇资料由市教育、科委、文化、新闻出版和广播电视部门统计，参加资料整理人员有任伦翔、吴亚红、罗荣秀、余胜利、周云、李健。

17-1 各级各类学校数

单位：所

项　目	2000	2002	2003	2004	2005	2006	2007	2008	2009	2010	2011
普通高校	4	4	4	4	4	3	4	4	4	7	7
#地方高校	4	4	4	4	4	3	4	4	4	7	7
成人高校	2	2	2	1	1	1	1	1	1	1	1
中等职业教育学校	29	28	25	23	22	24	24	30	30	23	20
普通中学	222	212	213	211	205	208	204	206	205	203	192
初中	193	184	166	181	175	176	172	170	173	170	163
城镇	36	29	11	30	28	30	35	36	39	39	112
农村	141	139	133	138	136	139	137	134	134	131	51
高中	29	28	31	30	30	32	32	36	32	33	30
城镇	14	14	9	15	14	14	27	30	26	26	29
农村	6	5	5	5	5	5	5	6	6	7	1
小学	2287	1696	1446	1274	1080	998	900	839	807	720	700
城镇	163	100	68	79	78	77	126	120	116	104	330
农村	2056	1528	1288	1133	937	864	774	719	691	616	370
特殊教育学校	7	7	7	7	7	7	7	7	7	7	7
幼儿园	126	151	108	108	103	119	157	139	144	163	232
技工学校	9	8	8	6	6	6	7	7	7	7	7

注：中等职业教育包括职业高中。（下同）。

17-2 各级各类学校在校学生数

单位：人

项目	2000	2002	2003	2004	2005	2006	2007	2008	2009	2010	2011
普通高校	11989	18824	21466	24185	23956	17060	27423	29795	32479	44504	59901
#地方高校	11989	18824	21466	24185	23956	17060	27423	29795	32479	44504	59901
成人高校	1298	1768	8838	11278	6970	10905	10709	16963	28067	19520	
中等职业教育学校	14481	17397	19593	26823	38293	55462	80236	94740	98542	74718	59415
普通中学	189294	238047	264374	271516	265372	255665	246182	233671	221855	207619	190579
初中	157678	196217	211911	212784	201591	190037	177184	163638	152450	140530	129040
城镇	28182	32255	34287	34292	33545	257630	49858	49031	48313	47218	101316
农村	112187	144257	157371	158466	148704	141270	127326	114607	104137	93312	27724
高中	31616	41830	52463	58732	63781	65628	68998	70033	69405	67089	61539
城镇	14709	18522	21530	23339	24926	21823	56843	57599	53802	49061	56941
农村	5078	5552	7649	9082	10411	11170	12155	12434	15603	18028	4598
小学	413702	357948	319878	287142	256327	235977	223275	224441	230511	242577	255197
城镇	62866	62121	59518	58261	55776	53398	83843	85729	89105	92975	180648
农村	317016	363450	229542	195899	168328	154500	139432	138712	141406	149602	74549
特殊教育学校	359	1277	738	915	872	798	939	955	1064	768	758
幼儿园	32229	42752	38411	40274	40832	43739	48769	44889	54792	76129	86057
技工学校	2500	4331	5788	6693	6425	6600	8436	12200	9784	7653	8192

17-3 各级各类学校招生数

单位：人

项 目	2000	2002	2003	2004	2005	2006	2007	2008	2009	2010	2011
普通高校	5121	6562	6895	7788	9767	9014	9220	10767	20478	20930	20280
#地方高校	5121	6562	6895	7788	9767	9014	9220	10767	20478	20930	20280
成人高校	515	754	1744	5357	3046	3543	3892	6347	9632	7292	
中等职业教育学校	4610	7724	7035	12061	17866	25163	34450	33743	33576	20675	12447
普通中学	70982	89207	95637	90520	85584	80435	74234	70217	67354	63341	58451
初中	59149	72915	74802	70251	62068	57288	51016	46773	45082	42329	38942
城镇	8049	11597	11712	11341	11177	8830	16330	15175	14956	14632	30731
农村	44914	54247	56443	52501	45375	40820	34686	31598	30126	27697	8211
高中	11833	16292	20835	20269	23516	23147	23227	23444	22272	21012	19509
城镇	5421	6655	7789	7994	9452	7655	18990	19054	16814	15049	17966
农村	2037	2407	3402	3482	4206	4578	4230	4390	5458	5963	1246
小学	51386	41884	38237	38627	36082	34963	35801	42541	44737	47907	50713
城镇	9773	9398	8894	9028	8921	7813	14566	15384	15604	17808	34623
农村	36795	27977	25166	24768	22467	21083	21235	27157	29133	30099	16090
特殊教育学校	77	170	46	89	91	94	137	135	170	99	110
幼儿园	32229	32005	28789	29627	29660	32948	37406	36915	43210	66627	61331
技工学校	986	2165	2520	3091	2821	4055	3675	5494	3075	2868	4537

17-4 各级各类学校毕业生数

单位：人

项目	2000	2002	2003	2004	2005	2006	2007	2008	2009	2010	2011
普通高校	1764	2727	4417	4412	5540	5309	6777	8261	15645	16430	17215
#地方高校	1764	2727	4417	4412	5540	5309	6777	8261	15645	16430	17215
成人高校	677	648	1682	1924	2010	2267	3818	3697	7611	5564	
中等职业教育学校	6645	5602	3632	4332	7027	8459	12587	20368	24656	26643	25212
普通中学	48135	58766	67450	78503	86085	90784	82798	82586	80054	79644	73385
初中	40382	47814	55810	63517	69039	69400	62571	59640	58415	55829	49842
城镇	6950	8811	9424	10465	10767	8088	15516	15840	16077	16314	38456
农村	29064	33268	40871	46690	50681	53346	47055	43800	42338	39515	11386
高中	7753	10952	11640	14986	18046	21384	20227	22946	21639	23815	23543
城镇	3788	5195	5533	6769	7444	6464	17485	19289	17329	18136	21073
农村	993	1376	1283	1734	2377	2977	2742	3657	4310	5679	2470
小学	66669	74630	76779	69967	61995	56492	46976	39030	36430	34284	35413
城镇	8118	10635	11200	10477	10065	8179	14701	13691	13997	13548	25564
农村	52567	57613	59496	53601	45615	40491	32275	25339	22433	20736	9849
特殊教育学校	12	72	50	81	66	74	66	55	63	53	83
幼儿园		12885	11529	10541	11987	10843	11875	9655	10388	17102	16109
技工学校	1054	1070	851	2083	2186	2794	2588	4723	3457	2719	10927

17-5 各级各类学校专任教师数

单位：人

项目	2000	2002	2003	2004	2005	2006	2007	2008	2009	2010	2011
普通高校	1034	1285	1408	1547	1527	1041	1527	1671	2465	2614	2534
#地方高校	1034	1285	1408	1547	1527	1041	1527	1671	1748	2403	2534
成人高校	243	294	300	213	213	211	211	211	717	211	
中等职业教育学校	1408	1425	1416	1282	1564	1837	2145	2724	2789	2282	2226
普通中学	11384	12484	12977	13530	13546	13833	14257	14726	14607	14178	15201
初中	9117	9872	10084	10455	10366	10505	10775	10469	10706	10333	10230
城镇	2295	2152	2125	2210	2184	1019	3175	2805	3303	3351	8185
农村	5702	6527	6827	7110	7116	7446	7600	7664	7403	6982	2045
高中	2267	2612	2893	3070	3180	4267	3482	4257	3901	3845	3802
城镇	1072	6527	1292	1387	1343	968	2987	3602	3268	2988	3532
农村	364	324	341	383	432	501	495	655	633	857	270
小学	19516	16737	16117	15619	14967	14851	14370	15080	14608	14699	14520
城镇	3291	3123	3111	3216	3166	3117	4806	4884	4882	4962	9932
农村	14323	11724	11116	10596	10038	9985	9564	10196	9726	9737	4588
特殊教育学校	117	113	145	104	111	115	120	129	132	133	138
幼儿园	1434	959	917	930	1018	1093	1308	1217	1314	1449	2153
技工学校	444	389	398	427	383	319	462	605	490	598	918

17-6 小学及初中学龄人口入学率

年份	小学			初中		
	校内外学龄人口总数	在校学龄人口总数	入学率(%)	校内外学龄人口总数	在校学龄人口总数	入学率(%)
1997	412588	409299	99.2	130612	110325	84.47
1998	410547	407016	99.14	134260	119176	88.77
1999	408993	405608	99.17	143440	128384	89.5
2000	391445	388149	99.16	153572	138479	90.17
2001	352456	351214	99.65	150558	148407	98.57
2002	328432	326646	99.46	174738	162990	93.28
2003	288470	287854	99.79	184243	173282	94.05
2004	257398	257398	100	176143	176143	100
2005	224973	224973	100	201591	201591	100
2006	235977	235977	100	190037	190037	100
2007	223275	223275	100	177184	177184	100
2008	224441	224441	100	163638	163638	100
2009	230511	230511	100	152450	152450	100
2010	242577	242577	100	140530	140530	100
2011	255197	255197	100	129040	129040	100

17-7 小学及普通初中毕业生升学率

单位：人、%

项目	2000	2002	2003	2004	2005	2006	2007	2008	2009	2010	2011
小学毕业生数	666696	76059	76779	69967	61995	56492	46976	39030	36430	34284	35413
初中级中学招生数	60395	74200	75465	70400	62068	57288	51016	46773	45082	42329	38942
升学率	90.6	97.6	98.3	100.6	100.1	101.4	108.6	83.4	80.8	100	100
#普通初中招生数	59149	72915	74802	70251	62068	57288	51016	46773	45082	42329	38942
升学率	88.7	95.9	97.4	100.4	100.1	101.4	108.6	83.4	80.8	100	100
普通初中毕业人数	40382	47814	55810	63517	68039	69400	62571	59640	58415	55829	49842
#普通高中招生数	11833	16292	20835	20269	23516	23147	23227	23444	22272	21012	19509
升学率	29.3	34	37.3	31.9	34.6	33.4	37.1	39.3	38.1	37.6	39.1
中等职业教育学院招生数	4610	7724	7035	12061	17866	25163	34450	33743	33576	20675	12447
升学率	11.4	16.2	12.6	19	26.3	36.3	55.1	56.6	57.5	37.0	25.0

17-8 各级各类学校服务的人口及每万人口中在校学生数

单位：万人、人

项目	2000	2002	2003	2004	2005	2006	2007	2008	2009	2010	2011
每一学校服务的人口数											
普通高等学校	85.21	84.67	86.01	86.23	85.92	115.5	87.22	87.76	88.31	58.87	49.76
中等职业教育学校	11.75	12.09	13.76	15	15.62	14.44	13.96	11.7	12.62	15.36	17.41
普通中学	1.54	1.6	1.62	1.63	1.68	1.67	1.71	1.7	1.72	1.74	1.81
小学	0.15	0.2	0.24	0.27	0.32	0.35	0.39	0.42	0.44	0.49	0.5
幼儿园	2.71	2.24	3.19	3.38	3.34	2.91	2.22	2.53	2.45	2.17	1.5
技工学校	37.87	42.33	43.01	57.49	57.28	57.75	58.14	50.15	50.46	50.46	43.55
每万人口中的学生数											
普通高等学校	35	60	88	70	70	49	79	85	92	126	172
成人高等学校	4	5	26	33	20	31	31	48	79	55	27
中等职业教育学校	42	51	51	78	111	160	230	270	279	212	171
普通中学	555	703	768	787	772	738	706	666	682	588	547
小学	1212	1057	930	832	746	681	640	639	653	687	733
幼儿园	95	126	112	117	119	126	140	128	155	216	247
技工学校	7	13	17	19	19	19	24	35	10	22	37

17-9 各级各类学校每个专任教师负担的学生数

单位：人

项目	2000	2002	2003	2004	2005	2006	2007	2008	2009	2010	2011
普通高等学校	12	15	15	16	16	16	18	18	19	19	24
成人高等学校	5	6	29	53	33	52	51	80	39	93	
中等职业教育学校	10	12	12	21	24	30	38	35	35	33	27
普通中学	14	19	20	20	20	18	18	16	15	15	13
初中	17	20	26	20	19	18	16	16	14	14	12
高中	14	16	18	19	20	15	20	16	18	17	14
小学	21	21	20	18	17	16	16	15	16	17	19
幼儿园	22	45	42	43	40	40	37	37	42	53	40
技工学校	6	11	15	16	17	21	18	20	19.9	12.8	26

17-10 分县、市基础教育基本情况

(2011)

单位：所、人

项目	总计	城区	丹江口市	郧县	郧西县	竹山县	竹溪县	房县
普通中学								
学校数	192	35	28	29	27	23	22	27
在校生人数	190579	45656	24630	25443	26616	20789	19590	25774
#初中	129040	24303	18916	18053	17825	15072	15069	17721
招生人数	183052	43901	26930	25838	22918	20357	17605	21809
#初中	38942	8014	5747	5059	4483	4792	5109	5043
教职工数	17694	4409	2092	2657	2424	2041	1608	2310
专任教师数	15201	3684	1706	2425	2259	1657	1407	1928
小学								
学校数	700	59	60	150	101	94	91	139
招生数	50713	10364	5241	7916	7479	6532	5267	7104
在校学生数	255197	53347	28195	38627	34949	33062	26490	36808
教职工数	14320	2446	1788	1959	2612	1679	1411	2234
专任教师数	13351	2226	1630	1891	2553	1517	1359	1996

17-11 科技投入情况

单位：万元、个

年份项目	投入项目个数	总投入	科学技术研究与开发资金	
			项目数	经费
2001 合计	347	49150	313	1448
国家省级	61	23765	40	297
市级	91	5231	90	406
县级	195	20754	183	745
2002 合计	304	47354	267	1707
省级以上	61	21735	47	510
市级	82	5672	44	450
县级	161	19947	176	748
2003 合计	306	60714	282	1858
省级以上	75	39751	51	415
市级	84	9496	84	450
县级	147	11468	147	993
2004 合计	342	65471	342	2537
省级以上	84	39450	84	733
市级	104	14196	104	50
县级	154	11825	154	1309
2005 合计	374	67291	359	3214
省级以上	74	36976	59	1139
市级	126	16579	126	560
县级	174	13736	174	1515
2006 合计	354	52241	421	13629
省级以上	72	36423	67	846
市级	72	13865	72	830
县级	282	11953	282	11953
2007 合计	298	39026	292	4061
省级以上	57	22800	51	870
市级	21	14005	21	970
县级	220	2221	220	2221
2008 合计	325	41450	325	5822
省级以上	58	24720	58	1057
市级	31	14430	31	1150
县级	236	2300	236	3615
2009 合计	420	9015	420	9015
省级以上	81	2910	81	2910
市级	59	1625	59	1625
县级	280	4480	280	4480
2010 合计	411	11170	411	11170
省级以上	65	3231	65	3231
市级	57	1980	57	1980
县级	289	5960	289	5960
2011 合计	505	64538	397	12562
省级以上	86	3523	86	3523
市级	80	2470	80	2470
县级	339	58545	231	6569

17-12 市级科技三项费投入情况

单位：万元、个

年份	项目数	投入水平	工业		农业	
			项目	经费	项目	经费
1996	55	220	10	80	13	33
1997	50	225	10	86	10	39
1998	62	248	14	88	11	55
1999	68	310	15	74	13	63
2000	72	320	15	95	14	90
2001	90	406	17	100	14	78
2002	44	450	11	103	14	90
2003	84	450	9	90	14	84
2004	104	495	15	103	6	72
2005	126	560	19	144	18	116
2006	72	830	18	200	13	92
2007	21	970	7	746	2	33
2008	31	1150	11	750	4	52
2009	59	1625	20	332	19	80
2010	57	1980	15	450	14	90
2011	73	2470	30	473	23	148

17-13 专利受理量、批准量及分布状况

单位：项

项目	申请量							批准量						
	2005	2006	2007	2008	2009	2010	2011	2005	2006	2007	2008	2009	2010	2011
合计	333	485	589	744	987	1137	1602	223	197	197	245	444	589	498
发明	68	77	63	79	75	71	169	20	19	16	15	19	5	23
实用新型	214	271	348	435	514	422	673	179	135	156	173	244	326	375
外观设计	51	137	178	230	398	644	760	24	43	25	57	181	258	100
在合计中														
个人	198	337	391	398	432	200	417	154	99	97	438	157	141	146
大专院校	16	7	7	4	14	18	39	6	9	8	4	4	3	14
科研单位				6	9		5			4	3	4		2
工矿企业	117	117		140	531	906	1062	63	89	90	337	276	437	309
机关团体	2	2		1	4	4	79			2	6	4	4	27

17-14 科学技术协会组织与活动

项目		2000	2003	2004	2005	2006	2007	2008	2009	2010	2011
机构与人员											
市直学会	(个)	42	48	48	48	49	46	46	46	52	52
会员	(人)	13004	14280	14165	14370	14280	13850	13850	14280	11000	11500
#科学家与工程师		5839	6400	6392	6421	6395	7900	7900	7900	7900	7900
县及县以上科协	(个)	9	9	9	8	9	9	9	9	9	9
厂矿科协	(个)	8	8	8	8	7	6	7	8	8	8
学术活动											
县以上科协、学会学术活动	(次)	98	65	76	82	25	32	30	28	68	65
参加人数	(人)	7853	5450	5920	6130	3580	6800	7800	7000	22584	19800
论文数	(篇)	1707	875	932	985	514	300	6000	5200	8000	6100
科普活动											
科普讲座	(次)	123	138	142	156	236	120	63	66	206	173
科普展览	(次)	87	62	70	122	121	50	75	81	152	123
科技培训											
举办培训班	(个)	32	20	38	134	200	266	119	215	255	227
培训人次	(人次)	1541	608	5780	4006	50000	61000	37250	48360	80650	103656

注:科技培训填报的统计指标只包括科协举办的培训班,不含各类学会培训数据。

17-15 文化事业机构人员数

单位：个、人

项目	2000	2003	2004	2005	2006	2007	2008	2009	2010	2011
艺术事业机构	12	12	12	13	13	13	12	10	11	11
#剧团	7	7	7	8	8	8	8	8	8	8
#剧场	5	5	5	5	5	5	2	8	3	3
文物事业机构	6	5	5	5	5	5	6	6	5	6
#博物馆	4	4	4	4	4	4	5	6	8	11
图书馆事业机构	8	8	8	8	8	8	8	8	8	8
群众文化事业机构	109	109	109	109	109	125	125	123	130	129
#群艺馆	1	1	1	1	1	1	1	1	1	1
#文化馆	8	8	8	8	8	9	9	9	9	9
#文化站	100	100	100	100	100	115	115	113	120	119
艺术事业人员数	549	610	620	630	650	506	351	364	357	350
#剧团人员	264	280	290	296	300	343	324	322	321	315
#剧场人员	285	330	330	340	350	163	27	42	36	35
文物事业人员数	122	125	140	145	165	170	214	220	55	53
#博物馆人员	33	35	38	40	60	72	106	110	170	169
图书馆事业人员数	132	138	140	148	152	125	121	116	111	107
群众文化事业人员数	358	365	361	366	370	364	358	328	331	323
#群众艺术馆人员	43	44	45	45	45	39	37	48	52	49
#文化馆(站)人员	129	130	130	130	132	125	121	125	124	124
#乡镇文化站	186	191	186	190	190	200	200	155	155	150

17-16 电影、艺术活动、群众文化活动、图书馆及博物馆活动情况

项目	2000	2003	2004	2005	2006	2007	2008	2009	2010	2011
艺术活动										
年表演场次 （场）	980	960	1100	1150	1250	1356	1681	1580	2490	2600
观众人数 （千人次）	1100	1000	1200	1300	1350	1603	1886	1076	1846	2080
观众文化活动										
举办展览个数 （个）	90	110	120	130	140	150	160	167	251	55
举办训练班结业人数（人）	5000	4800	5200	5100	6200	7000	7200	16070	56100	30200
图书馆活动										
图书流通人次 （千人次）	390	400	420	470	480	490	350	369	369	189.8
图书流通册次 （千册）	281	300	360	380	390	395	277	332	304	148.5
博物馆活动										
现有陈列展览个数 （个）	5	6	6	6	6	6	6	6	25	59
参观人数 （千人次）	19	30	35	40	42	60	70	90	1357	1147

17-17 公共图书馆藏书及分类情况

单位：册

年份	合计	#外文	古籍	新书籍
1997	818050	18090	21320	796730
1998	901069	16292	22372	878697
1999	918857	16292	22372	896485
2000	927400	16292	22372	889736
2001	1078582	16292	22372	1056210
2002	974064	16306	22372	951692
2003	1090000	17000	22372	1060000
2004	1180000	17500	22372	1140000
2005	1260000	17800	22372	1156000
2006	1310000	17900	22372	1160000
2007	1326000	18000	22372	1285628
2008	1400000	18500	22372	1300000
2009	1420000	19000	23000	1320000
2010	1051260	19480	20110	23690
2011	1076900		21900	26889

17-18 体育竞赛成果情况

单位：块

项目	2000	2003	2004	2005	2006	2007	2008	2009	2010	2011
省以上比赛获奖牌数	101	54	50	45	94	66	65	67	28	28
金牌	37	17	14	8	4	23	21	23	9	4
银牌	33	15	16	15	38	24	23	24	7	9
铜牌	31	22	20	22	52	19	21	20	12	15

17-19 公共图书馆发展情况

项　目		2000	2003	2004	2005	2006	2007	2008	2009	2010	2011
机构数	（个）	8	8	8	8	8	8	8	8	8	8
藏书数	（册）	928400	1090000	1180000	1260000	1310000	1326000	1400000	142000	1051260	1076900
书架单层总长度	（米）	42758	54723	54723	54723	54723	54723	54723	10719	42841	42879
发放借书证数	（个）	20152	21000	22000	2300	23500	24000	38096	53445	106410	25112
图书流通情况											
人次	（千人次）	390	400	450	470	480	490	350	369	369	189.8
册次	（千册次）	281	260	350	380	390	395	277	332	304	148.5
为读者服务举办各种活动											
次数	（次）	110	85	105	110	120	130	200	119	68	107
参加人数	（人次）	26500	20000	21000	22000	24000	24500	36000	40000	9270	81500
当年新购图书	（册）	12500	16000	17000	18000	16000	21000	20608	18196	23690	26889
图书费	（万元）	26	28	29	28	29	46	48	52	55	82

17-20 图书、杂志、报纸出版基本情况

项目		2000	2003	2004	2005	2006	2007	2008	2009	2010	2011
杂志出版种数	（种）	27	27	27	27	27	8	8	14	6	6
平均期印数	（万册）	0.29	0.3	0.35	0.35	0.35	4.3	4.5	4.5	3.1	2.43
总印数	（万册）	75	75	78	80	80	50	52	55	155.6	26.32
报纸出版种数	（种）	20	13	16	16	16	8	8	8	8	8
平均期印数	（万份）	1.1	1	1.1	1.2	1.3	10	10	11	11.3	65.02
总印数	（万份）	3960	2850	2890	3000	3100	2321	2300	2350	1560.6	19016

17-21 广播电视基本情况

项目	2000	2003	2004	2005	2006	2007	2008	2009	2010	2011
广播电台 (座)	4	1	1	1	1	1	1	1	1	1
广播电台节目套数 (套)	5	3	7	6	7	7	7	7	7	7
广播电台平均每日播音时间 (时/分)	50:20	26:20	59:49	68:25	78:13	91:30	91:06	91:12	97:26	98:27
调频转播发射台 (座)	23	23	23	23	23	23	23	23	23	23
调频转播发射功率 (千瓦)	22	22	22	32	39	50	50	52	52	57
电视台 (座)	3	7	7	7	7	7	7	7	7	7
电视台节目套数 (套)	6	6	9	9	9	13	9	9	9	9
电视台平均每周播出时间 (时/分)	535:00	479:01	755:57	949:38	960:58	918:00	937:56	927:36	950:45	136:51
电视台发射台和转播台 (座)	373	374	373	334	269	244	243	243	243	243
#一百瓦以上的 (座)	4	4	4	4	9	9	10	10	10	10
发射功率 (千瓦)	29.7	29.7	29.7	29.7	31.03	39.45	48.8	48.7	48.7	50.8
#一百瓦以上的 (千瓦)	25.2	25.3	25.3	25.3	25.8	36	37	45.5	41	29
广播人口覆盖率 (%)	79.89	84.2	84.9	86.57	88.1	87.04	90.04	93.16	95.6	96.1
电视人口覆盖率 (%)	85.27	88.97	88.45	90.95	92.75	93.14	94.2	94.31	96.7	97
县市广播电视台站 (个)	6	6	6	6	6	6	6	6	6	6
有线电视入户率 (%)				40.1	41.84	43.66	44.34	43.85	50.4	51.9
农村有线广播电视入户率 (%)				24.1	25.19	23.88	24.33	24.44	22.3	33.5
有线广播电视传输干线网络总长 (公里)						13980	14182	14474	14483	13616

17-22 广播电视机构人员数

单位：个、人

项目	2000	2003	2004	2005	2006	2007	2008	2009	2010	2011
机构个数	18	18	18	20	20	16	16	16	16	16
行政机构	1	1	7	9	9	7	7	7	7	7
业务机构	17	17	11	11	11	9	9	9	9	9
#固定职工数从业人员	1772	1683	1835	1897	1968	1936	1960	1822	1795	1791
#专业技术人员	506	865	797	886	898	896	927	966	953	1073
#编辑记者人数	402	299	291	299	305	308	324	326	349	346

17-23 广播电视节目构成

单位：时/分

项目	2000	2003	2004	2005	2006	2007	2008	2009	2010	2011
广播电台										
日均播音时间	50:20	26:20	59:49	68:24	78:13	91:30	91:25	97:13	97:26	98:27
#自办节目时间	43:00	19:45	47:33	57:06	56:49	55:00	55:30	56:27	56:38	42:36
新闻	3:30	3:30	13:44	16:00	17:04	18:43	19:25	20:58	20:49	24:18
专题	1:35	3:00	14:33	13:27	13:37	19:40	19:30	19:22	19:27	21:12
文艺	18:45	7:40	20:22	20:02	35:08:00	22:17	22:00	21:48	21:16	21:14
其他	16:25	3:35	2:49	3:36	5:12	13:00	13:00	16:12	15:42	11:00
电视台										
周播出时间	197:27	479:43	416:43	949:38	960:58	917:45	937:56	938:12	950:45	958:36
#自办节目时间	186:36	454:21	253:28	300:11	337:46	328:30	363:21	365:45	373:52	336:54
新闻	14:40	36:00	114:38	80:40	95:35	96:13	98:40	98:14	98:45	121:30
专题	6:00	51:04	86:25	62:34	65:49	69:00	79:00	78:42	80:10	112:30
文艺	132:27	259:32	343:14	532:17	583:55	18:00	19:00	20:07	566:57	55:30
其他	29:07	89:30	60:39	155:42	122:38	98:14	101:45	101:38	118:49	51:30

十八、卫生、体育、社会福利和其他

【简要说明】

一、本篇资料主要反映卫生、体育、社会福利、劳动仲裁、公检法司、标准、档案、气象、地震、工会、城市建设、环保等其他事业发展情况，这些资料也分别由上述各部门搜集整理。

二、参加本篇资料整理人员有肖超、刘玫、李春波、余胜利、向玲、姜波、蒋莉、李宾、秦磊、卢香、张友汉、王波、朱时琴、王杰等。

18-1 卫生机构数

年份	总计	医院	#县及县以上医院	门诊部所	专科防治所、站	疾控中心	卫生监督局	妇幼保健所、站	其他卫生机构
1957	926	42	5	876				2	1
1962	866	83	7	774		6		1	2
1965	753	112	9	628		7		3	3
1969	648	112	9	521		6		2	7
1970	650	154	9	485		5	1	2	3
1975	386	158	15	198		7	5	5	11
1978	404	158	15	210		8	8	7	12
1980	396	160	16	198	1	8	8	8	12
1985	816	160	20	617	2	8	8	8	12
1990	926	167	23	716	1	9	8	8	16
1995	936	176	26	721	1	10	7	7	13
1996	1024	187	28	798	1	10	7	7	13
1997	1019	186	27	793	1	10	7	7	14
1998	1034	185	27	809	1	10	7	7	14
1999	1035	185	28	810	1	10	7	7	14
2000	1017	185	28	793	1	10	6	7	14
2001	971	173	28	763	1	10	2	7	14
2002	953	159	28	763	4	9	1	7	10
2003	1004	161	29	805	4	9	7	7	10
2004	938	163	17	738	4	9	7	7	10
2005	896	154	22	703	4	10	7	7	11
2006	914	156	22	741	4	11	8	8	13
2007	1099	172	22	782	5	11	8	8	113
2008	894	150	22	618	4	11	8	8	95
2009	857	150	22	569	4	11	9	8	106
2010	839	154	22	548	4	11	9	8	105
2011	894	159	22	550	5	11	9	8	152

18-2 卫生机构人员数

单位：人

年份	总计	卫生技术人员	#医生	中医	中医师	中医士	#护师、护士	每千人口医生数（人）
1957	2511	2259	1144	960	20	164	95	0.56
1962	3336	3055	1627	1147	116	364	123	0.77
1965	3596	3230	1528	906	259	363	194	0.66
1969	4718	4754	1961	761	630	570	626	0.66
1970	5518	5156	2881	1034	1277	570	815	0.93
1975	8439	6964	3347	1120	1151	1076	957	0.94
1978	9952	8314	3987	1255	1381	1351	1253	1.11
1980	11027	8970	4297	1288	1612	1397	1342	1.14
1985	13311	10612	4814	331	1990	1297	2170	0.92
1990	15281	12019	5283	903	3031	781	3121	0.94
1995	17322	13784	6273	1000	3694	1253	3908	1.13
1996	17643	14256	6694	1058	3959	1402	3982	1.96
1997	18307	14554	6883	1082	3831	1707	4125	2.01
1998	18430	14560	6951	1057	4128	1555	4152	2.04
1999	18298	14474	6976	1036	4153	1566	4128	2.04
2000	18145	14432	7006	1008	4359	1436	4446	2.06
2001	17859	14147	7013	988	4651	1160	4395	2.02
2002	16972	12117	5228				3909	1.54
2003	16938	14034	6414				3873	1.86
2004	17397	14465	6436				4237	1.87
2005	17495	14449	4728				4311	1.37
2006	18319	15369	6736				4621	1.94
2007	19939	16604	7072				5428	2.03
2008	19205	15806	6175				5309	1.76
2009	21270	17778	6746				6407	1.91
2010	25029	19059	7102				7152	2.01
2011	26572	20357	7129				7972	2.05

18-3 卫生机构床位数

单位：张

年份	总计	医院	#县及县以上医院	其他卫生机构	每千人口医院床位数
1962	1028	664	457	364	0.32
1965	1462	1173	886	289	0.53
1969	2686	2406	1219	280	0.85
1970	3134	2582	1081	552	0.83
1975	4445	4435	1981	10	1.25
1978	5353	5042	1975	53	1.89
1980	5481	5162	2265	28	1.88
1985	6806	6166	3340	340	2.24
1990	8171	7334	4334	475	2.50
1995	7789	7281	4652	301	2.30
1996	8421	7815	5302	189	2.47
1997	8442	7728	5306	297	2.26
1998	8661	7938	5431	378	2.52
1999	8845	8055	5501	370	2.59
2000	8883	8083	5551	380	2.61
2001	9064	8265	5716	379	2.69
2002	9154	8877	6488	277	2.70
2003	9408	8889	5748	277	2.73
2004	9601	9129	4803	362	2.67
2005	9820	9441	6733	2348	2.84
2006	10305	9920	6804	385	2.97
2007	11547	10789	7564	758	3.31
2008	12192	8311	8272	3881	2.37
2009	13812	9028	8640	4784	2.78
2010	16028	10553	10134	5475	3.16
2011	17846	11809	11110	6037	4.92

18-4 各类卫生工作人员数

单位：人

项 目	2000	2003	2004	2005	2006	2007	2008	2009	2010	2011
合 计	18145	16938	17397	17495	18319	19939	19205	21270	25029	26572
医院	13338	13243	13765	9461	14471	15103	14673	11575	12284	13286
县及县以上综合医院	7372	7330	5163	3554	8574	10306	8881	9372	9923	10274
中医院	1032	1083	1156	1124	1084	1356	1310	1559	1660	1856
乡镇卫生院	4826	4830	4637	4725	4755	4763	4221	4819	4951	5293
其他医院	108		2809	58	58	34	61	644	701	1156
门诊部、所	2020	1621	1528	1302	1702	1636	1082	1002	957	997
急救中心	6	7	7	33	37	40	41	17	17	16
疾控中心	642	446	459	463	490	502	438	521	559	567
妇幼保健院、所	652	715	749	761	796	863	858	910	990	1163
专科防治所、站		215	233	220	158	170	158	164	174	184
采供血机构		58	50	61	68	67	88	98	111	118
卫生监督所		172	182	184	201	213	195	206	205	215
医学在职培训机构		254	222	264	274	189	288	286	291	287
其他卫生机构		21	21	21	64	1156	1384	1478	197	197

18-5 县及县以上医院业务工作开展情况

项目	2000	2003	2004	2005	2006	2007	2008	2009	2010	2011
机构数	28	29	17	22	22	22	22	22	22	22
诊疗总人次数 （万人次）	349.7	199.36	254.05	382.49	389	431	478	509.6	546.36	605.88
#门、急诊人次数	342.1	196.52	251.08	374.94	386	422	472	503.01	533.62	599.98
出院人数 （人）	110719	97836	124275		190827	230371	261400	294902	322936	371136
#出院病人数	104356	92532	123818	171895	186056	224151	261400	293284	322936	
#治愈	69992	57130	66154	103483	122702	154809	179800	198926	217982	250651
死亡	874	652	782	13853	4771	6220	1600	1618	1615	1851
治愈率 （%）	67.1	58.4	53.43	60.2	64.3	67.2	68.8	67.5	67.5	67.5
病死率 （%）	0.8	0.7	0.63	0.8	2.5	2.7	0.6	0.5	0.5	0.5
病床平均周转次数 （次）	20.5	25.9	26.11	25.5	28	30.5		34.1	31.9	33.4
病床平均工作日 （日）	274.6	312.9	302.25	315	336	361		362	378	387
病床使用率 （%）	75.2	85.7	83.13	87.3	91.7	99.7	103.1	109.2	109.3	106.8
出院者平均住院日 （日）	12.9	12	11.32	12.2	11.7	18.2		11.5	11.6	11.4

18-6 农村村级卫生组织情况

项目		2000	2003	2004	2005	2006	2007	2008	2009	2010	2011
行政村级	(个)	2994	1875	1765	1788	1809	1841	1841	1845	1845	1922
无卫生室的村	(个)	710	402	147	231	382					
村设置的医疗总数	(个)	2363	1473	1618	1557	1809	1924	1968	1946	1996	1922
#村或集体办		921	792	982	1033	1122	1573	1572	1360	1310	1220
乡村医生或卫生员联办	(个)	403	36	33	41	47	30	69	85	210	56
乡卫生院设点	(个)	203	12	11	87	87	92	110	178	66	202
个体点	(所)	789	439	578	358	515	214	192	281	376	383
其他		47	194	14	38	38	7	25	42	34	61
乡村医生和卫生人数	(人)	4743	1809	2082	1890	2287	2091	2390	2437	2202	2372
#乡村医生		2914	1607	2027	1738	2228	2002	2279	2321	2076	2255
卫生员	(人)	1829	202	55	152	59	89	111	116	126	117

18-7 全市法定报告传染病的发病及死亡情况

病名	2008			2009			2010			2011		
	发病率(1/10万)	死亡率(1/10万)	病死率(%)	发病率(1/10万)	死亡率(1/10万)	病死率(%)	发病率(1/10万)	死亡率(1/10万)	病死率(%)	发病率(1/10万)	死亡率(1/10万)	病死率(%)
总计	380.6	0.55	0.14	376.31	1.07	0.28	350.22	0.67	0.19	387.06	0.60	0.15
#病毒性肝炎	213.98	0.06	0.03	220.49	0.06	0.03	195.09	0.06	0.03	251.94		
痢疾	15.27			9.63			9.43			7.30		
伤害副伤寒	0.15			0.06			0.21			0.33		
淋病	5.77			4.78			4.96			4.40		
梅毒	22.29			24.38			23.43			21.88		
麻疹	3.79			3.38			3.65			3.86		
艾滋病	0.55	0.27	50.00	0.27	0.52	100	0.67	0.37	54.55	0.75	0.48	64.00
流脑	0.03									0.03		
猩红热	0.64			0.37			0.52			1.05		
狂犬病				0.43	0.43	100	0.15	0.15	100.00	0.12	0.12	100.00
乙脑	0.18			0.58			0.27			0.09		
疟疾	0.4			0.18			0.70	0.03	4.35	0.12		
新生儿破伤风	0.09	0.04	50.00	0.04						0.04		
肺结核	117.34	0.09	0.08	96.67	0.06	0.06	88.83	0.06	0.07	92.13		

18-8 群众体育活动情况

项目		2000	2003	2004	2005	2006	2007	2008	2009	2010	2011
国家体育锻炼标准达人数	(万人)	44	47	47	48	48	54	60	62	108	96
举办县以上运动会次数	(次)	7	15	12	10	11	12	12	10	82	104
参加运动会运动员人数	(千人)	3	3	3	30	4	5	4	3	78	68
培训体育干部人数	(人)	122	200	180	210	210	76	200	180	150	562

18-9 体委系统体育场、馆、池、房基本情况

单位：个

项目	2000	2002	2003	2004	2005	2006	2007	2008	2009	2010	2011
体育场使用场地个数	2	3	3	4	7	8	8	8	8	411	411
体育馆使用场地个数	8	6	6	6	7	8	10	10	10	129	130
有固定灯光球场使用个数	7	7	7	7	7	7	7	7	7	49	49

18-10 等级裁判员、运动员人数

单位：人

项目	2000	2002	2003	2004	2005	2006	2007	2008	2009	2010	2011
等级裁判员合计	321	382	498	516	516	608	647	856	519	847	876
一级裁判	9	13	15	16	16	28	34	36		27	29
二级裁判	11	55	137	140	140	180	213	360	59	270	297
三级裁判	301	312	346	360	360	400	400	460	460	550	550
等级运动员合计	68	51	81	81	81	102	431	526	478	801	975
一级运动员									1	1	2
二级运动员	11	16	21	21	21	37	33	76	27	130	197
三级运动员	52	35	60	60	60	65	70	100	100	280	307
少年级运动员							328	350	350	390	469

18-11 社会福利事业、企业单位人员情况

单位：个、人

项目	机构					人员					
	2006	2007	2008	2009	2010	2006	2007	2008	2009	2010	2011
合计	516	469	466	470	518	3680	4276	4686	5074	5661	5294
社会福利事业单位	440	398	393	395	395	1259	1042	1278	1441	1374	1441
民政部门办	422	382	377	377	377	1042	1202	1278	1231	1166	1185
社会集体办	18	16	16	18	18	217	200	200	210	208	256
社会福利企业单位	58	52	51	53	54	2216	2683	2989	3422	4052	3597
民政部门办	11	3	3	3	3	510	63	62	62	65	20
社会集体办	47	49	48	50	51	1706	2620	2927	3360	3990	3577
烈士纪念建筑物管理单位	5	5	5	5	5	30	27	24	19	18	20
收容遣送单位	3	3	7	7	8	36	38	75	67	85	99
殡送事业单位	10	11	10	10	10	139	126	120	125	132	137

18-12 社会福利救济主要费用情况

单位：人、个、万元

项目	2000	2002	2003	2004	2006	2007	2008	2009	2010	2011
合计	2337	3312	1468	1717	1704	1580	1822	1892	1892	3579
国家支出	1576	1408	1460	1712	905	797	965	792	792	2208
优抚对象补助金额	1070	821	786	830	905	797	965	792	792	837
国家支出	1070	821	786	830	905	797	965	792	792	837
城乡各种福利院支出	266	895	600	570	799	783	857	1100	1100	1371
光荣院	71	169	179	187	194	206	197	318	318	433
国家支出	68	162	171	182	194	206	197	318	318	433
社会福利院	196	726	421	383	605	577	660	782	782	938
国家支出	196	374	421	383	605	577	660	782	782	938
社会福利院 (个)	293	280	287	295	440	398	393	395	395	387
社会福利院席位数 (张)	5491	4957	10965	15561	19844	44797	18449	222554	20423	20418
享受救济户频次 (万人次)	4.23	8.36	5.49	7.35	10.44	13.25	23.76	23.88	20.33	20.7
城镇社区服务设施 (个)	185	427	381	420	532	532	538	536	334	389

18-13 社会救济对象享受补助救济情况

单位：人

项目	2003	2004	2005	2006	2007	2008	2009	2010	2011
城镇临时救济人数	6624	25666	4108	3469	1615		284	387	3446
农村临时救济人次数	54856	73520	103692	20332	8600	125	4661	5903	5969
农村居民政府最低生活保障人数						125326	162070	243524	246387
城镇居民最低生活保障人数	79736	78599	76558	79737	87219	91266	93020	91421	95255
城镇居民最低生活保障家庭数 (户)	31155	31238	31378	34016	37060	37033	41202	41851	44720
参加城镇基本养老保险人数 (万人)			18.50	19.23	20.14	23.46	23.20	23.90	29.60
参加基本医疗保险人数 (万人)			29.96	32.07	34.78	39.53	41.30	41.10	43.20
参加失业保险人数 (万人)			17.71	18.09	18.73	19.30	20.40	21.40	21.70

18-14 社会福利企业基本情况

年 份	民政部门办				社会办			
	单位 (个)	职工 (人)	#残疾职工	产值 (万元)	单位 (个)	职工 (人)	#残疾职工	产值 (万元)
1980	2	70			20	900		
1985	3	70	20	35	22	954	165	256
1990	17	413	151	1972	147	3372	918	1749
1995	27	676	251	1013	198	5243	1580	7291
1996	27	601	222	1176	210	5400	1658	6589
1997	20	467	188	683	161	4394	1288	4200
1998	20	457	180	861	145	4352	1278	6043
1999	20	457	292	921	74	2143	585	2185
2000	14	273	105	369	61	1455	453	4455
2001	8	143	47	425	84	1999	778	4714
2002	8	134	53	543	118	2548	939	7300
2003	8	132	52	498	106	2422	919	16091
2004	6	148	58	340	87	1100	501	7410
2005	5	86	23	306	6	1737	1036	19646
2006	11	510	260	1414	47	1706	870	6971
2007	3	63	33	196	49	2620	1158	43096
2008	3	62	26	254	48	2927	1173	69686
2009	3	62	26	323	50	3360	1411	87477
2010	3	62	31	307	54	3360	1544	12118
2011	1	20	14	115	53	3577	1584	104843

18-15 婚姻登记和离婚情况

年份	准予登记结婚(对)	初婚(人)	再婚(人)	离婚(对)	离婚率(‰)
1980	20606	39671	1541	428	0.29
1990	25725	49656	1794	545	0.33
1991	25870	49961	1779	569	0.35
1992	26915	52289	1541	576	0.34
1993	22897	44026	1768	642	0.38
1994	25063	48144	1982	663	0.39
1995	28531	55071	1991	589	0.35
1996	28645	55178	2112	928	0.54
1997	23519	45082	1956	1316	0.77
1998	22208	75997	4055	1706	0.50
1999	40057	76272	3842	1745	0.51
2000	20749	39406	2092	2039	0.60
2001	20124	38860	1388	2273	0.66
2002	17919	37785	1653	2246	0.65
2003	21631	42186	1976	2974	0.87
2004	26042	50564	1520	3095	0.90
2005	23898	44251	3545	2345	1.10
2006	26386	48602	4170	3206	0.90
2007	22881	43314	2248	3159	0.91
2008	26825	51193	2457	3800	1.08
2009	26249	49463	3035	3559	2.01
2010	27888	51443	4343	3987	2.30
2011	26962	48947	4977	4213	1.21

18-16 工会组织情况

年份	工会基层组织数（个）	已建工会的基层单位职工与会人数（人）				工会专职工作人员人数（人）
		职工人数	#女职工	会员人数	#女会员	
1985	632	102618	42224	83117	34162	426
1990	1714	153410	57213	127692	55498	875
1991	1865	164521	58324	138703	56509	986
1992	1956	175642	69435	149814	57610	1097
1993	1968	180694	76814	149986	57814	1102
1994	2018	196342	77812	152413	60385	1142
1995	1959	197280	79975	167504	92788	1289
1996	1972	197459	79986	168123	62792	1296
1997	1986	197821	80088	167912	63814	1309
1998	1986	197821	80088	167912	63814	1309
1999	2080	199157	86216	184270	79415	1312
2000	2194	181557	77622	193890	65556	767
2001	2314	261012	10445	244560	97824	1855
2002	2542	190096	75592	185696	64010	1856
2003	4368	261057	130528	250546	125273	1215
2004	2758	296310	118524	282200	11280	1115
2005	3030	328100	131240	307800	123120	650
2006	5907	352000	151000	334000	138000	1535
2007	3642	404030	146652	394115	143423	1754
2008	4168	433605	145751	429654	148822	2091
2009	4414	452410	138803	446459	137449	2106
2010	4709	481007	145549	466507	142140	1918
2011	5254	470577	154033	458473	150487	2559

18-17 检察批捕、起诉情况

单位：人、件

项目	2000	2003	2004	2005	2006	2007	2008	2009	2010	2011
审查批捕情况										
受理批捕	1985	1382	1485	1806	1977	1188	1232	1329	1352	1219
批准逮捕	1597	1298	1332	1605	1751	1077	1149	1239	1273	1147
检察机关追捕	13	12	9	8	14	7	12	15	100	128
不逮捕	335	32	52	94	142	76	53	68	44	44
审查起诉情况										
受理起诉案件数	1567	1321	1385	1575	1660	1842	1787	1880	2108	1921
受理起诉人数	2320	1805	2045	2523	2980	3092	3246	3556	3612	3693
起诉案件数	1036	969	947	1200	1163	1373	1318	1560	1657	1577
起诉案件人数	1485	1294	1337	1807	1955	2141	2116	2740	2609	2614
不起诉案件数	68	82	83	99	54	33	31	28	22	29
不起诉案件人数	87	119	109	132	69	42	56	31	34	33
检察机关追诉案件人数	1	1	0	20	20	32	31	73	118	161

18-18 贪污贿赂等职务犯罪情况

项　目		2000	2003	2004	2005	2006	2007	2008	2009	2010	2011
受理案件	(件)	522	462	454	389	285	173	190	205	180	117
立案	(件)	122	122	121	114	112	106	99	106	117	104
立查大案	(件)	41	43	37	39	53	69	41	46	48	56
立查要案	(人)	2	6	7	7	6	4	7	5	5	6
立查贪污案	(件)	59	53	54	45	32	50	38	44	38	36
立查贿赂案	(件)	30	22	31	31	39	35	36	48	41	62
立查挪用公款	(件)	30	29	18	24	26	21	22	13	11	6
立查其他职务犯罪案件	(件)	3	18	18	14	15		3	1	1	
已侦结	(件)	125	106	123	104	120	107	101	101	95	105
提起公诉	(人)	71	77	85	106	122	106	107	108	117	123

18-19 刑事被告人处刑情况

单位：人

项目	2000	2003	2004	2005	2006	2007	2008	2009	2010	2011
判决发生法律效力 (件)	976	1307	888	998	1085	1170	1230	514	1270	1353
判决发生法律效力人数	1409	1742	1211	1519	1693	1881	1914	996	2250	2197
给予处分人数	1359	1309	1146	1451	1630	1820	1832	982	2196	2134
处刑情况										
无期	11	9	14	13	15	16	7	13	18	16
20-15 年	23	29	13	17	21	25	15	11	36	18
15-10 年	115	80	71	65	85	104	114	63	107	102
10-5 年	187	148	111	138	143	156	159	83	204	143
不满 5 年	633	648	488	600	675	630	680	466	726	730
拘役				125	132	160	142	67	148	118
缓刑	223	362	296	353	47	562	542	212	760	882
其它(管制、罚令)				94	93	439	164	41	171	117
罪犯身份情况										
工人	90	67	62	73	85	115	93	36	32	64
农民	866	725	546	491	627	506	540	52	646	562
国家工作人员	57	58	56	81	67	64	85	26	84	87
学生	13	29	32	64	62	65	75	17	52	43
离退休人员	5	6	5	13	2	4	9	2	9	5
个体劳动者	81	111	112	186	121	137	125	82	166	135
社会闲散人员	260	329	338	589	666	781	909	815	1144	1107
其他	17	7	37	5	9	18	14	2	33	112
劳教劳改人员		6	4	9	4	158		5	8	93
年龄情况										
不满 18 岁	67	119	157	255	277	234	250	98	224	178
18 至 25 岁	341	311	281	312	414	416	309	267	500	537

18-20 人民法院审理各类案件情况

单位：件

年份	刑事案件		民事经济案件		行政案件	
	收案	结案	收案	结案	收案	结案
1995	1431	1427	21504	20966	95	91
1996	1540	1538	24136	23706	112	110
1997	1141	1132	22659	21922	77	75
1998	1338	1333	17559	1718	133	131
1999	1410	1382	14583	14199	124	118
2000	1299	1294	14704	14349	122	122
2001	1610	1602	14171	13823	121	121
2002	1430	1422	12738	12416	121	117
2003	1308	1300	11571	11274	132	132
2004	1157	1153	11216	10978	126	126
2005	1373	1363	10770	10440	120	120
2006	1555	1540	11851	11527	164	164
2007	2457	2435	12093	11633	148	147
2008	1426	1418	11617	11231	184	182
2009	861	860	6245	6064	136	135
2010	1891	1858	13163	12756	250	245
2011	1907	1900	24295	23926	1290	1285

18-21 公安机关立案的刑事案件情况

单位：起

项目	2000	2003	2004	2005	2006	2007	2008	2009	2010	2011
合计	4399	5072	5341	5600	5838	11502	11489	10977	11918	12505
杀人	58	56	62	49	37	38	34	40	56	28
伤害	204	249	160	161	174	407	320	379	360	237
抢劫	431	347	461	550	516	684	592	706	460	391
强奸	109	109	89	76	62	106	57	92	95	90
拐卖人口	63	1	4	6	1	2	2		11	5
盗窃	2571	3337	3469	3762	3886	8307	8222	7349	8555	9518
诈骗	180	339	441	414	485	927	1105	1094	1418	1411
其他	766	634	745	582	677	1029	1157	1317	963	825

18-22 刑事案件发案及破案情况

项　目		2000	2003	2004	2005	2006	2007	2008	2009	2010	2011
刑事案件立案数(现案)	(件)	3694	3439	3810	3601	3764	4680	5419	5723	11918	12505
治安案件查处数	(件)	6339	4643	5306	4702	7063	12639	14819	16367	10008	13317
刑事案件破案率	(%)	83.9	67.8	70.2	64.3	64.5	57.2	70.6	72.2	63.7	62.9

18-23 交通事故与火灾情况

项目		2000	2003	2004	2005	2006	2007	2008	2009	2010	2011
交通事故发生件数	(起)	539	479	543	467	415	299	232	227	246	100
交通事故伤亡人数	(人)	678	459	641	640	583	491	356	248	385	156
#死亡人数		183	109	108	85	84	84	67	57	57	48
受伤人数		495	350	533	555	499	409	289	291	328	108
交通事故损失金额	(万元)	222	163	138	99	78	45	36	51	72	20.7
火灾事故发生数	(件)	165	140	119	132	465	360	611	593	687	697
火灾伤亡人数	(人)	11	3	12	2	6	1		2	1	
火灾损失金额	(万元)	103	96	50	81	90	131	20	91	150	241.2

18-24 律师、公证、调解工作基本情况

项目		2000	2003	2004	2005	2006	2007	2008	2009	2010	2011
律师工作											
律师事务所	(个)	24	21	23	24	23	24	25	27	29	30
律师工作人员	(人)	254	199	226	230	277	281	100	251	287	331
#取得律师资格		37	59	72	76	83	134		278		44
专职律师	(人)	129	143	160	180	193	206	120	249	184	228
兼职律师	(人)	27	3	2	1	1	1	3	2	3	3
聘请担任常年法律顾问的单位	(处)	824	332	515	557	554	556	578	425	426	432
民事诉讼代理	(件)	2199	756	1155	1473	1452	1639	2085	1161	1161	1202
经济诉讼代理	(件)	1328	303	563	681	595	672		235	242	
刑事辩护	(件)	783	636	479	533	603	677	613	826	804	782
行政诉讼代理	(件)	114	52	76	67	111	262	126	37	26	16
非诉讼事件	(件)	1908	477	1777	2017	2165	752	2191	308	333	340
解答法律咨询	(件)	13565	33406	11374	12566	25231	6201	5268	5766	3327	3304
代写法律事务文件	(件)	4514	3526	4590	3068	2850	1630	1485	4100	125	138
公证工作											
公证机构	(个)	9	9	9	9	9	9	9	9	9	9
公证人员	(人)	49	50	48	48	43	48	46	46	47	45
#公证员		27	25	24	22	21	21	21	21	22	22
公证员助理		22	25	24	26	22	11	10	10	11	19
办理公证文件	(件)	122702	12553	12079	10346	9656	10231	7676	7106	9899	10219
#涉外公正		855	967	1318	1261	1644	2127	1696	1163	1470	1393
人民调解工作											
司法助理员	(人)	165	125	175	166	100	166	155	163	156	164
#专职司法助理员		154	102	175	166	100	92		137	133	144
人民调解委员会	(人)	5130	3801	3540	2375	2448	2096	2477	2260	2435	2194
调解人员	(人)	28592	17088	16816	11311	13494	12664	13972	11844	12336	9594
调解民间纠纷总数	(件)	23653	20300	25109	14323	12226	14195	13200	13968	19832	19351

18-25 调解民间纠纷分类

单位：件

项　目	2000	2003	2004	2005	2006	2007	2008	2009	2010	2011
合计	23653	20319	19648	2288	12226	14195			18971	19351
婚姻	2969	3228	7496	590	1661	1946	2061	2279	3210	3196
合同纠纷					911	942		1347	1471	10663
房屋、宅基地	2235	2088	2594	236	1112	1288	1112		1634	1906
土地承包纠纷					1310	1717			1458	1390
征地拆迁纠纷					1243	1217			1909	1733
劳务管理纠纷					576	839			1283	371
村务管理纠纷					543	438			363	211
赔偿纠纷	1954	1930	1726	236	890	1101	1067	1280	1941	1789
邻里纠纷	2840	2676	3628	887	1934	2493	2175	2348	3119	4273
其他	4474	3306	4204	339	4468	1609	1545	1357	2583	1545

18-26 涉外公正文书分类情况

单位：件

项　目	2000	2003	2004	2005	2006	2007	2008	2009	2010	2011
合计	855	967	1318	1057	1365	2127	1696	1395	1286	1393
出生	122	109	7	25	38	220	240	230	237	239
学历	140	140	28	24	25	394	206	210	149	119
生存和居住		2		2					3	
死亡	1	5	4		4		3	4	2	2
收养子女										
亲属关系	103	163	176	197	174	221	162	140	196	174
婚姻状况	48	52	23	9	14	116	9	8	6	1
遗嘱			10							
职称	6	4		1						1
国籍	29	21		15	2		59	39	52	45
法人资格		1								
委托书		4	13	3	1			1	2	1
文本相符	193	95	194	159	215	9	167	170	165	158
营业证书	1									
声明书		9	23	22	11	26	34	38	39	41
其他经济合同书	1									
受、未受刑事处分	103	48	23	59	30	179	34	35	44	43
其他	113	201	651	541	851	962	582	520	391	569

18-27 国内公证文书分类

单位：件

项目	2000	2003	2004	2005	2006	2007	2008	2009	2010	2011
经济公证合计	28928	5586	5967	3876	3143	3131	2586	2579	843	469
购销	115	1	50		9			2		
联营	163	57	26	1			1	1		
拍卖	788	354	124	55	34	22	7	10	13	4
贷款	731	1856	2911	2544	1462	78	1306	1310	45	47
担保	248	170	70	94	40	1	166	169	3	2
招标、投标	51	100	124	91	0		78	80		
劳务合同	1198	16	59	32	2		45	47		
建筑工程承包	46	45	3		8		20	21		
工商服务业承包	163	15	2		1			1		
农林牧渔业承包	494	58	47	119	12		46	40	8	5
乡镇企业承包	38	1	2	1	4		6	5		
财产租赁	128	56	26	3	1					
企业租赁	58	28	17	7	1					
还款协议	140	73	60	115	44	2	33	36	7	8
土地使用权出(转)让	115	145	68	70		57	15	17	4	5
其他经济合同	16378	1320	147	366	378		129	134	75	80
法人(代表人)资格	97	77	99		53	2	93	95	60	38
法人委托书	27	71	138	29	122	2	176	170	221	151
公司章程	42	1		4			4	3		
执行许可证明	62	40	1	10	107	90	121	131	11	1
提存	10	2	7	4	2		2	1	1	4
抵押登记	42	68	123	133	36	10	3	1	5	6
公司会议记录	36		16	18	2				1	
其他	7313	1031	1847	180	745	2867	325	305	389	118

18-27 续表 1

项目	2000	2003	2004	2005	2006	2007	2008	2009	2010	2011
民事法律关系公证合计	93774	6000	6102	4592	4720	1873	5090	4751	9056	8357
收养	30	10	22						8	2
解除收养	4	1								
继承权	80	279	442	632	785	334	829	632	1331	1278
遗嘱	71	161	107	130	131	44	179	198	196	142
产权	131	83	109	100	80		43	40	20	28
亲属关系	129	118	94	80	110	66	68	72	92	156
死亡	4		4	1	1	0				2
房屋买卖	2960	904	513	609	624	359	1000	850	360	72
房屋租赁	152	183	272	125	4		1	1		
留学协议	3	20					15	17	12	26
遗赠抚养协议	21	17	9	26	2		6	5	15	5
委托书	122	233	456	326	624	452	934	921	1044	1436
赠与书	41	174	252	309	477	315	732	734	388	401
声明书	75	106	96	88	55	61	181	172	164	972
现场监督	465	137	86	93	36	24	38	36	39	41
签名印鉴属实	25	10	32	1	1		62	59	1	27
文本相符	29	69	1	7	12		44	46	6	35
宅基地使用权	529	3	31	8					30	12
证据保全	92	134	172	77	139	84	168	176	124	110
拆迁协议	425	20	81	17	2		23	20		
赡养协议	18	10	18	11	1		3	1	12	5
合伙协议	10	3	36	35	63		22	20	1	8
夫妻财产协议	33	38	22	42	23	2	59	69	44	28
其他民事协议	1024	2088	676	402	155		517	512	97	135
企业职工安置协议		153								
其他	1034	1046	2571	1473	1395	134	166	170	5072	3436

18-28 普法、依法治市工作情况

单位：件

项目	2000	2003	2004	2005	2006	2007	2008	2009	2010	2011
普法、依法治市机构 (个)	1	1	1	1	1	1	1	1	1	1
普法对象 (万人)	247	235.5	235.5	235.5	251.3	251.0	267.3	295.0	297.0	297.0
培训人数 (万人)	1.2	3.7	4.2	5.1	2.21	122.6	57.2	80.0	82.0	83.0
四类重点普法对象 (万人)		54.5	54.5	54.5	234.5	155.9	155.2	155.9	155.9	155.9
各级领导 (人)		5606	5606	5606	5735	1270	12700	12700	12700	12700
司法、行政执法人员 (万人)		2.2	2.2	2.2	2.25	5	5	6.2	6.2	6.2
企业管理 (万人)		1.1	1.1	1.1	1.2	0.7	0.7	0.7	0.7	0.7
青少年学生 (万人)		50.66	50.66	50.66	51.2	45	45	45	45	45
发行普法教材 (万册)	2.2	56	56		3.1	74.8	未发行	70	未发行	未发行
完成普法任务数 (万人)	237.1		213.8	235.5		125.5	230.8	265.5	268	270
举办各类普法试点 (个)		110	110	138	27	131	217	265	228	296
讲法制课 (场次)	3306		1150	1211	1417	3750	8327	7600	9300	8300
办法制专栏 (块)	2688	15000	18710	20760	1356	15000	21000	6000	25000	35000

18-29 地震观测及地方地震工作情况

项 目	2000	2003	2004	2005	2006	2007	2008	2009	2010	2011
职工总数 (人)	40	39	34	45	47	50	67	67	60	66
#专业技术人员	31	33	38	34	34	34	41	41	38	44
高级技术人员	2			2	2	2	3	3	3	3
县及县以上地震局(办) (个)	7	7	7	7	7	7	7	7	8	8
地方地震工作人员 (人)	24	28	20	45	47	50	45	45	52	58
#地震观测台(网)人员	21	24	20	31	31	33	22	22	23	23
观测技术人员	21	24	20	31	31	31	20	20	21	21
地震台站 (座)	6	7	6	6	7	8	7	7	8	8

18-30 气象部门基本情况

项　目		2000	2003	2004	2005	2006	2007	2008	2009	2010	2011
气象观测人员总数	**(人)**	31	44	35	35	36	34	38	38	34	36
地面观测		26	36	29	29	31	30	32	33	28	30
雷达观测		5	8	6	6	5	4	6	6	6	6
气象台站总数	**(台)**	7	7	7	7	7	7	7	7	7	7
气象台		7	7	1	1	1	1	1	1	1	1
气象站			6	6	6	6	6	6	6	6	6
拥有计算机数	**(台)**	70	76	80	83	90	100	112	129	132	125
微型机		70	76	80	83	90	100	112	129	132	125
拥有雷达数	**(部)**	1	1	1	1	1	1	1	1	1	1
多普勒		1	1	1	1	1	1	1	1	1	1

18-31 技术监督计量事业基本情况

年份	机构数(个)	职工人数(人)	#专业技术人员区	经费收入(万元)	经费支出(万元)	固定资产(万元)	#仪器设备	计量器具检定台(万套件)	#衡量	#强制检字
1985	2	102	78	30	30	100	12	1	1	
1990	20	123	85	45	45	300	22	3	3	
1995	22	172	115	56	56	400	30	20	16	
1996	22	203	165	58	58	10	31	24	18	5
1997	22	232	172	58	58	410	31	24	18	5
1998	24	342	217	440	440	746	21	71	29	12
1999	25	236	217	526	537	848	24	58	20	4
2000	25	336	217	675	763	796	332	67	20	5
2001	25	336	217	718	1114	1117	332	67	20	5
2002	25	398	217	249	717	742	344	69	22	6
2003	27	433	229	536	693	829	411	4.5	1.2	58
2004	27	431	229	957	1062	1755	854	3.7	1.1	2
2005	26	470	326	575	575	2137	633	4.9	1.6	2.1
2006	25	544	2246	3070	2753	2851	802	3	2	3
2007	25	539	219	3328	3341	4528	935	3	2	3
2008	25	544	363	3460	3460	4624	122	5	2	2
2009	25	544	363	3877	3877	6313	185	3.76	1	1
2010	25	496	198	5451	4628	6733	510	4.5	1.1	4.5
2011	25	540	215	5808	5324	8151	477	3.8	0.68	1.48

18-32 档案事业基本情况

项　目		2000	2003	2004	2005	2006	2007	2008	2009	2010	2011
机构数	(个)	9	9	17	17	17	17	17	10	10	10
#档案馆		10	8	9	9	9	9	9	10	10	10
专职人员数	(人)	141	120	107	131	121	121	121	120	116	123
#副研究员以上		3	3	3	3	3	3	2	5	2	1
馆员		30	32	22	28	18	17	11	20	23	17
助理馆员		16	10	9	14	9	8	7	7	11	7
管理员		4	4	4	2	1	1	1	1		
馆藏档案全宗	(个)	706	755	800	819	854	879	912	944	997	1005
案卷	(万卷)	281334	311481	362828	386479	420631	441859	479248	494209	525551	546278
案卷总长度	(米)	4582	12596	36908	48443	48450	48500	46459	10687	10619	11019
零散文件长度	(米)		13	14			10	5	163	10	
馆藏资料册数	(册)	88673	93853	95741	98917	98917	119224	136399	146388	146671	148760
本年度利用档案人次	(人次)	3980	4112	5455	6464	11440	14512	5883	10850	12757	14056
利用档案卷次	(卷次)	17745	22941	13181	38127	55577	86511	41818	64506	65219	37437
利用资料册次	(册次)		6822	2363	1030	1846	1117	1465	1428	7518	1425
公开出版种数	(种)		4	25	5	5	11	7	5	4	3
公开出版字数	(万字)	12	10	123	35	10	381	96	45	31	34
内部参考种数	(种)	8	19	8	11	19	31	14	18	19	18
内部参考字数	(万字)	11	25	28	30	8	82	50	56	380	48
库房面积	(平方米)	9319	4223	4103	3374	4424	4150	4150	4150	8915	4150

18-33 城市建设基本情况

(2011)

指　标	总计	城区	丹江口市	郧县	郧西县	竹山县	竹溪县	房县
城市建成区面积（平方公里）	152.82	65.18	27.6	13.3	9.54	6.5	15	15.7
城市建设用地面积（平方公里）	137.32	65.18	26.11	13.3	9.54	5.1	6.47	11.62
#居住用地	45.41	19.93	7.33	5.95	3.26	1.5	2.5	4.94
公共设施	16.13	8	1.86	2.25	1.09	0.8	0.9	1.23
道路广场	12.5	5.55	2.02	0.9	1.71	0.55	0.75	1.02
市政公用设施	7.66	2.61	2.56	0.47	0.54	0.3	0.45	0.73
绿地	13.29	5.11	2.26	1.9	1.49	0.67	0.51	1.35
工业用地	29.31	18.28	6.56	1	0.97	0.89	0.55	1.06
城市维护建设投资额（万元）	267005	182271	6780	2830	47037	2555	10270	15262
按用途分								
#固定资产支出	200081	125058	485	2518	47037	2387	10250	12346
维护支出	16995	13498	724	292	1599	170	155	557
按行业分								
#道路桥梁	136308	126561	3693	75		960		5019
园林绿化	2608	1485		140		30	95	858
环境卫生	4080	954		2615		50	100	361
排水	16964	11595				970		4399

注：本表统计范围为市的城区和县的城关镇，下表同。

18-34 市政公用

项目	2000	2001	2002	2003	2004	2005	2006	2007	2008
城市供水									
供水综合生产能力（万立方/日）	68.7	75.3	67.7	70.6	73.1	73.85	79.7	75.66	66.48
供水总量（万立方）	17873	18940	17160	17451	17608	17609	18946	18575	18201
#生活用水	8436	7190	6482	6614	7006	7151	7143	7158	8873
用水人口（万人）	100	101	87	94	97.2	100.72	102.76	93.01	98.93
供水管道总长度	603	600	534	977	664	705	766	849	866
燃气供应									
煤气供应总量（万立方米、吨）	1804	1804	1556	1800	1556	1556	328	328	328
#家庭用量	1804	1804	1556	1800	1556	1556	328	328	328
管道长度（公里）	288	292	52	304	304	304	245	245	320
液化气供应总量（吨）	14375	13266	11740	11557	17240	13819	16304	12014	12178
#家庭用量	13046	13126	11350	11147	16533	12628	15881	10346	10400
使用液化气人口（万人）	44.9	70.7	52.73	63.7	76.1	82.67	75.5	96.69	98.58
集中供热									
供热能力(蒸汽)(吨/小时)	425	680	620	620	620	620	620	620	620
供热总量(蒸汽)（万吉焦）	153	493	468	464	468	401	401	422	422
管道长度（公里）	31	57	73	73	73	73	75	96	94
供热面积（万平方米）	503	458	294	324	324	515	525	530	520
公共交通									
公共车辆营运数（辆）	807	764	2777	625	707	748	643	771	727
客运总量（万人次）	9027	8571	9817	9488	10885	11059	10779	14663	10997
出租汽车（辆）	915	616	679	902	902	920	800	980	800

设施情况

2009	2010	2011	城区	丹江口市	郧县	郧西县	竹山县	竹溪县	房县
67.02	68.5	83.87	49.72	20.05	2.60	3.00	2.5.0	3.00	3.00
16589	16996	15928	9957	2680	600	708	540	1052	391
6579	6611	7031	3925	1160	259	275	290	933	189
102.63	104.89	126.20	52.50	15.50	12.20	8.25	7.20	20.75	9.80
1002.15	1026.19	1083.65	497.60	190.76	145.00	45.00	33.60	114.00	57.69
15998	18055								
15998	18055								
425	427.14	427.14	427.14						
22297	24547	53395	18241	2250	29680	1282	590.8	650	701
17903	16691.2	33664.5	10772	2285	17500	1282	550.5	650	625
103.49	101.92	114.52	49.97	13.34	12.20	8.31	5.50	16.00	9.2.0
620	780	860	860						
410.47	438	459	459						
109	110	126	126						
570	591	787.9	787.9						
709	848	1581	859	70	5	81		566	
14238	18000	29484	19000	483	9480	320		201	
677	900	1140	800	100	90	70			80

18-34 续表 1

项目	2000	2001	2002	2003	2004	2005	2006	2007	2008
城市道路									
道路长度 （公里）	987	1013	946	969	972	1010.42	1051	1081	1088
道路面积 （万平方米）	842	1024.2	934.9	948.3	977	1061.4	1044	1189	1201
人行道面积 （万平方米）	130.3	181.9	159.6	174.4	183.6	131.1	184	200	202
路灯盏数 （盏）	16759	17907	16351	19225	18887	21060	22000	20000	21541
排水管道长度 （公里）	515.4	649.6	599.2	620.9	639.3	667.96	793	804	553
园林绿化									
绿化覆盖面积 （公顷）	14467	14504	14144	14836	14378	15116	14329	15061	15118
#建成区	3578	3635	3751	3769	4028	4002	3943	4698	4744
园林绿地面积 （公顷）	13305	13613	13588	13915	14057	14081	13688	4397	4426
#建成区	3196	3408	3519	3678	3684	3852	3733	4393	4422
公共绿地面积 （公顷）	728.5	742	715	751	782	784	676	1568	1636
公园个数 （个）	14	14	14	18	18	4	15	16	17
公园面积 （公顷）	438.6	536.5	530.6	537.1	540.8	552	551	646	682
人均公园绿地面积 （平方米）		5.6	7.2	9.29	7.39	7.19	5.4	14.16	14.06
城市环境									
实际清扫面积 （万平方米）	274.6	367.1	327.4	395.4	432.7	445.2	510	824	857
生活垃圾清运量 （万吨）	35.2	42.3	61.5	67	39	46	26.8	47.78	46.61
粪便清运量 （万吨）	4.7	2	2	3.7	3	2.1	1.1	1.1	1.1
垃圾无害化处理量 （万吨）	23.9	25.7	25	25.2	27.7	26.4	20.0	24.1	36.31
环卫机械总数 （台）	109	113	107	115	122	113	115	117	125
公厕数量 （座）	411	357	302	291	310	291	200	287	295

2009	2010	2011	城区	丹江口市	郧县	郧西县	竹山县	竹溪县	房县
1071	1086	1293	774	218	150	51	28	24	49
1289	1293	1496	772	222	168	96	58	102	78
215	216	223.94	96.54	52	31.9		19	10.5	14
28303	30840	30457	16591	5160		3273	1230	2168	2035
975	1026	1077	508	191	36	92	37	168	45
15184	15432	16291	12500	1104	496	400	167	294	1330
4818	4992	4907	2849	1104	164	376	120	294	
3771	4076	5166	2849	1024	134	205	165	286	504
3664	3766	3546	2849	193	130		88	286	
824	1042	1231	534	186	35	198	79	23	176
25	29	24	8	5			1	6	4
729	774	888	399	171		98	3	89	128
6.93	8.62	103.66		59.88		13.61	8.86	8.6	12.71
855	977	1155	655	91	178	86		60	85
50.73	39.79	62.48	38.00	7.20	3.63	3.30		4.75	5.60
1.6	1.1	1.8		1	0.1	0.7			
24.98	28.79	52.98	37.91	7.2	3.52	3.23			1.12
145	231	375	193	12	80	32	14	21	23
298	221	273	100	50	42	33	17	8	23

18-35 "三废"排放和处

项目	1999	2000	2001	2002	2003
废水排放总量 （万吨）	11334.05	11605.98	9699.11	10059.94	10183.00
工业废水排放总量 （万吨）	3267.05	3159.98	3231.11	3694.94	3801.00
符合排放标准的	2097.4	2260.85	2628.7	3687.54	3798.71
工业废水排放棕达标率(%)	64.2	71.55	81.36	99.8	99.94
废气排放总量 （万标立方米）	3733285	3612281	4340901	4146275	3956050
燃料燃烧废气排放量	581775	554152	646353	780430	768397
生产工艺过程中废气排放量	3151510	3058129	3694548	3365845	3187653
废气中污染物排放量主 （吨）					
二氧化硫	23319.48	29982.73	24131.7	29875.71	29580.49
烟尘	11438.21	16986.85	13946.91	15831.19	15700.03
工业粉尘产生量 （吨）	74888.52	78823.53	79399.97	79603.65	80003.26
工业粉尘去除量	41405.97	39190.03	40558.76	41206.4	44950.95
工业粉尘去除率 （%）	55.29	49.72	51.08	51.76	56.19
工业粉尘排放量 （吨）	33482.55	39633.5	38841.15	38397.25	35052.31
工业固体废物产生量 （万吨）	70.82	75.88	94.25	105.3	103.21
工业固体废物处置量	4.14	2.6	6.45	14.24	10.02
工业固体废物处置率 （%）	5.84	3.43	6.84	13.53	9.71
工业固体废物综合利用量	46.96	46.41	65.32	80.69	81.31
工业固体废物综合利用率(%)	66.3	61.16	69.31	76.63	78.78
工业固体废物贮存量	19.55	15.09	22.25	10.18	11.71
工业固体废物贮存率 （%）	27.61	19.89	23.61	9.66	11.35
工业固体废物排放量	0.18	0.19	0.24	0.19	0.16
锅炉总数	209	201	183	199	202
#烟尘排放达标的台数	187	182	140	198	201
锅炉蒸吨数(蒸吨)	2191.5	2292.9	2191.9	2217.9	2331.3
烟尘排放达标的蒸吨数 （蒸吨）	2126	2201.9	2036.5	2216.9	2330.3
工业炉窑	283	281	519	518	521
烟尘排放达标的	187	211	211	517	520
"三废"综合利用产品产值 （万元）	8657.2	6737.1	12275.8	15441.6	14190.5

理综合利用

2004	2005	2006	2007	2008	2009	2010	2011
10743.66	11034.16	11421.61	10181.11	10075.45	10257.36	10185.56	11822.43
4256.66	4472.16	4336.43	2828.38	2701.53	2772.28	2700.48	2329.55
4253.99	4469.48	4218.05	2672.44	2524.47	2712.94	2665.73	
99.94	99.94	97.27	94.49	93.45	97.86	98.71	
4499107	5082724	10548447	6149164	4491162	2800711	5723901	7493900
573607	720871	1049653	1267239	621944	945659	2246879	
4325500	4361853	9498794	4881925	3869218	1855052	3477022	
33711.37	34554.91	35983.54	34797.82	21780.00	31617.93	31793.79	26946.82
15695.15	15400.53	14527.63	9470.02	6435.83	7285.27	7176.90	21815.92
76867.00	91208.38	103829.8	68942.00	58657.00	65391.75	195390.80	1425460.43
44330.83	61059.2	75478.1	50698.00	44752.00	52524.84	190403.40	1405260.27
57.67	66.94	72.69	73.5	76.3	80.32	97.45	98.58
32536.17	30149.18	28351.73	18244	13905	12846.91	4987.38	20200.16
102.9	107.22	106.29	115.2	175.9	177.97	267.51	378.38
10.67	21.20	14.36	15.78	24.39	25.88	65.86	183.08
10.37	19.77	13.51	13.70	13.87	14.54	24.62	48.38
81.96	82.45	98.18	112.4	158.83	172.35	191.66	181.53
79.65	76.9	87.19	83.24	79.35	80.56	71.54	47.97
10.1	3.38		6.84	16.39	15.29	9.94	1.12
9.82	3.15		5.93	9.32	8.59	3.72	0.30
0.17	0.19	0.07	0.01	0.59	0.52	0.44	11.53
204	218	145	131	126	110	126	115
203	217	142	128	126	100	125	114
2402.8	2424.8	2257.0	2162.0	2085.0	1921.0	2009.0	1514.0
2401.8	2423.8	2246.0	2158.0	2085.0	1921.0	2007.0	1512.0
548	530	518	515	507	516	619	517
547	529	510	508	502	513	618	516
18300.9	14353.1	12650.4	42460.0	39185.0	37445.2	38733.1	

18-36 工业企业废水处理设施情况

项目		2000	2003	2004	2005	2006	2007	2008	2009	2010	2011
汇总企事业单位数	(个)	175	217	236	245	189	209	203	234	292	317
治理设施数量	(套)	255	246	252	260	214	212	196	213	196	155
实际处理废水量	(万吨)	3148.74				1954	1422	1607	2066.2	2514.20	2067
运行费用	(万元)	1052	1347	2022	2287	1963	2510	2118	1774	2109	4186
污染物去除量											
六价铬化合物	(吨)	6.98					0.31				3
铅及其无机化合物	(吨)	0.8									
石油类	(吨)	670.81	588.23	730.94	594.82	428.95	421.46	236.54	316.4	291.72	410
COD	(吨)	5652.46	1769.77	1	5822.19	3038.36	2216.36	2961.72	3264.06	3268.27	6477

18-37 工业企业污染治理情况

项目		2000	2003	2004	2005	2006	2007	2008	2009	2010	2011
汇总工业企业单位数	**(个)**	59	31	39	45	38	38	45	22	31	23
污染治理项目本年投资	**(万元)**	2870.9	2500.4	3494.5	5228.7	3180.0	3767.0	8319.0	4741.0	12185.2	13128.0
基本建设资金		3.5	708.5	611.6	25.0					政府补助	200.0
环境保护补助资金		298.1	357.4	80.0	1049.5	17.5	50.0	85.0		150.0	30.0
其他		1737.5	1434.5	2802.9	4154.2	3027.5	3717.0	8234.0	4741.0	11019.2	12898.0
污染治理项目本年完成投资合计	**(万元)**	2870.9	2500.4	3494.5	5228.7	3180.0	3767.0	8320.0	4741.0	12185.2	13128.0
治理废水		1278.7	342.0	1166.6	1701.5	886.8	883.0	2547.0	389.0	5088.4	11942.0
治理废气		1062.3	1757.5	1638.0	2373.1	1721.9	2431.0	4814.0	2268.0	631.1	826.0
治理固体废物		415	325	481	17		11	200	10	24.8	346
治理噪声		86.5	26.2	45.8	70.5	127.8	267	29.7	120	308.4	7.0
治理其他		28.4	49.7	163.1	1066.6	443.5	175.0	729.0	1953.9	6132.5	7.0
本年安排治理项目	**(个)**	98	60	64	66	48	61	59	31	43	29
治理废水		33	12	16	19	12	16	15	6	16	15
治理废气		52	36	27	29	20	26	15	7	13	6
治理固体废物		4	2	8	1		2	1	1	3	1
治理噪声		5	6	5	4	5	7	3	1	5	1
治理其他		4	4	8	13	11	10	25	16	6	6
本年竣工项目	**(个)**	97	57	59	63	42	57	58	29	34	27
治理废水		33	12	13	18	10	13	15	6	12	14
治理废气		51	33	25	28	16	24	14	7	10	5
治理固体废物		4	2	8	1		2	1	1	3	1
治理噪声		5	6	5	4	5	7	3	1	4	1
治理其他		4	4	8	12	11	10	25	14	5	6

18-38 生活污染物排放情况

年份地区	生活污水排放量（万吨）	生活污水 COD 排放量（吨）	生活二氧化硫排放量（吨）	生活烟尘排放量（吨）	生活污水排放系数千克/人天
2011	9483.34	23158.98	5770.00	451.00	164.18
城区	4161.92	6117.27	2380.49	186.07	164.18
丹江口市	1556.59	3789.80	891.73	69.70	164.18
郧县	933.19	2937.02	534.02	41.74	164.18
郧西县	108.81	2435.27	405.62	31.70	164.18
竹山县	824.08	2290.36	471.58	36.86	164.18
竹溪县	711.68	1746.45	407.26	31.83	164.18
房县	1187.07	3842.78	679.30	53.10	164.18

18-39 各县、市工业“三废”排放和处理综合利用情况

(2011)

指标		总计	城区	丹江口市	郧县	郧西县	竹山县	竹溪县	房县
汇总工业企业个数	(个)	317	71	63	42	43	45	29	24
工业废水排放总量	(万吨)	2330	1361	393	179	130	105	70	92
#达标排放量	(万吨)								
废水治理设施数	(套)	155	77	56	4	10	7	1	
废气治理设施数	(套)	380	154	92	52	57	4	7	14
工业废气排放总量	(万标立方米)	7493900	1359698	3007190	133912	747275	1579557	257759	408509
#燃料燃烧过程中排放	(万标立方米)								
#生产工艺过程中排放	(万标立方米)								
工业烟(粉)尘排放量	(吨)	20200	4340	1423	8283	4253	736	541	623
工业烟(粉)尘去除量	(吨)	1405260	683019	18310	331590	164692	250	78767	128632
工业粉尘排放量	(吨)								
工业粉尘去除量	(吨)								
工业固体废物产生量	(万吨)	378	64	59	9	167	77	1	
工业固体废物综合利用量	(万吨)	182	56	28	1	70	24	1	
工业固体废物贮存量	(万吨)	1					1		
工业固体废物处置量	(万吨)	183	8	30		97	48		
工业固体废物排放量	(万吨)	12			7		4		
“三废”综合利用产品产值	(万元)								

十九、企业景气与监测

【简要说明】

一、本篇资料主要反映企业景气状况。内容包括企业家信心指数、宏观经济景气指数和企业生产、盈利、流动资金、贷款拖欠、固定资产投资、劳动需求景气指数等。

二、本篇资料由市企业调查队采取问卷调查方式搜集汇总，李婷负责整理。

19-1 企业家信心指数

(2011)

指　　　标	景气指数			
	第一季度	第二季度	第三季度	第四季度
总体状况	140.28	106.92	120.04	121.91
一、按行业门类分				
(一)工业	134.83	82.18	102.21	104.95
1、采矿业	100.00	100.00	100.00	100.00
2、制造业	135.93	80.27	102.25	103.55
3、电力、煤气及水的生产和供应业	140.00	100.00	120.00	120.00
(二)建筑业	134.64	123.53	123.53	123.53
(三)交通运输、仓储和邮政业	140.00	160.00	140.00	160.00
(四)批发和零售业	175.57	161.28	190.22	190.22
(五)房地产业	133.33	133.33	133.33	100.00
(六)社会服务业	150.00	150.00	150.00	150.00
(七)信息传输、计算机服务和软件	169.16	144.16	175.00	169.16
(八)住宿和餐饮业	111.11	111.11	111.11	122.22
二、按企业登记注册类型分				
1、国有企业	149.49	126.03	123.54	117.41
2、集体企业	100.00	100.00		100.00
3、股份合作企业	100.00	100.00	100.00	100.00
4、联营企业	100.00	100.00	100.00	100.00
5、有限责任公司	139.06	101.67	107.39	105.50
6、股份有限公司	159.78	149.78	149.78	149.78
7、私营企业	133.33	125.00	133.33	141.67
8、港、澳、台投资企业	200.00	100.00	100.00	100.00
9、外商投资企业	125.37	75.37	100.00	100.00
三、按企业规模分				
大中型	134.68	77.88	109.03	118.41
大型	110.54	20.04	104.59	101.34
中型	151.52	118.18	112.12	130.30
中小型	140.26	114.29	114.29	118.18
小型	131.82	111.36	115.91	109.09
四、特殊分组				
国家重点企业	100.65		100.65	100.00
国家试点企业集团成员	100.00		100.00	100.00
出口企业	139.21	73.96	134.56	133.49
上市公司	100.00	100.00	100.00	100.00
国有控股企业	134.86	82.49	113.85	119.51

19-2 企业景气指数

(2011)

指　　标	景气指数			
	第一季度	第二季度	第三季度	第四季度
总体状况	142.39	131.21	114.30	130.45
一、按行业门类分				
(一)工业	128.78	125.69	97.26	122.20
1、采矿业	100.00	100.00	100.00	100.00
2、制造业	127.63	120.98	95.06	120.67
3、电力、煤气及水的生产和供应业	140.00	140.00	120.00	140.00
(二)建筑业	120.91	112.42	101.31	90.20
(三)交通运输、仓储和邮政业	180.00	140.00	160.00	140.00
(四)批发和零售业	196.66	196.66	169.29	183.57
(五)房地产业	166.67	116.67	100.00	100.00
(六)社会服务业	150.00	150.00	150.00	150.00
(七)信息传输、计算机服务和软件	200.00	150.00	175.00	200.00
(八)住宿和餐饮业	77.78	88.89	111.11	77.78
二、按企业登记注册类型分				
1、国有企业	143.03	128.74	118.60	97.12
2、集体企业	100.00	100.00	100.00	
3、股份合作企业	100.00	100.00	100.00	100.00
4、联营企业	100.00	100.00	100.00	100.00
5、有限责任公司	135.74	102.73	94.97	97.81
6、股份有限公司	149.78	149.78	149.78	159.78
7、私营企业	125.00	125.00	116.67	125.00
8、港、澳、台投资企业	100.00	50.00	100.00	150.00
9、外商投资企业	125.37	149.63	100.00	149.63
三、按企业规模分				
大中型	129.78	148.91	106.11	145.45
大型	107.30	188.65	101.82	184.58
中型	145.45	121.21	109.09	118.18
中小型	136.36	110.39	107.79	107.79
小型	129.55	102.27	106.82	100.00
四、特殊分组				
国家重点企业	100.00	198.69	100.00	200.00
国家试点企业集团成员	100.00	200.00	100.00	200.00
出口企业	136.63	187.93	135.32	196.11
上市公司	100.00	100.00	100.00	100.00
国有控股企业	136.39	156.50	111.63	142.09

19-3 企业融资景气指数

(2011)

指　　标	景气指数			
	第一季度	第二季度	第三季度	第四季度
总体状况	77.23	79.12	76.68	76.78
一、按行业门类分				
(一)工业	71.64	68.05	71.50	66.24
1、采矿业	100.00	100.00	100.00	100.00
2、制造业	74.59	68.72	72.50	68.66
3、电力、煤气及水的生产和供应业	60.00	80.00	80.00	60.00
(二)建筑业	76.47	76.47	65.36	65.36
(三)交通运输、仓储和邮政业	60.00	80.00	60.00	60.00
(四)批发和零售业	188.60	184.70	169.43	173.33
(五)房地产业	66.67	60.00	50.00	50.00
(六)社会服务业		100.00	50.00	100.00
(七)信息传输、计算机服务和软件	75.00	100.00	75.00	100.00
(八)住宿和餐饮业	37.50	62.50	55.56	62.50
二、按企业登记注册类型分				
1、国有企业	61.53	66.79	61.53	56.26
2、集体企业				
3、股份合作企业	100.00	100.00	100.00	100.00
4、联营企业	100.00	100.00	100.00	100.00
5、有限责任公司	77.67	77.08	78.91	78.49
6、股份有限公司	77.78	81.71	61.52	66.67
7、私营企业	77.78	75.00	50.00	58.33
8、港、澳、台投资企业	50.00	50.00	50.00	50.00
9、外商投资企业	50.00	50.00	50.00	50.00
三、按企业规模分				
大中型	86.15	86.95	84.85	83.03
大型	102.27	99.80	99.20	99.29
中型	74.19	77.42	74.19	70.97
中小型	61.11	65.75	61.33	60.81
小型	51.22	57.14	52.27	53.49
四、特殊分组				
国家重点企业	100.65	100.65	100.65	100.65
国家试点企业集团成员	100.00	100.00	100.00	100.00
出口企业	83.03	82.71	74.19	82.52
上市公司	100.00	100.00	100.00	100.00
国有控股企业	73.25	83.25	73.25	69.91

19-4 企业生产总量景气指数

(2011)

指　　标	景气指数			
	第一季度	第二季度	第三季度	第四季度
总体状况	112.97	96.71	90.99	118.80
一、按行业门类分				
(一)工业	97.81	83.11	67.83	111.98
1、采矿业	100.00	100.00	100.00	100.00
2、制造业	99.12	76.10	66.64	117.16
3、电力、煤气及水的生产和供应业	100.00	140.00	100.00	60.00
(二)建筑业	66.67	101.31	112.42	101.31
(三)交通运输、仓储和邮政业	160.00	60.00	200.00	140.00
(四)批发和零售业	185.71	179.03	152.49	153.00
(五)房地产业	150.00	100.00	83.33	83.33
(六)社会服务业	150.00	200.00	150.00	150.00
(七)信息传输、计算机服务和软件	125.00	130.84	100.00	150.00
(八)住宿和餐饮业	88.89	55.56	77.78	100.00
二、按企业登记注册类型分				
1、国有企业	109.19	92.87	103.02	74.27
2、集体企业	100.00			100.00
3、股份合作企业	100.00	100.00	100.00	100.00
4、联营企业	100.00	100.00	100.00	100.00
5、有限责任公司	121.87	70.91	69.32	91.25
6、股份有限公司	114.63	99.78	89.78	144.63
7、私营企业	100.00	108.33	100.00	116.67
8、港、澳、台投资企业	200.00	100.00		100.00
9、外商投资企业	50.00	74.63	99.63	149.63
三、按企业规模分				
大中型	67.78	88.05	86.33	138.50
大型	17.21	92.65	92.81	176.36
中型	103.03	84.85	81.82	112.12
中小型	120.78	88.31	85.71	105.19
小型	134.09	90.91	88.64	100.00
四、特殊分组				
国家重点企业	0.65	99.35	100.65	200.00
国家试点企业集团成员		100.00	100.00	200.00
出口企业	65.97	113.28	121.61	182.85
上市公司	100.00	100.00	100.00	100.00
国有控股企业	80.08	103.46	100.70	127.87

19-5 企业盈利(亏损)状况景气指数

(2011)

指　　标	景气指数			
	第一季度	第二季度	第三季度	第四季度
总体状况	103.54	96.84	88.80	114.71
一、按行业门类分				
(一)工业	93.26	92.54	80.69	113.84
1、采矿业	100.00	100.00	100.00	100.00
2、制造业	92.08	90.12	78.76	115.54
3、电力、煤气及水的生产和供应业	140.00	100.00	120.00	80.00
(二)建筑业	65.36	100.00	79.09	111.11
(三)交通运输、仓储和邮政业	140.00	60.00	100.00	100.00
(四)批发和零售业	193.31	185.34	130.60	143.69
(五)房地产业	100.00	100.00	33.33	50.00
(六)社会服务业		50.00	100.00	150.00
(七)信息传输、计算机服务和软件	150.00	100.00	150.00	150.00
(八)住宿和餐饮业	77.78	55.56	77.78	66.67
二、按企业登记注册类型分				
1、国有企业	114.81	84.83	90.59	76.21
2、集体企业	100.00	100.00	100.00	100.00
3、股份合作企业	100.00	100.00	100.00	100.00
4、联营企业	100.00	100.00	100.00	100.00
5、有限责任公司	114.90	84.72	65.61	80.02
6、股份有限公司	130.96	129.04	129.04	154.63
7、私营企业	75.00	83.33	83.33	133.33
8、港、澳、台投资企业	200.00	50.00	50.00	100.00
9、外商投资企业	25.37	75.00	99.63	99.26
三、按企业规模分				
大中型	64.80	97.85	91.33	134.94
大型	23.00	99.11	96.29	180.73
中型	93.94	96.97	87.88	103.03
中小型	106.49	88.31	79.22	93.51
小型	115.91	81.82	72.73	86.36
四、特殊分组				
国家重点企业	1.31	99.35	100.65	199.35
国家试点企业集团成员		100.00	100.00	200.00
出口企业	41.42	90.47	115.02	167.47
上市公司	100.00	100.00	100.00	100.00
国有控股企业	72.94	95.42	88.21	128.94

19-6 企业流动资金景气指数

(2011)

指　　标	景气指数			
	第一季度	第二季度	第三季度	第四季度
总体状况	75.08	78.96	83.43	78.00
一、按行业门类分				
(一)工业	56.00	65.03	77.02	68.24
1、采矿业	100.00	100.00	100.00	100.00
2、制造业	57.18	63.65	76.79	67.19
3、电力、煤气及水的生产和供应业	60.00	80.00	80.00	80.00
(二)建筑业	76.47	88.89	77.78	45.75
(三)交通运输、仓储和邮政业	80.00	80.00	60.00	80.00
(四)批发和零售业	175.94	172.60	159.51	162.85
(五)房地产业	83.33	83.33	83.33	50.00
(六)社会服务业	200.00	100.00	100.00	150.00
(七)信息传输、计算机服务和软件	75.00	75.00	75.00	75.00
(八)住宿和餐饮业	55.56	77.78	77.78	66.67
二、按企业登记注册类型分				
1、国有企业	72.05	79.27	84.53	79.27
2、集体企业	100.00	100.00	100.00	100.00
3、股份合作企业	100.00	100.00	100.00	100.00
4、联营企业	100.00	100.00	100.00	100.00
5、有限责任公司	80.43	72.76	74.11	58.32
6、股份有限公司	100.00	85.37	89.78	100.00
7、私营企业	72.73	75.00	75.00	75.00
8、港、澳、台投资企业	100.00	50.00	100.00	100.00
9、外商投资企业	0.37	50.00	50.00	49.63
三、按企业规模分				
大中型	46.78	83.60	88.69	81.72
大型	18.24	99.20	98.56	94.63
中型	66.67	72.73	81.82	72.73
中小型	72.37	68.83	75.32	66.23
小型	76.74	65.91	70.45	61.36
四、特殊分组				
国家重点企业	0.65	100.00	100.00	100.00
国家试点企业集团成员		100.00	100.00	100.00
出口企业	32.18	82.86	82.86	90.74
上市公司	100.00	100.00	100.00	100.00
国有控股企业	43.13	90.09	90.09	85.09

19-7 企业贷款拖欠景气指数

(2011)

指标	景气指数			
	第一季度	第二季度	第三季度	第四季度
总体状况	100.34	100.44	97.95	88.08
一、按行业门类分				
(一)工业	105.09	107.11	99.81	81.66
1、采矿业	100.00	100.00	100.00	100.00
2、制造业	107.59	109.79	99.53	81.90
3、电力、煤气及水的生产和供应业	80.00	60.00	120.00	60.00
(二)建筑业	132.03	55.56	65.36	87.58
(三)交通运输、仓储和邮政业	80.00	80.00	100.00	120.00
(四)批发和零售业	100.00	100.00	100.00	100.00
(五)房地产业	120.00	116.67	116.67	116.67
(六)社会服务业	50.00	50.00	100.00	50.00
(七)信息传输、计算机服务和软件	80.84	80.84	80.84	80.84
(八)住宿和餐饮业	66.67	77.78	100.00	144.44
二、按企业登记注册类型分				
1、国有企业	78.97	111.03	101.40	114.85
2、集体企业	100.00	100.00	100.00	100.00
3、股份合作企业	100.00	100.00	100.00	100.00
4、联营企业	100.00	100.00	100.00	100.00
5、有限责任公司	99.11	106.39	107.28	91.10
6、股份有限公司	90.22	100.22	64.63	80.22
7、私营企业	100.00	58.33	108.33	91.67
8、港、澳、台投资企业		100.00	100.00	50.00
9、外商投资企业	124.63	74.63	74.63	75.37
三、按企业规模分				
大中型	119.20	94.83	89.97	86.63
大型	185.88	100.47	106.01	102.22
中型	72.73	90.91	78.79	75.76
中小型	86.84	97.40	96.10	90.91
小型	97.67	102.27	109.09	102.27
四、特殊分组				
国家重点企业	200.00	99.35	100.65	99.35
国家试点企业集团成员	200.00	100.00	100.00	100.00
出口企业	154.68	83.81	95.33	85.00
上市公司	100.00	100.00	100.00	100.00
国有控股企业	121.22	86.63	88.19	102.49

19-8 企业劳动力需求景气指数

(2011)

指　　标	景气指数			
	第一季度	第二季度	第三季度	第四季度
总体状况	111.85	97.45	98.71	100.43
一、按行业门类分				
(一)工业	104.16	78.36	84.96	88.89
1、采矿业	100.00	100.00	100.00	100.00
2、制造业	104.23	74.64	80.00	86.15
3、电力、煤气及水的生产和供应业	100.00	100.00	120.00	100.00
(二)建筑业	88.89	133.33	112.42	67.97
(三)交通运输、仓储和邮政业	120.00	120.00	120.00	120.00
(四)批发和零售业	124.06	120.72	148.46	138.72
(五)房地产业	100.00	116.67	100.00	66.67
(六)社会服务业	200.00	100.00	100.00	150.00
(七)信息传输、计算机服务和软件	125.00	155.84	125.00	155.84
(八)住宿和餐饮业	155.56	144.44	144.44	133.33
二、按企业登记注册类型分				
1、国有企业	113.91	100.44	89.40	108.04
2、集体企业	100.00	100.00	100.00	100.00
3、股份合作企业	100.00	100.00	100.00	100.00
4、联营企业	100.00	100.00	100.00	100.00
5、有限责任公司	125.65	83.86	80.37	80.40
6、股份有限公司	134.63	104.41	114.41	114.63
7、私营企业	136.36	116.67	125.00	116.67
8、港、澳、台投资企业	200.00	50.00	100.00	100.00
9、外商投资企业	100.37	100.00	100.00	75.00
三、按企业规模分				
大中型	81.54	98.66	96.85	90.56
大型	20.27	96.74	92.34	94.41
中型	124.24	100.00	100.00	87.88
中小型	130.67	97.40	102.60	97.40
小型	135.71	95.45	104.55	104.55
四、特殊分组				
国家重点企业		99.35	99.35	99.35
国家试点企业集团成员		100.00	100.00	100.00
出口企业	77.86	114.56	130.40	123.08
上市公司	100.00	100.00	100.00	100.00
国有控股企业	81.73	102.11	100.09	94.28

19-9 企业固定资产投资景气指数

(2011)

指标	景气指数			
	第一季度	第二季度	第三季度	第四季度
总体状况	99.59	105.36	110.88	113.02
一、按行业门类分				
(一)工业	88.32	96.43	100.30	98.74
1、采矿业	100.00	100.00	100.00	100.00
2、制造业	88.53	94.22	92.62	91.30
3、电力、煤气及水的生产和供应业	120.00	120.00	200.00	160.00
(二)建筑业	61.03	133.33	90.20	88.89
(三)交通运输、仓储和邮政业	140.00	80.00	160.00	160.00
(四)批发和零售业	124.03	172.60	152.97	159.51
(五)房地产业	83.33	100.00	83.33	83.33
(六)社会服务业	200.00	100.00	100.00	150.00
(七)信息传输、计算机服务和软件	130.84	155.84	155.84	175.00
(八)住宿和餐饮业	87.50	66.67	100.00	100.00
二、按企业登记注册类型分				
1、国有企业	119.60	126.92	132.08	119.18
2、集体企业	100.00		100.00	100.00
3、股份合作企业	100.00	100.00	100.00	100.00
4、联营企业	100.00	100.00	100.00	100.00
5、有限责任公司	114.73	96.56	89.89	88.77
6、股份有限公司	120.96	115.37	109.78	115.15
7、私营企业	88.89	91.67	100.00	116.67
8、港、澳、台投资企业	100.00	100.00	100.00	50.00
9、外商投资企业	25.37	75.00	125.00	100.00
三、按企业规模分				
大中型	71.61	107.68	106.77	100.40
大型	23.41	101.32	99.10	96.63
中型	106.25	112.12	112.12	103.03
中小型	105.41	98.70	106.49	103.90
小型	104.76	88.64	102.27	104.55
四、特殊分组				
国家重点企业	1.31	100.00	100.65	99.35
国家试点企业集团成员		100.00	100.00	100.00
出口企业	59.74	99.37	117.31	113.13
上市公司	100.00	100.00	100.00	100.00
国有控股企业	66.71	109.82	121.86	114.99

19-10 企业产品订货景气指数

(2011)

指 标	景气指数			
	第一季度	第二季度	第三季度	第四季度
总体状况	105.64	88.69	93.05	115.87
一、按行业门类分				
(一)工业	98.47	80.30	74.87	106.41
1、采矿业	100.00	100.00	100.00	100.00
2、制造业	99.76	77.22	73.45	105.08
3、电力、煤气及水的生产和供应业	150.00	133.33	100.00	133.33
(二)建筑业	91.50	154.25	101.31	90.20
(三)交通运输、仓储和邮政业	160.00	60.00	160.00	140.00
(四)批发和零售业	120.94	143.91	127.48	159.77
(五)房地产业	100.00	83.33	100.00	66.67
(六)社会服务业	100.00	100.00	150.00	200.00
(七)信息传输、计算机服务和软件	125.00	100.00	125.00	150.00
(八)住宿和餐饮业	88.89	88.89	100.00	88.89
二、按企业登记注册类型分				
1、国有企业	117.21	115.15	89.61	95.17
2、集体企业	100.00	100.00		100.00
3、股份合作企业	100.00	100.00	100.00	100.00
4、联营企业	100.00	100.00	100.00	100.00
5、有限责任公司	112.45	83.32	81.50	86.46
6、股份有限公司	125.59	89.04	94.41	124.63
7、私营企业	118.18	118.18	109.09	118.18
8、港、澳、台投资企业	200.00	50.00	100.00	100.00
9、外商投资企业	75.74	75.00	75.00	124.63
三、按企业规模分				
大中型	78.92	98.60	89.70	134.09
大型	19.15	105.40	97.10	181.53
中型	121.88	93.55	84.38	100.00
中小型	119.44	85.14	89.33	96.00
小型	117.50	79.07	93.02	93.02
四、特殊分组				
国家重点企业	1.31	100.00	100.00	200.00
国家试点企业集团成员		100.00	100.00	200.00
出口企业	59.67	109.41	116.92	177.71
上市公司	100.00	100.00	100.00	100.00
国有控股企业	72.98	105.47	91.57	130.25

附录一

各乡镇主要经济指标

【简要说明】

一、本篇资料主要反映全市各乡镇经济发展情况。内容包括人口、耕地、农产品产量、财政收入及农民人均纯收入等。

二、本篇数据来源于“乡镇基本情况卡片”，由杨静波、杜从国搜集整理。

附录 1-1 各乡镇主要经济指标

附录 1-1 续表 1

乡镇名称	总户数(户)		总人口(人)		乡镇从业人员(人)	
	2010	2011	2010	2011	2010	2011
茅箭区						
大川镇	801	930	2793	3268	1572	1589
茅塔乡	1313	1373	4694	4766	2202	2244
鸳鸯乡	2979	3023	9103	35000	3963	29683
张湾区						
黄龙镇	5852	6013	17180	18178	6689	6867
柏林镇	4321	4821	13000	12166	2824	2913
方滩乡	1651	1641	6302	6262	3631	3611
西沟乡	1403	1402	4786	4781	2641	2632
郧县						
城关镇	33489	35090	122348	122993	45558	11902
安阳镇	7621	7746	27337	26984	14003	11165
杨溪铺镇	5322	6225	21713	19201	10902	3412
青曲镇	7555	7299	26701	26570	13353	2777
白桑关镇	8200	9048	33912	33797	17899	15208
南化塘镇	14097	15363	59366	60999	25373	25373
白浪镇	2862	3026	12784	12774	6539	6773
刘洞镇	4527	4601	17274	19122	9156	10151
谭山镇	7670	8778	31973	35952	13213	8489
梅铺镇	6325	8022	28874	32143	11507	16805
青山镇	4175	4507	16694	16959	8340	10500
茶店镇	7931	7931	26614	27384	15925	15006
柳陂镇	11986	14718	50265	52040	20518	25992
鲍峡镇	8463	10043	34346	33906	14348	10386
胡家营镇	5847	6771	23276	26174	11662	14438
谭家湾镇	7317	7173	27790	20947	16277	13987
大柳乡	4287	4266	14625	14767	9629	6651
五峰乡	8477	9477	33087	33577	16886	4762
叶大乡	4737	4761	19040	18059	8597	8597

附录 1-1 续表 2

乡镇名称	总户数(户)		总人口(人)		乡镇从业人员(人)	
	2010	2011	2010	2011	2010	2011
郧西县						
城关镇	29003	29366	78733	81690	33299	33774
土门镇	8556	8562	31396	31318	15652	15595
上津镇	7607	7654	32230	32464	12801	13013
店子镇	6356	6410	26329	26404	12085	13025
夹河镇	10102	10175	39317	39394	20248	20390
羊尾镇	7006	6727	27289	27417	14212	15444
观音镇	10009	10224	39837	40079	20877	21156
马安镇	6738	6768	22409	22490	9611	9664
河夹镇	8745	8815	32645	32365	15795	15532
香口乡	7143	7156	26257	26345	15829	15895
关防乡	4460	4574	16680	16748	8037	8178
湖北口回族乡	5706	5926	22282	21986	9727	10063
景阳乡	8441	8408	34309	34340	14714	14961
六郎乡	8491	8514	31482	29150	13166	13207
涧池乡	5909	5934	21974	22350	9561	9538
安家乡	3918	3996	12472	12328	6885	6903
竹山县						
城关镇	18209	18074	58483	59857	29721	30570
溢水镇	7837	7979	31629	32328	18207	16017
麻家渡镇	7288	7379	29244	29496	16335	16677
宝丰镇	16431	16549	61269	62353	27704	28415
擂鼓镇	8518	8568	32435	32648	15364	16324
秦古镇	7013	7016	25993	26083	13789	13841
得胜镇	7199	7093	26620	26021	11743	11583
田家镇	4190	4180	16325	16254	5265	8357
官渡镇	4211	4209	15096	19316	10585	8302
潘口乡	4865	4759	19064	19217	9041	8639
竹坪乡	6525	6520	26164	26154	13180	14450

附录 1-1 续表 3

乡镇名称	总户数(户)		总人口(人)		乡镇从业人员(人)	
	2010	2011	2010	2011	2010	2011
大庙乡	3565	3544	13508	13321	7766	7554
双台乡	5320	5318	18128	18205	8786	8789
楼台乡	6171	6165	26513	26512	1031	7579
文峰乡	3740	3733	15245	15164	7232	7470
深河乡	3102	3043	13125	13052	3943	3944
柳林乡	3859	3203	15096	12683	6341	4959
竹溪县						
城关镇	5642	9729	20639	22291	10576	10197
蒋家堰镇	8958	8960	34326	34098	17140	15423
中峰镇	8825	8884	32613	33035	15906	16482
水坪镇	12869	13921	47833	50694	24317	25098
县河镇	5978	5889	21396	21514	10678	10744
泉溪镇	2560	2675	10220	10381	5728	9756
丰溪镇	2971	2957	10015	10012	5312	2035
龙坝乡	5328	5355	20870	20985	12190	12408
新州乡	5150	5149	21246	21255	9987	10562
兵营乡	4243	4169	15629	15424	7139	7119
鄂坪乡	2668	2723	9420	9506	4984	5278
汇湾乡	4154	4157	16599	16699	7500	8518
天宝乡	3983	9729	16972	17344	8700	10197
桃源乡	1987	2128	7353	7889	3971	4369
向坝乡	1619	1619	6457	6567	3812	3823
房县						
城关镇	16781	30824	47994	76050	17849	19091
军店镇	9490	9487	36143	36379	17303	17254
化龙堰镇	6577	6582	26535	26714	14456	14122
土城镇	5490	6389	20231	20023	12577	12525
大木厂镇	7537	7550	30451	30589	17406	17596

附录 1-1 续表 4

乡镇名称	总户数(户)		总人口(人)		乡镇从业人员(人)	
	2010	2011	2010	2011	2010	2011
青峰镇	8796	8427	33446	33592	17496	19590
门古寺镇	7916	7607	31839	31506	16448	17591
白鹤镇	8571	8569	32796	32976	20422	21239
野人谷镇	3381	3312	12078	11941	6828	7692
红塔镇	10345	10346	40400	40949	23128	23130
窑淮镇	4541	4528	17680	17752	11594	11662
姚坪乡	4074	4004	16366	15975	10230	9872
榔口乡	2521	2570	9846	9944	5838	6056
沙河乡	2549	2488	10098	9789	4772	4753
万峪河乡	2384	2388	9425	9436	4892	4939
上龛乡	1776	1760	6830	6780	4985	5018
中坝乡	2405	2630	10337	10335	6113	6145
九道乡	2800	2679	11379	10620	6163	5637
回龙乡	1067	1047	3855	3910	2443	2291
丹江口市						
土关垭镇	3731	3501	12991	12327	7967	5137
浪河镇	6125	6492	18856	21400	10044	11875
丁家营镇	5687	4370	13850	12509	7244	8146
六里坪镇	16800	16851	46049	46188	23000	24532
盐池河镇	3310	3316	11031	11037	6949	6979
均县镇	6427	6358	23745	23214	15334	15036
习家店镇	10117	9767	44085	35924	15707	17449
蒿坪镇	3332	3491	12412	12669	6852	6762
石鼓镇	3715	3257	12476	11892	6562	7043
凉水河镇	6611	7337	25835	26085	12181	12464
官山镇	3741	3888	14537	14166	8309	8122
土台乡	3819	3801	14421	14343	8568	5367
武当山特区	11534	14579	50075	55171	38756	32945

附录 1-1 续表 5

乡镇名称	耕地面积(公顷)		农作物总播种面积(公顷)		粮食产量(吨)	
	2010	2011	2010	2011	2010	2011
茅箭区						
大川镇	110	110	338	296	535	556
茅塔乡	189	189	380	381	720	827
鸳鸯乡	231	219	159	120	82	
张湾区						
黄龙镇	330	330	798	782	1070	899
柏林镇	147	146	458	466	557	377
方滩乡	178	173	513	525	920	1022
西沟乡	204	204	547	570	1132	1218
郧县						
城关镇	1258	1292	4246	3141	11356	10899
安阳镇	3577	3591	7483	7434	22033	19570
杨溪铺镇	1764	1764	4626	3986	11672	12300
青曲镇	2271	2316	4323	4220	14654	12662
白桑关镇	3011	2986	5661	5647	14792	12376
南化塘镇	3542	3527	7137	6952	19893	18824
白浪镇	840	840	1650	1643	4259	3652
刘洞镇	1186	1182	2740	2849	7533	6160
谭山镇	2099	2063	4315	4610	13181	11622
梅铺镇	2074	2074	5190	4891	13651	12566
青山镇	1383	1383	3700	3669	8643	7363
茶店镇	1382	1329	3481	3577	8947	7575
柳陂镇	2427	2415	8109	7210	11320	10518
鲍峡镇	1425	1426	3114	3450	9909	9644
胡家营镇	1252	1166	3590	3489	6648	7015
谭家湾镇	1284	1349	3445	3433	11397	9541
大柳乡	1465	1465	3882	4161	8425	7882
五峰乡	1545	1545	4800	4470	11187	8935
叶大乡	1267	1268	3173	2897	6820	5084

附录 1-1 续表 6

乡镇名称	耕地面积(公顷)		农作物总播种面积(公顷)		粮食产量(吨)	
	2010	2011	2010	2011	2010	2011
郧西县						
城关镇	1068	1056	4754	3132	14400	12287
土门镇	1592	1608	5636	4352	10863	9821
上津镇	1526	1526	5952	4071	19215	13427
店子镇	2222	2221	5891	6019	14951	12925
夹河镇	2303	2303	8622	6048	18891	15574
羊尾镇	983	987	3842	2586	7210	7131
观音镇	1796	1799	6823	4837	14209	11491
马安镇	1315	1322	4511	3532	9023	9096
河夹镇	2210	2217	7375	5992	19249	16352
香口乡	1785	1829	6310	4953	13148	13201
关防乡	981	981	3140	2155	7729	7157
湖北口回族乡	1626	1629	4271	3996	8460	7680
景阳乡	2471	2471	6154	6018	11324	9995
六郎乡	1904	1954	6488	5077	15345	14312
涧池乡	1202	1206	3313	3077	6842	6249
安家乡	933	947	3556	2326	8935	7452
竹山县						
城关镇	704	680	1575	1451	3355	2452
溢水镇	2384	2113	5142	5442	16900	15017
麻家渡镇	2751	2401	5623	5647	14553	12975
宝丰镇	5332	5366	10619	10245	26581	25739
擂鼓镇	2668	1853	5411	5059	14409	15377
秦古镇	1939	1918	5287	5375	18900	13730
得胜镇	2446	2441	5531	5785	16262	18439
田家镇	1694	1694	3215	3246	7369	7207
官渡镇	2439	1493	5097	4074	13393	14748
潘口乡	1296	659	2957	1612	8902	8986
竹坪乡	3221	2330	7207	6447	18250	18190

附录 1-1 续表 7

乡镇名称	耕地面积(公顷)		农作物总播种面积(公顷)		粮食产量(吨)	
	2010	2011	2010	2011	2010	2011
大庙乡	1375	795	2872	1825	5926	6875
双台乡	1490	939	2743	2811	9267	8884
楼台乡	3195	2487	5622	6325	17666	16979
文峰乡	1495	1290	3337	3031	9634	10809
深河乡	1243	927	3158	2464	10746	11354
柳林乡	2086	1892	5192	5285	14081	13267
竹溪县						
城关镇	571	563	2106	1191	7278	7170
蒋家堰镇	1572	1572	3583	3152	18048	17572
中峰镇	1231	1229	3671	3077	17145	16807
水坪镇	3363	3359	9650	9650	36533	35611
县河镇	1839	1853	4549	4549	16670	16568
泉溪镇	1388	1396	2864	3154	8061	7794
丰溪镇	1919	2165	4220	4512	15432	15212
龙坝乡	1396	1396	3640	3600	12201	11965
新州乡	2268	2274	6376	6380	22259	21890
兵营乡	1241	1241	5625	3423	13696	13289
鄂坪乡	1349	1349	2873	3179	8641	8429
汇湾乡	1991	1991	5720	4261	17013	16182
天宝乡	2346	2349	4997	3842	13239	12898
桃源乡	929	924	2350	2421	5630	5817
向坝乡	676	674	2058	1842	5894	6061
房县						
城关镇	1172	1141	3028	3187	9943	8747
军店镇	1883	1896	3811	3957	14825	12203
化龙堰镇	1290	1314	3637	3765	10408	8704
土城镇	1188	1194	3261	3545	8522	6933
大木厂镇	1944	1995	5494	5369	15525	12389

附录 1-1 续表 8

乡镇名称	耕地面积(公顷)		农作物总播种面积(公顷)		粮食产量(吨)	
	2010	2011	2010	2011	2010	2011
青峰镇	2208	2227	4916	5002	13671	11050
门古寺镇	2709	2796	5000	5276	12953	10906
白鹤镇	2044	2033	4066	4148	13566	11050
野人谷镇	1429	1393	2404	2486	6306	4472
红塔镇	2134	2174	5447	6160	16563	14370
窑淮镇	930	930	2171	2199	7955	5827
姚坪乡	1247	1262	3175	3344	6437	5084
榔口乡	767	770	1860	2019	4391	3459
沙河乡	784	784	1280	1396	3269	2864
万峪河乡	918	934	1962	2085	4692	3572
上龛乡	773	1011	2143	2536	3524	2611
中坝乡	971	995	1605	1829	3997	3259
九道乡	2066	2066	3774	4213	5607	3754
回龙乡	417	417	1069	1026	2489	2009
丹江口市						
土关垭镇	653	659	1234	1191	4312	3647
浪河镇	827	819	1634	1556	5627	5080
丁家营镇	368	368	848	850	3714	3648
六里坪镇	1333	1328	2868	2874	10711	9458
盐池河镇	1048	1048	2178	2082	5404	4123
均县镇	2052	1969	4255	3674	10543	7904
习家店镇	3373	3397	6867	6672	23674	18625
蒿坪镇	1593	1611	3037	3263	9512	7974
石鼓镇	1476	1487	2784	2914	8524	7393
凉水河镇	1672	1674	4386	4376	12870	10860
官山镇	1248	1190	2650	2432	6412	5235
土台乡	1200	1105	2060	2270	6986	7148
武当山特区	603	602	1456	1509	4919	4359

附录 1-1 续表 9

乡镇名称	肉类总产量(吨)		居民储蓄存款余额(万元)		农民人均纯收入(元)	
	2010	2011	2010	2011	2010	2011
茅箭区						
大川镇	120	203	286	220	3428	3974
茅塔乡	416	552	580	620	3386	3827
鸳鸯乡	655	453	6000	6500	3960	4643
张湾区						
黄龙镇	501	565	4600	5200	3618	4248
柏林镇	521	436	5000	5000	4209	4847
方滩乡	289	327	690		3219	3869
西沟乡	288	294	830		3850	4492
郧县						
城关镇	2548	2582	23000	43600	4193	4900
安阳镇	2641	2827	12690	12700	3865	4355
杨溪铺镇	1541	1658	4500	4800	3750	4250
青曲镇	2055	1923	2400	2900	3334	3812
白桑关镇	1772	1918	2600	2600	3316	3826
南化塘镇	1720	3491	1356	1423	3266	3775
白浪镇	630	780	1228	1488	3178	3763
刘洞镇	1123	1448	4950	1773	3340	3807
谭山镇	1609	1695	5300	3500	3312	3863
梅铺镇	2114	2149	6459	6600	3142	3640
青山镇	1490	1545	3500	4000	3748	4398
茶店镇	1761	1992	7850	8520	4190	4995
柳陂镇	1849	2265	25052	28000	4081	4662
鲍峡镇	1378	1505	26000	20000	3081	3458
胡家营镇	559	669	3200	5000	2772	3225
谭家湾镇	1424	1485	2700	5700	3818	4561
大柳乡	1149	1236	2700	3840	3087	3566
五峰乡	1110	1225	3688	4000	2681	3141
叶大乡	892	999	4532	4550	2614	3104

附录 1-1 续表 10

乡镇名称	肉类总产量(吨)		居民储蓄存款余额(万元)		农民人均纯收入(元)	
	2010	2011	2010	2011	2010	2011
郧西县						
城关镇	2689	2301	12000	37000	4608	5108
土门镇	2151	1644	1890	1652	3518	3858
上津镇	1250	1325	15000	16000	3213	4106
店子镇	2182	2355	28760	15156	3749	3784
夹河镇	1890	1978	11000	14510	3752	4202
羊尾镇	791	947	3400	3400	3572	4123
观音镇	2779	2066	3005	3200	3010	3550
马安镇	1272	1432	9900	10000	3095	3431
河夹镇	1483	1595	11250	13900	3116	3610
香口乡	2090	2399	30000	30000	3201	3617
关防乡	985	1074	16023	16023	3008	3676
湖北口回族乡	1261	1454	18000	18500	3336	3972
景阳乡	2643	2130	12300	13500	3124	3742
六郎乡	1673	1720	12491	12800	3077	3152
涧池乡	924	851	11500	5000	3022	3509
安家乡	712	811	3756	4000	3400	3780
竹山县						
城关镇	529	470	9800	1500	4108	4704
溢水镇	898	907	10000	13000	3187	3668
麻家渡镇	1109	1508	4500	6700	3078	3526
宝丰镇	2326	3062	14500	15500	3614	4218
擂鼓镇	1186	1576	2800	6100	3389	4012
秦古镇	1052	1378	11327	14397	3437	4091
得胜镇	1393	1548	13115	13215	3197	3821
田家镇	363	384	3500	4500	3110	3490
官渡镇	857	803	4717	4717	3411	4120
潘口乡	781	806	1360	1470	3293	3886
竹坪乡	976	1289	3560	3748	3328	3748

附录 1-1 续表 11

乡镇名称	肉类总产量(吨)		居民储蓄存款余额(万元)		农民人均纯收入(元)	
	2010	2011	2010	2011	2010	2011
大庙乡	576	750	2250	5000	2991	3464
双台乡	636	790	2450	3150	3071	3431
楼台乡	700	773	1300	2050	3068	3438
文峰乡	683	505	1309	1410	3056	3572
深河乡	997	720	1500	1500	2920	3287
柳林乡	634	728	2800	5600	3390	4010
竹溪县						
城关镇	1624	1845	7916	8541	5048	7113
蒋家堰镇	2323	2142	24545	24500	5076	5076
中峰镇	2091	2215	3500	1436	4133	5000
水坪镇	2971	2541	3100	3512	5129	6946
县河镇	1210	1145	800	954	3076	4388
泉溪镇	892	753	3870	4230	2954	4247
丰溪镇	1007	1423	4300	6000	3832	5129
龙坝乡	1309	1845	1725	6620	3639	4188
新州乡	1188	1548	2500	3512	3199	4336
兵营乡	1112	1245	5841	5142	2916	4857
鄂坪乡	495	1429	957	760	3295	4945
汇湾乡	1164	1543	4404	4404	3160	4562
天宝乡	1027	1324	3600	3483	3009	4140
桃源乡	518	964	3120	3650	3363	4818
向坝乡	355	817	2829	2948	3350	3920
房县						
城关镇	1720	1978	3980	3980	4736	4825
军店镇	2102	1913	7300	25000	3876	4687
化龙堰镇	1166	2141	1021	15000	3553	4325
土城镇	1080	1865	4720	4765	3416	3854
大木厂镇	1784	2078	14500	15000	3823	3999

附录 1-1 续表 12

乡镇名称	肉类总产量(吨)		居民储蓄存款余额(万元)		农民人均纯收入(元)	
	2010	2011	2010	2011	2010	2011
青峰镇	2855	2924	7237	9431	4023	4875
门古寺镇	2391	2970	11000	5200	3695	4036
白鹤镇	2045	2918	4000	6000	3766	3942
野人谷镇	1017	1514	2580	3784	2736	3285
红塔镇	2731	3090	9300	11500	4145	4321
窑淮镇	1211	1586	2500	3000	3563	3675
姚坪乡	686	866	1800	636	3543	3645
榔口乡	673	1135	1500	3950	3625	3965
沙河乡	895	959	2742	3820	3186	3374
万峪河乡	620	896	2156	2100	2962	3092
上龛乡	990	1355	1904	2900	2878	2940
中坝乡	932	1318	750	3168	3449	3568
九道乡	1050	1237	800		3835	4026
回龙乡	420	557	268	500	2420	2533
丹江口市						
土关垭镇	980	1252	3068	4025	3661	4070
浪河镇	1250	3860	18100	37778	4600	5162
丁家营镇	1569	1715	8700	9700	4050	5010
六里坪镇	2935	4251	35000	79500	4617	5290
盐池河镇	926	960	150	200	3347	3715
均县镇	3156	4492	5250	2000	4178	4392
习家店镇	3413	6511	20354	3000	4326	4802
蒿坪镇	551	831	1100	1200	3125	3568
石鼓镇	2500	2500	950	11000	3140	4174
凉水河镇	5150	5650	8959	14089	4125	4605
官山镇	1063	1179	4000	7302	3300	3697
土台乡	2300	2894	7000	8400	3705	4286
武当山特区	1857	1973	16586	186759	3628	4294

附录 1-1 续表 13

乡镇名称	财政收入(万元)		财政支出(万元)		固定资产投资(万元)	
	2010	2011	2010	2011	2010	2011
茅箭区						
大川镇	206	350	206	350	4947	3459
茅塔乡	160	505	160	505	4940	2800
鸳鸯乡	469	405	469	405	225000	340000
张湾区						
黄龙镇	210	250	210	250	4800	15852
柏林镇	127	130	127	130	5500	12383
方滩乡	60	72	60	92	150	12590
西沟乡	67	83	67	93	300	2000
郧县						
城关镇	15600	6829	6029	5829	8765	11065
安阳镇	130	330	130	330	150	6000
杨溪铺镇	426	420	426	420	3000	150
青曲镇	54	350	54	350	1898	3000
白桑关镇	131	345	120	320	2100	1800
南化塘镇	195	588	105	588	874	1278
白浪镇	65	378	55	378	3500	4800
刘洞镇	38	248	16	248	4875	6500
谭山镇	200	330	179	330	11040	10100
梅铺镇	76	360	76	360	5230	6000
青山镇	130	320	128	315	7300	6000
茶店镇	6601	7148	904	1638	123800	213500
柳陂镇	1076	1276	1076	1276	32890	35000
鲍峡镇	186	514	186	486	9976	9390
胡家营镇	128	350	103	350	350	1070
谭家湾镇	2167	2499	1770	1770	12000	22000
大柳乡	113	328	113	320	4600	6423
五峰乡	80	341	18	341	2880	2880
叶大乡	75	275	64	264	2300	2000

附录 1-1 续表 14

乡镇名称	财政收入(万元)		财政支出(万元)		固定资产投资(万元)	
	2010	2011	2010	2011	2010	2011
郧西县						
城关镇	3102	3740.69	450	650	6500	18000
土门镇	229	173.24	229	213	2470	2784
上津镇	331	162.92	281	231		1630
店子镇	410	180.99	236	220		
夹河镇	801	228.5	384	720	448	1836
羊尾镇	1018	350.55	1018	1018	215	4320
观音镇	930	157.76	838	138	2000	8187
马安镇	550	737.52	550	327	6000	6100
河夹镇	240	140.82	240	197	2350	122
香口乡	838	332.18	838	330	27000	7180
关防乡	297	310.56	98	221	10	
湖北口回族乡	217	299.29	175	187	1800	2500
景阳乡	340	222.13		320	250	2000
六郎乡	980	87.85	980	782	4179	3960
涧池乡	457	333.84	457	330	9	932.4
安家乡	400	160.15	178	149	7791	8000
竹山县						
城关镇	2851	3400	2851	3400	10000	8000
溢水镇	58	250	58	200	22366	11870
麻家渡镇	691	720	691	700	2080	6990
宝丰镇	1051	1450	1051	1250	8500	9210
擂鼓镇	400	510	400	1510	5600	8220
秦古镇	210	270	210	270	4181	13544
得胜镇	216	329	216	953	5960	7281
田家镇	172	195.3	91.5	190	200	7500
官渡镇	861.1	797	861.1	700		9800
潘口乡	350	470.5	350	130	2100	460
竹坪乡	222	285.3	182	280	6880	2000

附录 1-1 续表 15

乡镇名称	财政收入(万元)		财政支出(万元)		固定资产投资(万元)	
	2010	2011	2010	2011	2010	2011
大庙乡	81	125	81	125	5300	3000
双台乡	365	365	365	365	2500	2000
楼台乡	150	96	75	1060	1500	6480
文峰乡	165	120	60	700	1500	3310
深河乡	150	265	60	125	1800	1500
柳林乡	878	1001	878	970	1700	3000
竹溪县						
城关镇	1702	1539	285	1539	25046	12800
蒋家堰镇	427	427.32	427	410	5000	5000
中峰镇	235	250	235	250	5000	6200
水坪镇	1400	1400	1400	1400	8560	8560
县河镇	221	280.85	220	250	8	3960
泉溪镇	238	250	238	250	750	1000
丰溪镇	310	400	310	400	4200	5000
龙坝乡	159	154	159	77	1200	4177
新州乡	260	280	260	210	23000	5065
兵营乡	210	250	210	210		3900
鄂坪乡	153	161	153	161	450	600
汇湾乡	180	200	180	333		
天宝乡	172	220	172	1539	3500	4000
桃源乡	725	510.8	725	511	320	3200
向坝乡	95	422	95	422	386	3000
房县						
城关镇	1780	1780	1690	1690	3830	3830
军店镇	356	935.1	356	935	4297	6250
化龙堰镇	996.4	1600	509	1496	2462	3660
土城镇	392	140	392	140	16810	16580
大木厂镇	140	150	140	320	2486	3000

附录 1-1 续表 16

乡镇名称	财政收入(万元)		财政支出(万元)		固定资产投资(万元)	
	2010	2011	2010	2011	2010	2011
青峰镇	748	670	748	670	12100	17472
门古寺镇	500	410	500	403	2400	3592
白鹤镇	1352	1398	1223	1363	4048	5950
野人谷镇	526	850	250	850	3413	4780
红塔镇	783	1400	783	1400	2860	4262
窑淮镇	270	270	270	270	5200	7700
姚坪乡	75	90	75	90	4160	6156
椰口乡	145	145	145	145	2012	2977
沙河乡	250	270	250	270	1839	2544
万峪河乡	105	338	105	338	1630	1727
上龛乡	462	575	462	575	9978	14000
中坝乡	420	424.7	420	296	2271	3325
九道乡	1765	870	415	870	5380	7655
回龙乡	61	30	61	30	730	1090
丹江口市						
土关垭镇	212	440	212	440	4353	8021
浪河镇	3001	3258	2477	1245	25350	85275
丁家营镇	250	600	250	411	12020	39096
六里坪镇	5000	12980	920	1399	80000	177122
盐池河镇	282	315	277	277	3271	3010
均县镇	1250	1500	1250	1500	7610	30000
习家店镇	820	930	820	930	15133	23545
蒿坪镇	205	220	205	220	3400	3980
石鼓镇	830	850	825	850	8070	12500
凉水河镇	425	710	402	511	9595	20106
官山镇	378	454	378	454	6215	6019
土台乡	626	293	625	293	8620	25000
武当山特区	21731	24569	21469	39525	65150	130900

附录 1-1 续表 17

乡镇名称	农村新型合作医疗的人数(人)		参加农村社会养老保险的人数(人)		享受居民最低生活保障人数(人)	
	2010	2011	2010	2011	2010	2011
茅箭区						
大川镇	2793	2269	368	197	863	450
茅塔乡	4694	4274	3853	420	721	721
鸳鸯乡	7041	6956	727	950	3078	3141
张湾区						
黄龙镇	11313	11345	220	4500	1150	1230
柏林镇	5710	5710	150	2300	386	374
方滩乡	5680	4480	39	3820	320	320
西沟乡	4775	4272	39	1250	295	392
郧县						
城关镇	35353	24300	9865	13672	1605	1685
安阳镇	25600	25769	297	8871	1889	2261
杨溪铺镇	20850	15361	235	3526	775	1592
青曲镇	22551	23809	40	21657	1300	1300
白桑关镇	30000	31060	90	13000	1230	1591
南化塘镇	40773	40778	57	5800	4591	4591
白浪镇	1120	5329	184	4410	850	950
刘洞镇	13160	15799	1050	5545	65	536
谭山镇	28458	24389	258	4497	1132	1250
梅铺镇	26500	26776		23600	949	2333
青山镇	16000	9992	185	8157	1500	1467
茶店镇	13750	23821	380	10599	280	2075
柳陂镇	42068	38670	1568	22582	1042	1241
鲍峡镇	29529	29259	56	10200	2521	2974
胡家营镇	21000	18184	22	13426	100	1000
谭家湾镇	23950	13332	1600	5648	1605	1160
大柳乡	11014	12143	712	5210	1463	1518
五峰乡	27830	31000	35	11000	3876	3500
叶大乡	1800	16000	76	4500	1870	1870

附录 1-1 续表 18

乡镇名称	农村新型合作医疗的人数(人)		参加农村社会养老保险的人数(人)		享受居民最低生活保障人数(人)	
	2010	2011	2010	2011	2010	2011
郧西县						
城关镇	40672	40893	5600	7938	9780	17953
土门镇	27300	27524	420	17663	2500	1930
上津镇	24689	23767	710	10828	313	1729
店子镇	23605	23076	97	11222	208	1899
夹河镇	34730	34218	1296	14809	338	3067
羊尾镇	20875	20875	72	12500	1341	1662
观音镇	3300	31790	80	5263	3152	2537
马安镇	20870	20870	40	11600	1050	1100
河夹镇	29000	29000	105	7078	298	1860
香口乡	24999	24016	398	11460	2300	1648
关防乡	15011	15118		6976	1240	1112
湖北口回族乡	21455	21455	120	6985	1083	1482
景阳乡	30551	29677	350	17510	2366	2368
六郎乡	27323	26580	118	10348	2571	2325
涧池乡	19400	18786	139	3518	1283	943
安家乡	11557	11557	50	7345	898	913
竹山县						
城关镇	16196	19108	631	3300	8863	8863
溢水镇	28919	30945	100	28919	2070	2070
麻家渡镇	28261	28221	702	750	2209	2959
宝丰镇	55622	53000	1325	15447	3955	6023
擂鼓镇	30262	30278	967	17350	2657	2779
秦古镇	23700	23300		11845	1185	1917
得胜镇	25671	24077	560	12297	2147	2158
田家镇	15509	15587	318	6427	1525	1807
官渡镇	14129	18543	325	9240	1930	1977
潘口乡	17699	18330	95	16539	3600	3427
竹坪乡	25280	25100	3534	26000	2100	2002

附录 1-1 续表 19

乡镇名称	农村新型合作医疗的人数(人)		参加农村社会养老保险的人数(人)		享受居民最低生活保障人数(人)	
	2010	2011	2010	2011	2010	2011
大庙乡	12453	13005	370	7925	1042	864
双台乡	16800	16800	4100	4100	864	864
楼台乡	26000	26000	382	390	2010	2031
文峰乡	14769	14010	35	13647	1240	1310
深河乡	10370	10734	160	5984	125	327
柳林乡	14985	11000	420	6348	1700	1766
竹溪县						
城关镇	19840	12039	10898	3000	6048	789
蒋家堰镇	32400	32410	2020	2230	2700	2800
中峰镇	32000	29000	18000	15000	2240	2200
水坪镇	46000	41894	5911	15421	4038	4318
县河镇	21143	17972	153	11174	2275	2481
泉溪镇	9949	9754	7737	7943	1223	1304
丰溪镇	9430	10012	5952	10012	874	1373
龙坝乡	15360	15786	9100	8655	1740	1840
新州乡	12281	12373	8189	8446	2598	2584
兵营乡	11000	11047	6800	6200	2000	2232
鄂坪乡	7569	5932	4606	4519	902	1301
汇湾乡	15860	15860	8507	8507	260	260
天宝乡	12911	12039	8623	3000	1727	789
桃源乡	6262	6262	4155	4155	853	853
向坝乡	6054	5183	2930	2726	510	835
房县						
城关镇	47370	35809	1712	2597	5251	5207
军店镇	33240	33320	10	27	1485	1511
化龙堰镇	24564	25538	530	703	1479	1547
土城镇	18937	19199	4	599	1223	1296
大木厂镇	29105	28880	90	306	1654	1771

附录 1-1 续表 20

乡镇名称	农村新型合作医疗的人数（人）		参加农村社会养老保险的人数（人）		享受居民最低生活保障人数（人）	
	2010	2011	2010	2011	2010	2011
青峰镇	30194	29389	201	295	3397	1776
门古寺镇	29169	29550		81	2081	1788
白鹤镇	29994	29899	341	346	1382	1347
野人谷镇	11235	10871			1317	1231
红塔镇	35505	35562	1402	1436	1734	1719
窑淮镇	17230	17069	264	264	872	903
姚坪乡	15554	14847	22	29	1572	1225
椒口乡	9456	9439		20	788	792
沙河乡	8304	7153	215	237	979	933
万峪河乡	8031	8432			1135	961
上龛乡	6496	6016			809	789
中坝乡	9500	9137		48	698	1299
九道乡	11101	9955			1510	1510
回龙乡	3533	3497			563	563
丹江口市						
土关垭镇	12034	11853	1300	5194	1905	1416
浪河镇	17494	16300	3500	7646	2263	2457
丁家营镇	9800	9380	500	890	580	610
六里坪镇	33000	22000	1850	18370	1900	2943
盐池河镇	9693	9810	1570	5410	1433	1433
均县镇	21370	23214	2122	9890	1640	2303
习家店镇	29355	29225	821	16802	3210	3440
蒿坪镇	11020	11000	1680	7150	1407	1400
石鼓镇	11200	11050	2825	7500	1850	2260
凉水河镇	24097	22847	724	12500	2554	2507
官山镇	11966	11666	1936	9038	1335	1371
土台乡	12800	13700	670	7154	1753	1586
武当山特区	18794	21561	3145	19872	1045	1234

附录二
十堰市主要经济指标同全省市州比较

【简要说明】

一、本篇资料反映十堰市经济发展主要指标同全省地市州比较情况，内容包括了30种统计表。

二、本篇资料中有些指标（如财政收入）同第二至第十八章同一指标因统计范围不同，可能导致数据不一致，为保持资料的连续性、可比性，未作取舍，请使用时注意。

三、本篇资料取自于《湖北统计年鉴》—2012。

附录 2-1 市、州生产总值

(2011)

单位：亿元

市州	城区生产总值	第一产业	第二产业	第三产业
全省	19632.26	2569.3	9815.94	7247.02
武汉	6762.20	198.70	3254.02	3309.48
黄石	925.96	68.81	577.56	279.59
十堰	851.25	96.91	451.88	302.46
宜昌	2140.70	240.81	1295.24	604.65
襄阳	2132.22	291.66	1216.99	623.57
鄂州	490.89	60.99	289.83	140.07
荆门	942.59	166.53	494.40	281.66
孝感	958.16	195.11	453.69	309.36
荆州	1043.12	265.15	448.83	329.14
黄冈	1045.11	290.00	406.86	348.25
咸宁	652.01	118.80	309.25	223.96
随州	517.99	103.99	243.59	170.41
恩施州	418.19	118.25	133.17	166.77
仙桃	378.46	65.05	193.61	119.80
潜江	378.21	55.27	217.60	105.34
天门	274.52	63.66	136.39	74.47
神农架	14.53	1.49	6.01	7.03

附录 2-2 市、州生产总值指数

(2011)

单位：%

市州	城区生产总值	第一产业	第二产业	第三产业
全省	113.8	104.4	117.9	112.0
武汉	112.5	104.0	116.4	109.6
黄石	115.8	104.6	120.9	110.1
十堰	111.0	104.5	110.8	113.2
宜昌	116.1	104.4	119.2	114.5
襄阳	116.0	104.3	120.2	115.0
鄂州	116.0	104.6	117.2	118.8
荆门	115.6	104.5	120.3	115.5
孝感	114.1	104.4	118.0	115.0
荆州	113.4	104.4	121.6	111.4
黄冈	114.0	104.3	120.2	115.4
咸宁	115.8	104.0	122.7	113.5
随州	115.2	104.5	118.8	117.2
恩施州	113.4	104.5	121.2	114.6
仙桃	115.2	104.1	119.8	115.0
潜江	115.2	104.1	119.7	113.4
天门	115.1	104.0	122.5	113.2
神农架	111.5	104.5	113.7	111.3

附录2-3 全省市、州年底人口数

(2011)

单位：万人

城区	户籍人口	常住人口
全省	6164.06	5758.00
武汉市	827.24	1002.00
黄石市	260.14	243.46
十堰市	348.36	334.81
宜昌市	398.84	406.85
襄阳市	593.59	552.72
鄂州市	109.43	105.10
荆门市	301.90	287.99
孝感市	528.91	482.49
荆州市	662.74	570.40
黄冈市	746.26	621.04
咸宁市	295.25	246.79
随州市	256.87	216.99
恩施市	401.16	329.74
仙桃市	155.14	118.26
潜江市	102.97	94.83
天门市	167.26	136.90
神农架林区	8.01	7.63

附录2-4 市、州全社会固定资产投资

单位：亿元

市州	2000	2001	2002	2003	2004	2005	2006	2007	2008	2009	2010	2011
全省	1421.55	1551.75	1695.22	1883.59	2356.38	2834.75	3572.69	4534.14	5798.56	8211.85	10802.69	12935.02
武汉市	461.93	508.44	570.48	645.06	822.2	1055.18	1325.29	1732.79	2222.91	3001.1	3752.92	4263.24
黄石市	40.86	47.53	54.45	69.23	88.3	106.46	138.05	179.85	232.9	343.05	474.06	597.45
十堰市	30.9	37.17	45.7	58.68	77.53	103.63	116.61	141.66	185.44	278.35	406.31	522.37
宜昌市	229.37	248.35	264.91	250.04	271.28	295.8	323.55	390.36	523.46	750.27	949.51	1189.92
襄樊市	80.47	87.73	96.78	107.22	130.53	156.62	200.5	265.8	373.77	574.79	835.32	1134.74
鄂州市	26.1	29.08	32.28	37.51	44.26	55.17	72.05	105.01	150.01	220.6	298.64	336.85
荆门市	57.12	56.52	61.72	70.96	86.13	104.15	127.74	153.25	210.08	317.18	448.62	590.63
孝感市	74.67	73.5	81.39	90.21	104.44	121.71	144.82	195.93	270.83	397.26	570.70	729.24
荆州市	81.28	90.28	100.57	96.58	108.23	116.78	149.67	210.75	291.46	435.16	600.93	771.42
黄冈市	87.1	92.34	95.35	106.67	130.12	158.56	192.89	258.5	370.85	553.29	736.06	823.71
咸宁市	44.53	49.22	53.94	62.68	75.28	83.09	103.83	138.38	200.83	301.58	436.29	563.08
随州市	22.09	26.01	30.87	36.55	46.47	55.79	70.96	101.92	147.07	208.7	291.18	384.48
恩施市	31.63	42.62	52.01	58.29	70.03	78.07	87.53	116.09	139.37	182.21	244.38	314.27
仙桃市	26.21	29.2	32.32	38.11	46.62	56.14	52.73	64.29	85.24	120.05	167.46	178.11
潜江市	20.88	13.53	23.84	15.73	32.14	40.67	52.61	72.37	88.32	123.96	172.92	175.54
天门市	24.53	24.95	26.32	29.46	33.08	41.15	50.81	67.28	86.07	116.51	153.62	156.07
神农架林区	1.21	1.9	2.17	2.75	4.07	4.89	5.63	5.63	7.5	10.65	14.15	15.77

附录2-5 市、州国有经济单位固定资产投资

单位：亿元

市州	2000	2001	2002	2003	2004	2005	2006	2007	2008	2009	2010	2011
全省	857.01	918.21	963.18	888.72	951.73	1095.71	1473.7	1808.61	2273.83	3124.9	3768.95	3764.22
武汉市	269.5	278.65	306.82	301.9	319.36	427.68	556.09	748.71	1072.32	1315.33	1655.04	1703.62
黄石市	23.04	24.89	24.02	22.83	28.14	28.65	30.74	45.7	57.71	106.17	166.26	126.63
十堰市	19.12	25.55	30.68	32.56	43.12	51.35	55.42	71.51	76.53	136.88	176.18	226.42
宜昌市	174.17	193.1	208.5	171.63	151.79	153.75	151.49	163.69	200.93	279.41	279.98	246.92
襄阳市	44.31	51.71	51.89	47.13	45.52	44.45	58.19	63.7	96.61	111.61	144.10	202.59
鄂州市	16.98	16.78	17.76	13.9	17.09	19.41	28.87	36.4	62.67	112.8	107.33	63.70
荆门市	29.72	28.89	23.46	23.78	23.61	19.63	23.92	37.7	37.64	69.84	113.69	121.27
孝感市	43.66	38.91	40.2	39.21	38.71	37.53	47.57	54.81	74.62	111.71	119.95	136.08
荆州市	39.98	37.42	47.78	36.96	26.06	28.52	41.67	59.14	67.44	130.57	144.46	164.24
黄冈市	36.84	38.82	40.76	33.51	35.11	47.02	61.7	79.98	116.76	199.84	236.10	194.99
咸宁市	27.07	28.36	24.94	22.43	20.27	27.41	39.15	44.53	59.27	103.42	129.30	155.54
随州市	9.69	11.46	13.32	15.09	12.65	14.32	21.17	25.71	37.99	70.68	77.94	77.30
恩施自治州	19.47	22.65	26.64	24.42	25.6	21.52	32.26	45.29	57.47	88.85	111.07	110.16
仙桃市	9.84	10.33	12.15	10.12	9.39	9.65	9.98	9.47	6.54	26.99	12.79	14.48
潜江市	15.81	19.24	17.14	16.68	21.53	19.44	24.19	38.88	38.82	53.64	68.65	51.62
天门市	6.84	6.37	5.39	9.11	8.41	11.84	11.94	15.78	28.47	30.47	46.30	25.51
神农架林区	1.07	1.56	1.59	1.88	1.8	1.9	2.61	3.18	4.89	8.69	10.20	13.36

附录2-6 市、州按经济类型分的全社会固定资产投资

(2011)

单位：亿元

市州	合计	国有经济单位	集体经济单位	城乡私人	其他经济单位
全省	12935.02	3764.22	660.59	3307.47	5202.74
武汉市	4263.24	1703.62	171.79	598.97	1788.86
黄石市	597.45	126.63	41.85	161.63	267.33
十堰市	522.37	226.42	30.19	128.98	136.79
宜昌市	1189.92	246.92	47.15	358.76	537.09
襄阳市	1134.74	202.59	27.95	398.80	505.40
鄂州市	336.85	63.70	14.88	108.32	149.95
荆门市	590.63	121.27	34.98	277.62	156.76
孝感市	729.24	136.08	70.92	306.93	215.31
荆州市	771.42	164.24	61.66	194.54	350.98
黄冈市	823.71	194.99	92.02	250.01	286.69
咸宁市	563.08	155.54	13.31	140.35	253.88
随州市	384.48	77.30	25.99	118.78	162.40
恩施自治州	314.27	110.16	2.12	70.48	131.52
仙桃市	178.11	14.48	7.09	101.91	54.64
潜江市	175.54	51.62	11.25	47.76	64.92
天门市	156.07	25.51	7.45	42.52	80.59
神农架林区	15.77	13.36		1.11	1.29

附录 2-7 市、州房地产开发投资

单位：亿元

市州	2000	2001	2002	2003	2004	2005	2006	2007	2008	2009	2010	2011
全省	134.63	151.24	178.64	239.04	337.28	447.95	464.76	723.73	892.67	1200.44	1618.24	2066.48
武汉市	101.31	115.33	132.5	169.55	233.3	297.99	366.15	459.75	560.36	778.59	1017.40	1282.25
黄石市	2.24	2.55	3.32	4.33	7.64	11.33	16.96	19.66	21.53	25.3	38.36	42.51
十堰市	2.84	3.68	6.27	9.47	11.75	20.95	25.18	26.05	28.99	35.73	41.08	52.00
宜昌市	6.8	6.56	7.8	12.79	20.17	31.7	39.18	48.71	56.68	79.33	105.78	135.97
襄阳市	5.66	7.24	9.08	11.72	17.52	22.09	29.67	36.87	46.21	55.39	106.52	144.97
鄂州市	1.22	1.65	1.82	2.34	4.15	6.06	7.84	939	10.79	8.11	11.49	18.82
荆门市	1.2	1.68	3.5	3.93	4.44	5.31	9.07	11.38	16.87	27.19	38.83	55.65
孝感市	3.83	3.9	4.75	5.37	7.48	9.38	11.26	19.16	28.57	32.4	49.60	56.40
荆州市	3.72	3.93	4.01	6.97	11.58	16.19	18.14	22.2	26.59	32.87	35.53	55.80
黄冈市	1.2	1.79	1.93	3.51	6.23	9.08	12.17	23.33	27.38	37.33	43.84	62.15
咸宁市	0.53	0.73	0.89	1.98	2.58	3.8	7.88	14.6	25.35	39.55	59.57	65.46
随州市	0.57	0.69	0.83	2.84	4.2	4.53	6.83	9.11	15.96	17.05	21.66	24.68
恩施自治州	0.71	0.64	0.85	1.97	2.96	5.24	8.29	16.22	16.48	16.97	25.65	35.47
仙桃市	1.35	0.68	0.65	1.61	2.51	1.96	2.39	2.95	3.92	4.79	7.75	16.34
潜江市	0.22	0.17	0.43	0.35	0.33	0.86	1.32	1.44	2.76	3.57	6.39	5.75
天门市	0.13	0.02	0.01	0.31	0.45	1.48	2.44	2.92	4.27	6.27	8.77	12.26
神农架林区	0.82		1.75	2.68	4.19	5.13	5.47	7.25				

附录 2-8 市、州技术改造投资

单位：亿元

市州	2000	2001	2002	2003	2004	2005	2006	2007	2008	2009	2010	2011
全省	245.16	290.02	320.17	383.2	534.29	531.72	625.43	807.56	1033.28	1301.07	1609.33	1696.12
武汉市	104.52	116.62	129.66	147.72	186.51	176.7	216.04	316.9	406.15	410.32	419.75	374.97
黄石市	13.13	16.01	19.92	30.42	35.46	22.92	27.19	38.75	48.91	64.46	83.45	128.33
十堰市	8.01	13.67	15.71	15.55	25.99	23.12	18.96	27.66	31.67	46.87	54.38	35.19
宜昌市	17.39	21.3	23.9	29.95	44.86	32.78	46.91	47.67	65.62	86.65	105.96	114.68
襄阳市	16.52	19.05	21.47	24.14	43.13	39.2	38.8	57.34	70.35	137.43	205.46	229.29
鄂州市	6.53	7.55	9.01	12.33	13.91	8.77	15.82	22.88	38.9	64.77	65.08	31.83
荆门市	12.62	10.57	14.17	19.42	27.77	31.13	32.42	46.26	52.92	60.57	100.51	159.65
孝感市	12.41	14.19	15.75	18.9	24.88	50.85	35.12	31.16	55.47	79.35	105.82	158.31
荆州市	14.51	16.27	19.76	22.42	26.75	25.54	41.72	42.15	61.98	75.23	121.84	113.04
黄冈市	12.58	16.14	16.91	20.95	24.86	21.18	31.01	53.16	56074	61.45	68.45	96.79
咸宁市	8.1	8.48	9.3	11.18	13.83	17.3	20.84	25.65	38.68	61.43	62.46	61.96
随州市	2.26	3	4.08	4.73	9.28	7.63	10.24	10.87	11.45	12.02	28.86	54.64
恩施自治州	3.05	3.39	3.13	6.59	7.4	11.38	10.65	11.33	17.3	21.62	31.96	29.72
仙桃市	3.46	3.81	4.37	5.22	9.09	14.68	8.62	7.99	8.82	4.75	9.10	4.80
天门市	7.31	15.81	9.15	8.14	11.08	10.34	29.43	34.02	43.17	81.01	94.07	59.74
潜江市	2.68	3.23	2.36	3.86	4.52	6.31	14.53	17.26	21	29.68	36.60	34.57
神农架林区	0.08	0.54	0.73	0.86	1.13	0.33	0.36	0.04	0.05	0.02	0.05	

附录2-9 市、州财政一般预算收入

单位:亿元

市、州	2001	2002	2003	2004	2005	2006	2007	2008	2009	2010	2011
全省	231.94	243.44	259.76	310.45	375.52	476.08	590.36	710.85	814.87	1011.23	1526.91
省级	23.10	59.28	57.33	72.71	94.59	131.60	161.83	174.37	184.06	206.78	188.67
武汉市	78.23	70.23	80.44	104.02	138.82	178.60	221.68	277.32	316.07	390.19	673.26
黄石市	8.23	7.43	8.09	9.72	11.96	15.33	19.71	24.09	26.03	34.10	53.84
十堰市	8.22	8.08	8.47	10.17	11.37	13.20	15.59	19.89	25.76	43.77	66.71
荆州市	14.35	12.69	13.28	13.45	12.05	12.86	15.24	18.71	22.36	27.60	44.33
宜昌市	18.24	15.73	16.74	19.13	22.53	27.37	35.57	44.27	54.94	70.24	113.98
襄阳市	18.65	15.10	16.90	17.85	18.40	20.62	24.02	30.06	37.02	51.01	97.41
鄂州市	4.30	3.20	3.58	3.97	4.93	6.46	8.51	10.70	13.02	15.66	26.31
荆门市	8.03	8.01	8.58	9.29	9.34	10.17	12.06	14.92	18.14	23.25	39.39
孝感市	10.75	8.89	9.53	10.13	10.78	12.73	16.63	21.46	26.97	34.20	51.58
黄冈市	15.54	12.60	12.37	13.11	13.14	15.35	19.93	26.21	32.17	38.98	51.61
咸宁市	6.60	5.30	5.68	6.40	7.43	8.71	11.10	14.33	18.14	23.34	35.56
恩施自治州	6.34	5.73	6.02	7.85	8.35	10.03	13.05	15.40	18.28	22.16	31.89
随州市	3.43	3.60	4.41	4.48	4.25	4.76	5.47	6.68	7.60	9.53	17.07
仙桃市	3.60	2.92	3.15	3.18	2.81	2.80	3.31	4.21	5.05	7.35	13.13
天门市	1.85	1.89	2.12	1.82	1.37	1.67	2.18	2.80	3.53	4.71	7.90
潜江市	2.32	2.62	2.87	2.94	3.02	3.29	3.85	4.71	4.86	7.25	12.50
神农架林区	0.16	0.14	0.18	0.25	0.42	0.50	0.60	0.73	0.87	1.10	1.77

附录2-10 市、州财政支出

单位:亿元

市、州	2001	2002	2003	2004	2005	2006	2007	2008	2009	2010	2011
全省	484.40	511.39	540.44	646.29	778.73	1047.00	1274.27	1650.28	2090.92	2501.40	3214.74
省级	156.13	158.30	148.51	183.98	205.75	284.30	312.94	388.90	258.00	273.40	378.50
武汉市	104.81	105.58	117.78	142.62	176.88	257.81	307.23	377.88	503.64	583.55	765.04
黄石市	12.31	13.48	15.26	18.34	23.47	31.43	40.90	53.06	80.85	102.56	128.69
十堰市	16.69	19.66	21.23	26.90	33.42	42.83	54.24	73.97	118.50	146.98	185.09
荆州市	23.36	26.48	29.44	34.14	39.51	52.57	65.80	90.41	130.35	163.15	197.18
宜昌市	28.07	31.54	34.30	38.92	47.63	62.76	79.78	105.86	156.50	196.51	241.13
襄阳市	28.49	28.26	32.44	36.38	49.19	56.78	71.52	96.64	148.16	184.92	248.14
鄂州市	6.09	6.06	7.02	7.98	10.38	13.55	17.85	23.97	35.67	43.01	56.66
荆门市	12.63	14.41	16.26	19.47	24.58	29.33	38.65	49.18	81.66	95.46	125.34
孝感市	18.90	21.11	23.68	26.23	32.50	41.89	54.60	74.64	109.79	133.58	172.61
黄冈市	27.29	28.84	31.77	37.10	44.40	57.13	76.23	104.47	155.09	188.13	225.54
咸宁市	12.30	13.07	14.26	17.33	21.41	27.72	37.87	56.50	84.97	100.02	127.07
恩施自治州	17.79	20.53	22.03	26.19	32.12	41.92	54.89	71.04	102.25	129.79	160.14
随州市	7.34	8.81	10.33	11.45	14.11	18.08	23.10	31.73	46.11	57.23	72.32
仙桃市	4.77	5.67	6.40	7.44	8.29	9.81	13.30	17.03	26.25	32.91	42.34
天门市	3.03	3.84	4.09	5.18	6.22	8.11	10.79	15.14	23.44	28.27	38.51
潜江市	3.35	3.99	4.37	5.34	6.99	8.62	11.43	15.36	23.03	28.60	37.68
神农架林区	1.07	1.77	1.24	1.32	1.86	2.37	3.13	4.26	6.66	13.33	12.76

附录2-11 市、州乡村劳动力

单位：万人

市、州	2009	农林牧渔业劳动力	工业劳动力	2010	农林牧渔业劳动力	工业劳动力	2011	农林牧渔业劳动力
全省	2123.29	965.73	301.62	2154.44	909.22	344.93	2203.02	885.63
武汉市	136.74	56.18	19.98	138.42	56.45	20.94	139.17	54.47
黄石市	77.92	24.16	25.65	80.22	24.09	26.06	87.41	25.07
十堰市	134.72	59.30	10.63	135.19	57.20	17.79	134.68	53.30
荆州市	223.42	116.6	38.50	226.28	108.63	37.67	228.66	107.55
宜昌市	159.84	80.94	17.42	160.62	77.84	19.68	161.20	72.42
襄阳市	195.62	93.49	29.01	197.98	88.96	35.61	206.54	80.62
鄂州市	39.86	21.42	5.09	39.87	18.76	5.68	39.94	18.70
荆门市	99.33	49.95	21.50	100.99	35.66	23.49	130.88	33.95
孝感市	220.45	89.61	34.85	226.41	88.26	37.82	231.80	84.59
黄冈市	298.26	123.43	35.39	304.87	120.67	44.64	312.07	132.07
咸宁市	100.16	44.20	10.73	103.82	44.83	11.92	104.23	42.75
随州市	100.54	43.13	18.03	101.30	42.87	18.15	107.97	43.37
恩施自治州	183.42	95.64	11.39	188.68	89.00	12.92	190.99	85.82
仙桃市	64.39	26.74	11.04	64.15	22.79	15.83	65.30	21.74
天门市	55.35	25.16	6.41	57.42	21.02	9.19	58.94	20.40
潜江市	30.50	14.36	5.73	25.41	10.73	7.09	27.45	7.81
神农架林区	2.77	1.42	0.27	2.81	1.46	0.25	2.79	1.00

附录2-12 市、州农、林、牧、渔业总产值及指数

单位：亿元、%

市州	绝对数				指数				
	1995	2000	2009	2010	1995	2000	2009	2010	2011
全省	988.53	1125.64	2985.19	3501.99	114.1	102.8	101.52	110.0	121.4
武汉市	94.34	126.94	251.79	281.09	112	105.3	100.02	111.6	117.2
黄石市	23.35	27.63	72.17	83.91	109	104.2	101.47	115.3	121.7
十堰市	43.43	44.65	111.94	133.19	106.7	111.1	105.5	119.0	126.1
荆州市	178.07	147.69	383.45	423.79	112.3	91	103.6	110.1	114.3
宜昌市	80.26	97.19	250.56	294.05	116.4	102.6	102.7	117.4	136.2
襄阳市	155.08	158.15	366	409.04	113	93.5	97.1	111.8	123.0
鄂州市	18.42	13.92	79.54	92.82	123.2	106.7	99.2	115.8	117.2
荆门市	103.56	100.13	231.72	253.14	115.3	103	97.5	109.2	115.3
孝感市	124.45	111.63	260.59	306.61	115	90.7	103.3	117.7	116.1
黄冈市	119.17	127.48	325.82	374.79	108.9	102.4	99.5	115.0	123.8
咸宁市	47.61	52.87	140.18	168.52	110.8	104.5	98.4	120.2	116.4
随州市	30.07	58.06	131.79	150.29	112.6	141.5	100.1	113.9	117.5
恩施自治州	48.32	76.78	152.45	174.25	111	102.3	102.1	114.3	110.9
仙桃市	37.47	39.01	83.2	94.41	125.9	102.2	101.6	113.2	120.1
天门市	41.58	33.15	72.5	80.94	122	100.4	127.05	111.6	115.1
潜江市	28.61	30.58	70	85.55	127.6	101.9	110.12	122.2	109.4
神农架林区	0.84	0.99	2.3	2.59	103.2	97.1	109.12	112.6	110.0

注：本表产值按当年价格计算，指数按不变价格计算；全省合计数为调整数，故地、市、州相加不等于合计数。

附录2-13 市、州农、林、牧、渔业产值

(2011)

单位：亿元

市州	合计	农业	林业	牧业	渔业	农村牧渔服务业
全省	4252.90	2299.30	86.10	1205.80	508.80	152.90
武汉市	329.49	174.68	3.49	90.02	59.40	1.89
黄石市	102.15	41.19	1.03	32.63	26.29	1.01
十堰市	167.97	100.05	6.92	51.18	8.70	1.11
荆州市	484.20	220.17	5.03	121.51	132.03	5.46
宜昌市	400.49	212.16	4.55	146.42	29.22	8.14
襄阳市	503.23	247.94	6.24	208.15	30.06	10.83
鄂州市	108.75	34.05	1.46	28.68	44.26	0.31
荆门市	291.95	141.46	4.53	92.08	47.17	6.72
孝感市	355.90	155.26	9.10	130.96	54.84	5.74
黄冈市	463.82	232.90	6.97	161.44	52.43	10.08
咸宁市	196.18	104.49	8.42	51.67	29.91	1.69
随州市	176.61	97.33	3.70	64.54	7.83	3.21
恩施自治州	193.19	109.92	7.67	73.01	1.08	1.50
仙桃市	113.34	42.74	0.94	29.51	38.08	2.07
天门市	93.14	45.63	0.34	24.12	21.05	2.01
潜江市	93.63	48.37	0.55	24.45	18.51	1.75
神农架林区	2.85	1.70	0.12	0.98	0.01	0.03

注：本表产值按当年价格计算；全省合计数为调整数，故地、市、州相加不等合计数。

附录2-14 市、州主要农作物产量

(2011)

单位：万吨

市州	粮食	稻谷	小麦	玉米	薯类	大豆	棉花	油料
全省	2388.53	1616.91	344.78	276.20	99.83	33.22	52.58	304.72
武汉市	120.86	98.32	5.72	9.77	2.54	2.51	2.35	17.61
黄石市	61.01	46.16	3.45	4.19	5.27	0.79	0.71	8.32
十堰市	107.63	26.10	21.98	34.33	18.54	4.42	0.01	11.71
荆州市	363.05	310.28	36.15	5.93	3.57	3.56	14.86	55.82
宜昌市	156.35	69.45	14.45	45.20	22.97	2.19	3.37	22.21
襄阳市	475.05	192.43	184.30	75.12	16.93	2.65	4.81	29.73
鄂州市	32.98	27.86	1.51	0.52	2.05	0.42	0.71	5.86
荆门市	255.72	184.19	44.04	14.05	7.27	4.80	4.79	34.70
孝感市	214.39	173.88	29.60	1.38	5.96	1.66	4.25	21.82
黄冈市	301.14	253.56	16.27	2.65	22.38	3.35	8.29	51.45
咸宁市	100.68	81.26	1.47	6.97	7.92	1.41	0.36	9.26
随州市	155.86	108.20	36.91	2.58	6.06	0.50	1.73	6.53
恩施自治州	153.15	38.84	1.57	59.24	47.61	3.92	0.00	8.94
仙桃市	77.03	60.25	7.11	5.08	1.15	2.24	3.08	11.76
天门市	67.80	47.44	13.05	1.92	2.30	2.51	5.23	11.08
潜江市	45.18	31.41	9.77	1.52	1.21	0.91	4.80	10.96
神农架林区	2.01	0.05	0.09	0.99	0.76	0.11	0.00	0.05

市州	花生	油菜籽	芝麻	麻类	#苎麻	糖类	甘蔗	烤烟
全省	68.74	220.39	14.59	2.89	2.85	32.49	32.49	9.65
武汉市	4.23	10.78	2.60	0.29	0.29	7.02	7.02	
黄石市	0.82	6.29	1.21	0.72	0.72	0.10	0.10	
十堰市	4.24	5.51	1.77			1.04	1.04	1.52
荆州市	0.47	54.07	1.28	0.03		5.70	5.70	
宜昌市	3.49	18.13	0.48			0.18	0.18	0.72
襄阳市	15.24	13.51	0.96	0.03	0.03	2.31	2.31	1.43
鄂州市	0.40	4.91	0.55	0.03	0.03	0.68	0.68	
荆门市	8.06	25.45	1.20			2.84	2.84	
孝感市	7.10	13.93	0.78	0.00	0.00	1.56	1.56	
黄冈市	15.73	34.22	1.47	0.45	0.45	3.08	3.08	
咸宁市	1.59	7.08	0.58	1.33	1.33	5.16	5.16	
随州市	3.56	2.32	0.65			0.45	0.45	
恩施自治州	1.54	6.71	0.05			0.04	0.04	5.93
仙桃市	0.21	10.95	0.60			1.52	1.52	
天门市	1.48	9.40	0.21			0.27	0.27	
潜江市	0.58	10.19	0.19			0.54	0.54	
神农架林区	0.00	0.04	0.00					0.05

附录2-15市、州大牲畜、羊、猪年末存栏、出栏、肉产量

(2011)

市州	大牲畜存栏（万头）	#牛	羊存栏（万只）	#山羊	年末生猪存栏（万头）	年内出栏肉猪（万头）
全省	321.80	320.50	422.00	421.50	2533.10	3871.40
武汉市	20.15	20.11	3.37	3.37	181.34	278.05
黄石市	8.21	8.21	5.88	5.88	90.59	110.12
十堰市	31.96	31.60	84.16	84.16	181.11	170.25
荆州市	13.25	13.13	10.19	10.13	325.34	451.27
宜昌市	15.58	15.56	85.39	85.39	437.79	574.34
襄阳市	92.04	92.03	119.74	119.36	465.63	574.35
鄂州市	3.81	3.81	1.96	1.96	76.30	105.12
荆门市	19.98	19.88	32.01	32.01	252.16	377.12
孝感市	43.17	42.99	22.86	22.86	263.33	336.07
黄冈市	81.94	81.90	59.19	59.16	479.66	460.53
咸宁市	13.14	13.07	13.90	13.90	154.82	202.74
随州市	23.11	23.11	37.84	37.84	149.62	215.00
恩施自治州	36.55	36.36	63.59	63.56	421.30	456.97
仙桃市	2.90	2.89	0.03	0.03	67.19	118.24
天门市	6.15	6.03	0.88	0.88	72.82	94.12
潜江市	4.11	4.11	1.54	1.54	64.39	101.56
神农架林区	0.78	0.78	2.34	2.34	4.23	5.61

市州	年内出栏羊（万只）	出笼禽（万只）	肉类总产量（万吨）	#猪肉产量	#羊肉	禽蛋产量（万吨）
全省	501.90	45885.10	381.87	290.50	8.00	137.00
武汉市	5.16	5164.87	31.51	22.24	0.11	20.26
黄石市	4.85	2706.55	12.71	8.22	0.08	3.85
十堰市	90.05	2333.01	18.85	12.77	1.34	4.63
荆州市	15.53	6879.83	46.00	34.52	0.19	17.40
宜昌市	135.68	3366.43	55.09	45.51	2.31	5.91
襄阳市	150.57	8083.13	72.51	43.91	2.98	24.69
鄂州市	2.15	1375.35	10.23	7.70	0.02	4.42
荆门市	48.36	4350.28	37.34	28.17	0.75	14.05
孝感市	22.38	12236.60	44.14	25.77	0.33	34.79
黄冈市	67.62	4558.65	52.53	33.53	1.16	54.74
咸宁市	15.94	3931.12	20.88	15.41	0.40	2.75
随州市	51.40	4641.97	23.70	15.88	0.94	6.87
恩施自治州	72.34	1040.74	43.83	38.87	1.26	2.68
仙桃市	0.70	908.51	9.86	8.87	0.01	4.17
天门市	1.02	1151.12	8.66	7.06	0.02	5.11
潜江市	2.89	1674.88	11.19	8.63	0.04	3.00
神农架林区	1.41	29.80	0.51	0.42	0.03	0.03

附录2-16 市、州农业机械、用电化肥、水利情况

(2011)

单位：万吨

市州	农业机械总动力（万千瓦特）	当年实际机耕面积（千公顷）	农村用电量（万千瓦时）	化肥施用量（折纯量）（万吨）	有效灌溉面积（千公顷）
全省	3571.23	4732.21	1122597.0	354.89	2227.63
武汉市	241.44	262.66	126176.3	15.53	159.00
黄石市	78.25	90.80	113290.9	5.06	38.67
十堰市	156.53	108.33	44780.7	13.21	35.86
荆州市	475.60	759.16	131177.0	38.13	411.03
宜昌市	260.71	225.19	77772.2	36.57	108.16
襄阳市	541.20	735.48	81204.8	58.19	254.14
鄂州市	58.45	41.10	42844.0	12.02	27.75
荆门市	366.69	497.68	68366.0	26.68	191.61
孝感市	218.08	362.57	81579.1	21.69	225.94
黄冈市	266.95	608.33	171129.0	50.26	232.04
咸宁市	157.13	138.60	38704.2	11.68	87.58
随州市	186.59	255.92	36002.9	16.04	135.49
恩施自治州	194.07	140.56	37046.3	27.82	59.32
仙桃市	120.66	194.00	40931.0	7.40	88.85
天门市	149.10	197.80	21777.4	7.63	109.48
潜江市	90.24	111.90	9816.1	7.01	62.71
神农架林区	9.53	2.13			

注：水产品、鱼类的合计数为调整数，故市、州相加不等于合计数。

附录2-17 市、州主要土特产品产量

(2011)

单位：万吨

市州	茶叶（万吨）	#绿毛茶	蚕茧（吨）	#桑蚕茧	水果（万吨）	#桃子	#柑桔	#苹果	白木耳（吨）	黑木耳（吨）
全省	18.42	14.85	8356	8256	521.78	69.02	330.97	0.99		19170
武汉市	0.22	0.20			7.90	1.95	3.49			4
黄石市	0.04	0.04	16	16	3.85	0.16	3.39			325
十堰市	1.11	1.11	376	376	27.54	0.62	25.52	0.11		1374
荆州市	0.01	0.01			34.35	0.71	24.89	0.01		35
宜昌市	4.56	3.76	2293	2293	230.71	2.56	224.85	0.04		1578
襄阳市	1.03	0.93	734	734	54.72	34.42	4.75	0.20		1499
鄂州市	0.01	0.01			3.09	0.32	2.31			2201
荆门市	0.02	0.02			36.00	3.58	13.97	0.03		1007
孝感市	0.71	0.70			17.02	8.85	1.81	0.11		
黄冈市	3.28	3.28	4715	4715	10.35	2.65	5.94	0.09		413
咸宁市	1.91	0.86			4.95	0.70	2.47			75
随州市	0.23	0.22	100		12.05	7.42	0.67	0.16		10649
恩施自治州	5.29	3.71	122	122	23.14	0.40	15.51	0.23		
仙桃市					2.29	0.35	0.92			
天门市					1.55	0.09	0.28			
潜江市					2.28	0.23	0.22			10
神农架林区	0.01	0.01			0.02					

附录2-18 市、州人平粮、棉、油、猪、禽蛋生产水平

(2011)

单位：千克

市州	粮食	棉花	油料	肉类	禽蛋
按总人口平均					
全省	416.06	9.16	53.08	66.52	23.86
武汉市	122.04	2.37	17.79	31.82	20.46
黄石市	250.89	2.90	34.20	52.26	15.84
十堰市	321.83	0.04	35.02	56.37	13.84
荆州市	637.17	26.08	97.97	80.74	30.54
宜昌市	384.71	8.30	54.66	135.55	14.55
襄阳市	861.57	8.73	53.93	131.51	44.78
鄂州市	314.17	6.81	55.84	97.44	42.13
荆门市	888.91	16.64	120.63	129.78	48.84
孝感市	444.82	8.81	45.26	91.59	72.18
黄冈市	486.79	13.41	83.17	84.92	88.48
咸宁市	408.38	1.46	37.55	84.70	11.17
随州市	719.58	8.00	30.15	109.43	31.73
恩施自治州	464.96	0.01	27.13	133.07	8.12
仙桃市	653.40	26.15	99.72	83.67	35.37
天门市	486.41	37.49	79.49	62.13	36.63
潜江市	476.93	50.66	115.74	118.07	31.69
神农架林区	263.56	0.00	6.80	66.29	4.25
按农业人口平均					
全省	861.14	18.96	109.86	137.68	49.39
武汉市	566.47	11.00	82.56	147.68	94.98
黄石市	610.51	7.06	83.22	127.18	38.55
十堰市	622.74	0.09	67.77	109.08	26.78
荆州市	1145.88	46.90	176.19	145.20	54.92
宜昌市	799.00	17.24	113.52	281.52	30.22
襄阳市	1790.21	18.14	112.05	273.25	93.05
鄂州市	792.09	17.17	140.78	245.67	106.23
荆门市	1713.37	32.08	232.51	250.16	94.14
孝感市	854.35	16.92	86.93	175.91	138.64
黄冈市	768.63	21.17	131.32	134.08	139.71
咸宁市	738.64	2.64	67.92	153.19	20.20
随州市	1203.96	13.38	50.44	183.09	53.09
恩施自治州	688.41	0.02	40.17	197.03	12.03
仙桃市	1284.63	51.42	196.06	164.50	69.55
天门市	908.28	70.00	148.43	116.02	68.41
潜江市	923.74	98.12	224.17	228.69	61.37

附录 2-19 市、州农民年人均纯收入

单位：元

地区	2001	2002	2003	2004	2005	2006	2007	2008	2009	2010	2011
全省	2352	2444	2567	2890	3099	3419	3997	4656	5035	5832	6898
武汉市	3100	3295	3497	3955	4341	4748	5371	6349	7161	8295	9814
黄石市	2140	2230	2335	2626	2810	3182	3742	4374	4811	5524	6487
十堰市	1592	1714	1808	1916	1990	2191	2490	2841	3110	3499	4044
宜昌市	2413	2440	2588	2938	3108	3433	4022	4686	5186	5980	7055
襄阳市	2479	2564	2658	3060	3191	3519	4114	4880	5440	6365	7549
鄂州市	2591	2693	2832	3234	3495	3799	4393	5096	5718	6645	7909
荆门市	2999	2999	3125	3629	3738	4059	4652	5332	5956	6951	8248
孝感市	2356	2444	2552	2874	3028	3336	3915	4636	5131	5943	7029
荆州市	2303	2408	2502	3002	3108	3502	4140	4889	5464	6453	7664
黄冈市	2083	2131	2204	2485	2644	2861	3295	3744	4130	4634	5438
咸宁市	2123	2204	2325	2698	2911	3213	3737	4411	4873	5606	6588
随州市	2298	2455	2565	3017	3223	3581	4177	4967	5457	6279	7427
恩施自治州	1467	1465	1498	1593	1643	1848	2143	2519	2810	3255	3939
仙桃市	3083	3153	3283	3615	3818	4190	4695	5248	5856	6807	8006
天门市	2630	2716	2848	3087	3273	3658	4207	4761	5326	6207	7407
潜江市	2599	2680	2875	3180	3398	3813	4378	4929	5531	6486	7684
神农架林区	1330	1465	1594	1906	2164	2394	2850	3330	3707	4083	4640

附录2-20市、州规模以上工业企业主要经济指标

(2011)

单位：亿元

城区	企业单位数(个)	亏损企业	工业总产值	工业销售产量	出口交货值
全省	10633	870	28072.73	27325.36	1191.94
武汉市	1856	271	8785.89	8676.10	521.25
黄石市	477	72	1603.12	1581.24	62.32
十堰市	505	95	1362.27	1319.51	33.27
宜昌市	911	76	3195.74	3085.08	127.45
襄阳市	1154	80	3276.97	3081.66	53.84
鄂州市	414	16	901.18	887.90	11.26
荆门市	709	38	1732.94	1690.75	38.77
孝感市	922	36	1437.85	1413.02	23.02
荆州市	713	40	1181.79	1129.15	58.21
黄冈市	840	55	969.35	923.24	19.84
咸宁市	643	40	940.43	917.80	21.61
随州市	283	16	226.55	221.61	5.91
恩施自治州	492	10	705.54	697.43	46.48
仙桃市	306	10	635.14	621.82	78.10
潜江市	179	8	676.51	644.01	57.69
天门市	222	4	434.83	426.68	32.04
神农架林区	7	3	6.62	8.37	0.87

城区	资产总计	流动资产合计	应收帐款净额	产成品	固定资产合计	固定资产原价
全省	23145.78	10225.44	1821.10	957.02	10324.42	16663.64
武汉市	8292.24	3994.33	755.61	321.80	3099.18	4844.95
黄石市	1299.49	631.59	72.04	55.30	527.78	653.97
十堰市	2547.00	1301.85	142.53	89.43	1125.80	705.34
宜昌市	3832.89	1107.52	164.58	88.23	2324.15	2908.59
襄阳市	1690.13	850.92	246.38	98.58	644.37	906.11
鄂州市	482.94	176.74	27.64	25.18	274.91	356.38
荆门市	780.90	335.00	47.15	51.79	352.68	973.42
孝感市	838.62	323.96	68.96	35.56	415.48	1883.92
荆州市	710.33	381.35	90.62	61.04	267.80	1572.65
黄冈市	552.49	224.39	44.08	35.48	256.94	304.93
咸宁市	456.30	211.19	36.81	22.88	166.24	209.24
随州市	332.16	70.08	11.15	6.22	239.26	299.86
恩施自治州	308.80	150.63	39.52	22.52	120.36	140.34
仙桃市	240.75	116.83	24.80	14.68	114.33	158.45
潜江市	467.73	192.14	40.17	17.47	257.54	397.72
天门市	277.97	140.38	8.98	10.03	128.11	338.53
神农架林区	35.04	16.56	0.08	0.82	9.49	9.25

附录2-21 市、州工业企业主要经济指标

(2011)

单位：亿元

市州	负债合计	流动负债合计	应付账款	长期负债合计	所有者权益合计	实收资本	国家资本
全省	13675.69	10541.00	2470.21	2456.94	9321.25	4079.87	1048.25
武汉市	5201.52	4325.58	1163.30	754.73	3080.46	1229.91	363.90
黄石市	851.70	643.38	126.76	197.52	443.37	201.31	36.87
十堰市	1436.73	1159.69	223.06	116.13	1044.16	389.80	143.66
宜昌市	2320.71	1595.33	240.23	681.21	1503.78	552.57	187.26
襄樊市	958.82	756.63	245.44	154.30	715.18	301.30	58.52
鄂州市	312.77	253.34	66.85	51.88	169.84	142.97	62.63
荆门市	403.53	307.61	58.02	78.62	373.29	204.55	55.43
孝感市	382.84	195.56	61.00	101.05	441.72	230.36	9.98
荆州市	391.58	314.73	71.97	53.84	316.48	166.67	8.39
黄冈市	300.87	190.05	37.19	52.36	246.97	151.22	2.37
咸宁市	212.89	147.55	27.83	36.77	239.41	100.38	2.84
随州市	209.47	112.67	14.04	73.97	117.56	69.90	29.35
恩施自治州	141.85	115.81	31.23	14.81	163.73	81.73	2.13
仙桃市	117.49	101.64	24.40	9.40	121.08	52.90	0.10
潜江市	263.43	218.10	58.35	26.55	202.92	148.01	82.66
天门市	140.25	86.27	19.41	41.61	135.49	52.01	0.30
神农架林区	29.26	17.06	1.12	12.20	5.78	4.30	1.86

市州	主营业务收入	主营业务成本	主营业务税金及附加	其他业务收入	其他业务利润	销售费用	管理费用	税金
全省	27072.02	22837.37	509.60	437.86	60.16	731.02	1253.52	53.58
武汉市	8701.47	7258.71	297.05	148.47	30.27	232.84	373.58	14.03
黄石市	1652.03	1473.78	10.71	59.53	6.00	38.32	57.34	6.50
十堰市	1244.64	1096.01	5.83	130.18	4.99	39.70	80.42	3.50
宜昌市	3002.47	2474.18	24.76	30.53	5.29	87.45	92.41	4.30
襄阳市	3003.68	2552.79	33.88	28.80	6.83	70.89	178.70	4.40
鄂州市	865.02	797.45	5.53	4.63	0.55	18.85	150.37	1.95
荆门市	1724.24	1482.97	53.61	7.57	1.59	39.47	46.01	1.87
孝感市	1407.25	1170.48	18.99	3.82	1.02	38.64	59.57	4.90
荆州市	1098.07	954.47	6.17	7.54	1.06	41.31	36.37	2.80
黄冈市	876.94	748.30	4.83	4.59	0.58	20.64	39.96	1.18
咸宁市	874.56	733.22	5.28	2.51	0.44	17.10	20.97	1.40
随州市	219.55	169.71	10.00	3.43	0.87	6.63	11.66	0.59
恩施自治州	668.10	539.20	4.62	2.52	0.28	18.27	20.44	1.92
仙桃市	616.31	473.54	3.47	0.90	0.35	35.86	37.13	2.40
潜江市	686.22	562.40	21.90	2.81	0.02	8.75	28.72	1.26
天门市	422.90	345.78	2.79	0.03	0.00	15.77	19.27	0.56
神农架林区	8.57	4.38	0.16	0.01	0.00	0.52	0.60	0.01

附录 2-22 市、州进出口总额

(2011)

单位：亿美元

市州	2007		2008		2009		2010		2011	
	出口	进口	出口	进口	出口	进口	出口	进口	出口	进口
全省	81.74	66.84	115.92	89.75	99.78	72.50	144.42	114.65	195.35	139.84
武汉市	47.53	52.09	69.04	70.73	58.25	56.47	87.54	93.01	117.33	110.57
黄石市	4.90	7.28	7.09	6.99	4.73	6.77	6.00	9.08	10.33	11.76
十堰市	0.65	0.24	1.23	0.24	1.82	0.20	1.99	0.41	2.36	0.5
宜昌市	6.11	2.43	9.05	4.66	7.76	2.58	13.02	4.65	17.16	5.72
襄阳市	2.77	1.26	3.75	1.49	3.29	1.04	5.54	1.59	7.66	2.37
鄂州市	1.01	0.58	0.94	0.81	0.74	0.10	1.30	0.70	2.11	1.3
荆门市	1.74	0.45	2.09	1.17	1.73	0.56	2.98	0.90	3.83	1.53
孝感市	1.81	0.45	2.34	0.88	1.92	0.31	2.97	0.71	3.76	1.31
荆州市	4.87	1.03	6.15	1.48	4.55	1.27	5.74	1.97	7.70	2.11
黄冈市	3.62	0.50	4.95	0.59	4.06	0.73	2.09	0.55	2.56	0.88
咸宁市	0.80	0.23	1.09	0.23	0.94	0.28	1.68	0.20	2.32	0.62
随州市	2.01	0.09	3.37	0.14	4.65	0.95	7.58	0.41	8.99	0.52
恩施自治州	0.41	0.00	0.56	0.00	0.88	0.00	1.08	0.01	2.25	0.01
仙桃市	1.65	0.18	1.89	0.30	2.51	0.23	2.53	0.33	2.88	0.42
天门市	0.50	0.02	0.40	0.02	0.31	0.04	1.75	0.06	0.57	0.04
潜江市	1.28	0.02	1.98	0.01	1.56	0.10	0.45	0.06	3.48	0.18

附录 2-23 市、州民营增加值及比重

(2011)

市州	民营增加值(亿元)		民营增加值占 GDP 比重(%)	
	2010	2011	2010	2011
全省	7666.88	9990.91	48	51
武汉	2124.94	2622.29	38	39
黄石	371.96	463.29	54	50
十堰	336.97	401.92	46	47
宜昌	907.43	1258.73	59	59
襄阳	695.30	1066.00	45	50
鄂州	233.18	287.61	59	59
荆门	367.33	504.29	50	54
孝感	472.43	594.73	59	62
荆州	358.03	467.11	43	45
黄冈	528.76	643.09	61	62
咸宁	348.29	470.44	67	72
随州	262.89	348.80	65	67
恩施州	124.00	155.39	35	37
仙桃	195.20	263.30	67	70
潜江	193.95	254.50	67	67
天门	141.96	184.17	65	67
神农架	4.26	5.24	35	36

附录三

十堰市主要经济指标同三省市毗邻地区比较

【简要说明】

一、本篇资料反映鄂豫陕毗邻地区主要社会、社会发展情况。毗邻地区指湖北省襄樊市、十堰市、荆门市，河南省南阳市，陕西省汉中市、商洛市、安康市。

二、内容包括人口、就业、国民核算、工业、农业、商业、投资、财政金融和人民生活。

三、本篇资料来自8地市统计网络交流材料，由市朱新永整理编辑。

附录 3-1 地区生产总值

单位：万元

地区	2000	2003	2004	2005	2006	2007	2008	2009	2010	2011
襄阳市	4152925	5033100	5578800	6015400	6751800	7854500	10024600	12010100	15382700	21322000
十堰市	1801300	2450500	2929000	3129600	3453000	4114200	4876400	5509600	7367800	8512500
荆门市	2482202	3275100	3794600	3102900	3487300	4200800	5204000	6005000	7300700	9426000
南阳市	5196645	7241573	8933215	10500384	12030600	13763321	16364300	17800400	19558400	22287500
汉中市	1523362	1634400	1925200	2165800	2467900	2921000	3526100	4161600	5097000	6474800
商洛市	554684	755900	871500	1001600	1142000	1358000	1740400	2251200	2859000	3629000
安康市	441057	1036000	1195500	1378500	1572400	1898500	2336700	2749500	3270600	4072000

附录 3-2 全社会固定资产投资

单位：万元

地区	2000	2003	2004	2005	2006	2007	2008	2009	2010	2011
襄阳市	804696	1072225	1305295	1566200	2005000	2657952	3737700	5747900	8353202	11350826
十堰市	308107	586766	775302	1036268	1221098	1416617	1854439	2783528	4063128	5232000
荆门市	571166	807000	861300	1041500	1277400	1532525	2100800	3171808	4486200	5608000
南阳市	1176222	2078100	2671708	4130000	51440300	6996300	8958300	11531800	13894330	14763900
汉中市	444900	610000	670100	750000	906600	1200500	1636300	23844300	3128000	4113300
商洛市	206533	296423	322000	372000	760000	1332000	1646500	2203400	2900700	3083612
安康市	268379	463600	561800	623100	752100	1477400	1509800	2727700	3600500	3044866

附录3-3 社会消费品零售总额

单位：万元

地区	2000	2003	2004	2005	2006	2007	2008	2009	2010	2011
襄阳市	1424086	1828570	2106450	2412100	2779700	3288720	4102895	5005600	5712000	6866395
十堰市	684547	931521	1087470	1250591	14472225	1701942	2101794	2517398	3063662	3671247
荆门市	880954	1064700	982540	1120100	1281100	1515731	1888600	2288246	2530000	2982400
南阳市	1831085	2500852	2968970	3396500	3924700	4624500	5686100	6766600	7892000	9299800
汉中市	408502	496000	572257	641500	733800	870000	1085300	1300200	1574000	1844000
商洛市	156676	205604	327078	366000	410000	487200	3085300	730000	792000	921837
安康市	229632	274400	411900	463800	529800	625985	781600	935600	1105000	1293215.5

附录3-4 农林牧渔业总产值

单位：万元

地区	2000	2003	2004	2005	2006	2007	2008	2009	2010	2011
襄阳市	1544870	1726558	2067668	21430	2229600	2693700	3123000	3660000	4090400	4499400
十堰市	441011	520081	582077	602365	659500	773924	964429	1119400	1331859	1680000
荆门市	959625	1108324	1309400	1355200	1452000	1807320	2266100	2317184	2531400	2919500
南阳市	2640999	3367155	4357000	4754520	5101000	5136678	5863100	6692252	4444724	5111433
汉中市	689059	581600	734411	832200	947900	1146300	1504900	1591000	1903400	2455600
商洛市	554684	358404	398289	433300	479900	578000	761000	815583	1003500	1247600
安康市	392943	439600	542000	623393	713700	825549	1081600	1126403	1156900	1246677

附录3-5 地区生产总值构成及指数

(2011)

地区	地区生产总值(亿元)	第一产业	第二产业	第三产业	地区生产总值指数(上年 = 100)	第一产业	第二产业	第三产业
襄阳市	2132.20	291.66	1216.99	623.57	116.0	104.3	120.2	115
十堰市	851.25	96.91	451.88	302.46	111.0	104.5	110.8	113.2
荆门市	942.59	166.53	494.4	281.66	115.6	104.5	120.3	120.6
南阳市	2228.75	415.9	1199.31	613.55	111.2	103.7	115.5	108.5
汉中市	647.48	142.29	267.58	237.61	15.5	106.6	122.2	113.7
商洛市	362.88	70.61	162.96	129.31	115.1	106.5	121.2	113.1
安康市	407.17	72.01	183.13	152.03	115.5	106.5	122.9	112.6

附录3-6 国土面积与经济状况

(2011)

地区	国土面积(平方公里)	地区生产总值(亿元、现价)	总人口(万人)	人均生产总值(元)	城镇居民人均可支配收入(元)	农民人均纯收入(元)
襄阳市	19724	2132.20	593.60	38671	15352	7549
十堰市	23680	851.25	346.45	25427	14172	4044
荆门市	12404	942.59	299.45	32765	15526	8248
南阳市	26509	2228.75	1026.30	21849	17289	6776
汉中市	27246	647.48	381.53	18952	17019	5283
商洛市	19300	362.88	244.83	14822	17344	4586
安康市	23529	407.20	263.07	15477	17365	5009

附录3-7财政金融基本情况

(2011)

单位：亿元

地区	地方财政一般预算收入	财政一般预算支出	金融机构存款余额	金融机构贷款余额	城乡居民年末储蓄存款
襄阳市	97.40	248.14	1523.60	820.30	926.80
十堰市	66.70	179.33	1016.48	474.94	569.31
荆门市	39.39	123.34	786.36	364.36	522.24
南阳市	87.10	307.83	1774.81	973.25	1136.37
汉中市	23.55	159.25	932.82	347.95	590.55
商洛市	16.49	106.62	446.66	187.49	292.53
安康市	17.34	126.70	567.38	258.59	350.71

附录3-8规模以上工业与对外贸易情况

(2011)

城区	规模以上工业增加值（当年价、亿元）	外贸出口（万美元）	利用外资（万美元）
襄阳市	1034.60	76584	31290
十堰市	386.50	23569	10725
荆门市	480.77	38278	18687
南阳市	810.00	94799	38967
汉中市	127.25	3948	2900
商洛市	75.10	400	6600
安康市	113.35	1740	846

附录四　十堰市开发区（工业园区）主要经济指标

【简要说明】

一、本篇资料反映十堰市9家省级开发区（工业园区）主要经济发展情况。9家开发区分别是：十堰经济开发区、十堰东城经济开发区、十堰西城经济开发区、郧县经济开发区、郧西工业园区、竹山经济开发区、竹溪工业园区、丹江口经济开发区。

二、内容包括开发区面积、企业个数、从业人员、生产总值、工业产值、工业增加值、固定资产投资、税收、利用外资、进出口等指标。

三、本篇资料由何玲骊整理。

附录4-1　开发区基本情况

(2011)

地　区	实际开发面积(平方公里)	入区企业个数(个)	#工业企业	#规模以上	#高新技术企业	#外商投资企业	#第三产业	从业人员(人)
十堰经济开发区	29	1754	436	53	24	2	1317	4.1
十堰东城经济开发区	4.72	195	180	58	14	1	15	1.95
十堰西城经济开发区	3.7	93	91	43	2		2	0.47
郧县经济开发区	13.69	77	69	16	5		8	1.37
郧西工业园区	1.53	20	20	20	0	2	0	0.3
竹山经济开发区	6	83	68	13	1	0	15	0.42
竹溪工业园区	1.33	45	42	33	5	1	3	0.5
房县工业园区	2	108	99	45	2	1	8	0.41
丹江口经济开发区	9	338	320	43	7	2	29	1.95

附录4-2 开发区经济指标

(2011)

地　区	开发区生产总值(亿元)	规模以上工业总产值(亿元)	规模以上工业增加值(亿元)	#高新技术产业	规模以上工业主营业务收入(亿元)	#高新技术产业
十堰经济开发区	53.46	158.26	47.66	29.46	160.19	55.85
十堰东城经济开发区	36.15	99.08	28.73	8.15	95.00	26.40
十堰西城经济开发区	18.50	45.00	12.90	4.50	39.60	13.90
郧县经济开发区	17.81	38.07	12.18	2.41	35.93	5.75
郧西工业园区	10.97	10.97	3.40		9.67	
竹山经济开发区	10.08	16.10	5.49	0.66	13.24	1.43
竹溪工业园区	10.50	25.30	8.90	3.10	22.00	7.40
房县工业园区	7.38	23.50	7.40	0.78	21.90	1.79
丹江口经济开发区	36.8	60.80	17.10	6.26	54.13	15.41

附录 4-3 开发区经济指标

(2011)

地区	固定资产投资总额（亿元）	#基础设施建设投资	施工项目个数（个）	#亿元以上项目	#新开工项目	#外商投资项目	省外内资项目
十堰经济开发区	17.10	1.67	30	14	21	4	15
十堰东城经济开发区	34.80	22.60	48	21	36		4
十堰西城经济开发区	24.20	19.50	49	6	21		
郧县经济开发区	22.94	12.58	67	19	38	2	65
郧西工业园区	10.08	4.60	7	3	4	2	2
竹山经济开发区	21.35	3.14	35	6	27		8
竹溪工业园区	3.30	0.60	8	3	7	1	2
房县工业园区	25.90	0.82	112	10	79	1	
丹江口经济开发区	19.25	7.60	56	25	26	2	13

附录 4-4 开发区经济指标

(2011)

地区	税收总额（万元）	招商引资总额（万元）	其中：外商投资金额（万美元）	省外境内投资额	出口总额（万美元）	#高新技术产品出口交货值（万元）
十堰经济开发区	44001	59000	208	50800	4431	
十堰东城经济开发区	24738	68500		68500	2600	
十堰西城经济开发区	18000	80000				
郧县经济开发区	12468	183710	483	15304	1131	229
郧西工业园区	2158	55000	1500	40000		
竹山经济开发区	5577	232640		129524	238	1498
竹溪工业园区	1600	25000		10000	250	
房县工业园区	10132	91000	400	25800	4500	
丹江口经济开发区	23798	165000	4600	72000	1093	800